Glaube ist kein Leistungssport

Predigten, Vorträge, Schriften

Hans Gerny

Glaube ist kein Leistungssport

Predigten, Vorträge, Schriften

Stämpfli Verlag

Impressum

Bibliografische Information der Deutschen Nationalbibliothek: www.dnb.de.

© Hans Gerny, Bern · 2017

Verlag	Stämpfli Verlag AG, Bern, www.staempfliverlag.com
Redaktion	Marianne Gerny-Schild
Gestaltung	Stämpfli Verlag AG
Korrektorat	Stämpfli AG, Bern, www.staempfli.com
Druck	Gassmann Print, Biel/Bienne, www.gassmann.ch

ISBN 978-3-7272-7932-4

Printed in Switzerland

Wir haben die Wahrheit gesucht
Wir haben sie nicht gefunden
Morgen reden wir weiter

Sokrates

Inhalt

Zum Geleit	*9*
Einführung	*11*
Gemeindepredigten	*15*
Predigten zu verschiedenen Anlässen	*155*
Vorträge und Artikel	*209*
Bischöfliche Gedanken	*275*
Politische und kulturelle Gedanken	*313*
Le Notre Père	*333*
Nachwort	*345*
Biografie	*347*
Bibliografie	*349*
Bildnachweis	*351*

Zum Geleit

Der vorliegende Band bietet die Gelegenheit, Predigten und andere Texte von Hans Gerny kennenzulernen. Die Predigten und Vorträge wurden an verschiedenen Orten und zu unterschiedlichen Gelegenheiten gehalten; die meisten Leserinnen und Leser waren damals nicht dabei. Das gilt auch für mich, denn ich habe zwar regelmässig Hans Gernys Hirtenbriefe gelesen, aber ihn nur bei besonderen Anlässen oder wenn ich ihn zu einer Firmung oder einem Kirchgemeindefest begleitete, gehört. Hans Gerny hat einen kraftvollen und mitreissenden Sprechstil. Was ich hörte, auch über ihn, macht Lust nach mehr.

Ich lernte Hans Gerny nach seinem Amtsantritt als Bischof im Jahr 1986 zunächst in seiner Funktion als Sekretär der Internationalen Altkatholischen Bischofskonferenz (IBK) kennen. Als solcher bewies er der IBK den grossen Dienst, bei ihren jährlichen mehrtägigen Sitzungen in ständigem Austausch mit den Dolmetschern die Gespräche und Entscheidungen der IBK zu protokollieren und die Ergebnisse zeitnah zur Verfügung zu stellen. Ein guter Protokollschreiber ist aber nicht automatisch ein guter Prediger des Evangeliums.

Dass Hans Gerny gerne predigt, habe ich schnell begriffen – er tat es als Pfarrer und als Bischof und tut es auch nach seiner Emeritierung gern. Fragt ihn jemand an, macht er sich auf den Weg.

Die 100-Jahr-Feier der Utrechter Union im September 1989 war für uns beide ein liturgischer Höhepunkt. Wir erlebten damals spannungsvolle Jahre, die politisch mit dem Fall der Berliner Mauer zusammenfielen. Auch kirchlich bahnten sich Veränderungen an: Die Polnisch-Katholische Kirche wandte sich mehr Westeuropa zu, die Bischöfe der Polish National Catholic Church der USA (PNCC) nahmen zwar noch an der Feier teil, hatten damals aber bereits begonnen, sich mehr nach Rom zu orientieren. Wegen der Ordination von Frauen kündigten sie schliesslich die kirchliche Gemeinschaft mit denjenigen Mitgliedkirchen der Utrechter Union auf, die nach und nach ab 1996 Frauen ins Presbyterat einbezogen, und verliessen die Utrechter Union im Jahr 2003 ganz. Die Festpredigt beim 100-Jahr-Jubiläum im Utrechter Dom hielt selbstverständlich Hans Gerny. Er löste die Aufgabe mit Bravour.

Wenn ich heute Predigten höre oder lese, muss ich oft an einen meiner Lehrer denken, der uns Studenten für den Umgang mit schwierigen Bibeltexten einen Rat gab. Er verglich solche widerborstigen Texte mit einem Haus, das man suchend umkreist und grübelt, was hier eigentlich los ist. Ein kleines Fenster wird sichtbar, man schaut hindurch und denkt: Nichts zu erkennen. Erst nach einigem Ausharren und Suchen lichtet sich das Dunkel plötzlich. Der Text öffnet sich, sein Sinn beginnt zu mir zu sprechen. «Wenn ich bis dahin gekommen bin, kann ich wieder glauben», sagte mein Lehrer, «und sogar beten.»

Das Bild des Hauses ist eine Metapher für den Umgang mit Bibeltexten; es kann aber auch auf die kirchliche Tradition angewandt werden. Hans Gerny ist im elterlichen Haus mit der christlichen Überlieferung gross geworden, er ist in ihr zu Hause. Durch seine Art zu predigen, hat er vielen Menschen dabei geholfen, ebenfalls darin zu wohnen, sich voll Vertrauen hineinzubegeben und auf dem eigenen Lebensweg davon Zeugnis abzulegen. Eine Predigt hat nicht den Zweck, Ohren zu streicheln, sondern Menschen durch das, was sie hören, in Bewegung zu bringen.

Um die biblische Botschaft und die kirchliche Tradition weiterzugeben, reicht es nicht, die Wohnstatt von innen zu betrachten; man muss sich auch nach draussen begeben. Als Pfarrer hat Hans Gerny dies mit seinen Hausbesuchen in der Kirchgemeinde getan. Als Bischof knüpfte er nicht nur am Konferenztisch Kontakte, sondern auch durch persönliche Begegnungen in der Freizeit, durch planvoll durchgeführte Besuche bei den anderen Kirchen der Utrechter Union – inklusive der PNCC – und durch die Pflege ökumenischer Beziehungen, insbesondere zur Orthodoxie, zur Anglican Communion und zur Römisch-Katholischen Kirche.

Die vorliegende Veröffentlichung von Predigten und anderen Texten will nicht einfach kostbare Beiträge aus der Vergangenheit zusammenstellen, sondern Impulse für die Zukunft aufleuchten lassen. Das wird nicht nur Hans Gerny erfreuen, sondern uns alle.

In der Fastenzeit 2017
Antonius Jan Glazemaker, emeritierter Erzbischof von Utrecht

Übersetzung Peter Feenstra

Einführung

Predigten, Vorträge und Artikel schreiben gehört von jeher zu meinen Lieblingsbeschäftigungen. Ich liebe das theologische und stilistische Tüfteln. Ich drechsle gerne Sätze so lange, bis sie präzise und verständlich sind. Am Wichtigsten ist mir immer, mit meinen Worten die Menschen dort zu erreichen, wo sie auch tatsächlich leben. Ich möchte auf ihre Fragen und ihr Suchen eingehen können. Ich versuche so zu reden, dass sie sich ernst genommen fühlen. Sie sollen wissen, dass es in einer christlichen Gemeinde nichts gibt, was man nicht fragen und worüber man nicht reden darf. Fragende, suchende und zweifelnde Menschen sind mir ohnehin lieber als solche, die immer Antworten haben. Hier liegt eine Schwäche der Kirche, dass sie das Fragen zu wenig fördert und unterstützt. Oder wie es ein böses Maul einmal formuliert hat: Sie gibt zu oft Antworten auf Fragen, die niemand gestellt hat. Deshalb entspricht mir die Methode des Sokrates, die Wahrheit im Gespräch zu suchen. Ich habe mich darum über Einwände, Fragen und Kritik an meinen Texten immer gefreut, ja ich habe sogar darauf gewartet. Ich hatte manchmal den Traum, dass mir einmal jemand in meine Predigt dreinredet. Ich habe dies in einem Gottesdienst in der südafrikanischen Township Soweto erlebt. Die Predigt entwickelte sich so zu einem lebendigen Hin und Her. Der Prediger wurde regelrecht in die Zange genommen. Ich verstand kein Wort. Aber ich sah gut, wie der Pfarrer auf seine Gläubigen einzugehen versuchte. Vor lauter Einwänden und Fragen kam er richtig ins Schwitzen. Er schien sich an seiner lebhaft diskutierenden Gemeinde zu freuen.

Ich habe für dieses Buch sehr verschiedene Texte ausgewählt. Da sind zunächst Predigten, die den Sonntagen des Kirchenjahres entsprechen. In ihnen versuche ich über biblische Texte so zu reden, dass sie in das Leben der Menschen hineinpassen. Ich möchte, dass die Zuhörerinnen und Zuhörer denken: Ich komme hier vor. In einem anderen Kapitel gibt es Predigten, die ich bei besonderen Anlässen halten durfte – bei Bischofsweihen, bei Gemeindefesten oder bei speziellen Gelegenheiten im Ausland. Sie haben naturgemäss einen etwas anderen Charakter als eine Sonntagspredigt. Ein weiterer Teil sind Vorträge zu verschiedenen Themen im In- und Ausland, bei kirchlichen und weltlichen, bei kulturellen und politischen Veranstaltungen. Und schliesslich gibt es Texte mit persönlichen Gedanken eines Bischofs aus seiner Amtszeit. Dazu kommen Texte, die nach meiner Amtszeit entstanden sind. Ein alter Bischof darf nämlich Dinge sagen, die ein bisschen böse sind und nicht allen gefallen. Genau diese Freiheit ist eine Segnung des Alters, die ich sehr geniesse.

Die Kirchgemeinden Zürich, Bern, Luzern, Möhlin, Olten, Wegenstetten-Hellikon-Zuzgen, Baselland, Solothurn und Genève finanzieren die

Einführung

Herausgabe dieses Buches mit grosszügigen Spenden als Geschenk zu meinem 80. Geburtstag. Verschiedene christkatholische Privatpersonen haben von diesem Buch gehört. Zu meiner grossen Freude und Überraschung haben auch einige von ihnen spontan finanzielle Unterstützung zugesagt. Damit wurde es möglich, diese Predigten, Vorträge und persönlichen Gedanken zu publizieren. So darf ich meine Versuche, über Glauben, Zweifeln, Suchen, Hoffen und Fragen nachzudenken, einer weiteren Öffentlichkeit vorlegen. Das ist eine grosse Anerkennung meiner Arbeit. Das macht mir natürlich sehr Freude. Ich nehme diese Anerkennung in voller Dankbarkeit an, aber auch in Bescheidenheit: Ich weiss, dass die in diesem Buch vorgelegten Texte blosse Versuche bleiben, Leserinnen und Lesern auf ihrer Suche nach Wahrheit weiterzuhelfen. Wenn das ein bisschen gelingt, hat es seinen Zweck erfüllt.

Das Buch hätte natürlich ohne vielseitige persönliche Unterstützung nie erscheinen können. Ein ganz besonderer Dank gebührt Urs Stolz, dem Kirchgemeindepräsidenten von Zürich und früheren Synodalratspräsidenten der Christkatholischen Kirche der Schweiz. Er hat dieses Buch lanciert, das Projekt initiiert und es bis zum Schluss engagiert begleitet. Ohne seine Idee hätte es nie entstehen können. Es ist ein schöner Ausdruck einer freundschaftlichen Beziehung und unserer langjährigen fruchtbaren Zusammenarbeit in der Kirche. Sein Nachwort tut mir gut.

Der frühere Erzbischof von Utrecht, Antonius Jan Glazemaker, hat ein Geleitwort geschrieben, das mich sehr berührt. Als Weggenosse hat er für mich eine sehr grosse Bedeutung und spielt eine wichtige Rolle. Als älterer Amtsbruder hat er mich mit viel Einfühlungsvermögen, Erfahrung und ruhiger Frömmigkeit in das Bischofsamt eingeführt. Er hat mich treu durch alle die Jahre begleitet – in guten und weniger guten Zeiten. In vielen intensiven Gesprächen haben wir unsere gemeinsamen Aufgaben durchdacht. Als gute Freunde durften wir eine brüderliche Zusammenarbeit erleben. Wir haben miteinander reiche – und oft auch sehr fröhliche – Jahre verbringen dürfen.

Ein ganz grosser Dank gilt meiner Frau Marianne Gerny-Schild. Ohne sie hätte das Buch nicht erscheinen können. Sie hat einen wüsten Haufen von Manuskripten geordnet und brauchbar gemacht. Sie hat unermüdlich gelesen, angeregt, kritisiert, korrigiert. Vor allem hat sie mich immer wieder ermuntert, wenn ich zu scheitern drohte.

Eine unschätzbare Unterstützung leistete Marianne Stirnimann. Sie hat mit unerschöpflicher Ausdauer die ganze Computerarbeit besorgt, durch viele anregende Hinweise zum Gelingen beigetragen und die Texte druckfertig gemacht.

Sehr geholfen hat mir die Unterstützung von Angela Berlis und Peter Feenstra. Sie haben viele Hinweise gegeben und Nachforschungen geleistet.

Einführung

Zu danken ist auch der Druckerei Gassmann Biel und dem Stämpfli Verlag Bern, die mit viel Erfahrung und Hilfsbereitschaft da waren. Das nicht einfache Projekt konnte nur dank dem grossen Einsatz und Können ihrer Mitarbeiterinnen und Mitarbeiter realisiert werden.

Und schliesslich: Ich verdanke meinen Lehrern viel. Dazu gehört der Oltner Gymnasiallehrer Gottfried Wälchli, der mir Türen zur deutschen Sprache und zur Kunst geöffnet hat. Dann prägten mich besonders die Neutestamentler Ernst Gaugler und Kurt Stalder und der Dogmatiker und Bischof Urs Küry. Sie haben mein Denken theologisch stark beeinflusst. Sie haben mir einen Schatz an kirchlichem Denken und Leben vermittelt, von dem ich bis heute zehre.

Je remercie chaleureusement le président de la paroisse de Genève, Bernard Boulens. Il a réagi d'une manière très positive à ma demande de publier le Notre Père en français. La région romande de notre diocèse joue un grand rôle pour notre Eglise. Comme pour tout notre pays cela représente un enrichissement de connaître deux mentalités, deux façons de vivre, deux traditions ecclésiastiques, deux langues. Le contact avec la partie francophone de notre diocèse m'a aussi enrichi personnellement. De franchir les frontières de la Suisse alémanique a vivement influencé ma façon de penser et mes sentiments envers la Suisse romande. Je suis très reconnaissant pour cela.

Mit Dankbarkeit blicke ich auf die Arbeit an diesem Buch zurück. Sie stand manchmal wie ein grosser Berg vor mir. Gleichzeitig war sie eine interessante und vielseitige Herausforderung. So etwas realisieren zu dürfen, ist natürlich alles andere als eine Selbstverständlichkeit. Zudem durfte ich erfahren, dass ich von viel Vertrauen getragen werde und dass ich von vielen hilfreichen Menschen umgeben bin. Aber es hat mir auch in Erinnerung gerufen, wie wichtig es ist, sich selbst immer wieder selbstkritisch zu hinterfragen. Ich gebe deshalb das Buch mit grosser Unsicherheit aus den Händen. Als die Arbeit abgeschlossen war, kam mir wie von selbst die Grundhaltung von Sokrates in den Sinn: «Ich weiss, dass ich nichts weiss.»

Bern 2017, am Rosensonntag – Laetare – Freuet euch!
Bischof Hans Gerny

Gemeindepredigten
Die Predigten folgen dem Kirchenjahr

Krieg gehört zum Menschen	*17*
Advent ist schwierig	*19*
Wollen wir den Jüngsten Tag überhaupt?	*21*
Guten Morgen, ihr Schlangenbrut!	*25*
Die leidenschaftliche und wilde Maria	*28*
Monotheismus	*32*
Kitsch ist nötig	*35*
Tizians Hund	*37*
Gott muss unvollkommen sein	*41*
Glaube und Zweifel sind Zwillinge	*44*
Zweifelhafte Gestalten finden Gott	*47*
Sprechen Sie kirchisch?	*49*
Spiessbürgertheologie?	*52*
Die Kirchen werden schwächer	*54*
Rosen schenken	*57*
Christus ist für uns gestorben – stimmt das?	*60*
Zweifel an der Auferstehung	*63*
Glaube ist kein Leistungssport	*66*
Warum ist heutige Kunst so unverständlich?	*68*
Wir dürfen das Leben nicht kontrollieren wollen	*71*
Seid eigensinnig!	*73*
Wir wissen nicht, was wir beten sollen	*77*
Der Geist macht, was er will – aber was macht er?	*79*
Es gibt Freiheit – tatsächlich!	*82*
Ein unverständliches Kirchenfest	*84*
Die Menschen suchen	*87*
Ehebruch – na und?	*90*
Drei frustrierte Apostel und frustrierte Kirchen	*93*
Auslachen kann Mord sein	*97*
Die jungfräuliche Maria – eine sexistische Fantasie?	*99*
Was ein unfreundlicher Jesus sagen will	*102*
Ist Religion wirklich nur Privatsache?	*105*
Liebe Christen, seid bitte etwas schlau!	*108*
Die Kirche ist nicht einfach ein Verein	*110*
Die Stellvertreter Christi sind wir	*113*
Wie gehen wir mit dem Islam und unserem Glauben um?	*116*

Gemeindepredigten

Ach die Vergebung!	*119*
Gottes Auge – Googles Auge?	*122*
Die verpönte Mission gehört zum Glauben	*125*
Wenn Gott tot ist – warum ist er gestorben?	*128*
Jesus hätte in der Schweiz kein Asyl bekommen	*131*
Nächstenliebe ist mehr als ein Gefühl	*134*
Wir müssen keine Helden sein	*137*
Der Tod – das ewige Tabu	*139*
Tanzt der Tod? Der Tod tanzt!	*142*
Soll man sich wirklich auch auf die andere Backe hauen lassen?	*145*
Bewaffnet euch!	*148*
Ist Gott halt doch ein Sündenbuchhalter?	*151*

Krieg gehört zum Menschen
Jesaja 2,2–5

Es wäre doch wunderbar, wenn wir statt Panzer Landwirtschaftstraktoren und statt Kanonen Mähdrescher fabrizieren könnten, weil es keine Kriege mehr gäbe. Diese Vision hatte schon der Prophet Jesaja vor etwa 2700 Jahren. Damals prägte er das ungeheure Wort: «Dann schmieden die Völker Pflugscharen aus ihren Schwertern und Winzermesser aus ihren Lanzen.» Kein Wunder, ist das Wort so berühmt, dass es auch von erklärten Ungläubigen gerne verwendet wird.

Denn hier wird die tiefste und ewige Hoffnung der Menschheit gültig formuliert: Frieden! In Gerechtigkeit und Wohlstand leben, mit Pflug und Winzermesser in Gottes Schöpfung ohne Angst vor Gewalt arbeiten können, das ist der Traum der Menschheit von jeher. Wir haben in unserem Land keine Ahnung von Krieg und Elend, Hunger und Angst. Wir wissen nicht, was Gefangenschaft und Verfolgung bedeuten. Wir haben Brandschatzung, Massenvergewaltigung und Folter nicht erlebt. Deshalb können wir uns die ungeheure Friedenssehnsucht gar nicht vorstellen, die die Menschen in Darfur oder Afghanistan, im Irak oder in Palästina haben müssen. Für uns ist Krieg letztlich nur ein Wort. Frieden im eigenen Land ist für die Schweiz eine Selbstverständlichkeit.

Und doch: Auch wenn wir in Europa zu den friedensgesegneten Völkern gehören, auch wenn Europa gelernt hat, seine Konflikte etwas vernünftiger zu lösen, und auch wenn wir Krieg nur vom Hörensagen kennen – so gehört Krieg trotzdem zum Menschen wie Tod und Krankheit. Viele Leute nehmen nicht ernst, dass es nie eine Menschheit ohne Krieg geben wird. Sie schimpfen über Politiker und Generäle, die nichts Gescheiteres zu tun wissen als einander zu verhauen. Natürlich gehen einem der einfältige George W. Bush und der brutale Putin auf die Nerven. Natürlich sind Ahmadinejad (Iran) und Musharraf (Pakistan) schreckliche Kerle – aber das ändert nichts an der Tatsache, dass es auch ohne diese Figuren Krieg in der Welt gäbe. Und auch wenn es manchmal wirklich einiges über die Grossen dieser Welt zu schimpfen gibt – eines darf man nicht vergessen: Auch wir, die normalen Menschen wie Sie und ich, auch wir bringen es nicht fertig, ohne Streit zu leben. Und Streit ist ja auch eine Form des Kriegs. Wir streiten in der Familie und am Arbeitsplatz. Wir reiben uns an Kindern und Nachbarn. Und wir finden eine Tante oder einen Kirchenbanknachbarn unmöglich. Wir behandeln dann diese Leute entsprechend. So leiden wir alle unter den Streitigkeiten des Alltags und sehnen uns nach einem friedlichen Leben. Aber wir wissen genau, dass wir dieses nie erreichen werden. Genauso wenig kann die grosse

Politik je eine friedliche Welt schaffen. Heisst das aber, dass wir fatalistisch sagen müssen: Man kann ja doch nichts machen. Also lassen wir Streit Streit und Krieg Krieg sein.

Für Christen heisst es das natürlich nicht. Denn in der Bergpredigt steht klar: «Selig sind die, die Frieden schaffen. Denn sie werden Kinder Gottes heissen» (Mt 5,9). Damit sind nicht die passiv Friedfertigen gemeint. Es sind diejenigen gemeint, die aktiv Frieden ermöglichen. Wörtlich heisst es: «Selig sind die, die den Frieden machen.» Das bedeutet: Es ist selbstverständliche und normale Christenpflicht, für den Frieden einzustehen. Karl Barth hat einmal gesagt, man müsse gegen das Böse kämpfen, nicht obschon es sich nie besiegen lasse, sondern weil es sich nie besiegen lasse. Das gilt auch für den Frieden: Man muss für den Frieden kämpfen, weil er nie erreichbar ist. Der Kampf hört nie auf. Christen sind einerseits Utopisten. Sie kämpfen unentwegt für das Unmögliche. Andrerseits sind sie nüchterne Pragmatiker, die das genau wissen.

Bis jetzt haben wir nur von den Menschen und dem Krieg gesprochen. Von Gott und dem Frieden haben wir noch nichts gesagt. Für den Propheten Jesaja, über dessen Text wir heute nachdenken, ist Gott der Herr der Geschichte. Er ist der wirklich Zuständige. Das haben die Propheten dem Volk Israel immer eingehämmert. Und sie haben ihm ebenso eingehämmert, dass die Imperialisten der damaligen Zeit – also etwa die Assyrer, die Ägypter oder die Babylonier – nicht autonome Mächte sind, sondern lediglich Werkzeuge in der Hand Gottes. Alles Recht und alle Gerechtigkeit kommen allein von Gott, vom Berg Zion, von Jerusalem. Nicht von ungefähr hören viele im Namen Jerusalem das Wort Schalom, Frieden, mit. In der Vorstellung der Antike sind Berge Orte, wo man Gerechtigkeit, Rat und Recht findet. Wir Christen können diesen Gedanken nicht leicht nachvollziehen, denn für uns spielen Berge keine spirituelle Rolle mehr wie einst für die Menschen der Antike. Der Heilige Berg des christlichen Glaubens sind der Tod und die Auferstehung Christi. Wir leben im Wissen, dass wir uneingeschränkt für den Frieden einstehen müssen. Aber wir wissen auch, dass dieser Friede erst mit der Wiederkunft des Auferstandenen vollkommen sein wird.

Die jesajanische Hoffnung, dass es keine Waffen mehr für den Krieg, dafür aber Pflüge und Winzermesser für den Frieden geben wird, taucht im Neuen Testament immer wieder auf, allerdings in neuer Form. So heisst es etwa in der Offenbarung des Johannes: «Er wird alle Tränen abwischen von ihren Augen. Und der Tod wird nicht mehr sein, und kein Leid, noch Geschrei noch Schmerz. Denn das Erste ist vergangen. Siehe, ich mache alles neu» (Offb 21,4f).

Wir Christen leben also in einer ungeheuren Spannung. Einerseits leben wir mit der entsetzlichen Tatsache, dass es eine Welt ohne Krieg nie geben wird. Und wir leben andrerseits in der Hoffnung auf den, der alles neu machen wird. Diese Spannung zwischen brutaler Gegenwart und Hoffnung auf das Reich Gottes ist oft kaum zu ertragen. Aber nur wer diese Spannung aushält, kann im Elend dieser Welt die Hoffnung auf die Wirklichkeit des Jesajawortes behalten. Diese Spannung aushalten, das ist das Höchste, was Christen erreichen können. Wer das erreicht, in dem wird die Hoffnung nie sterben, dass «sie aus ihren Schwertern Pflugscharen schmieden werden und aus ihren Lanzen Winzermesser».

1. Adventssonntag 2007

Advent ist schwierig

Advent ist Wartezeit. Wir warten auf Weihnachten. Das ist schön. Städte und Dörfer werden festlich geschmückt und beleuchtet. Wir bereiten Einladungen, Essen und Geschenke vor. Die festliche Stimmung wächst, bis endlich unser beliebtestes Fest da ist. Aber so schön und festlich der Advent auch ist, er ist auch schwierig. Denn wir Christinnen und Christen sollen ja nicht nur auf den Weihnachtstag warten. Wir sollen auch darauf warten, dass Christus endlich wiederkommt und uns sein göttliches Reich bringt. Wir haben eben gesungen: «O Heiland, reiss die Himmel auf, herab, herab vom Himmel lauf.» In heutigem Deutsch heisst das: «Jetzt komm endlich einmal mit deinem Reich!»

Aber Hand aufs Herz: Rechnen wir tatsächlich damit, dass Christus wiederkommen wird? Das würde gemäss unserem heutigen Evangelium (Mk 13,24–27,31,32) ja auch den Weltuntergang bedeuten. Wollen wir das überhaupt? Ich bin nicht so sicher. Der Glaube an den Jüngsten Tag und an die neue Welt Gottes ist in der westlichen Welt stark verblasst. Das ist verständlich. Denn es ist schwierig, 2000 Jahre lang zu erwarten, dass das Reich Gottes jeden Tag kommen könnte, wenn es doch nie kommt. Irgendeinmal richtet man sich häuslich ein. Das hat auch die Kirche getan – gezwungenermassen. Trotz allen Zweifeln hat die Kirche durch zwei Jahrtausende aber nie aufgegeben, um die Wiederkunft Christi zu bitten.

Trotz unserer Zweifel und obschon viele von uns nicht wirklich auf die Wiederkunft Christi warten, so ist der Glaube an ein kommendes Reich Gottes doch ein Schwerpunkt des Neuen Testaments. Deshalb hat uns Jesus selbst im Vater Unser beauftragt, um dieses Reich zu beten. Und viele Geschichten, die Jesus erzählt hat, reden davon, dass er wiederkommen wird. Aber trotz Jesu Worten: Die Schwierigkeiten und die Zweifel verschwinden nicht einfach.

Diese Glaubensprobleme hat ein berühmter Theologe in die ironischen, aber gleichzeitig auch traurigen Worte gefasst: «Jesus hat das Reich Gottes verheissen, gekommen ist die Kirche» (Alfred Loisy 1857–1940). Das tönt zunächst enttäuscht und resigniert. Aber in dem Satz steckt auch etwas Positives. Denn das Reich Gottes und die Kirche werden in einem Atemzug genannt und so in eine enge Beziehung zueinander gebracht. Zwar ist die Kirche eine irdische Einrichtung. Sie ist eine Institution mit menschlichen Stärken und Schwächen. Aber sie ist mit Christus verbunden. Und deshalb lebt auch Göttliches, etwas vom Gottesreich, in ihr.

Damit bekommt die Vater-Unser-Bitte einen aktuellen Inhalt. «Dein Reich komme» bedeutet dann nämlich auch, dass wir Gott bitten, hier und jetzt etwas von seinem Reich zu uns zu schicken. Wir bitten um sein Wirken in der Kirche, jetzt. Wir bitten ihn, in der Kirche jetzt etwas vom Glanz des Reiches Gottes leuchten zu lassen. Wir bitten also darum, dass das Wort Jesu wahr sei: «Das Reich Gottes ist mitten unter euch» (Lk 17,21). Und es ist manchmal ja wirklich da. Etwa dann, wenn in der Kirche zum Beispiel Streit und Machtgehabe unwichtig werden. Oder wenn wir einen besonders reichen Umgang miteinander pflegen können. Das Reich Gottes ist da, wenn das Wort Jesu bei uns spürbar wird: «Wer bei euch gross sein will, soll euer Diener sein» (Mk 10,43).

Aber noch mehr geschieht, wenn etwas vom Reich Gottes in der Kirche gegenwärtig wird. Erst wenn wir sein Licht in uns leuchten lassen, können wir auch sein Licht weitergeben. Dann werden wir für andere Menschen Freude und Hilfe sein können. Aber wir kennen schliesslich unsere menschliche Struktur: Unsere Schwäche lässt das Wirken Gottes in uns immer wieder darben. «Der Geist ist willig, aber das Fleisch ist schwach», hat Jesus barmherzig und nüchtern festgestellt (Mt 26,41). Weil das so ist, müssen wir immer wieder beten: «Dein Reich komme.» Denn wir sind darauf angewiesen, dass er sein Reich in der Kirche leuchten lässt.

Und noch etwas kann die Bitte um das Reich Gottes bewirken: Sie kann uns zu einer demütigen Erkenntnis führen. Zur Erkenntnis nämlich, dass wir Menschen die Welt nicht heilen können. Sie bleibt eine gebrochene Welt mit Bösem und Gutem, mit Dunkel und Licht. Das ist nicht zu ändern. Wir Menschen können die Welt nicht zu einem Paradies machen. Viele politische oder kirchliche Bewegungen versprachen immer wieder das Paradies auf Erden. Sie alle endeten in Diktatur und Unfreiheit: der Nationalsozialismus, der Kommunismus und auch der Kapitalismus. Und das gilt auch für Fundamentalisten mit ihren Heilsversprechungen, ob sie christlich, jüdisch oder islamisch seien. Die Bitte um das Reich Gottes mahnt uns, nie, wirklich nie, zu vergessen: Wir Menschen können weder uns selbst noch andere wirklich befreien. Die menschlichen Möglichkeiten, die Welt oder auch nur sich selbst besser zu machen, sind bescheiden. Nur Gott selbst kann sie wirklich heilen.

Die Hoffnung, dass er «wieder kommt mit Herrlichkeit» bleibt ein Herzstück unseres Betens. Denn wir träumen doch alle von einer glücklichen, paradiesischen Welt. Wir möchten eine Zukunft, in der es keine Panzer mehr gibt, sondern nur noch Traktoren mit Pflügen. Eine Welt ohne Sorgen, Tränen, Schmerzen und Tod eben (Offb 21).

Aber trotz all unserer Träume und all unserer Hoffnungen bleiben Zweifel. Warum? Weil wir nur schwache Ungläubige sind? Das glaube ich nicht. Ich glaube, dass unsere Glaubensschwierigkeiten in Gott selbst begründet sind. Er ist so gewaltig gross, dass er in unseren Köpfen und Herzen nicht genug Platz hat. Auch die Vorstellung von Weltuntergang und kommendem Gottesreich ist so ungeheuerlich, dass sie absurd auf uns wirken muss. Gott und sein Tun sind so unendlich und so unverständlich, dass uns nichts anderes übrig bleibt, als daran zu zweifeln. Deshalb gibt es keinen echten Glauben ohne Zweifel. Der Zweifel hört erst im Reich Gottes auf. Darum beten wir «Dein Reich komme», in der Hoffnung, dass Gott einmal kommt und uns von all unseren Nöten befreit. Auch das tönt absurd. Die alten Christen fanden das auch. Sie sagten: «Gerade deshalb glaube ich, weil Gott nicht zu unserer Welt und ihrem Denken passt, weil er so anders, ja für uns völlig absurd ist» (Credo quia absurdum). Wäre er für uns verständlich, dann wäre er nicht Gott, sondern nur unseresgleichen. Man kann also nur deshalb glauben, weil er unverständlich ist. Ja, Advent ist schwierig.

Fernsehübertragung aus der
Christkatholischen Stadtkirche St. Martin in Olten
2. Adventssonntag 2012

Wollen wir den Jüngsten Tag überhaupt?

Jesaja 62,10–12

Wir haben soeben gesungen: «Macht hoch die Tür, das Tor macht weit, es kommt der Herr der Herrlichkeit», und wir werden am Schluss dieses Gottesdienstes singen: «Ach komm, führ uns mit starker Hand, vom Elend zu dem Vaterland.»

Zudem: Seit 2000 Jahren beten wir jeden Tag: «Dein Reich komme.» Aber das Reich kommt nicht. Die Welt steht anscheinend unverrückbar fest. Dabei kann man beim Apostel Paulus nachlesen, dass er den Jüngsten Tag sehr bald erwartete. Er rechnete jeden Tag mit dem Ende dieser Welt. Auch Jesus redet so. «Ihr wisst nicht Tag noch Stunde», sagt er zum Beispiel (Mt 24,42). Und auch das Gleichnis von den klugen und den törichten Jungfrauen sagt das deutlich, wenn es von denen berichtet, die nicht wachsam sind, sondern schlafen und deshalb die Ankunft des Herrn verpassen (Mt 25,1–12).

Und hier stellen sich uns natürlich brennende Fragen. Wie steht es denn mit uns? Rechnen wir eigentlich mit einem Jüngsten Tag? Erwarten wir den Anbruch des Reiches Gottes überhaupt noch? Sind wir uns im Klaren, was wir sagen, wenn wir beten: «Dein Reich komme»? Oder noch mehr: Möchten wir denn überhaupt, dass das Reich Gottes anbricht? Ja, möchten wir denn, dass unsere Welt, unser Leben zu Ende ist und etwas ganz Neues, etwas Unvorstellbares anbricht? Da gibt es ja schon Zweifel. So habe ich in einer Kirche in Genf eine Inschrift gelesen, die ungefähr so lautet: «Wir haben diese Kirche neu gebaut, damit die Gläubigen auch in 200 Jahren noch einen Ort haben, wo sie beten können.» Das ist doch ein gründlicher Widerspruch, wenn am gleichen Ort gebetet wird: «Dein Reich komme.» Warten wir also überhaupt noch?

Natürlich kann man nicht 2000 Jahre lang in der Erwartung leben, dass das Reich Gottes jeden Tag anbrechen könnte. Irgendeinmal etabliert man sich und richtet sich häuslich ein. So hat es ja auch die Kirche gemacht – gezwungenermassen. Darum ist sie eine Einrichtung mit allen irdischen Merkmalen geworden, eine Institution mit menschlichen Schwächen eben. Trotzdem: Das Reich Gottes bleibt versprochen. Christus hat angekündigt, dass er wiederkommen werde. Obschon diese Verheissung eine unumstössliche Tatsache ist, verschwinden unsere Zweifel und Fragen nicht. Was sollen wir denn mit einer Verheissung machen, die nach so langer Zeit immer noch nicht eingetreten ist? Glauben wir noch an sie? Und wollen wir überhaupt, dass das Reich Gottes kommt?

Vielleicht kann uns der heutige Text aus dem Buch Jesaja weiterhelfen. Denn auch dieser Text hat mit enttäuschter Hoffnung und unerfüllten Erwartungen zu tun. Dazu der Hintergrund: Das Königreich Israel mit der heiligen Stadt Jerusalem ist im Jahre 597 vor Christus von den Babyloniern erobert und zerstört worden. Das Volk wurde mit Gewalt- und Hungermärschen von stalinistischen Ausmassen in das viele Hundert Kilometer entfernte Babylon deportiert. Vor allem hatte man es natürlich auf die politischen und intellektuellen Führungsschichten abgesehen. Sie und viele andere erreichten das Ziel nie. Für die aber, die es bis Babylon schafften, war es eine schreckliche Zeit der Unterdrückung und der Zwangsarbeit. Es gibt viele drastische Schilderungen der Qualen und Leiden des Volkes Israel in der fernen Metropole. Die Propheten, die mit den Israeliten in Babylon waren, versuchten die Menschen in ihrer verzweifelten Lage aufzurichten. Sie versprachen, dass der Tag der Befreiung und der Rückkehr kommen werde. Sie verhiessen ihnen das Erbarmen ihres Herrn. Das Königreich werde wieder erstehen und vor allem: Der zerstörte Tempel – der Mittelpunkt der Existenz Israels – werde wieder aufgebaut werden. In dieser Hoffnung hielten sie durch, jahrzehntelang.

Und tatsächlich: Die Rückkehr kam. Sechzig Jahre nach dem verlorenen Krieg wurde Israel wieder frei. Die Rückkehr in die alte Heimat begann. Aber die so lange ersehnte und erhoffte Rückkehr erwies sich nicht als die erwartete grosse Befreiung. Was die Juden nach dem Exil zu Hause erwartete, muss eine gewaltige Enttäuschung gewesen sein. Es gibt von dem Ereignis – das ein Grossereignis hätte sein sollen – kaum Berichte. Vermutlich verschweigt das Alte Testament das Geschehen fast durchwegs, weil es kaum Erfreuliches zu berichten gab. Man weiss aus Texten, die nach der ersten Rückkehr geschrieben wurden, nur, dass es zu schweren Missständen gekommen sein muss. Die sozialen Verhältnisse scheinen miserabel gewesen zu sein. Die Leute waren bitterarm. Sie hatten weder Arbeit noch Essen. Die Infrastruktur des Landes war zerstört. Die Führung des Volkes muss erbärmlich gewesen sein, korrupt und unfähig. So heisst es zum Beispiel im Buch Jesaja in einem Text, der nach der Rückkehr verfasst worden sein muss: «Die Wächter des Volkes sind blind, sie merken allesamt nichts. Es sind lauter stumme Hunde, sie können nicht bellen. Träumend liegen sie da und haben gerne ihre Ruhe. Aber gierig sind diese Hunde, sie sind unersättlich. So sind die Hirten, sie verstehen nicht aufzumerken. Jeder geht seinen eigenen Weg und ist ausschliesslich auf seinen Vorteil bedacht; er sagt: kommt her, ich hole Wein, wir trinken uns voll mit Bier. Und wie heute soll es auch morgen sein; hoch soll es hergehen» (Jes 56,10–12).

Und über die sozialen Zustände heisst es an der gleichen Stelle nicht minder drastisch: «Der Gerechte kommt um und niemand nimmt es sich zu Herzen. Die Frommen werden dahingerafft, doch es kümmert sich niemand darum. Weil das Unrecht herrscht, wird der Gerechte dahingerafft» (Jes 57,1f).

Nein, die Rückkehr war kein Erfolg. Zudem war bei diesen sozialen und wirtschaftlichen Zuständen an einen Wiederaufbau des Tempels nicht zu denken, und an die Wiederherstellung des alten, glanzvollen Königreiches schon gar nicht. Denn nur ein armes, trauriges Häufchen war zurückgekehrt. In dieser verzweifelten Situation fand sich der Prophet mit seinem Volk wieder. Mit ihr musste er fertig werden. Und vor allem musste er versuchen, als glaubwürdiger Mann Gottes die Menschen aufzurichten und ihnen in der Enttäuschung neue Hoffnung zu geben. Er setzt deshalb alles daran, ihre Resignation zu überwinden. Er will ihre Passivität brechen, indem er sie zu Taten herausfordert. Nicht enttäuscht herumhocken sollen sie, sondern Steine wegräumen. Das heisst schlicht und einfach: Wer seine Enttäuschung überwinden will, muss an der Zukunft arbeiten. «Zieht durch die Tore ein und aus und bahnt dem Volk einen Weg! Baut, ja baut eine Strasse, und räumt die Steine beiseite! Stellt ein Zeichen auf für die Völker» (Jes 62,10)!

Das heisst für die enttäuschten Zurückgekehrten: sich nicht untätig in die Stadt einschliessen und sich selbst bedauern. Sondern hinausgehen und so zeigen, dass die Stadt lebt! Aktiv an der Überwindung der Enttäuschungen arbeiten. Die Trümmer wegräumen und die Stadt schön machen. Wege und Strassen in die Stadt bauen, damit die Vertriebenen, die nach ihnen aus Babylon zurückkommen werden, ungehindert und fröhlich in die alte, neu und schön gewordene Stadt einziehen können. Steine beiseiteräumen heisst, bedrückende Hindernisse wegräumen und so etwas von den Verheissungen Gottes fühlbar machen. Die Stadt Jerusalem und das Land Israel wieder schön machen, damit Räume des Göttlichen sichtbar werden. Selbst an der Verheissung Gottes arbeiten, nur das kann Enttäuschung und Resignation überwinden.

Steine wegräumen heisst, aus der Hoffnung heraus an der Verbesserung der gegenwärtigen Situation arbeiten. Das gilt auch für uns in der Kirche: aus der Hoffnung auf die Wiederkunft Christi an der Verbesserung der schwierigen Lage der Kirche arbeiten. Anders gesagt: in der Kirche Räume schaffen, in denen etwas von der göttlichen Schönheit erfahrbar wird. Wenn wir göttliches Licht gespürt haben, dann können wir dieses Licht in die Welt hinaustragen. Genau das hiesse, selbst am Reich Gottes arbeiten.

So könnten zum Beispiel unsere Gottesdienste etwas mehr von diesem Licht ausstrahlen. Oder wir könnten uns in unserer Kirche und in unserer Gemeinde etwas mehr für soziale Anliegen einsetzen. Dann könnten wir Menschen, denen es schlecht geht, ein wenig Erleichterung bringen. Und Erleichterung in schweren Tagen hat immer etwas mit Licht und mit Zukunft zu tun, mit dem Reich Gottes also. Und da müssen sich unsere Kirche und unsere Gemeinde zum Beispiel schon fragen lassen: Stimmt denn das Verhältnis unserer Ausgaben für Administration, für Bauten und für Soziales? Oder: Nutzen wir unsere schönen kirchlichen Räume so, dass Menschen hier Zukunft finden – leibliche und seelische? Oder nützen wir sie nur für unsere Belange, für unser kirchliches und gesellschaftliches Wohlergehen? Haben wir unsere Augen genügend offen für die Welt ausserhalb der Kirchenmauern, damit wir etwas vom Licht Christi in sie hinaustragen können?

Denn nur wenn wir am Reich Gottes bauen, das wir erwarten, wird es auch kommen. Es wird kommen, und zwar in der wunderschönen Gestalt, wie es in der Offenbarung des Johannes versprochen ist: «Gott wird in ihrer Mitte wohnen, und sie werden ein Volk sein; und er, Gott, wird bei ihnen sein. Er wird alle Tränen von ihren Augen abwischen: der Tod wird nicht mehr sein, keine Trauer, keine Klage, keine Mühsal» (Offb 21,3f).

Tränen abwischen, Klagen stillen, Mühsal tragen helfen – kurzum: Steine wegräumen, Wege bauen. Das heisst, etwas vom Reich Gottes in diese dunkle Welt bringen. Könnte das unsere Resignation überwinden helfen, weil wir dann plötzlich etwas vom versprochenen Reich Gottes spüren? Aus dieser Hoffnung heraus am Reich Gottes bauen und umgekehrt aus diesem Bauen am Reich Gottes neue Hoffnung finden: Könnte das unser Advent sein?

2. Adventssonntag 2003

Guten Morgen, ihr Schlangenbrut!
Lukasevangelium 3,7–11; Philipperbrief 4,4–7

Liebe Gemeinde. So beginnt man bei uns üblicherweise eine Predigt. Das stimmt für die normale Gemeindewirklichkeit. Aber ich habe auch schon merkwürdige Predigtbegrüssungen gehört. So etwa, dass sich Prediger bei den Gottesdienstbesuchern dafür bedanken, dass sie gekommen sind. Ich habe auch schon gehört, dass einer am Anfang «Meine Damen und Herren» säuselte. Solche Anbiederungen waren die Sache Johannes des Täufers nicht. Er scheute sich nie, die Dinge beim Namen zu nennen. Alle grossen biblischen Prediger redeten Klartext. Deshalb bedankt sich Johannes nicht anbiedernd bei seinen Zuhörern, dass sie gekommen sind. Und auch er sagt nicht distanziert und pseudotolerant «Meine Damen und Herren». Im Gegenteil: Er begrüsst seine Zuhörerschaft mit einem deftigen: «Guten Morgen, ihr Schlangenbrut!» (Lk 3,7).

Aber was steht hinter solch derber Rede? Johannes der Täufer hatte doch Leute vor sich, die sich in ihrem Leben nicht wohl fühlten und ihren Alltag verändern wollten. Sie hofften bei Johannes neue Perspektiven zu finden. Sie wollten mit seiner Hilfe ein neues Leben anfangen. Sie wollten den berühmten Prediger hören, sich von ihm taufen lassen, um so ihre Ruhe zu finden. Und da fährt er diese Menschen grob mit «ihr Schlangenbrut!» an.

Auch heute suchen die Menschen, die bei uns in die Kirche kommen, Alternativen zu ihrem Alltag, so wie damals die Zuhörer des Johannes. Sie suchen Wege, Antworten, Gnade, vielleicht auch einfach etwas Besinnung und Ruhe. Stellen Sie sich vor, was passieren würde, wenn ich Sie heute Morgen in unserer Kirche mit den Worten angefahren hätte: «Guten Morgen, ihr Schlangenbrut!»

Da fragen wie uns schon: Wie kommt Johannes dazu, gegen suchende Menschen so aggressiv zu sein? Wenn man das verstehen will, muss man wissen, wer dieser Täufer ist. Er ist eine profilierte jüdische Prophetenfigur. Er ist ein asketischer Bussprediger und konsequenter Verfechter der Sache Gottes. Er ist hart gegen sich selbst, aber er erwartet auch von seinen Anhängern viel. Er wohnt in der Wüste und lebt karg von dem, was er in der Wüste gerade findet – wilden Honig und Heuschrecken etwa. Er ist ein brillanter Redner. Die Leute hängen an seinen Lippen. Wegen seiner tiefen Frömmigkeit und seiner persönlichen Integrität war er für viele ein grosses Vorbild. Denn die bessere Gesellschaft war damals genauso korrupt wie heute die FIFA. Und genau deshalb laufen ihm die Leute massenweise nach. Sie wollen ihn hören, weil sie in ihm eine überzeugende Persönlichkeit gefunden haben – etwas, was wir ja auch immer wieder suchen.

Damals suchen viele nach einem Leben jenseits der üblichen oberflächlichen Weltlichkeit. Sie suchen nach neuen, nach gültigen Lebenswerten. Diese Suchenden gehen zu Johannes, um sich taufen zu lassen. Sie hoffen, dass mit diesem Reinigungsritual alles Üble von ihnen abgewaschen wird. Die Menschen hoffen so, Ruhe und Frieden zu finden. Aber Johannes fährt sie an: Ihr Schlangenbrut, so leicht geht das nicht. Ihr könnt euch doch nicht einfach aussen abwaschen lassen und dann meinen, dass ihr auch in eurem Inneren sauber seid. Zuerst muss sich bei euch Grundsätzliches ändern, bevor ihr zu geistlicher Freiheit und Ruhe findet. «Bringt Früchte hervor, die eure Umkehr zeigen», sagt er ihnen. Und als sie ihn fragen: «Was sollen wir tun?» Da sagt er: «Wer zwei Gewänder hat, der gebe eines davon dem, der keines hat. Und wer zu essen hat, der handle ebenso.» Das heisst: Zuerst müsst ihr eine neue Einstellung zum eigenen Ich und damit auch zum eigenen Besitz finden. Erst dann kann eine neue Beziehung zu Gott und den Menschen wachsen. Erst dann könnt ihr zu neuen Lebensperspektiven finden. Und wenn ihr sie gefunden habt, dann merkt man das an den Früchten, die euer Leben anderen Menschen schenkt.

Etwa 25 Jahre nach dieser harten Rede des Johannes schreibt Paulus seiner Gemeinde in der griechischen Stadt Philippi einen Brief. Der hochgebildete Apostel redet in einem anderen Ton als der volkstümlich-knorrige Wanderprediger. Beim Apostel tönt es geschliffener. «Freuet euch im Herrn zu jeder Zeit», beginnt er, und fährt dann weiter: «Nochmals sage ich: freuet euch», um dann beizufügen: «Eure Güte werde allen Menschen bekannt.» Damit sagt er in anderen Formulierungen, aber genau so nachdrücklich wie Johannes der Täufer: Eure Freude an Gott und an seiner Liebe hat nur dann einen Sinn, wenn ihr sie nicht für euch behaltet, sondern wenn auch andere Menschen etwas davon haben. Freude am Glauben nur für sich selbst hat keinen Wert. Ähnliches hat schon

Johannes gesagt: Eure Reinheit hat nur einen Sinn, wenn auch andere Menschen etwas davon haben. In einem Satz: Reinheit und Freude an Gott haben ihren eigentlichen Wert darin, dass auch andere Menschen etwas davon haben.

Jesus redet ähnlich: «An ihren Früchten sollt ihr sie (die echten Gläubigen) erkennen. Erntet man etwa von Dornen Trauben oder von Disteln Feigen?» (Mt 7,16). Übersetzt heisst das: Man sucht bei Menschen, die nur an sich denken, nichts Gutes, auch wenn sie sich noch so gläubig geben. Das heisst auch, dass der christliche Glaube nur einen Wert hat, wenn er nicht nur für mich allein gut ist. Glaube muss nach aussen strahlen. Dieses Ausstrahlen kann allerdings sehr verschieden sein, so etwa: Freude weitergeben, menschliche Not lindern, Menschen Perspektiven zeigen oder Leuten das Gefühl geben, dass sie wichtig sind und ernst genommen werden. Natürlich ist alles das, was Johannes und Paulus sagen, weit von uns weg. Es ist 2000 Jahre alt und es stammt aus einer völlig anderen Umwelt. Kann es für uns trotzdem auch im Jahre 2015 noch etwas bedeuten? Ich denke schon. Warum? Sagen wir es so: Unsere Kirche ist eine kleine Kirche. Daran stossen wir uns immer wieder. Wir haben Minderwertigkeitsgefühle. Wir möchten gerne grösser, bekannter, einflussreicher sein. Unsere grossen, oft leeren Kirchen stören uns. Wir möchten sie voll sehen und so erleben, dass wir in der Gesellschaft wichtig sind. Deshalb wird immer wieder gefordert, dass wir mehr Öffentlichkeitsarbeit machen sollen. Viele meinen, dass mehr Menschen zu uns kämen, wenn wir nur bekannter wären. Sie denken, Medien und Bekanntheit könnten unsere Kirchen füllen.

Das glaube ich nicht. Menschen gehen nicht wegen Medienpräsenz oder Bekanntheitsgrad zu einer Kirche. Das Wort Johannes des Täufers scheint mir überzeugender: Bringt saftige Früchte hervor. Auch Paulus scheint mir glaubwürdiger: Eure Güte werde allen Menschen bekannt. Oder um etwas pointiert zu fragen: Geben wir mit unserer Kirche, mit unserer Kirchgemeinde und mit uns selbst die Güte Gottes als appetitliche Frucht anderen Menschen weiter? Darüber müssten wir nachdenken: Wie könnten wir Christkatholikinnen und Christkatholiken unserer Umwelt besser glaubhaft machen, dass wir Menschen Geborgenheit geben, dass wir für Bedürftige da sind, dass wir den Menschen helfen, ihre Sorgen zu tragen und ihre Freuden auszuleben, dass wir etwas tun für die ausgebeutete Schöpfung. Wie könnten wir den Menschen saftige Früchte weitergeben?

Natürlich weiss ich auch keine einfachen Antworten. Aber ich denke, dass wir mündige Christinnen und Christen uns zusammensetzen müssten, um diesen Fragen nachzugehen. Wir müssten miteinander über die Frage ins Gespräch kommen, wo denn bei uns Früchte für andere Menschen wachsen könnten. Und was für Früchte bei uns wachsen könnten. Jesus hat schon richtig gesehen!

Johannes der Täufer, Jesus und Paulus – sie haben uns Fragen gestellt. Und sie lassen uns mit Fragen zurück. Antworten geben sie kaum. Zu einfach wäre das. Und vielleicht ist genau hier der Vorwurf des Johannes von der Schlangenbrut an seine Zuhörer begründet. Stellt endlich Fragen an euch selbst. Fragt selbst, statt nur um Hilfe zu rufen und zu klagen. Das könnten auch wir Christkatholikinnen und Christkatholiken uns zu Herzen nehmen. Wo sind auch wir verantwortlich dafür, dass es der Kirche schlecht geht? Und wo sind wir nicht verantwortlich? Dass wir so fragen und suchen, dazu wollen uns die drei grossen biblischen Prediger bewegen.

Man könnte hier an das berühmte Wort des amerikanischen Präsidenten John F. Kennedy denken: «Frage nicht, was dein Land für dich tun kann. Frage, was du für dein Land tun kannst.» Wir könnten es für uns abwandeln: «Frage nicht, was deine Kirche für dich tun kann. Frage, was du für deine Kirche tun kannst.»

3. Adventssonntag 2015

Die leidenschaftliche und wilde Maria
Lukasevangelium 1,46–55

Weihnachten ist bei uns das populärste Fest überhaupt. Kein Fest wird so romantisch, so gefühlig und so üppig gefeiert, bei Christgläubigen genauso wie bei kirchenfernen Menschen. Das war nicht immer so. Die Christen feierten in den ersten vier Jahrhunderten Weihnachten überhaupt nicht. Erst 354 wird das Fest erstmals erwähnt. Und erst am Ende des 16. Jahrhunderts kam langsam der Weihnachtsbaum auf, von der Kirche heftig als heidnisches Symbol bekämpft. Bei uns wurde Weihnachten eigentlich zunächst nur im gottesdienstlichen Bereich gefeiert. Erst im 18. Jahrhundert wird Weihnachten auch in der Familie mehr und mehr begangen. Jetzt beginnen auch die ersten Weihnachtsgeschichten und Weihnachtsgedichte zu erscheinen. Man denke etwa an Joseph von Eichendorffs berühmtes Gedicht aus dem 19. Jahrhundert:

> Markt und Strassen stehn verlassen,
> Still erleuchtet jedes Haus.
> Sinnend geh ich durch die Gassen,
> Alles sieht so festlich aus.

An den Fenstern haben Frauen
Buntes Spielzeug fromm geschmückt.
Tausend Kindlein stehn und staunen
Sind so wunderstill beglückt.

Und ich wandre aus den Mauern
Bis hinaus ins freie Feld.
Hehres Glänzen, heilges Schauern!
Wie so weit und still die Welt!

Sterne hoch die Kreise schlingen.
Aus des Schnees Einsamkeit
Steigts wie wunderbares Singen –
O du gnadenreiche Zeit!

Es fällt dabei auf, dass der sehr kirchliche Christ Eichendorff nichts über den christlichen Inhalt des Festes sagt. Er beschränkt sich auf die Schilderung romantischer Gefühle. Daran merkt man, wie sich Weihnachten mit fortschreitender Popularisierung gleichzeitig auch entchristlicht und zum bedeutendsten Familienfest der bürgerlichen Gesellschaft wird. Essen, Trinken, Dekorationen und Geschenke werden immer wichtiger. Weihnachten ist in unseren Breitengraden immer mehr zu dem Fest geworden, wie wir es heute kennen. Städte, Kirchen, Wohnungen sind in diesen Tagen so reich und üppig geschmückt wie sonst nie. Dabei sind kaum mehr christliche Motive erkennbar. Rentiere und Weihnachtsmänner dominieren immer mehr. Christliche Weihnachtskarten sind kaum mehr zu finden. Der christliche Inhalt ist wie verdunstet. Mir ist wichtig, dass man das nüchtern feststellt – ohne zu moralisieren oder zu jammern. Es ist jetzt einfach so.

Aber vielleicht ist es doch gut zu wissen, dass Weihnachten ganz anders angefangen hat. Der Evangelist Lukas schildert nichts Grossartiges oder gar Üppiges. Er beschreibt die armselige Geburt des Kindes Jesus in einem Stall drastisch. Unehelich ist der Kleine zu allem Elend auch noch. Zu Besuch kommen Hirten. Hirten waren damals Leute aus der untersten sozialen Schicht mit einem miserablen Ruf. Dazu stossen noch Magier aus dem Osten, die man später zu Königen aufbläst! Magier galten als dubiose und abergläubische Astrologen. Man verachtete sie. Nein, von einem Fest oder einer vornehmen Geburt kann keine Rede sein.

Johannes nimmt in seinem Evangelium den letzten Glanz von der Geburt Jesu weg. Er sagt von der Geburt des Gottessohnes «Gott sei Fleisch geworden» (Joh 1,14). Das Wort Fleisch ist wörtlich zu nehmen. Im Wort Fleisch steckt die ganze Natur des Menschen – Freuden und Leiden, Versuchung und Angst, Triebe und Nächstenliebe, Ungerechtigkeit und Sehnsucht,

Essen und Trinken, Hunger und Durst, Krankheit und Schmerzen, Tod und Verwesung. Mit anderen Worten: Mit der Fleischwerdung Gottes entsteht ein ganz neues Gottesbild. Aus dem fernen, unnahbaren, jenseitigen, unverständlichen Gott ist ein naher, menschlicher Gott geworden, ein Mensch wie wir. Kurt Marti hat die Tatsache, dass Gott einer von uns geworden ist, eindrücklich so beschrieben:

> damals
> als Gott
> im schrei der geburt
> die gottesbilder zerschlug
> und
> zwischen marias schenkeln
> runzelig rot
> das kind lag

Und noch etwas darf in diesen Zusammenhang nicht vergessen werden, nämlich was Maria selbst zur Geburt Jesu denkt. Die schwangere Maria singt bei der Begegnung mit ihrer Freundin Elisabeth ein Lied – das berühmte Magnifikat. Ich will es Ihnen vorlesen. Es ist ein schöner und zugleich auch ein verrückter Text.

> Meine Seele preist die Grösse des Herrn,
> und mein Geist jubelt über Gott, meinen Retter.
> Denn auf die Niedrigkeit seiner Magd hat er geschaut.
> Siehe, von nun an preisen mich selig alle Geschlechter.
> Denn der Mächtige hat Grosses an mir getan
> und sein Name ist heilig.
> Er erbarmt sich von Geschlecht zu Geschlecht
> über alle, die ihn fürchten.
> Er vollbringt mit seinem Arm machtvolle Taten:
> Er zerstreut, die im Herzen voll Hochmut sind;
> er stürzt die Mächtigen vom Thron
> und erhöht die Niedrigen.
> Die Hungernden beschenkt er mit seinen Gaben
> und lässt die Reichen leer ausgehen.
> Er nimmt sich seines Knechtes Israel an
> und denkt an sein Erbarmen,
> das er unseren Vätern verheissen hat,
> Abraham und seinen Nachkommen auf ewig.

Wir singen diesen wundervollen Text in der Vesper (Lk 1,46–55). Und weil das Magnifikat ein so grossartiger und ästhetisch vollkommener Text ist, ist er zu harmloser Poesie geworden. Er ist fast nur noch ein schöner Weihnachtstext. Die verrückten Dinge, die darin stehen, hören wir gar nicht mehr. Wir merken wohl auch nicht mehr, dass das Magnifikat politischer Sprengstoff pur ist.

Zuerst fängt er ganz unscheinbar und harmlos an: «Meine Seele preist die Grösse des Herrn, und mein Geist jubelt über Gott meinen Retter.» Ähnliches steht in vielen Psalmen und religiösen Gedichten. Aber schon bald kommen neue Töne: «Denn auf die Niedrigkeit seiner Magd hat er geschaut.» Das Landmädchen Maria wird von Gott in den Blick genommen – als Mutter seines einzigen Sohnes. Maria sieht sich durch das Tun Gottes erhöht: Was er an ihr tut, das macht sie gross vor den Menschen. Sie, die Unwichtige, wird durch Gottes Tun plötzlich wichtig. Ob ein Mensch in der Welt klein und bedeutungslos ist, spielt also bei Gott keine Rolle. Er hält sich nicht an Normen und Vorstellungen der menschlichen Bürger- und Standesgesellschaft. Er erhöht, wen Er erhöhen will, und nicht, wer bei uns wichtig ist. Das ist eine Umwertung aller gesellschaftlichen und sozialen Werte.

Aber es kommt noch härter. Es heisst da: «Er vollbringt mit seinem Arm machtvolle Taten … Er stürzt die Mächtigen vom Thron und erhöht die Niedrigen. Die Hungernden beschenkt er mit seinen Gaben und lässt die Reichen leer ausgehen.» Der Theologe Dietrich Bonhoeffer hat dazu gesagt: «Dieses Lied der Maria ist das leidenschaftlichste, wildeste, ja man möchte sagen revolutionärste Adventslied, das je gesungen wurde. Es ist nicht die sanfte, zärtliche, verträumte Maria, wie wir sie auf Bildern sehen. Sondern es ist die leidenschaftliche, stolze, hingerissene, begeisterte Maria, die hier spricht. Ein hartes, starkes, unerbittliches Lied von stürzenden Thronen und gedemütigten Herren dieser Welt, von Gottes Gewalt und der Menschen Ohnmacht.»

Die unglaublichen Worte des Magnifikats sind natürlich immer wieder für eigene Überzeugungen und Forderungen vereinnahmt worden. Sie wurden als Aufruf zum Umsturz oder als revolutionäre Forderung verwendet. Aber das Magnifikat ist natürlich kein simples Revolutionslied. Denn hier ist nicht von revoluzzenden Menschen die Rede. Hier ist die Rede von Gott. Was Er tut, steht hier im Mittelpunkt. Er erhöht die Niedrigen. Er lässt die Reichen leer ausgehen. Er stellt die Welt auf den Kopf. Er wertet alle Werte um. Deshalb sagt Kurt Marti, dass Gott an Weihnachten die alten Gottesbilder zerschlug. Wenn wir begreifen, dass in der Menschwerdung Gottes ein neues Gottesbild entstanden ist, dann muss das Konsequenzen für unser Menschenbild haben. Auch für das, das ich mir von mir mache. Denn der

Mensch ist nach dem biblischen Verständnis das Abbild Gottes. Also bin ich das Abbild desjenigen Gottes, der die Mächtigen stürzt und die Niedrigen erhöht. Arme müssen also auch durch mich seine Liebe spüren können. Reiche müssen auch durch mich seine Gedanken hören können. Wir sind nicht zuletzt auch Gottes Hände. Hier liegt die Wurzel der sozialen Verantwortung der Kirchen. Sozialarbeit ist mehr als eine moralische Pflicht. Sie gehört zum innersten Wesen der Kirche. Soziale Arbeit der Kirchen und ihrer Glieder kann und muss den Menschen das neue Gottesbild für die Menschen sichtbar und erlebbar machen.

Weil uns Gott als seine Abbilder geschaffen hat, traut er uns auch zu, dass wir durch unser Leben den Menschen etwas vom neuen Gottesbild erlebbar machen können. Und deshalb vertraut uns Gott auch an, etwas für die Menschen zu tun. Denn sie sollen etwas vom neuen weihnächtlichen Gottesbild spüren. Oder einfacher gesagt: An unsrem Umgang mit den Kleinen und Unwichtigen zeigt es sich, wie gut wir auf das Magnifikat gehört haben.

3. Adventssonntag 2016

Monotheismus

Jesaja 45,6–7; Offenbarung 3,7ff; Lukasevangelium 1,26–38

Es sind harte Texte, die wir gerade gehört haben. Sie gehen uns vielleicht sogar gegen den Strich. Hören wir deshalb nochmals hin, was hier im Jesaja-Buch steht: «Ich bin der Herr und sonst niemand. Ich erschaffe das Licht und mache das Dunkel, ich bewirke das Heil und schaffe das Unheil. Ich bin der Herr, der alles vollbringt.» Und in der Offenbarung des Johannes geht es ähnlich weiter. Der Herr ist der, «der öffnet, so dass niemand mehr schliessen kann, der schliesst, so dass niemand mehr öffnen kann». Und im Lukasevangelium schliesslich: «Für Gott ist nichts unmöglich.»

In all diesen Texten wird mit unglaublicher Schärfe betont, dass Gott der absolut Allmächtige ist und dass es nur einen einzigen Gott gibt, nämlich den Gott des Alten und des Neuen Testaments. Beide Aussagen sind absolut. Da gibt es nichts zu diskutieren. Und das ist wirklich keine einfache Aussage! Und wie schwierig diese Aussage ist, erhärtet das Folgende: In diesen Tagen ist in Bern das Haus der Religionen eröffnet worden. Im neu errichteten Gebäude feiern und leben Christen, Juden, Muslime, Buddhisten, Hindu. Sie suchen den Dialog und gegenseitiges Verstehen. Das tönt gut.

Aber einfach ist es nicht. Das sei an einem kleinen Beispiel gezeigt. Die Muslime halten mit einer kompromisslosen Absolutheit daran fest, dass es nur einen einzigen Gott gibt – Allah. Wegen dieser Absolutheit werden deshalb sogar Christen der Vielgötterei verdächtigt: Sie hätten drei Götter. Die Hindu haben Hunderte von Göttern. Und so tut im Haus der Religionen in Bern ein Hindu genau das, was für einen Muslim ein absoluter Greuel ist: Er betet in seinem Tempel vor dem Bild eines seiner unzähligen Götter. Und das tut er unter dem gleichen Dach, gerade neben der Moschee. Was für den Muslim eine der grössten Sünden überhaupt ist, ist für den Hindu eine unverzichtbare Notwendigkeit seines Glaubens.

An diesem Beispiel können wir erahnen, wie schwierig ein friedliches Zusammenleben verschiedener Religionen ist. Die Religion des Anderen verstehen oder sich in sie hineinfühlen, ist wohl fast unmöglich. Dazu kommt erschwerend, dass unverstandenes Fremdes immer Angstgefühle auslöst. Wir erleben das gerade jetzt in der Schweiz sehr intensiv, weil so viele Menschen aus anderen, unverstandenen Kulturen zu uns kommen. Angst vor der Einwanderung und Fremdenfeindlichkeit kommt nicht von ungefähr.

Religiöses Verstehen des so Anderen und das Akzeptieren des Fremden ist also schwierig. Wir kennen alle Ängste vor dem Unbekannten. Man darf das nicht schönreden und simpel sagen: «Wir haben alle den gleichen lieben Gott und es spielt deshalb keine Rolle, wie und wo und zu wem man betet.» Man darf auch nicht auf billiges Multikulti machen und sagen: «Alles ist gut und schön. Leben und leben lassen, dann kommt es schon gut.» So einfach ist es eben nicht. Religionen sind verschieden und haben deshalb auch verschiedene Auswirkungen auf das Zusammenleben der Menschen. Das Verhältnis zwischen Mann und Frau oder der Umgang mit Armen und Reichen oder das Verhältnis zum Krieg und zu den Menschenrechten sind stark von der religiösen Umwelt bestimmt. Das alles wissen wir.

Aber was bedeutet das für unser Verhältnis zu unserem eigenen Glauben? Wie gehen wir mit diesem gewaltigen Absolutheitsanspruch des alttestamentlichen und neutestamentlichen Gottes um, dass er der einzige Gott ist? Vielleicht ist es hilfreich, daran zu erinnern, dass der Glaube an einen einzigen Gott nur langsam und durch Jahrhunderte hindurch gewachsen ist. Mit grosser Wahrscheinlichkeit – das ist nicht ganz unumstritten – entstand der Monotheismus in Jerusalem. Der Umgang mit den unzähligen Göttern war schwierig. Man musste die bösen und die guten Götter mit Geschenken und mit Gebeten besänftigen. Man musste immer Angst vor ihnen haben. Denn sie waren völlig unberechenbar, rachsüchtig und gierig. So entwickelte sich plötzlich die Erkenntnis und vor allem die religiöse Erfahrung, dass man mit den unzähligen guten und bösen Göttern, diesem unübersehbaren Haufen von mächtigen und bestechlichen Wohltätern und Bösewichtern, nicht leben kann. Mit anderen Worten: Dieses Götterbild wurde immer unglaubwürdiger. Man fand zu einem Glauben an einen einzigen Gott, der das Licht und auch das Dunkel macht, der das Heil und auch das Unheil schafft. Dieser eine, einzige Gott, der alles in sich schliesst, war für die Menschen eine Befreiung. Alles ist in diesem einzigen Gott vereinigt. Man muss nicht mehr Angst vor ihm haben. Denn er ist, so sagt der Prophet, der Herr, der alles vollbringt. Ich muss ihn also nicht mehr bestechen, umstimmen, um Gnade betteln. Er macht, was gut für mich ist und was mir guttut.

Das ist leicht gesagt. Fragen bleiben trotzdem. Zunächst: Es gibt das Böse in der Welt. Das erfahren wir täglich in allen Dimensionen. Aber warum gibt es das Böse überhaupt? Diese Frage quälte die Menschheit schon immer. Vielleicht könnte das eine Antwort darauf sein, dass Gott eben gerade nicht einfach der liebe Gott ist. Er ist mehr als lieb. Er ist alles in allem. Er ist mehr als nur der liebe Gott. Er ist der vollständig Unbegreifliche. Er ist «der ganz Andere» (Karl Barth). In ihm ist alles enthalten – alles! «Ich erschaffe das Licht und mache das Dunkel, ich bewirke das Heil und ich schaffe das Unheil», sagt Gott dem Propheten. Alles ist in ihm. Man kann ihn nicht behaften. «Ich bin der Herr, der alles vollbringt.» Diesen Satz sollten wir nie vergessen.

Daraus folgt das Zweite. Weil Gott Licht und Dunkel schafft, weil er alles in allem ist, bleibt er immer der Unbegreifliche. Und genau deshalb kann niemand die Wahrheit besitzen. Niemand kann wissen, was Gott will und wie und warum und ob er etwas macht. Nur Sektierer, Fundamentalisten und Extremisten kennen und besitzen die Wahrheit. Sie respektieren die Grösse und die Unnahbarkeit Gottes nicht. Solche Leute gibt es in allen Religionen.

Nein, die Wahrheit kann niemand besitzen. Das hat schon der Philosoph Sokrates vor 2500 Jahren gewusst, als er sagte: «Wir haben die Wahrheit gesucht. Wir haben sie nicht gefunden. Morgen reden wir weiter.» Das gilt auch für uns Christgläubige. Deshalb hat Jesus selbst uns ein halbes Jahrtausend nach Sokrates auf dieselbe Spur geführt, als er sagte: «Ich bin der Weg, die Wahrheit und das Leben» (Joh 14,6). Wenn er die Wahrheit ist, dann kann man sie nicht besitzen. Wenn er der Weg ist, dann können wir nicht am Ziel sein. Man kann nur auf ihn zugehen. Christsein ist Suche. Man kann also nur versuchen, ihm immer näher zu kommen. Aber das kann man wirklich. Und dann wird man etwas davon spüren können, was es heissen könnte: «Ich bin der Herr, der alles vollbringt.»

4. Adventssonntag 2014

Kitsch ist nötig

Lukasevangelium 2,10

Vor einiger Zeit erschien in der deutschen Wochenzeitung «DIE ZEIT» ein längerer Artikel über Weihnachten. Er begann so: «Weihnachten ist die Unterschicht unter den Festen; mächtig aufgedonnert, aber von fragwürdigem Geschmack; vom Konsum verführt, laut, süss, billig.» Das tönt böse. Aber so falsch ist es ja wohl nicht. Auch mir geht unsere prunkvoll-kitschige Advents- und Weihnachtszeit manchmal auf die Nerven. Diese aufdringlichen Strassendekorationen, die übervollen Fressaliengeschäfte, die dümmlichen Rentiere und die hässlichen Weihnachtsmänner. Eine Inflation von falschem Gold und Silber. Dieser unendliche Luxus wirkt oft billig und heruntergekommen. Kerzen an den unpassendsten Orten, an jedem hässlichen Kiosk und an jedem Fahrradgeschäft.

Kritik dieser Art an unseren Weihnachtsfeiertagen ist verbreitet. Sie leuchtet irgendwie auch ein, nicht zuletzt auf dem Hintergrund des allgegenwärtigen menschlichen Elends. In einer Zeit, in der in Syrien Hunderttausende auf der Flucht sind und Zehntausende sterben. In einer Zeit, in der aus Afrika und Indien Berichte von Massenvergewaltigungen kommen. In einer Zeit, in der Abertausende von Kindern verhungern und verdursten. In einer Zeit, in der Russland und China zu immer hässlicheren Diktaturen werden. Irgendwie scheint unsere glänzende Weihnacht nicht zu diesen dunklen Realitäten zu passen.

Solche Kritik ist nicht neu. Bereits vor über 100 Jahren, als Weihnachten meist noch sehr bescheiden gefeiert wurde, wurde das Fest kitschig und vulgär genannt. Ist Weihnachten also Kitsch? Das darf man nicht sagen, denn Kitsch hat einen miserablen Ruf. Aber ist Kitsch wirklich nur schlecht? Oder brauchen wir den Kitsch sogar? Kein Geringerer als der berühmte deutsche Philosoph Ernst Bloch (1885–1977) hat den Wert von Kitsch vehement verteidigt. Kitsch, hat er gesagt, stelle die Welt einseitig dar, nicht so, wie sie ist, sondern so, wie wir sie haben möchten. Kitsch stelle unser Wunschbild dar und sei deshalb etwas wie ein Traum auf eine bessere Welt – etwas Utopisches also. Kitsch macht aus der Realität einen Wunschtraum, weil er das Schlimme ausblendet.

Das Bild eines niedlichen Kätzchens entlockt uns ein «Jö», weil es die dunkle Seite der Katze ausblendet, nämlich der Katze, die Mäuse und Eidechsen grausam quält. Und wer hätte denn nicht schon im Kino oder im Fernsehen bei einer schmalzigen Liebesszene geheult und dabei natürlich vergessen, dass es keine Liebe ohne Verletzungen und ohne Schmerz gibt. Kitsch gaukelt uns jene heile Welt vor, die wir so gerne hätten, aber die es nur so selten gibt.

Und genau darum brauchen wir hin und wieder die heile Welt des Kitschs. Denn wer hat nicht manchmal einfach genug von den allgegenwärtigen schrecklichen Schicksalen und Grässlichkeiten dieser Welt? Manchmal möchten wir doch einfach nur Schönes, nur Gutes sehen. Das heisst mit anderen Worten: All der kitschige Weihnachtsglanz entspricht unserem ewigen Traum von einem heilen Leben, von einem Leben ohne Schmerz und Leid. Der Weihnachtskitsch gaukelt uns genau diese glückliche, gemütliche, warme Welt vor, von der wir alle träumen.

Und diese tief in uns sitzende Hoffnung, dieser ewige Wunsch nach heiler Welt könnte aber mehr sein als nur Wegschauen von der traurigen Realität. Er könnte mehr sein als nur die Verdrängung des Bösen. Dieser Traum von einer heilen Welt könnte Anstoss sein, etwas zum Besseren verändern zu wollen. Kitsch könnte ein Anfang von Rebellion gegen das Böse, gegen das Unheil dieser Welt sein. Er könnte uns doch anregen, den Kampf gegen das Dunkle und Böse aufzunehmen. Denn wer versuchen will, diese Welt zu verbessern, kommt nicht ohne Traumvorstellungen aus. Ohne Utopien hat es noch nie Fortschritt gegeben. Nur unrealistische Ideale und blumige Zukunftsfantasien können eine Erneuerung der Welt zum Besseren einleiten. Ein schönes Beispiel dafür ist die Maxime «Freiheit, Gleichheit, Brüderlichkeit» der Französischen Revolution. Sie stammt vom berühmten französischen Bischof Fénelon. Er war Erzieher am Hof des absolutistischen Sonnenkönigs Ludwig XIV., der mit Freiheit, Gleichheit und Brüderlichkeit wirklich gar nichts am Hut hatte. In der grandiosen und gleichzeitig fürchterlichen Diktatur von Versailles war das ja auch eine völlig absurde Idee. Und der Bischof hat mit seinem Traum von «Freiheit, Gleichheit, Brüderlichkeit» sicher nicht gedacht, dass 100 Jahre später die französischen Revolutionäre mit genau diesem Ruf das verkommene französische Königtum stürzen würden. Träume können also doch Wirklichkeit werden.

«Fürchtet euch nicht», ruft der Engel den Hirten zu, als diese bei seinem Anblick zu Tode erschrecken. Dieses «Fürchtet euch nicht» ist eines der tragenden Fundamente des christlichen Glaubens. Und gleichzeitig ist es natürlich auch ein Traum, eine Utopie. Denn wir alle leben ja immer in Ängsten verschiedenster Art. Wir fürchten uns vor Krankheit und Alter, vor Krieg und Hunger, vor Verlust der Arbeit oder des geliebten Partners, und vor vielen anderen Dingen. Angst und Furcht gehören zum Menschen. Kein Mensch hat keine Ängste.

Trotz dieser allgegenwärtigen Ängste ist dieses «Fürchtet euch nicht» des Engels mehr als ein Traum geblieben. Immer wieder war es ein kraftvoller Antrieb des christlichen Glaubens. Unzählige Männer und Frauen sind – ohne Angst – für ihren Glauben in den Tod gegangen, auch heute noch. In Konzentrationslagern hat es immer Gläubige gegeben, die Anderen unter

Lebensgefahr geholfen haben. In Lateinamerika gibt es auch heute unzählige Gläubige, die unter Einsatz ihres Lebens gegen Ungerechtigkeit, Drogen und Verbrecherbanden kämpfen. Und jeden Tag kämpfen Christen mutig gegen die Grausamkeit von Islamisten. Und als der deutsche Theologe Dietrich Bonhoeffer in der Hölle eines Gestapogefängnisses auf seine Hinrichtung wartete, hat er das berühmte Gedicht geschrieben: «Von guten Mächten wunderbar geborgen, erwarten wir getrost, was kommen mag. Gott ist mit uns am Abend und am Morgen, und ganz gewiss an jedem neuen Tag.» Kurz darauf wurde er gehängt. Seine Utopie von Geborgenheit in Gott hat Bonhoeffer ermöglicht, sich auch im tiefsten Dunkel sicher und geborgen zu fühlen. Bei ihm ist der Wunschtraum von Geborgenheit Wirklichkeit geworden.

Und genau hier könnte im Traum von einer besseren Welt unsere Hoffnung verborgen sein. Dieser Traum könnte uns anregen und uns sogar Kraft geben, etwas für jene bessere Welt zu tun, von der wir alle träumen. Das «Fürchtet euch nicht» ist natürlich oft nur ein Wunschtraum und deshalb vielleicht manchmal sogar etwas kitschig. Aber nicht immer. Für viele Christinnen und Christen wird das «Fürchtet euch nicht» zu einer festen Hoffnung. Diese Hoffnung kann unerwartet aufkeimen und die Kraft geben, mit Bonhoeffer glauben zu können: «Von guten Mächten wunderbar geborgen, erwarten wir getrost, was kommen mag.» Solche Kraft und Hoffnung wünsche ich uns allen.

4. Adventssonntag 2013

Tizians Hund

Johannesevangelium 1,14

In einem grossen italienischen Museum habe ich ein wunderbares Weihnachtsbild des berühmten venezianischen Malers Tizian (um 1490–1587) gesehen: Stall, Krippe, Maria und Josef und so weiter. Das wäre weiter nicht erwähnenswert, wenn da nicht noch etwas Besonderes wäre: Im Vordergrund des prächtigen Gemäldes steht nämlich ein Hund. Und dieser Hund steht oder sitzt nicht einfach da, sondern er hebt das Bein. Und er hebt das Bein nicht irgendwo, sondern er hebt es an der Ecke des Stalls, in welchem eben Gott geboren worden ist. Was bedeutet das? Hat sich da Tizian einen Witz geleistet? Hat er schockieren wollen? Tizian ein Spötter also? (Abb. S. 39)

Wohl kaum. Wenn man nämlich Tizians Werk etwas kennt, weiss man, dass er sehr bibelfest war. Und man weiss auch, dass er es ausgezeichnet verstand, komplexe theologische Sachverhalte bildlich darzustellen. Wer sich in seine kirchlichen Bilder vertieft, merkt bald, dass hier ein tiefreligiöser Künstler am Werk war. Der pinkelnde Hund ist deshalb sicher nicht einfach ein Gag, sondern Tizian will uns damit etwas mitteilen. Das Tier ist so auffällig platziert, dass dahinter eine wichtige Aussage stehen muss. Nur: was für eine? Wir wollen versuchen, es herauszufinden.

Wir sind gewöhnt, dass Weihnachten ein gemütliches, beschauliches Fest ist – in stiller Nacht, in welcher der kleine Jesus lacht und Maria ihn glücklich in den Armen wiegt. So zeigen viele Maler Weihnachten. Tizian bringt, wenn auch ganz subtil und fein, einen Misston in diese Idylle: Ein Hund verrichtet sein Geschäft mitten im heiligen Geschehen. Damit ist der Maler viel näher an der biblischen Wirklichkeit als unsere Wohlfühl- und Schmuseweihnachtsstimmung. Wenn man nämlich die Geburtsgeschichten des Neuen Testaments liest, bemerkt man immer wieder dunkle Töne: Maria reagiert zum Beispiel auf die Nachricht der Schwangerschaft nicht mit Freude. Sondern sie antwortet dem Engel Gabriel sehr zurückhaltend und mit nüchternem Gehorsam: «Ich bin die Magd des Herrn. Mir geschehe, wie du es gesagt hast» (Lk 1,38). Später wird das Paar mit der schwangeren Mutter in Bethlehem richtig ruppig behandelt. Und der Stall ist ja auch nicht gerade das beste Gebärzimmer. Dann muss nach der Geburt die Familie gar noch unter Lebensgefahr flüchten.

Auch im Johannesevangelium gibt es dunkle Töne. Es berichtet von der Geburt des Gottessohnes allerdings nicht mit einer Geschichte, sondern mit einem komplexen, schwierigen Text. Wir haben ihn eben gehört. Er ist voll von theologischen und philosophischen Begriffen – meisterhaft aufgebaut und geschrieben in wunderbarer, musikalischer Sprache, deren Melodie selbst in der Übersetzung noch durchklingt. Der Höhepunkt dieses berühmten Textes ist der Bericht über die Geburt des Gottessohnes. Lapidar heisst es da: «Und das Wort ist Fleisch geworden» (Joh 1,14). Wir kennen den Text wahrscheinlich zu gut, als dass wir noch merken, wie schrill und quer das triviale Wort Fleisch in diesem kunstvollen Text wirkt. Aber warum dieser Stilbruch? Warum sagt Johannes denn nicht ganz einfach «Gott ist Mensch geworden»? Was will er mit dem banalen Fleisch in diesem hochtheologischen und zugleich dichterischen Text?

Tizian, Die Anbetung der Magier
Mitte 16. Jahrhundert

Tizians Hund

Der Satz ist für uns ein Widerspruch in sich, eine Unlogik sondergleichen: Wie kann denn Wort Fleisch werden? Genau da aber liegt der Kernpunkt der Sache. Wir sind gewohnt, Geistiges und Körperliches voneinander zu trennen. Leibliches ist für uns das Niedrigere und Geistiges das Höhere. Für uns hat das Menschsein wie zwei Pole – einen höheren und einen tieferen, einen guten und einen schlechten. Fleischlich ist für uns das gewöhnliche, banale Leben. In Todesanzeigen kann man etwa den Satz lesen: Herr XY ist in die «geistige Welt zurückgekehrt». Und genau gegen dieses zweipolige, dualistische Denken, das alles in Gut und Böse, in Geistliches und Weltliches aufteilt, kämpft Johannes. Natürlich steht «Fleisch» für das Vergängliche, Hilflose, Nichtige. Und natürlich steht «Wort» für das Unvergängliche, Wahre, Göttliche. Dass dieses Unvergängliche, Wahre, Göttliche sich mit dem Vergänglichen, Hilflosen, Nichtigen vereint, genau das bedeutet die Geburt des Gottessohnes. Und genau das ist das Verrückte an der Weihnachtsgeschichte. Hier wird die Kluft zwischen oben und unten, zwischen Himmel und Erde, zwischen Gott und Fleisch geschlossen. Gott trennt nicht, wie wir das in unserem Denken tun, sondern er überbrückt. Er distanziert sich nicht vom Dunkeln, sondern er wird es selbst.

Und damit sind wir wieder bei Tizians Bild. In einer grandiosen, hochsensiblen Darstellung der Geburt Jesu, die in ihrer unvergleichlichen Schönheit von göttlichem Licht berichtet, steht plötzlich ein pinkelnder Hund unpassend mitten im Bild. Dass neben der Geburt Gottes ein Hund das Bein hebt, sagt uns, dass wir Gott und sein Tun nicht romantisieren und sentimentalisieren sollen. Sein Tun ist nicht welt- und alltagsentrückt. Man darf sein Wirken nicht aus der gewöhnlichen Welt hinausstilisieren. Denn sein Tun findet hier und jetzt statt, im menschlichen Leben mit seinen hellen und dunklen Seiten. Was Tizian mit seinem Hund den allzu Frommen ganz locker sagt, wird in anderen Bildern oft bedeutungsschwer ausgedrückt: Die Krippe Jesu wird manchmal als Sarg gemalt (Sarg kommt von Sarkophag, auf Deutsch fleischfressend). Und das weist genau auf das hin, was Johannes sagen will: Gott ist Fleisch geworden.

Die Stilbrüche des Johannes und des Tizian erinnern an etwas, was wir oft vergessen. Es gibt keine Trennung zwischen Religion und Alltag, zwischen Kirche und täglichem Leben, zwischen Glaube und realer Welt. Solche Trennlinien ziehen nicht nur Menschen, die mit Gott nichts anfangen können. Das machen auch Gläubige: Bestimmte Dinge haben für uns mit Kirche nichts zu tun, dürfen mit der Kirche nichts zu tun haben, weil sie zu wenig «heilig» sind. Fussball etwa, oder Fernsehkrimis, Mode oder Geldverdienen, Naturwissenschaften oder politische Kämpfe, Sexualität oder Macht. Deshalb werden sie vom Glauben abgetrennt. Sie sind zu weltlich, zu wenig «heilig». Weil auch wir oft so denken, fallen wir selbstverständlich auch in Versuchung, Kirche isoliert nur am Sonntag stattfinden zu lassen. Dann berührt Glaube den Werktag nicht. Und er stört ihn auch nicht. Und genau deshalb, weil diese unbiblische und unchristliche Trennung von geistlich und weltlich so verbreitet ist, lässt Tizian seinen Hund das Bein am Stall von Bethlehem heben.

Nur: Was nützt mir diese hohe theologische Reflexion? Was hat sie mit meinem Leben, mit meinem Zweifel, mit meinen Nöten und Freuden zu tun? Sehr viel, denke ich. Gott kümmert sich nicht nur um hohe Dinge – Gebet, Gutes tun, Heiligkeit, Überwindung der menschlichen Schwachheit. Wenn er Fleisch wird, dann wird er klein, sorgenvoll, schwach, unzulänglich und niedrig wie wir. Weil er Fleisch geworden ist, kennt er Versuchung, Ängste, Schmerzen, Zweifel, Gottverlassenheit und auch den Tod aus eigener Erfahrung. Und er kennt alles das genau so wie ich, denn er ist Fleisch geworden, wie ich selber Fleisch bin. Denn er hat sich in das Kleine und Kleinliche hineinbegeben. Das Erhabene und das Niedrige sind im Gottessohn eins geworden. Deshalb muss ich mich für nichts, für gar nichts vor ihm schämen, wovor ich mich vor mir und anderen schäme. Ich kann alles vor ihn tragen, was mich bedrückt und wofür ich mich schäme. Ich muss nicht vor ihm erröten, wenn ich zweifle oder wenn ich dumme Gedanken habe. Er nimmt es mir nicht übel, wenn ich mit meinem Schicksal nicht fertig werde. Was nicht gut ist an mir, das kennt er auch. Deshalb sagt im Lukasevangelium der Engel zu den Hirten: «Fürchtet euch nicht, denn euch ist heute der Heiland geboren.» Weil Weihnachten Gott und Fleisch zusammengebracht hat, heilt Gott, was wir trennen. Weil Gott heute Fleisch geworden ist, ist heute der Heiland geboren. Der Heiland, der heilt, was oben und unten trennt. Und in mir heilt er die Kluft zwischen ihm und mir. Daran erinnert uns Tizians Hund.

Weihnachten 2006

Gott muss unvollkommen sein

Philipperbrief 2,6–11

Wenn man in einer Papeterie oder in einem Warenhaus eine Weihnachtskarte kaufen möchte, hat man Mühe, etwas zu finden, das mit der Weihnachtsgeschichte zu tun hat. Man findet zwar Rentiere und Samichläuse, kitschige Engelwesen und Winterlandschaften. Aber Karten, die mit der Geburt Jesu etwas zu tun haben, findet man kaum. Und wenn man in diesen

Tagen durch die Stadt geht, findet man Schmuck zu Weihnachten an jeder Strassenecke und in jedem Schaufenster. Aber wer nicht weiss, dass Weihnachten etwas mit der Geburt des Gottessohnes zu tun hat, kann das aus diesen Dekorationen kaum schliessen.

Natürlich stört das uns Christen. Und ich habe schon oft resigniert gedacht, dass die Sache des Evangeliums aus unserer Gesellschaft verschwunden, gewissermassen verdunstet zu sein scheint. Aber gerade in diesen Tagen wurde dieser Gedanke Lügen gestraft. In der deutschen Wochenzeitung «DIE ZEIT» fand ich in der letzten Nummer (52/2008) einen grossen Artikel über den Apostel Paulus. Es ist nicht eine übliche theologische Abhandlung. Es geht vielmehr um eine Auseinandersetzung von drei wichtigen zeitgenössischen Philosophen mit dem Apostel. Von einem dieser Denker (Slavoj Sizek) wird Paulus gar als einer der wichtigsten Philosophen überhaupt gesehen. Er habe das jüdische und griechische Denken weit hinter sich gelassen. Sizek zeigt das an der Weihnachtsgeschichte. Dabei geht er von der heutigen Lesung aus dem Philipperbrief aus. Dort heisst es: «Christus Jesus, der Gott gleich war, hielt nicht gierig daran fest, Gott gleich zu sein. Sondern er entäusserte sich und wurde ein Sklave und den Menschen gleich. ... Er erniedrigte sich selbst und war gehorsam bis zum Tod am Kreuz.» So hat Paulus die Menschwerdung Gottes, also die Weihnachtsgeschichte, umschrieben. In unsere Sprache übersetzt müsste das etwa so lauten: «Christus war gleich wie Gott. Aber er wollte nicht um jeden Preis wie Gott bleiben. Deshalb legte er sein Gottsein ab und wurde ein Sklave, ein Mensch wie wir. ... Er machte sich klein und niedrig und wurde gehorsam bis zum Tod am Kreuz.»

Wir haben im Unterricht und in Predigten gelernt, dass Gott Mensch geworden ist, um uns Menschen aus der gefallenen Welt, aus dem Tod, herauszuholen in das Leben. «Er hat das alles uns getan, um seine Lieb zu zeigen an», haben wir heute in einem berühmten Weihnachtslied gesungen. Wir haben gelernt: dass Gott Mensch wird, bedeutet unsere Erlösung, unsere Befreiung von allem Elend. So sieht Weihnachten aus der Sicht der Menschen aus. Aber – so lautet die erstaunliche Frage des Philosophen – was bedeutet sie für Gott? Ich muss gestehen, dass mir diese Fragestellung völlig neu ist. Und die Frage hat, wenn man auf sie eingeht, erstaunliche Konsequenzen. Gott ist ja, so bekennen wir es jeden Sonntag im Glaubensbekenntnis, vollkommen, ewig, unendlich. Wenn das tatsächlich so ist, dann fehlt Gott aber etwas. Ihm fehlt dann nämlich die Unvollkommenheit, das Begrenzte, das Niedrige, die Erfahrung des Todes.

Diese paradoxe, ja verrückte Feststellung, dass die absolute Vollkommenheit Gottes ihn unvollkommen macht, lässt nur einen Ausweg offen: Wenn Gott wirklich vollkommen sein soll, dann muss er seine Ewigkeit und Vollkommenheit aufgeben und sterben. Erst dann kann er ganz vollkommen werden, wenn zu seiner Vollkommenheit Unvollkommenheit hinzukommt.

Es gibt in vielen Religionen die Vorstellung, dass ein Gott menschliche Gestalt annimmt oder als Mensch auf der Erde lebt. Aber es gibt nirgends eine Geschichte, in welcher Gott seine Göttlichkeit wegwirft und stirbt. Das gibt es nur im Neuen Testament. Darum ist im christlichen Glauben Gott nicht mehr nur der Erhabene, der Ferne, der ganz Andere. Unser Glaube vollzieht den unglaublichen Schritt vom erhabenen Gott zum lächerlichen Gott, vom furchterregenden Gott zur jämmerlichen Gestalt des Gekreuzigten. Das aber ist das exklusiv Christliche, das es in keiner anderen Religion gibt. Unser Glaube führt die religiöse Erfahrung zum unvorstellbaren Punkt, an dem wir dem sterbenden Gott begegnen müssen. Damit erreicht Jesus Christus etwas ganz Unglaubliches. Weil er seine Niederlage akzeptiert, siegt er über den allgegenwärtigen Zwang, siegen zu müssen. Wir meinen doch, dass wir uns nie unterkriegen lassen dürfen. Dass wir immer Erfolg haben müssen. Dass wir immer geliebt werden müssen. (Deshalb haben die meisten grossen Manager die irrwitzige Idee, dass die Wirtschaft immer wachsen müsse.) Christus muss das alles nicht. Er hat über das Siegenmüssen gesiegt. Christus ist in der Schwachheit stark. Damit liegt der neutestamentliche Glaube jenseits allen jüdischen und griechischen Denkens.

Und noch etwas folgt daraus: Die Liebe Gottes liegt letztlich in seiner Fähigkeit zur Unvollkommenheit begründet. Denn nur ein verwundbares Wesen ist zur Liebe fähig. Der Vollkommene genügt sich selbst. Er braucht niemanden. Und genau das ist nach der Meinung unseres Philosophen die grosse Leistung des christlichen Glaubens, dass ein unvollkommenes Wesen Gott ist. Damit ist aller Zwang zur Vollkommenheit überwunden. Die Fähigkeit Gottes zur Unvollkommenheit zeigt uns, dass auch wir nicht immer vollkommen sein müssen. Ja mehr noch. Es zeigt uns: Wenn wir das Scheitern akzeptieren können, dann werden wir frei. Denn wir erfahren so, dass wir nicht mehr alles müssen. Wir können unseren ewigen Zwang, immer gut zu sein, hinter uns lassen. Das ewige Kämpfen um Erfolg ist überwunden.

Vielleicht gehen wir jetzt nach Hause und sehen im Spiegel unsere äussere und innere Beschränktheit. Vielleicht vergegenwärtigen wir uns unsere Schwächen und Unzulänglichkeiten. Vielleicht kommt uns in den Sinn, was wir dumm oder falsch gemacht haben. Vielleicht gestehen wir uns unsere Unvollkommenheiten ohne schlechtes Gewissen und ohne Schuldgefühle ein – wissend, dass nur der Unvollkommene lieben kann, weil er nämlich selbst Liebe nötig hat. Der Vollkommene genügt sich ja selbst. Oder um es mit der unvergleichlichen Formulierung des Heiligen Paulus zu sagen: «Wenn ich schwach bin, dann bin ich stark» (2 Kor 12,10).

Weihnachten 2008

Glaube und Zweifel sind Zwillinge
Johannesevangelium 1,1–14

Der christliche Glaube hat nicht überall einen guten Ruf. Viele Leute halten ihn für naiv, ja vorgestrig. Denn Glaube heisse – so meinen viele – an Dinge glauben müssen, die gar nicht wahr sein können. Denn dass Gott geboren sei, sei ja nicht beweisbar. Und das ist es ja tatsächlich nicht. Nicht nur Wunder sind nicht beweisbar, sondern auch die Existenz eines Schöpfergottes ist weder beweisbar noch messbar. Darum wird es oft für unmöglich gehalten, dass es einen in dieser Welt wirkenden Gott gebe. Einen Gott und sein unbeweisbares Wirken in der Welt für real zu halten, das sei der Denkfähigkeit und der Intelligenz des Menschen – der menschlichen Vernunft also – unwürdig.

Nun behauptet das Johannesevangelium gleich zu Anfang das genaue Gegenteil. Es heisst nämlich nicht «Im Anfang war der Glaube» oder «Im Anfang war das Gefühl». Und es sollte hier auch nicht stehen, wie Faust behauptet, «Im Anfang war die Tat» (Goethe Faust I). Nein, da steht ganz nüchtern «Im Anfang war das Wort». Dazu muss man aber wissen, dass der im Urtext verwendete Ausdruck für Wort – «Logos» – im Griechischen eine viel umfassendere Bedeutung hat als im Deutschen. Es bedeutet auch Vernunft, Denken, Vernünftigkeit, Sinn. Und wenn es dann noch heisst «Und Gott war das Wort», dann bedeutet das, dass alles, was er tut, vernünftig, durchdacht, sinnvoll ist. Kurz: Er ist der Allwissende.

Nun haben wir aber alle mit der Vernunft Gottes und seinem sinnvollen Wirken unsere liebe Mühe. Denn wenn wir zusehen müssen, was Gott in der Welt alles zulässt, zum Beispiel wie die Menschen in ihrer Dummheit die Erde zerstören. Oder dass sie zu Auschwitz fähig sind oder zu Darfur. Dann fällt es begreiflicherweise schwer, von Gottes Vernunft zu reden. Die Frage, warum Gott solche Ungeheuerlichkeiten zulässt, lässt uns doch sehr an Gott zweifeln. Nun gibt es aber im Alten Testament einen Satz, der hier wichtig sein könnte: «Meine Gedanken sind nicht eure Gedanken … So hoch der Himmel über der Erde ist, so hoch erhaben … sind meine Gedanken über eure Gedanken» (Jes 55,8f). Das ruft uns in Erinnerung, wie wenig wir Gott verstehen oder gar durchschauen können. Seine Vernunft ist nicht unsere Vernunft. Denn wir Menschen haben Grenzen. Er hat keine. Und genau diese Grenzen hindern uns daran, über alles urteilen zu können und über alles abschliessend zu sprechen. Dem Menschen bleibt nur immer neu, über das Geheimnis Gottes zu staunen und darnach zu streben, es in seiner Unbegreiflichkeit zu akzeptieren. Dazu gehört ebenso, dass wir annehmen lernen, dass Gott aus menschlicher Sicht und aus unserer Wahrnehmung heraus auch dunkle und finstere Seiten hat. Dieses völlige Anderssein Gottes zu akzeptieren, das braucht Demut. Es braucht die Demut, nie zu vergessen, dass seine Gedanken so viel höher sind als unsere Gedanken, wie der Himmel höher ist als die Erde.

Nun bedeutet aber das griechische «Logos» noch etwas anderes, nämlich auch einfach «Wort». Was ist das aber: Wort? Worte machen, sprechen oder schreiben sind eine ganz besondere Möglichkeit, Beziehung aufzunehmen. Weil der Mensch Worte machen kann, also reden und schreiben kann, kann er so intensive und differenzierte Beziehungen haben, wie das kein anderes Geschöpf kann. Mit Worten kann man nämlich sehr viel. Man kann Menschen aufbauen, stärken und ihnen Liebe zeigen. Aber mit Worten kann man auch herabsetzen, verletzen, ja vernichten.

Und nun steht da nicht nur «Im Anfang war das Wort», sondern da steht noch «Und Gott war das Wort». Damit ist gesagt, dass Gott nicht nur die absolute Vernunft ist, der über allem steht. Sondern er ist auch das absolute Wort – also die absolute, perfekte Beziehung. Er steht für absolute Nähe und für absolute Liebe. Nun kann das nicht einfach in den weiten himmlischen Sphären geschehen. Vernunft und Beziehung können nicht einfach in der fernen Göttlichkeit stattfinden, zu der der Mensch nie Zugang haben wird. Diese absolute Vernunft und diese absolute Beziehung müssen zu den Menschen kommen, hierher in diese Welt.

Logischerweise heisst es im Text deshalb weiter: «Und das Wort ist Fleisch geworden.» Mit anderen Worten: Gott ist Fleisch geworden. Das heisst folglich: Gott ist Mensch geworden. Oder noch mal anders: Gott ist hier auf der Erde als Mensch wie wir geboren worden. Warum braucht aber das Evangelium einen so auffälligen Ausdruck wie «Fleisch»? Fleisch ist etwas sehr Reales. Wir kennen es alle. Deshalb ist «Fleisch» eine nüchterne Umschreibung des Menschseins. Unser Leib ist Fleisch. Er kann wachsen, sich entwickeln. Er kann schön sein. Er kann uns Sinnlichkeit schenken. Er ermöglicht uns, die Schöpfung zu geniessen. Aber er kann uns auch Schmerzen bereiten und Angst machen. Er kann altern und hässlich werden. Er kann krank werden, und er muss sterben. Fleisch – das umschreibt eigentlich das ganze Spektrum menschlichen Lebens, den ganzen menschlichen Lebensweg.

An Weihnachten sind Gott und Mensch zusammengekommen. Hier sind Vernunft und Beziehung mit dem Fleisch eins geworden. Das Ungeheuerliche, das Undenkbare ist geschehen: Gott ist Mensch geworden und wohnte unter uns. Wenn man diesen verrückten, unmöglichen Christusglauben weitergeben will, dann verwundert es ja wirklich nicht, wenn die Menschen das nicht annehmen können oder wollen. Dieser Glaube ist so fremd und so befremdlich, dass es kein Wunder ist, wenn Menschen unserer Zeit nur schwer den Zugang finden.

Und wir – die Gläubigen, die in die Kirche gehen und diese Botschaft regelmässig hören –, haben wir es wirklich viel leichter mit dem Glauben? Wohl kaum. Auch wir kennen doch die bedrängende Macht des Zweifels. Auch wir leiden an der Ungewissheit und an der Unfassbarkeit Gottes. Vielleicht sind wir manchmal gar nicht so anders als diejenigen, die mit dem Christentum nichts anfangen können. Auch wir werden Zweifel nie los. Doch deshalb müssen wir nicht ein schlechtes Gewissen haben. Im Gegenteil, denn Zweifel und Glaube sind Zwillinge. Glaube ohne Zweifel gibt es nicht. Wer nie zweifelt und immer nur sicher ist, ist ein Fanatiker, ein Fundamentalist oder ein Dummkopf. Der Zweifel ist nämlich auch etwas Wichtiges, Positives, ja Notwendiges: Er lehrt uns, dass Glaube nicht einfach ein Gefühl oder eine Tradition ist, nicht einfach dumpfes Übernehmen von dem, was man mir sagt. Der zweifelnde Glaube hat viel mit Denken, mit Vernunft zu tun. Das Denken regt zum Zweifeln an. Und der Zweifel regt zum Denken an, zum Fragen, zum Suchen. Er erinnert uns daran, dass wir die absolute Vernunft und den absoluten Glauben nie haben werden. Dass wir Gott nie verstehen und nie erfassen werden. Er wird immer übergross und unverständlich bleiben. Die Geschichte vom Fleisch gewordenen Wort bestätigt es immer wieder. Und diese unverständliche Grösse wirft ihren Schatten. Dieser Schatten kann verdunkeln, einengen, ängstigen. Aber er kann auch zum Schatten werden, der Geborgenheit geben könnte. Die Geborgenheit nämlich, dass ich nicht gross sein muss. Er ist gross, und das genügt. Vielleicht denken wir dann an den Psalm 91: «Wer im Schatten des Allmächtigen ruht, der sagt zum Herrn: Du bist für mich Zuflucht und Geborgenheit.»

Weihnachten 2009

Zweifelhafte Gestalten finden Gott

Matthäusevangelium 2,1–12

Das Dreikönigsfest, oder Epiphanie, gehört zu den heute noch in vielen Kreisen populären Festen. Den Dreikönigskuchen kennt jeder. Den Heiligen Drei Königen begegnen wir in Krippenspielen und in Wohltätigkeitsaktionen in Städten und Dörfern. Und vielleicht wissen Sie noch, dass die drei Könige Melchior, Balthasar und Kaspar heissen. Und der jüngste der drei, Kaspar, treibt als Kasperli in Kindertheatern seine Possen.

In der heutigen Evangelienlesung ist Ihnen vielleicht aufgefallen, dass von alledem in der Bibel nichts steht. Es kommen keine Könige vor. Von der Zahl drei ist schon gar nicht die Rede. Und Namen haben sie auch keine. Die Geschichte von den drei mächtigen Königen, die mit allem Prunk in Bethlehem in die armselige Bleibe von Maria und Jesus kommen, ist eine spätere Legende. Sie ist wohl entstanden, um den ersten Christen die Ärmlichkeit und Kleinheit des gekreuzigten Jesus erträglicher zu machen. Für die Urchristen scheint es wichtig gewesen zu sein, auch einen starken Gott zu haben. So haben sie aus den Magiern Könige gemacht. Sie konnten sich dann sagen: Auch wenn die meisten Leute nicht gemerkt haben, dass Jesus der Gottessohn ist – mächtige und glanzvolle Könige haben es gemerkt. Dieser äussere Erfolg war für die schwer verfolgten Gläubigen der frühen Christenheit tröstlich. Sie konnten stolz auf ihren Christus sein, vor dem sogar Könige auf die Knie fielen.

Aber eine solche Prunkgeschichte passt natürlich nicht zu Jesus. Er hat ja gerade nicht die Erfolgreichen und Mächtigen gesucht, sondern die Armen, die Aussenseiter, die Schwierigen. Deshalb wird unsere Dreikönigsgeschichte im Matthäusevangelium ganz anders erzählt: Es kommen nicht Könige vor, sondern Sterndeuter oder wie sie in der Originalsprache heissen: Magoi – Magier! Es gab in der Zeit Jesu viele Arten von Magiertum. Da gehörten persische Priestergruppen, Wahrsager, orientalische Philosophen, Zauberer, Heiler und Astrologen dazu. Diesen Magiern begegnete man in der Antike mit gemischten Gefühlen. Einerseits war man von ihren astrologischen Kenntnissen und geheimnisvollen Praktiken fasziniert, genau wie noch heute viele Leute von Horoskopen, geheimnisvollen Sternzeichen und dubiosen Ritualen angezogen sind. Andrerseits galten diese aus geheimnisvollen Fernen auftauchenden Magier als Scharlatane und Gaukler. Die intellektuellen Griechen verachteten sie, weil diese Leute mit Denken und nüchterner Vernunft wenig am Hut hatten. Auch von den Juden wurden sie scharf abgelehnt. Denn diese Magier kamen aus fernen, unbekannten Ländern, in denen Heidentum und Vielgötterei herrschten. Sie galten deshalb als zweifelhafte Fremdlinge und als Götzenanbeter.

Eines der Ziele der Magiergeschichte, die das Matthäusevangelium hier erzählt, ist es, uns zu zeigen, dass in der christlichen Gemeinde andere Regeln gelten als in der Synagoge. In der Kirche sind alle Menschen willkommen, auch die Fremden, die Zweifelhaften, die Randfiguren, die Verachteten der Gesellschaft, die von der Intelligenz Belächelten. Mit solchen Leuten hingegen wollten die frommen und gesetzestreuen Juden nichts zu tun haben. Unsere Geschichte erzählt uns, dass dagegen bei Christus alle willkommen sind. Natürlich gefällt uns diese Offenheit. Das tönt sehr tolerant. Und unsere Zeit hält sich ja sehr zugute, tolerant zu sein. Alle sollen willkommen sein. Niemand hat das Recht, sich über andere ein Urteil zu bilden. Denn unter Toleranz verstehen wir, dass alle das machen dürfen und sollen, was ihnen gefällt. Es darf keine Rolle spielen, was jemand denkt, glaubt oder tut. Jeder soll doch zu uns kommen können, ungeachtet seiner Überzeugung und seiner Lebensführung.

Das Evangelium denkt allerdings schon etwas anders. Wenn wir nämlich unsere Geschichte genauer lesen, merken wir, dass die Fremdlinge aus dem Morgenland nicht nur deshalb schon willkommen sind, weil sie halt da sind. Diese Magier, diese fremden und undurchsichtigen Männer haben etwas Bestimmtes vor: Sie wollen den neuen Judenkönig anbeten, auf den sie durch ein astronomisches Ereignis aufmerksam geworden sind. Als sie das Jesuskind finden, werfen sie sich vor ihm auf die Knie und anerkennen es damit als Gottkönig. Mit anderen Worten: Es passen nicht einfach alle in die Kirche. Aber jeder Mensch, der Jesus als den Christus, den Heiland, als den Erlöser der Welt akzeptiert, ist willkommen und passt in die Kirche.

Unter dieser Voraussetzung passt also jeder und jede in die Kirche, ob er oder sie uns gefällt oder nicht. Ob er erfolgreich ist oder schlecht riecht. Ob sie in einem guten Umfeld lebt oder in Einsamkeit. Ob er uns nervt oder ob wir gerne mit ihr zusammen sind. Nur etwas spielt eine Rolle: wenn ein Mensch wie der Apostel Thomas überzeugt zum Auferstandenen sagen kann: «Mein Herr und mein Gott!» (Joh 20,28), dann passt er zu uns. Man kann es auch anders ausdrücken. In unserem Alltag wählen wir unseren Freundeskreis aus. Wir bestimmen, mit wem wir Kaffee trinken, wandern oder jassen wollen. Wir tun das mit den Leuten, die uns gefallen. Wir wählen aus. In der Kirche ist das anders. In der Kirche wählt niemand aus, wer dazu gehören darf und wer nicht. Wer Christus als Herrn und Gott anerkennt, der hat ein Recht, zur christlichen Gemeinde zu gehören. Darum ist jede Kirchgemeinde eine gemischte Gesellschaft. Und genau deshalb gibt es in jeder Kirchgemeinde nicht nur Einigkeit und fromme Gemeinschaft. Es gibt auch Schwierigkeiten, Meinungsverschiedenheiten, Streit. Denn der liebe Gott – so heisst eine alte Redensart – hat eben verschiedene Kostgänger.

Wenn wir sagen, dass jeder Mensch Zugang zur Kirche Gottes hat, der Christus als Herrn und Gott anerkennt, sagen wir automatisch noch etwas anderes: Es ist nicht so, dass es keine Rolle spielt, was man denkt und was man glaubt; es ist nicht so, dass es keine Rolle spielt, wie man redet und lebt. Christsein kennt Voraussetzungen und Vorbedingungen. Christsein ist nicht einfach Friede, Freude, Eierkuchen. Der christliche Glaube hat ein Profil. Er hat ein Profil des Glaubens und des Lebensvollzugs. Christsein ist das Bekenntnis zu Christus als unserem Bruder und Erlöser. Und das äussert sich in unserem Gottvertrauen und in unserer Lebensführung. Nur daran dürfen wir uns messen. Oder um es mit den Magiern auszudrücken: Wir alle – wirklich alle – gehören zu ihm, die vor ihm in die Knie sinken.

Epiphanie 2016

Sprechen Sie kirchisch?

Wenn Sie das Radio einschalten und dort hält jemand eine Predigt, so merken Sie das nach dem ersten Satz. Denn es wird Ihnen sofort auffallen, dass da jemand spricht, der etwas mit der Kirche zu tun hat. An was das liegen mag? Wohl daran, dass in der Kirche oft in einem besonderen Ton und in einer besonderen Sprache gesprochen wird. Kirchenmenschen scheinen anders zu reden als andere Leute. Allerdings: Auch Mediziner, Juristen oder Bankspezialisten sprechen eine eigene Sprache, die Nichtfachleute oft kaum verstehen. Und auch sie reden in einem besonderen Ton. Wenn Spezialisten Wörter brauchen, die niemand versteht, dann nennt man das Fachchinesisch. Jemand hat das kirchliche Fachchinesisch einmal spöttisch und scharfsinnig Kirchisch genannt.

In der Kirche kirchisch reden ist allerdings nicht unproblematisch. Denn es ist für Leute, die mit der Kirche nicht vertraut sind, schwierig, einen Zugang zu ihr zu finden. Ja vielleicht spüren sie nur eine fremde, unverständliche Welt. Das ist schlecht! Denn die Kirche wendet sich ja nicht an Spezialisten eines bestimmten Fachkreises. Sondern sie will die Sache Gottes unter die Leute bringen – unter die ganz gewöhnlichen Leute, und möglichst unter alle Leute.

Es kommt noch etwas dazu: Man braucht in der Kirche viele feste Begriffe. Wir reden von Liebe und Sünde, von Erlösung und Busse, von Gnade und Glaube. Hinter festen Begriffen kann man sich immer leicht verstecken. Man denkt über sie gar nicht mehr nach, man hat sie einfach zur Verfügung. Deshalb werden sie oft ganz automatisch verwendet. Wie von selbst werden sie dann zu leeren Worthülsen. Und diese Worthülsen kann man zusammenstecken wie Legosteine. Die Möglichkeiten sind beinahe unbegrenzt. Zusammenstecken – und die Legopredigt ist fertig! Wenn die Leute das mit frommen Begriffen und kirchlichen Worthülsen durchsetzte Kirchisch hören, schalten sie ab. Ich habe das als junger Pfarrer drastisch erlebt. In gewissen Kirchen war es bei Männern üblich, auf der Empore Zeitung zu lesen (wenn es hoch kam, war es das Kirchenblatt) oder hinter der Kirche eine Zigarette zu rauchen. Das tun sie heute nicht mehr. Aber Legopredigten gibt es immer noch. Und immer noch verwehren sie den Menschen den Zugang zum Evangelium.

Natürlich kennen auch die kirchen- und gottesdienstgewohnten Gemeindeglieder diese Probleme. Wir haben uns an gewisse Worte so gewöhnt, dass wir sie gar nicht mehr hören, geschweige denn, dass sie uns noch etwas sagen. Man könnte viele Beispiele bringen. Ein besonders schönes ist das Wort «heilig». Es ist ein zentraler Begriff der Bibel und deshalb auch der Kirche. Es kommt in jedem Gottesdienst x-mal vor. Achten Sie heute in unserem Gottesdienst ein wenig darauf, wie oft es vorkommt. Aber auch sonst ist das Wort verbreitet. Wir verwenden es auch in der Alltagssprache – etwa «Heiliger Bimbam» oder, «ich bin doch kein Heiliger». Aber was heisst nun heilig wirklich? Eigentlich etwas ganz Einfaches: Heilig ist alles, was von Gott kommt oder zu Gott gehört. Der Heilige Geist ist der Geist, der Gott gehört. Oder noch einfacher: der Geist Gottes. Er ist nicht der Geist, den wir haben und über den wir verfügen können. Der grosse Geist eines Goethe braucht nicht unbedingt etwas mit dem Geist Gottes zu tun zu haben. Wenn der Heilige Geist zu einem Menschen kommt, so heisst das immer, dass dieser Mensch Zugang zu Gott findet. Wenn wir von einem Menschen sagen, dass er ein Heiliger sei, so heisst das also, dass er eine besondere Nähe zu Gott gefunden hat. Er ist nicht einfach ein braver, etwas langweiliger Mensch, der immer mit himmelwärts erhobenen Augen süsslich lächelt. Heilige sind nicht so, wie wir sie uns manchmal vorstellen. Oft sind sie sehr lebendige und oft auch schwierige Menschen, die anecken und die als unangenehm erscheinen können. So hat etwa der Heilige Franz von Assisi das kirchliche Establishment seiner Zeit kräftig irritiert und das kirchliche Leben ziemlich umgekrempelt. Und der Heilige Johannes Chrysostomos – einer der ganz grossen Bischöfe von Konstantinopel – hat die Mächtigen seiner Zeit so verunsichert, dass er wegen seiner unbestechlichen, aber scharfen Predigten über die Missstände seiner Zeit in eine grausame Verbannung geschickt wurde. Heilige sind oft scharfe Querdenker und bedeutende Zeitkritiker, wie zum Beispiel Bischof Romero oder Leonardo Boff.

Das Gegenteil eines Heiligen ist ein Sünder. Ein Sünder ist für uns einer, der dummes Zeug macht. So sagen wir etwa, wenn wir zwei Tafeln Schokolade gegessen oder eine ganze Flasche Wein geleert haben: Gestern habe ich schön gesündigt. Beides ist wohl weniger eine Sünde als vielmehr eine Dummheit. Ein Sünder ist ein Mensch, der etwas tut, das ihn von anderen Menschen trennt. Sünde ist alles, was trennt, spaltet, isoliert, entzweit, zerstört. Sünde ist alles, was Gemeinschaft mit anderen Menschen und mit Gott beeinträchtigt. Gott will nicht, dass wir nicht sündigen, weil er uns das Vergnügen am Ehebruch oder am Überlisten der Steuerbehörde nicht gönnt. Er will uns von diesen Dingen abhalten, weil sie unser Zusammensein, unsere Beziehung, unsere Liebe, unsere soziale Stellung zerstören. Sünde ist der tödliche Spaltpilz des Zusammenseins.

Wir merken, unsere Sprache – das Kirchisch – hat durchaus ihren Sinn. Wir brauchen sie nicht zu verleugnen. Wir müssen sie aber bewusst und kritisch sprechen. Wir müssen genau wissen, was wir sagen wollen. Wir müssen beim Reden denken und auch neue Worte und neue Formen finden. Das aber braucht Anstrengung, braucht Arbeit. Es ist hier wie überall: Ohne Anstrengung kommt man zu nichts. Wenn man Gott näherkommen will, geht das nicht von selbst. Nur mit Anstrengung beim Denken, Fühlen und Handeln, nur mit Überwindung kommt man zum Heiligen. Um zur Sache Gottes zu kommen, muss man etwas aufwenden. Das kann man an ganz einfachen Dingen in der Bibel sehen: Die Hirten und die Weisen aus dem Morgenland mussten den neugeborenen Jesus finden und zu ihm gehen. Maria musste das Jesuskind in den Tempel tragen, damit es zu Gott kommt. Sie alle mussten Schritte tun, um Gott näherzukommen. Man kann nicht einfach warten und denken: Er wird schon kommen. Aber wenn man Schritte auf ihn zu tut, dann wird man zu ihm gehören, heilig sein können. Zu Gott kommt man nicht von selbst, und er kommt auch nicht von selbst zu uns.

Man kann es auch etwas banaler sagen: Es ist mit Gott wie mit dem Skifahren. Man kann nicht einfach Skier kaufen, darauf stehen und hinunterfahren. Da wird man rasch auf die Nase fallen. Man muss es lernen, üben, trainieren. Und man wird immer wieder auf die Nase fallen. Auch das Gottsuchen muss man lernen. Und auch hier wird man beim Training immer wieder auf die Nase fallen. Aber bei jedem Fallen wird man etwas lernen. Das müssen wir alle immer wieder neu einzusehen versuchen. Glaube braucht Übung. Dann verstehen wir vielleicht das Kirchisch wieder besser und finden es vielleicht sogar schön.

3. Sonntag vor der Fastenzeit 2009

Spiessbürgertheologie?

Lukasevangelium 15,7

Viele Menschen haben Mühe mit Bussgebeten. Sie sagen: Muss denn die Kirche immer von Sünde reden? Muss sie mich ständig an meine Schwächen und meine Kleinheit erinnern? Sie könnte doch auch einmal vom Guten in mir reden. Wenn ständig Sünde und das Böse im Mittelpunkt stehen, dann erzeugt das nur Schuldgefühle. Die Kirche sollte uns doch freier und glücklicher machen.

Dass Menschen so denken, ist leicht einfühlbar. Denn Busse ist ein Wort mit schalem Nachgeschmack. Es hat einen schlechten Ruf. Es tönt nach Polizei, nach Strafe und schlechtem Gewissen. Busse in der Kirche erinnert an einen Polizistengott, der buchhalterisch ein Sündenregister führt. Und natürlich denken wir auch an eine pervertierte und voyeuristische Beichtpraxis. Wir wissen ja, dass die Busse im Verlauf der Kirchengeschichte immer wieder als Unterdrückungsinstrument missbraucht worden ist. Solche Vorstellungen haben allerdings wenig mit biblischem Denken zu tun, aber umso mehr mit Spiessbürgerdenken und Spiessbürgertheologie. Ein Spiessbürger ist jemand, der in seinem eigenen und engen, unveränderbaren Weltbild lebt. Er hat in seinem Kopf anstelle eines denkfähigen Gehirns ein starres Rastersystem aus fest betonierten Meinungen und Vorurteilen. Deshalb weiss der Spiessbürgertheologe alles besser. Er weiss, ohne nachzudenken, was gut und was böse, was richtig und was falsch ist.

Im Neuen Testament ist nichts von einer solchen Sturheit zu spüren. Eine der wichtigsten Kategorien des Alten und des Neuen Testaments ist «Freiheit». In einem starren System kann man jedoch nicht frei sein. Freiheit kann man aber auch nicht besitzen. Man kann Freiheit nur suchen und erfahren. Freiheit ist nichts Unveränderliches. Im Gegenteil, sie lebt von Entwicklung und Veränderung. Nur wer immer wieder bereit ist, sich zu entwickeln, sich irritieren zu lassen und sich zu erneuern, wird Freiheit erfahren können.

Das wird auch am biblischen Wort für Busse deutlich. Das hebräische Wort für Busse bedeutet wörtlich übersetzt nämlich «umkehren». Das hat natürlich mit Neuanfang zu tun. Um neu und anders geht es also. Man kehrt bekanntlich nur dann um, wenn man den falschen Weg genommen oder sich verirrt hat. Das passiert beim Wandern – und es passiert im alltäglichen Leben. Wer hat nicht schon gemerkt, dass er auf dem Holzweg ist, zum Beispiel im Verhältnis zu seinen Kindern oder zum nächsten geliebten Menschen? Oder im Umgang mit sozialer Verantwortung gegenüber Mitmenschen? Oder mit dem Alkohol oder der Geschlechtlichkeit? Indem man zu arbeitswütig oder auch zu nachlässig ist? Oder im Umgang mit Geld? Kurz – wir können in unserem Leben unzählig viele falsche Wege einschlagen.

Die Bibel will helfen, mit Irrwegen umzugehen und von ihnen frei zu werden. Sie will nicht, dass wir für unsere Irrwege bestraft werden. «Ich sage euch: Im Himmel wird mehr Freude herrschen über einen einzigen Sünder, der umkehrt, als über neunundneunzig Gerechte, die es nicht nötig haben umzukehren» (Lk 15,7). Mit anderen Worten: Wir dürfen immer und vor allem immer wieder umkehren. Wir dürfen immer und immer wieder neue Wege suchen. Wenn ich mich verrannt habe, bin ich nicht verloren. Kein falscher Weg ist endgültig. Ich kann meine Beziehungen überdenken und versuchen sie besser zu leben. Ich kann Ordnung in meine Arbeits- und Freizeit bringen. Ich kann jederzeit neu anfangen. Damit das aber möglich ist, muss man sich zuerst bewusst machen, wo man auf dem Holzweg ist und wo eine andere Richtung eingeschlagen werden muss. Hier liegt denn auch der eigentliche Sinn der Fastenzeit. Sie sollte eine Zeit der Stille und der Besinnung sein. Das allerdings ist in unserer von Lärm und Licht verwüsteten Zeit nur noch sehr eingeschränkt erlebbar. Man muss Stille mit grossem Kraftaufwand suchen.

Und noch etwas: Es ist nicht leicht, sich selbst klar zu sehen und zu beurteilen. Allzu leicht macht man sich Illusionen über sich selbst. Beschönigen und Verdrängen gehört zum Menschen. So hat eine Umfrage ergeben, dass gut 90 % aller männlichen Autofahrer sich für überdurchschnittlich gute Fahrer halten. In vielen anderen Gebieten sieht es für Sie und mich wahrscheinlich nicht viel anders aus. Sich durchleuchten, sich selbst durchschauen ist ein schwieriges Unterfangen. Deshalb kann eine Bussandacht oder ein Beichtgespräch eine grosse Hilfe sein. Man ist dann nicht allein auf sich angewiesen. Sondern man wird mit Gedanken und Fragen konfrontiert, die einem allein nie in den Sinn kämen. Eine Bussandacht kann mir leichter erkennbar machen, wo ich auf dem Holzweg bin. Sie sagt mir nicht: «Was bist du für ein miserabler Mensch. Schäme dich.» Sondern sie sagt mir: «Dieser Weg ist nicht gut. Kehre um! Denn du kannst neue Wege finden und gehen! Du musst die alten Lasten nicht ewig und allein mit dir herumschleppen. Wirf sie ab. Fange neu an. Du hast die Freiheit dazu! Wenn du das tust, dann wirst du Freiheit erleben. Bewege dich. Entwickle dich. Du kannst das und du darfst das. Revidiere deine Koordinaten – dann wirst du einen neuen Zugang zu den Mitmenschen und zu Gott finden!» Das und nichts anderes heisst der Ruf «Tut Busse».

Aus all dem folgt logischerweise, dass es in der Busse gerade nicht um Bestrafung geht, sondern um Freiheit. Es geht um die Befreiung aus ausweglosen Situationen und Sackgassen. Es geht um Entlastung von Schuld und Versagen. Deshalb: Kehren wir um!

1. Fastensonntag 2013

Die Kirchen werden schwächer

Markusevangelium 10,43

Ob das eine Predigt gibt, weiss ich nicht. Aber die Lektüre eines Zeitungsartikels hat mich nicht losgelassen. Ich möchte darauf reagieren.

In diesen Tagen ist ein Bericht über ein Forschungsprogramm der Universität Lausanne durch die Medien gegangen. Darin wird die Entwicklung der christlichen Religionsgemeinschaften in der Schweiz untersucht. Man kommt darin zum wenig überraschenden Schluss, dass die traditionellen Kirchen in der Schweiz immer mehr Anhänger verlieren. Das weiss man natürlich schon lange. Aber trotzdem gibt es in diesem Bericht Zahlen, die uns hellhörig machen sollten: 32 % sind reformiert, 31 % römisch-katholisch, 12 % gehören nicht christlichen Religionen an, 25 % sind konfessionslos. Vor 40 Jahren gab es nur 1 % Konfessionslose.

Wichtiger scheint mir die Tatsache, dass Menschen, die zu einer Kirche gehören, deshalb noch lange nicht religiös handeln oder auch nur denken. Kirchenzugehörigkeit und Religiosität sind nicht deckungsgleich. So sind nur 17 % der befragten Kirchenangehörigen in eine kirchliche Gemeinschaft wirklich eingegliedert und halten die religiösen Grundlagen des Christentums für wichtig. Für 64 % der Kirchenglieder sind religiöse Vorstellungen und Praktiken unwichtig. Für 10 % sind sie vollkommen gleichgültig, und 9 % sind alternativ, also esoterisch, steingläubig oder sternzeichengläubig. Oder sie hören auf Uriella oder Mike Shiva. Mit andern Worten: 83 % der sich als christlich bezeichnenden Bevölkerung haben ein distanziertes, ein gleichgültiges oder ein ablehnendes Verhältnis zum Christentum.

Natürlich gibt es dazu verschiedene Erklärungen. Eine lautet so: Traditionelle Werte wie Treue, soziales Engagement oder Pflicht werden immer weniger wichtig. Immer wichtiger werden hingegen Werte wie Selbstverwirklichung, Unabhängigkeit, Freiheit oder Individualität. Dieser immer stärker werdende Unabhängigkeitsdrang und die damit verbundene Abnahme des sozialen Zusammenhalts sind für die Kirche ein schwieriges Umfeld. Denn Gemeinschaftsgefühl und Wille zu gegenseitiger Verpflichtung sind Grundvoraussetzungen für das christliche Leben. Andere Erklärungsversuche weisen etwa auf den Reichtum der westlichen Gesellschaft hin oder auf die Tatsache, dass der Tod in unserem Alltag kaum mehr gegenwärtig ist. Auch solche Dinge sind dem Christentum nicht förderlich.

Erklärungen dieser Art sind wichtig. Aber allein genügen sie nicht. Denn sie weisen nur auf das Umfeld der Kirche hin, also auf die Anderen, die Aussenwelt. Sie klammern aber aus, dass es auch in der Kirche selbst Ursachen für ihre Schwäche gibt. Natürlich spielt die Entwicklung der modernen Gesellschaft für die Kirche eine grosse Rolle. Aber trotzdem darf man die kirchliche Eigenverantwortung nicht aus den Augen verlieren. Die Kirche ist mitverantwortlich für ihre Schwäche. Schliesslich wissen wir alle, dass in der Kirche vieles nicht gut ist. Das war immer so. Denn die Kirche besteht ja nicht aus unfehlbaren Heiligen, sondern aus lebendigen Menschen mit Fehlern und Schwächen. Sie wird deshalb nie vollkommen sein. Die Kirche ist darum immer heilig und unheilig zugleich. Aber auch das ist nur eine weitere Teilerklärung.

Zu allen diesen Erklärungen muss eine weitere kommen, nämlich die, dass auch wir, Sie und ich, Geistliche und Laien, Mitverantwortung am heutigen Zustand der Kirche tragen. Jesus hat einmal gesagt: «Bei Euch soll es nicht so sein» (Mk 10,43). Er hat damit gemeint, dass unter den Gläubigen andere Regeln und Gesetze herrschen müssen als sonst in der Welt. Der Umgang in der Kirche müsste sich vom Umgang in einem Verein, einer Partei, einer Firma unterscheiden. Er sollte von dem Wissen getragen sein, dass wir durch die Taufe eng miteinander verbunden sind – als aus dem Wasser und dem Heiligen Geist neu Geborene (Joh 3,5).

Es gibt eine schöne Geschichte, die der altkirchliche Theologe Tertullian um 200 erzählt hat: Heiden sind Christen geworden, weil sie sahen, wie gut und liebevoll die Gläubigen miteinander umgegangen sind. Die Leute haben von der christlichen Gemeinde gesagt – so Tertullian wörtlich: «Seht, wie sie einander lieben.» Zu solchen Menschen wollten sie auch gehören und wurden deshalb Christen. Die Kirche war Vorbild. Und diese Vorbildlichkeit bescherte ihr den grossen Zulauf. Wenn die Vorbildlichkeit verloren geht, wenden die Menschen sich ab. Sie reagieren sehr hart, wenn es in einer Kirchgemeinde Streit und Unmoral gibt. Zwar kann das sehr selbstgerecht sein, etwa in dem Sinn: Die sind auch nicht besser. Gerade deshalb sollten wir das Wort Jesu, «Bei euch soll es nicht so sein», immer im Hinterkopf behalten. Es ist nicht nur für den Ruf der Kirche wichtig, sondern auch für uns selbst. Wie man mit Anderen umgeht (auch mit ungeliebten Leuten), wie man seine eigenen Schwächen akzeptiert, wie man zu eigenen Fehltritten steht und sie bewältigt, das muss anders sein als überall sonst. Wir müssen uns vom Evangelium prägen lassen.

Vorbildlichkeit heisst also nicht, brav, langweilig und ohne Ecken und Kanten zu sein. Im Gegenteil. Es bedeutet vielmehr, mutig dazu stehen, dass es eine andere Art von Leben, Lebenssinn und Lebensformen gibt als das allgemein übliche Leben. Es heisst zeigen, dass Christsein Perspektiven und Möglichkeiten zu einem freieren und menschenfreundlichen Leben eröffnet. Oder eben: «Bei uns darf es nicht so sein.»

Und schliesslich noch etwas: Die Kirche muss ein schwieriges Kunststück vollbringen. Ihr muss ein grosser Spagat gelingen. Einerseits muss sie offen für die heutige Welt sein. Sie muss die Entwicklung der Gesellschaft, das zeitgenössische Denken und Fühlen nicht nur verstehen, sondern vor allem ernst nehmen. Die Kirche muss jedes Schulmeistern, jedes moralinsaure Gehabe vermeiden. Gleichzeitig – und das ist das grosse Kunststück – muss sie zu ihrem christlichen Glauben stehen und ihre kirchliche Identität wahren.

Natürlich möchten wir gern modern sein, zeitgenössisch, auf der Höhe. Und wir müssen das auch. Aber gleichzeitig dürfen wir uns nicht billig an jeden Publikumsgeschmack anbiedern. Andersdenkende lieben und achten heisst noch lange nicht alles nachreden und alles machen, was gerade in ist. Echte Liebe weiss auch, wann sie ihren eigenen Weg gehen muss. Sie weiss, wann sie Nein sagen muss. Nicht das, was alle tun und denken, ist wichtig. «Wer für alles offen ist, ist nicht ganz dicht», hat einmal jemand treffsicher gespottet. Was auf dem Hintergrund des Evangeliums gefordert und gegeben ist, darauf kommt es an. Das müssen wir vertreten.

Damit das gelingen kann, braucht es Verschiedenes. Es braucht zunächst Weltoffenheit. Diese findet man aber nur, wenn man sich für das Wesentliche der eigenen Zeit interessiert, für die Politik, für die Kultur im weitesten Sinn des Wortes, für die technischen Entwicklungen, für wirtschaftliche Fragen und so weiter. Die Kirche darf sich nicht in ihre eigene Welt einschliessen. Sie darf sich nicht in ein Ghetto zurückziehen. Wenn ich kirchliche Blätter lese, Predigten höre, Gespräche in kirchlichen Kreisen verfolge, dann befällt mich halt manchmal schon das Gefühl, dass die grosse, weite Welt gar nicht vorkommt. Wir leben oft in einem geschlossenen, gemütlichen Biotop. Vielleicht müssten wir mehr daran denken, dass es eine Fremdprophetie geben kann – das heisst, dass Gott nicht nur in der Kirche spricht, sondern auch in der Welt. Dass der Heilige Geist nicht nur durch Gläubige spricht, sondern auch durch einen Dichter, einen Denker, einen Politiker, durch einen reifen, erfahrenen Durchschnittsmenschen – aber auch durch ein Ereignis wie Fukushima oder den Klimawandel. Man muss auf die Welt hören. Denn man kann viel von ihr lernen. Nur wer das kann, kann mit Menschen umgehen. Nur wer das will, kann die berühmte soziale Kompetenz erreichen.

Dazu gehört aber noch etwas: Man kann nur offen für anderes sein, wenn man selbst eine gesicherte Identität und ein profiliertes Denken hat. Für kirchliche Verantwortung heisst das, dass ein klares theologisches Denken und ein präzises Wissen unumgänglich bleiben. Es ist wie mit einer Uhr: Um die Zeit ablesen zu können, muss man nicht wissen, wie eine Uhr funktioniert. Aber man muss sich darauf verlassen können, dass das Werk präzise und zuverlässig arbeitet. Genauso ist es mit der Theologie. Nicht jeder muss theologisch denken können. Aber die Christen müssen sich darauf verlassen können, dass die

Theologie ihrer Kirche und das theologische Wissen der Verantwortlichen präzise und zuverlässig arbeiten.

Viele Laien und Geistliche denken heute anders. Sie halten Theologie nicht für sehr wichtig. Wozu braucht es alte Sprachen, wozu dogmatisches und historisches Wissen? Dem ist entgegenzuhalten: Nur wer über hohe theologische Kompetenz verfügt und möglichst viel Wissen über die gegenwärtige Gesellschaft hat, kann unterscheiden, was für die heutige Zeit wichtig ist. Nur wer über hohes Wissen in vielen Bereichen verfügt, kann auch echte Toleranz üben. Hier ein berühmtes Wort von Kurt Tucholsky: «Toleranz ist der Verdacht, dass der Andere Recht haben könnte.» Das heisst: Wenn die Kirche von den Leuten wieder ernst genommen werden will, dann muss auch sie die Leute ernst nehmen. Sie kann den Leuten nicht ernsthaft und genau genug zuhören. Sie muss den Spagat schaffen zwischen grosser Offenheit und starkem Profil. Beliebigkeit ist für das Christentum genauso gefährlich wie engstirniger Dogmatismus.

Nein, es ist keine Predigt geworden. Aber vielleicht geben meine Gedanken doch ein paar Anstösse für die Fastenzeit.

4. Fastensonntag 2011

Rosen schenken

Philipperbrief 4,4

Vielleicht ist Ihnen aufgefallen, dass wir uns heute mitten in der Fastenzeit an einem reichen Blumenschmuck und schöner Musik erfreuen dürfen. Das passt eigentlich nicht in diese Wochen der Busse und der Stille. Ursprünglich gab es in der Fastenzeit tatsächlich weder Blumen noch Musik in der Kirche. Dieser Reichtum kam erst an Ostern wieder. Und vielleicht ist Ihnen auch aufgefallen, dass ich kein violettes Bussgewand trage, sondern ein fröhlich rosarotes. Heute ist nämlich der 4. Fastensonntag. Man nannte ihn früher Rosensonntag.

Ursprünglich war die Fastenzeit eine herbe, strenge Zeit. Man fastete wirklich – nicht nur beim Essen, sondern auch bei allen fröhlichen Anlässen. Es gab keine Theater, keine Konzerte, keine Tanzveranstaltungen und keine Partys. Und auch in der Kirche gab es keine Musik. Alles war in eine gedämpfte Atmosphäre getaucht.

Die Fastenzeit beginnt am Aschermittwoch. Dort heisst es in der Liturgie: «Vergiss nicht, Mensch, dass du Staub bist und zum Staub zurückkehrst.» Es war also die Zeit der Busse, der Selbsterkenntnis und der Besinnung auf die eigene Vergänglichkeit. In diesen dunklen Tagen wartete man sehnlichst auf Ostern. Sie würde alle dunklen und traurigen Gedanken verscheuchen. Man freute sich auf die Osterzeit, in welcher die volle Lebensfreude wieder zu ihrem Recht kommen darf.

Der heutige Sonntag liegt genau in der Mitte der Fastenzeit. Die Leute hatten das Gefühl, das Schlimmste der Fastenzeit sei überstanden. Es gehe ja nicht mehr so lange. Deshalb heisst der 4. Fastensonntag Laetare – auf Deutsch «freue dich». Denn man liest an diesem Tag in der Messe die Paulusworte: «Freuet euch... Und noch einmal sage ich euch freuet euch!» Weil bald Ostern ist. Und weil Gottesdienst nicht nur aus Worten besteht, sondern auch aus Gesten, Symbolen, Gerüchen, Wein, Brot und anderen sinnlichen Erlebnissen, deshalb muss man die Freude darüber, dass Ostern bald kommt, auch sinnlich fühlen können. Mit Blumen und Farben rief man einander zu: Freut euch – es ist bald Ostern! Und das tun wir auch heute.

Aber warum gerade Rosen? Wenn ich jemanden einen grossen Rosenstrauss schenke, hat das eine grosse symbolische Bedeutung. Wenn ich jemandem einen grossen Tulpenstrauss sende, ist das nicht so. Ich kann jemandem eine einzige schöne Rose schenken. Eine einzige Tulpe macht keinen Sinn. Dieser kleine Hinweis zeigt – was wir natürlich alle wissen –, was für eine besondere Blume die Rose ist. Sie spielt in allen grossen Religionen und vielen Kulturen eine wichtige Rolle. Wie wichtig die Rosensymbolik ist, oder besser einmal war, können wir kaum mehr ermessen. Eine Rose ist für uns nur noch ein Liebessymbol. Aber der ganze religiöse Reichtum ist mehr oder weniger verloren gegangen.

Das gilt für viele Symbole. Sie sind aus unserem Bewusstsein verschwunden, oder wir verwenden sie, ohne zu wissen, was sie eigentlich bedeuten. Aber was ist überhaupt ein Symbol? Ein Symbol ist ein äusseres Zeichen, das über sich selbst hinaus auf einen tieferen Sinn hinweist. Vielleicht kann man das gut an einer alltäglichen Geste zeigen: Wir geben jeden Tag mehreren Leuten die Hand. Das ist ein uraltes Symbol. Wenn man sich nämlich von Anderen die rechte Hand halten lässt, wird man wehrlos. Man kann keine Waffe mehr halten und man kann auch nicht mehr zuschlagen. Das heisst, ich gebe mich dem Anderen in die Hand und ich zeige ihm damit, dass ich Vertrauen zu ihm habe. Wenn ich jemandem die Hand verweigere, dann ist das eine grobe Beleidigung. Das heisst: Du bist nicht vertrauenswürdig.

Ein starkes Symbol ist auch die Rose. Sie weist auf einen tieferen Sinn hin. So stand in der Antike die Rose für drei Bereiche, die eng zusammenhängen: für die erotische Liebe, für den Tod, und für das selige Jenseits. Auf Gräbern pflanzte man deshalb Rosen, um die Hoffnung auszudrücken, dass die Verstorbenen in Seligkeit weiterleben sollen. In diesem Zusammenhang nannte Homer die im Osten aufsteigende Morgenröte «rosenfingrig». Ihr zartes Rot kündigt an, dass nach der Nacht das Licht, nach dem Tod das Leben wiederkommt.

Zuerst lehnte man im Christentum alle Rosensymbole ab. Sie erinnerten zu sehr an die Verehrung heidnischer Götter. Aber im 4. Jahrhundert kam die Rose zurück. Das Christentum war stark geworden. Es musste sich vor dem Heidentum und seinen Symbolen nicht mehr fürchten. Im Gegenteil: Es konnte sie umdeuten und mit eigenen neuen Inhalten füllen. So wird in Katakomben die Rose auf Gräber gemalt, als Symbol des Lebens, das aus dem Tod neu aufblüht. Die Rose wird zum Auferstehungssymbol. So werden Rosenbäume als Zierde in Paradiesbildern gemalt. Rot wird zur Farbe der Auferstehung. In Russland sind deshalb auch heute noch die Ostereier ausschliesslich rot.

Aber natürlich weist die rote Farbe der Rose auch auf das von Jesus vergossene Blut hin. Die Dornen erinnern an die Dornenkrone und überhaupt an das Leiden Jesu. Alles zusammen erinnert daran, dass Christus mit seinem Tod und seiner Auferstehung unseren Tod überwunden hat. Deshalb ist die rote Rose auch ein Abbild der Realität des Lebens: An der Rose hat es kostbare Blüten, aber es hat auch Dornen. Tod und Leben, Leiden und Freude kann man aus unserem Dasein nicht verdrängen. Sie gehören untrennbar zu uns.

Viele Menschen begannen deshalb im Winter in der Stube Rosen zu züchten, damit man sie einander am 4. Fastensonntag schenken konnte. Deshalb segnen auch wir heute Rosen und schenken sie einander. Ich denke, es wäre schön, wenn wir diese religiöse Symbolik der Rose wieder etwas mehr in unser Leben integrieren könnten. Wir könnten zum Beispiel uns selbst eine Rose schenken – dann, wenn es uns schlecht geht, oder dann, wenn es uns gut geht – zur Erinnerung daran, dass Christus uns im Kreuz das Leben geschenkt hat.

Und noch etwas: Eine Rose duftet, sie beeinflusst ihre Umgebung angenehm. Der gute Duft ist ein altes Symbol dafür, dass Christinnen und Christen ihre Umgebung verändern können und auch sollen. Dadurch etwa, wie sie mit ihren Mitmenschen umgehen. Dadurch, dass sie für sie da sind. Dadurch, dass sie ohne Vorurteile liebevoll Verständnis für Andere haben. Der Rosenduft steht dafür, dass wir die Welt zwar nicht retten können, aber dass wir sie immer wieder zum Besseren verändern können. Der Rosenduft kann für das Wort aus dem Galaterbrief stehen: «Lasset uns Gutes tun, und nicht ermüden» (Gal 6,9).

Und schliesslich: Wenn uns die Rose an Christus erinnert, dann könnte uns das manchmal mehr Selbstsicherheit geben und uns aus dunklen Phasen heraushelfen. Der Reformator Martin Luther hat das gewusst. Er hat immer wieder unter starken Depressionen gelitten, die manchmal fast nicht zum

Aushalten waren. Deshalb soll er an die Wand seiner Mönchszelle gross geschrieben haben: «Ich bin getauft.» Er hat sich damit sagen wollen: Ich bin getauft und gehöre deshalb Christus. Also soll ich nicht vergessen: Es kann mir nichts passieren. Genauso kann uns auch eine Rose an Christus erinnern, der für uns da ist. Letztlich kann mir nichts passieren, sagt sie uns. Paulus hat das so formuliert: «Weder Tod noch Leben, ... weder Gegenwärtiges noch Zukünftiges, weder Gewalten der Höhe oder Tiefe, noch irgendeine Kreatur können uns scheiden von der Liebe Gottes, die in Christus Jesus ist, unserem Herrn» (Röm 8,38f).

Wenn die Rose diese Gewissheit in uns etwas stärken kann, dann haben wir heute einen guten Gottesdienst gefeiert.

4. Fastensonntag, Rosensonntag 2016

Christus ist für uns gestorben – stimmt das?

1. Korintherbrief 15,3

Wir werden heute im Schlusslied singen: «Wir danken dir Herr Jesus Christ, dass du für uns gestorben bist.» In vielen Fasten- und Passionstexten kommt dieser Gedanke vor. So heisst es in einem anderen Lied: «O Herr, was du erduldest, ist alles meine Last. Ich hab es selbst verschuldet, was du getragen hast.» Mit anderen Worten heisst das: Weil ich ein Sünder bin, hat Jesus sterben müssen. Ich soll also schuld daran sein, dass Jesus vor 2000 Jahren gekreuzigt wurde? Ich soll schuld an seiner Folterung und Ermordung im fernen Jerusalem sein? Kann ich so etwas im 21. Jahrhundert noch behaupten? Das ist doch für viele heutige Menschen kaum mehr nachvollziehbar.

Was steht dazu im Neuen Testament? Sicher ist, dass Jesus freiwillig nach Jerusalem ging, im genauen Wissen darum, dass ihn dort der sichere Tod erwartet. Er hätte ohne Probleme in den Weiten des Heiligen Landes untertauchen können. Er bestätigte später, dass er wusste, was er tat. Er hat sich freiwillig gemeldet, als die Polizei ihn suchte (Joh 18,4f). Auch hat er Petrus verboten, ihm bei seiner Verhaftung mit dem Schwert zu Hilfe zu kommen (Mt 26,51).

Nur – warum hat er das getan, wenn er die Kreuzigung doch hätte vermeiden können? Die Antwort findet sich in Jesu eigenen Worten beim letzten Abendmahl. Beim Austeilen des Kelches sagte er: «Das ist mein Blut: das Blut ..., das für alle vergossen wird» (Mk 14,24). So berichtet das älteste Evangelium, das von Markus. Schon vorher, etwa 20 Jahre nach dem letzten

Abendmahl schreibt Paulus: «Christus ist für unsere Sünden gestorben» (1 Kor 15,3b). Und genau da fängt unser Zweifel an: Kann ein Anderer für meine Schuld den Kopf hinhalten? Die Antwort des Neuen Testaments ist eindeutig: Ja, genau das hat Christus getan. Er ist gestorben, um uns von Schuld und Sünde zu befreien. Darin sind sich die vier Evangelien und Paulus einig.

Einen denkenden und fragenden Menschen können natürlich biblische Sätze allein noch nicht überzeugen. Ein mündiger Christ muss selber denken und fragen. Denn wer einfach Bibelstellen, ohne nachzufragen, nachbetet, ist kein Gläubiger, sondern nur ein simpler Fundamentalist. Also fragen wir nach: Die ganze Bibel betont immer wieder die Gerechtigkeit Gottes. Aber ist es gerecht, wenn Jesus für unsere Fehler bestraft wird, die er gar nicht begangen hat? Und ist es überhaupt sinnvoll, dass er bestraft wird, wenn er nichts getan hat? Und was ist das für eine Gerechtigkeit, wenn er für das bestraft wird, was nicht er, sondern wir falsch gemacht haben?

Zunächst wissen wir natürlich alle, dass es bei jedem und jeder von uns Dunkles gibt – Versagen, Bösartiges, Gleichgültiges, Hinterhältiges, Verlogenes. Auch beim anständigsten, vorbildlichsten, heiligmässigsten Menschen gibt es dunkle Seiten. Kurz und bündig ausgedrückt: Wir sind alle Sünder.

Trotzdem bleibt die Frage: Ist das ein gerechter Gott, der seinen Sohn umbringen lässt, der nach dem Zeugnis der Bibel völlig unschuldig ist? Muss überhaupt eine Strafe sein? Könnte Gott nicht einfach alles vergeben – ohne Wenn und Aber? Könnte Gott den Ungehorsam der Menschen, all das Böse der Geschichte, nicht als belanglos und bedeutungslos behandeln und einfach allen alles verzeihen? Das wäre «billige Gnade», hat Dietrich Bonhoeffer einmal gesagt. Denn: «Das Böse als Realität kann nicht einfach ignoriert werden. Es muss aufgearbeitet, besiegt werden» (Joseph Ratzinger in: Jesus von Nazareth II).

Wir wissen das auch aus unserem eigenen Leben. Das Böse, das uns angetan wurde, genau wie das Böse, das wir selbst verantworten müssen, kann man nicht ignorieren. Es ist eine Realität unseres Lebens. Deshalb muss es aufgearbeitet und verarbeitet werden. Sonst rumort es weiter – in heftigen Gesprächen und Krächen oder in unbeherrschbaren Aggressionen. Oder es rumort weiter in der Tiefe, indem man immer wieder darüber nachdenkt, in der Nacht darüber grübelt, stille Aggressionen entwickelt oder qualvoll träumt. Das ist das Perfide am unerledigten Bösen, dass es uns nicht in Ruhe lässt. Wir kennen das aus Familienstreitigkeiten. Eltern und Kinder, aber auch Geschwister können sich über Jahrzehnte gegenseitig plagen und aneinander leiden. Ich könnte viele Geschichten aus unserer Kirche erzählen, in denen Gemeindekonflikte immer wieder weiterschwelten – oft jahrzehntelang. Auch in Partnerbeziehungen rumoren nicht aufgearbeitete

Konflikte, nicht aufgearbeitete Untreue und nicht aufgearbeitete Gleichgültigkeit weiter – laut oder leise.

Das alles wissen wir natürlich genau. Aber wir wissen ebenso genau, dass es oft beim besten Wille nicht gelingen will, altes Böses aufzuarbeiten, zu überwinden oder gar zu verzeihen. Man kommt dann oft mit einer schwierigen Schwester, mit einem unangenehmen Mitarbeiter, mit einer nörgelnden Nachbarin, mit einem Ehepartner einfach nicht mehr zurecht. Eine Lösung, eine Versöhnung gar, geht oft über die Kräfte aller Beteiligten. Wir kennen das doch: Menschen können mit dem Bösen – dem eigenen und dem fremden – einfach nicht fertig werden, auch wenn sie es noch so möchten. Das Böse ist wie eine übermächtige Krake, die uns gefangen hält. Nicht von ungefähr sieht die Bibel das Böse als eine Person: der Böse, der uns in seinen Klauen hält.

Und weil wir Menschen uns beim besten Willen nicht aus diesen Klauen befreien können, tut es Gott für uns. Aber er bagatellisiert die Sünde nicht einfach. Er sagt nicht: «Alles nicht so schlimm. Vergessen wir's. Man muss vorwärts schauen, nicht rückwärts.» Man muss vorwärts schauen, nicht rückwärts sagen nur konfliktunfähige Dummköpfe. Wenn Gott das täte, wäre er ein dummer Verdränger. Er würde das Böse, das uns alle so plagt, nicht ernst nehmen. Denn wenn es nur eine Bagatelle wäre, würde es uns ja nicht quälen. Wenn er Leiden, Einsamkeit, Grausamkeit, Geiz, Verachtung, Ängste zur Bagatelle machen würde, würde er unser Leben nicht ernst nehmen.

Und noch etwas: wenn er einfach sagen würde: «Das ist alles nicht so schlimm», dann würde er uns nicht als Menschen ernst nehmen, die selbst Entscheidungen treffen können. Er würde uns nicht zugestehen, dass wir Verantwortung übernehmen können. Er würde uns wie Unzurechnungsfähige behandeln, die für ihr Verhalten nichts können. Genau aus diesem Grund wird der Mensch bei der göttlichen Vergebung nicht aus seiner Verantwortung entlassen. Er muss alles tun, um so viele seiner Schulden wie möglich selbst zu zahlen. Dazu gehört, dass man mit ehrlicher Selbstreflexion möglichst viel Klarheit über seine Stärken und seine Schwächen herausfindet. Es gehört auch dazu, dass man ehrlich seine Verantwortung übernimmt und dazu steht, dass man etwas schlecht gemacht hat – ob absichtlich oder nicht. Erst dann kann man vor Gott treten und um Vergebung bitten.

Ich glaube, dass es eine grosse Herausforderung unserer Zeit ist, diese Selbstverantwortung wieder ernst zu nehmen. Das ist im Grossen zu sehen – in der ganzen Bankenkrise etwa, in der Politik, in der Verantwortungslosigkeit der Skandalpresse, in der Habgier der Wirtschaft, in der Ausbeutung der armen Länder, in den leichtfertig angezettelten Kriegen. Aber es ist auch eine Herausforderung für uns selbst, in unserem kleinen Alltag. Oft ist doch die Versuchung gross, sich selbst herauszureden, zu beschönigen, zu verharmlosen. Und wir stehlen uns auch mit den heute so modischen Psychologisierungen gerne aus der Verantwortung.

Die alten Griechen haben gesagt: «Erkenne dich selbst.» Das sollten wir uns zu Herzen nehmen. Erst wenn man die Selbsterkenntnis so weit wie möglich getrieben hat, erst dann kann man um Vergebung bitten – also das Opfer Jesu in Anspruch nehmen. Denn erst wenn man durch Selbsterkenntnis die eigene Begrenztheit und die eigene Hinfälligkeit erkannt hat, erst dann merkt man, dass man die Hilfe Gottes braucht. Erst bei ernster Suche nach Selbsterkenntnis werden wir merken, dass wir Christus brauchen, nämlich den Christus, der jene Zeche bezahlt hat, die wir nicht allein bezahlen können. Er übernimmt jene Schuld, für die wir nicht selbst geradestehen können. Deshalb steht vor der Vergebung Selbsterkenntnis, Einsicht und Reue. Denn nur durch Selbsterkenntnis können wir zu der Gewissheit kommen, dass wir das Kreuz auch wirklich brauchen – und dass es hilft.

Passionssonntag 2015

Zweifel an der Auferstehung
Markusevangelium 16,1–8

Jedes Mal, wenn ich an Ostern predigen muss, komme ich in Nöte. Was soll ich nur zu dieser Ungeheuerlichkeit «Auferstehung» sagen?

Wir sagen, dass Ostern das wichtigste Fest der Kirche ist, denn an diesem Tag sei der gekreuzigte Jesus auferstanden. Diese Aussage ist für menschliche Ohren eine Ungeheuerlichkeit sondergleichen. Denn sie ist ja eine Behauptung, die nicht bewiesen werden kann. Und was man nicht beweisen kann, das bezweifelt man. Diese Zweifel an der Auferstehung beginnen schon in der Bibel. Im Markusevangelium, das wir eben gehört haben, freuen sich die Frauen, die als Erste von der Auferstehung erfahren, gar nicht. Im Gegenteil. Sie haben Angst und fliehen. Sie wagen nicht, jemandem etwas von ihrem Erlebnis zu sagen. Die Apostel halten die Erzählung der Frauen von der Auferstehung für Geschwätz, Weibergeschwätz wahrscheinlich (Lk 24,11). Und der Apostel Thomas sagt geradeheraus, dass er das ohne Beweise nicht glaube (Joh 20,15). Wir können ihn verstehen. Denn etwas nicht Beweisbares zu glauben, ist schwierig. Das gilt für die Auferstehung natürlich ganz besonders. Denn sie ist etwas Göttliches. Und Göttliches lässt sich weder beweisen noch verstehen. Darum bleibt die Auferstehung unfasslich und unbeweisbar. Und deshalb gibt es in der Bibel auch keine Beschreibung des

Auferstehungsgeschehens. Könnte man sie in menschliche Worte fassen, dann wäre sie nicht göttlich. Und wäre sie beweisbar, dann wäre sie auch nicht göttlich. Gottes Sache hat in unseren Köpfen nicht Platz. Das ist auch der Grund, warum niemand dabei war. Ein Mensch hätte das Geschehen nicht fassen können. Darum müssen wir immer noch zweifeln.

Aber schon am dritten Tag nach der Beerdigung behaupten die Jünger plötzlich, dass Christus auferstanden sei. Das haben die damaligen Menschen völlig verrückt gefunden. Und sie haben das den ersten Christen auch gesagt: «Ihr seid verrückt, so etwas zu behaupten, und noch verrückter, das auch noch zu glauben.» Und die Christen haben das bestätigt – ja, es ist wirklich verrückt. Und noch mehr. Es gab bei den alten Christen ein geflügeltes Wort: Ich glaube, gerade weil es so verrückt ist (credo quia absurdum). Mit anderen Worten: Auferstehung ist so verrückt, dass niemand ausser Gott auf diese Idee kommen konnte. Und deshalb kann man sie glauben.

Um das etwas besser zu verstehen, ist es gut, wenn wir genauer hinsehen, was die Bibel von Tod und Auferstehung erzählt. Also: Jesus versammelt eine Gruppe von Menschen um sich, Männer und Frauen. Sie folgen ihm in unerschütterlichem Vertrauen treu nach. Er sagt ihnen, dass das Reich Gottes kommen werde und dass ein neues, lichtes Leben auf sie warte. Seine Jüngerschaft folgt ihm voll Glauben nach und viele andere Menschen mit ihnen. Eine ganze Anzahl Menschen geben für diesen Jesus und sein Himmelreich alles auf – Familie, Beruf, Besitz.

Aber es kommt kein himmlisches Reich, sondern nur eine sehr irdische Katastrophe: Jesus wird als Verbrecher gekreuzigt. Er erhält die grausamste und erniedrigendste Strafe, die das Römische Reich kannte. Zur Kreuzigung wurden nur die allerschlimmsten Verbrecher verurteilt. Alle Träume der Jünger, alle ihre Zukunftshoffnungen, all ihr Glaube an Jesus waren auf einen Schlag zerstört. Dieses Desaster stürzt die Jünger in Panik. Sie wagen es nicht einmal mehr, zusammenzukommen oder gar unter die Leute zu gehen. Sie tauchen völlig verstört in der Grossstadt Jerusalem unter. Sie sind am Ende.

Aber bereits am dritten Tag kommen sie wieder aus ihren Löchern hervor. Sie sind wie verwandelt. Ihre Angst und ihr Entsetzen sind wie weggeblasen. Ja mehr noch: Sie entwickeln einen ungeheuren Mut. Sie sagen überall, dass Jesus Christus auferstanden sei. Sie beginnen wieder zusammenzukommen. Sie erinnern sich daran, dass Jesus ihnen gesagt hatte, sie sollten das Mahl, das er in der Nacht vor seinem Tod mit ihnen gehalten hatte, zu seinem Andenken immer wieder feiern. Mit diesen regelmässigen Abendmahlsfeiern beginnen die Getreuen Jesu christliche Gemeinden zu bilden. Aber warum tun sie das? Warum haben sie plötzlich keine Angst mehr? Und warum sind die verängstigten und feige abgetauchten Jünger plötzlich zu mutigen Missionaren geworden?

Ich glaube, dass es nur eine Erklärung gibt: Die Jünger wissen, dass ihr Meister und Herr gestorben ist. Sie standen ja alle unter dem Kreuz. Und da begegnen sie ihm nach dem Ostertag wieder – allerdings in einer völlig neuen Realität. Sie spüren und erfahren, dass er wirklich gegenwärtig ist. Aber er ist unerklärlich anders anwesend. Sie spüren das sogar körperlich. Er ist so nahe, dass sie ihm begegnen können. Er ist nicht nur in der Erinnerung gegenwärtig, wie dies ein uns naher Verstorbener sein kann. Er ist für sie wirklich und echt da. Wie es zu dieser Erfahrung kam, das wissen wir nicht. Aber was wir wissen: Sie haben wirklich diese Erfahrung gemacht, dass er bei ihnen war. Sie erfuhren ihn lebend. Sie wussten: Er ist auferstanden. Das erzählen sie sofort allen Leuten. Von allen diesen Dingen berichten die neutestamentlichen Schriften einhellig.

Das Auffallende jedoch ist, dass nicht nur die Jünger die Auferstehung spürten. In jener Zeit machte die Gegenwart des Auferstandenen auch Aussenstehende unruhig. Die geistlichen und staatlichen Instanzen bekamen Angst vor diesem Christus. Denn er hatte, auch nach Golgatha, grosse Wirkung und grossen Einfluss. Deshalb begann man die Christen zu verfolgen. Kaum drei Jahre nach der Ostererfahrung wurde der erste Christ wegen seines Glaubens umgebracht – Stephanus. Davon berichtet die Apostelgeschichte (Apg 7,54ff). Und so ging es weiter: Nicht nur Menschen, die ihm persönlich begegnet waren, wurden gläubig. Sondern viele Menschen folgten ihm nach, setzten sich für ihn ein und fühlten sich von ihm getragen und geborgen – bis auf den heutigen Tag. Und viele bezahlten diesen Glauben mit dem Tod – bis auf den heutigen Tag.

Uns geht es genau so: Wir gehen in die Kirche, weil wir etwas spüren, das anders ist als sonst im gewöhnlichen Leben. Wenn wir zum Gottesdienst zusammenkommen, ist es nicht einfach so, wie wenn wir mit Kollegen zusammensitzen und oder wie wenn wir in einen Verein gehen. Seit über 2000 Jahren geht das so. Milliarden von Menschen folgen ihm nach, spüren ihn, sind mit ihm zusammen. Das alles ist kein Beweis für die Auferstehung – will es auch gar nicht sein. Aber es zeigt uns, dass mit Ostern etwas angefangen hat, das nie mehr aufgehört hat. Der christliche Glaube hat die Welt geprägt wie nichts sonst. Er prägt auch uns, auch dann, wenn wir zweifeln, fragen, nicht weiter wissen. Christus ist da – irgendwie und immer. Nein, die Auferstehung lässt sich nicht beweisen. Aber wir können spüren, dass der Auferstandene da ist. Und vielleicht lässt sich das mit einer ganz irdischen, ja alltäglichen Erfahrung vergleichen. Ich kann nicht beweisen, dass ein Mensch – meine Frau oder mein Mann – mich liebt. Aber ich kann es erfahren und erleben. Und auch daran zweifeln. Wer Liebesbeweise verlangt, weiss wohl nicht, was Liebe wirklich ist. Ist es mit dem Glauben an die Auferstehung vielleicht ähnlich? Wer Beweise verlangt, weiss nicht, was Glaube ist: nämlich die Erfahrung der Gottesnähe. Wenn wir singen «Christus ist auferstanden», dann singen wir das, was wir nicht beweisen, aber spüren und erleben können.

Vielleicht sollten wir gar nicht von der Auferstehung reden. Vielleicht sollten wir nur von ihr singen.

Ostern 2012

Glaube ist kein Leistungssport
Johannesevangelium 21,1–14

Die Auferstehung Jesu ist der Mittelpunkt allen christlichen Glaubens. Das wissen wir. Aber es ist halt schon eine schwierige Sache damit. Können wir das denn noch glauben? Ist Christus wirklich auferstanden? Man weiss ja nichts Näheres. Es gibt nirgends eine Schilderung des Geschehens. Es gibt keine Zeugen, denn niemand war dabei. Die Auferstehungsberichte machen deshalb den Gefolgsleuten Jesu von Anfang an Schwierigkeiten. Sie haben zuerst vor allem negative Gefühle. Die Frauen am Grab erschrecken so sehr zu Tode, dass sie nicht wagen, jemandem etwas von ihren Erfahrungen zu erzählen. Die Apostel hielten die Berichte der Frauen für Geschwätz (Lk 24,11). Sie glauben von der Auferstehungsgeschichte nichts. Und Thomas verlangt schlicht Beweise.

Berichte von der Auferstehung Jesu wecken also zunächst Zweifel, Irritation und Erschrecken. Auch als es dann zu ersten Begegnungen des Auferstandenen mit den Jüngern kommt, spüren diese zunächst nichts. Sie können die Gegenwart Jesu nicht erkennen. Wir können das gut nachvollziehen. Denn wie sollten sie nach der Katastrophe der Kreuzigung überhaupt auf die Idee kommen, dass der tote Jesus bei ihnen sein könnte? Dass sie seine Gegenwart nicht erkennen konnten, erstaunte sie aber hinterher selbst. Sie sagen nach der Begegnung mit ihm auf dem Gang nach Emmaus zueinander: «Brannten uns nicht die Herzen in der Brust, als er unterwegs mit uns redete?» (Lk 24,32). Sie erfahren also zunächst, was wir auch erfahren: Der Gedanke, dass ein toter Mensch wieder ins Leben kommen könnte, ist völlig unvorstellbar. Er widerspricht jeder menschlichen Erfahrung.

Mit anderen Worten: Die Auferstehung – der Kernpunkt allen christlichen Lebens und Denkens – passt ganz grundsätzlich nicht zum menschlichen Leben, zur Realität dieser Welt. Sie ist das absolut Unvorstellbare, das ganz Andere, ja sogar Absurde. Oder wie es im Volksmund heisst: Es ist noch keiner zurückgekommen. Und in unsere aufgeklärte Zeit passt Ostern wohl erst recht nicht. Wir wollen doch ständig wissen: Ist es wirklich so? Wir wollen ständig Klarheit und Transparenz, wie es so schön heisst. Schlagzeilen der grünen Presse wie «Was Putin wirklich denkt» oder «Ist die holländische Königin tatsächlich schwanger?» zeugen von dieser Sucht, alles genau wissen zu wollen. Und genau diese Überzeugung unserer Zeit, dass alles transparent, beweisbar, historisch unwiderlegbar sein soll, macht eine Begegnung mit religiösen Dingen schwierig.

Mit unserer Suche nach Beweisbarkeit, nach harten Fakten und nach Historizität können wir den biblischen Texten, der biblischen Substanz nicht näherkommen. Wenn wir so fragen, müssen die Evangelien zwangsmässig zeitbedingt und veraltet erscheinen! Unsere Fragen «Ist das denn wahr? Ist es historisch zu beweisen?» kann das Evangelium nicht beantworten. Denn die Evangelisten sind keine Historiker, wollen das gar nicht sein. Sie wollen nicht eine möglichst genaue Biografie Jesu schreiben. Sie erzählen zwar viele historische Ereignisse und Geschichten. Aber Historisches ist nur ihr Mittel, um in die Tiefen von Jesus Christus zu finden.

Natürlich: Jesus ist eine historische Figur, die man beschreiben kann. Er war ein tabuloser Mensch, der die Nöte und Sorgen seiner Zeitgenossen geradeheraus benannte. Er war ein brillanter Redner und Debattierer. Er war ein tiefgläubiger Mensch, der fade Buchstabengläubigkeit schonungslos attackierte. Er war ein liebevoller Wohltäter. Er war eine Persönlichkeit mit grosser Wirkung. Mit seinem scharf profilierten Charakter zog er hasserfüllte Feindschaft und unendliches Vertrauen auf sich. Aber das alles erklärt noch nicht, dass er eine Bewegung auslöste, die bis auf den heutigen Tag Milliarden in ihren Bann schlägt. Es gibt in der Geschichte viele grosse Persönlichkeiten – Staatsmänner, Künstler, Philosophen und so weiter. Aber es gibt niemanden, der die Welt so ungeheuer und dauerhaft beeinflusst hat. Warum ist das so?

Genau auf diese Frage gehen die Evangelien ein. Sie sehen Jesus nicht mit den kühlen Augen des Historikers. Sondern sie sehen ihn mit den Augen der im Glauben mit ihm Verbundenen. In Jesus zeigt sich ihnen Gott in höchster Gegenwärtigkeit und Nähe. Sie haben Jesus als den Lebenden gespürt, der ihnen die Klarsicht gegeben hat, Gott zu erfahren. Sie tauchen Jesus in das Licht ihrer persönlichen Auferstehungserfahrung. Sie erfahren ihn – um es mit dem Johannesevangelium auszudrücken – als «den Weg, die Wahrheit und das Leben».

Weil die Evangelien Jesus so darstellen, wie sie ihn erfahren haben, nämlich als den Auferstandenen, ist deshalb auch ihre Sprache in das Licht der Auferstehung getaucht. Das führt dazu, dass die biblische Sprache oft fremd und unzugänglich erscheint. Sie kann sich eigentlich nur dem erschliessen, der Zugang zum Glauben sucht, der fragt und Zweifel zulässt. Nur so können sich Türen zur Gotteserfahrung und zum Licht der Auferstehung öffnen. Diese Schwierigkeit wird auch im Neuen Testament geschildert. Im Johannesevangelium (Joh 12,19ff) wendet sich Jesus einmal an seinen Vater und erhält eine Antwort. Aber seine Umgebung versteht die Worte Gottes nicht. Sie sagen nur: «Es hat gedonnert.» Und als Christus bei Damaskus Paulus erscheint und ihn zum Apostel beruft, verstehen die Umstehenden nicht, was wirklich geschehen ist (Apg 9 und 22). Nur Paulus begreift aus seiner Auferstehungserfahrung heraus das Geschehen.

Das mag enttäuschend und desillusionierend tönen. Wie soll ich mit meinem schwachen Glauben und meiner kargen Auferstehungserfahrung Christus nahekommen? Es gibt das zitierte Wort Jesu, das hier weiterhelfen mag: «Ich bin der Weg, die Wahrheit und das Leben» (Joh 14,6). Einen Weg geht man. Er dauert. Er geht um Kurven und er geht hinauf und hinunter. Weg ist Entwicklung. Das heisst: Wenn wir Gott näher kommen wollen, dürfen wir uns Zeit nehmen. Gerades und Krummes, Höhen und Tiefen gehören dazu. Glaube muss man nicht «leisten». Zu Christus kann man nicht joggen. Zu ihm muss und darf man sich alle Zeit nehmen.

Um es nochmals zu betonen: Glaube ist kein Leistungssport. Er ist vielmehr eine Entwicklung, die wir machen dürfen und können. Sie braucht Zeit. Ruhe gehört dazu wie auch Anstrengung. Gehen gehört dazu wie auch Innehalten. Denken gehört dazu und Beten. Erfolg gehört dazu wie auch Misserfolg. Freude und Enttäuschung. Hoffnung und Glück. Denn Glaube ist wie das Leben – lebendig und immer wieder neu. Manchmal einfach, manchmal schwierig. Dass uns auf diesem oft komplizierten Weg das Licht der Auferstehung leuchte, das wünsche ich uns.

2. Sonntag nach Ostern 2012

Warum ist heutige Kunst so unverständlich?

Wenn Sie heute zum Gottesdienst in die Kirche gekommen sind, haben Sie in der kleinen Apsis des Vorraums Plastikplanen gesehen. Im ersten Moment haben Sie vielleicht gedacht, dass da nachlässige Handwerker Abdeckungen liegen gelassen haben. Als Sie dann genauer hinschauten, ist Ihnen aufgefallen, dass die Planen bemalt sind. Da haben Sie gemerkt, dass das Ganze mit Kunst zu tun haben muss. Aber trotzdem hat Ihnen die Installation wohl noch nicht viel gesagt. Und darum haben Sie sich vielleicht gefragt, ob Kunst denn nicht direkter, verständlicher, vielleicht sogar gegenständlicher sein könnte. Und das kann man sich natürlich sehr wohl fragen.

Aber bevor wir hier weiterdenken eine andere Überlegung. In unsere Gottesdienste kommen immer wieder Menschen, die mit christlichem Glauben kaum Erfahrung haben. Ihnen geht es wohl ähnlich wie vielen von uns mit dieser Kunstinstallation hinten in der Kirche. Sie verstehen nichts. Die Sprache ist für sie unverständlich. Sie können nicht erkennen, was in der Eucharistiefeier geschieht. Zudem gibt es fremdartige Formen und Symbole – Weihwasser, Kreuzzeichen, Kniebeugen. Und diese Leute fragen sich möglicherweise auch, ob man Gottesdienst nicht direkter, verständlicher, vielleicht sogar gegenständlicher machen könnte. Und auch das kann man sich natürlich sehr wohl fragen.

Wir sehen, Kunst und Gottesdienst der Kirche haben etwas gemeinsam: Man findet den Zugang nicht einfach so. Nein, man muss sich einen Zugang suchen. Es braucht intensive Beschäftigung mit beiden. Es braucht Neugier. Man muss sich auf Dinge einlassen, die einem fremd sind oder die einem nicht gefallen. Das gilt allerdings für viele wichtige Dinge des Lebens. Es gibt grundsätzlich keine grossen geistlichen, künstlerischen oder intellektuellen Leistungen, die man einfach so versteht. Wenn jemand das berühmte Abendmahl von Leonardo da Vinci sieht und sagt «Ah ja, das Abendmahl» und weitergeht, dann hat er wohl das Thema erkannt, aber nicht das, was Leonardo ausdrücken wollte. Und so ist es auch mit dem christlichen Glauben und der Liturgie: Nur wenn man sich einfühlt und sich neugierig auf Fremdes einlässt, nur dann kann man in das Innere vordringen. Dabei ist sofort mit Nachdruck zu betonen: Das ist keine Frage der Intelligenz oder der Bildung. Es ist eine Frage, wie ernst man sich auf eine Sache einlassen will. Es ist die Frage, wie sehr man es wagt, auf Fremdes, nicht Offensichtliches, auf Irritierendes einzugehen. Dazu braucht es Neugier. Neugier ist eine der wichtigsten Fähigkeiten der Menschheit. Nur dank der angeborenen Neugier hat sich die Menschheit entwickelt. Nur wer sich immer wieder für Neues, Unbekanntes, ja Fremdes interessiert, entwickelt sich und kommt weiter. Das gilt für alles, was mit dem Leben zu tun hat. Es gibt nichts Schlimmeres als Leute, die nicht mehr gierig auf Neues sind. Weil sie sich in ihrer Welt bequem eingerichtet haben. Selbstzufrieden und brav bleiben sie in ihrer Sackgasse sitzen.

Das gilt auch für den christlichen Glauben. Dass der Zugang zum Glauben nicht einfach ist, das kann man bereits in der ältesten Kirche erkennen. Schon die Apostel hatten Mühe, Jesus nachzufolgen. Sie fragten, zweifelten, diskutierten. Es kommt nicht von ungefähr, dass Jesus sie kleingläubig nennt. Ganz besonders deutlich wird das in den Auferstehungsberichten. Das war wohl der schwierigste Brocken für sie. Ihre Ängste, ihre Zweifel, ihre Fragen nach Beweisen zeigen das.

Wir sind mitten in der Osterzeit – in der Zeit also, in der die Kirche die Auferstehung des gekreuzigten Jesus intensiv feiert. Aber auch wenn wir intensiv mitfeiern, so kommen doch immer wieder Fragen, Zweifel, Vorbehalte. Gibt es die Auferstehung wirklich? Passt sie zum modernen Denken? Ist das auch etwas für Menschen, die fragen wollen und können? Ja, wir können den Aposteln ihre Zweifel gut nachfühlen. Christusglaube ist nicht etwas für Leichtgläubige und Naive. Zum Glauben gehört Suchen, Zweifeln, Fragen, Neugierigsein. Nur wer sucht, kann einen Weg zu Ruhe und Frieden finden.

Genauso ist es mit der Kunst. Sie dient nicht einfach der ästhetischen Befriedigung. Sie muss nicht unbedingt schön sein. Aber sie muss Fragen stellen. Und sie soll auch stören, aufregen, ärgern. Viele grosse Kunstwerke verursachten bei ihrem Erscheinen Widerstände, ja Skandale. Gewisse Werke von Beethoven zum Beispiel oder der Knabe mit der roten Weste von Cézanne, der eben durch Diebstahl von sich reden gemacht hat. Wir können diese Skandale heute kaum mehr nachvollziehen.

Damit zu unserem heutigen Kunstwerk. Die Installation von Christiane Hamacher im Kircheneingang trägt den Titel «Flut». Vieles ist da sicht- und spürbar: Durcheinander, Chaos, Farben, Licht, feine Zeichnungen, zerknitterte Plastikplanen, klares Plexiglas. Diese chaotische Flut von Formen und Dingen könnte uns daran erinnern, wie wir von Informationen, Bildern und Geschehnissen auf der ganzen Welt überflutet im Chaos zu versinken drohen.

Das blaue, wasserfallähnliche Gebilde rechts könnte uns an Israels Rettung aus den Fluten des Roten Meeres erinnern, an jene Geschichte, die von der Christenheit als Hinweis auf die Erlösung der Menschheit durch Christus verstanden wurde. Es könnte uns daran erinnern, dass Christsein nicht einfach in harmloser Naivität gelebt werden kann. Sondern Glaube kann uns in Fluten von Fragen und Gefühlen stürzen, ja muss sogar.

Man könnte noch lange weiter assoziieren. Sie können das beim Apéro selber weiter versuchen. Ich höre hier auf. Aber etwas will ich noch sagen. Kunst und Kirche sollten ihre gegenseitigen Vorurteile aufgeben. Sie sollten aufeinander zugehen. Das gilt nicht nur für die bildende Kunst, sondern auch für Literatur und Musik. Ich denke, dass beide sich gegenseitig bereichern könnten – wenn sie nur ein wenig mehr aufeinander hören würden. Wir können hier in unserer Kirche einen ersten Schritt tun.

2. Sonntag nach Ostern 2014

Wir dürfen das Leben nicht kontrollieren wollen

Das sagen die Kirche und die Kunst

In dieser Woche ging die Mitteilung durch die Presse, dass Gunter Sachs sich das Leben genommen hat. Er begründet seinen Suizid in seinem Abschiedsbrief so: «Der Verlust der geistigen Kontrolle über mein Leben wäre ein würdeloser Zustand, dem ich entschieden entgegenzutreten mich entschlossen habe.» Sachs konnte sich also offensichtlich nicht vorstellen, weiterzuleben, wenn er über seine Existenz keine Kontrolle mehr hat. Er definiert – das darf man wohl daraus schliessen – die Würde des Lebens mit Intellekt und Kontrollierbarkeit.

Dieser Tod und vor allem seine Begründung haben eine lebhafte Debatte ausgelöst. Viele Leute haben nicht nur Verständnis, sondern sie bewundern den Entscheid sogar und sagen: Ich würde das auch tun, wenn ich den Mut hätte. Andere Stimmen sagen: Unser Leben und unsere Menschenwürde hängen von weit mehr Dingen ab als nur von der geistigen oder körperlichen Gesundheit. Dass man die geistige Kontrolle über sein Leben hat, ist zudem sowieso nur eine Illusion.

Der frühere amerikanische Präsident Ronald Reagan hat in derselben Situation ganz anders reagiert als Gunter Sachs. Als er von seiner Alzheimererkrankung erfuhr, machte er das öffentlich. Er sagte damals: «Ich habe diese Krankheit. Ich verabschiede mich. Und es ist wichtig, dass ihr uns wahrnehmt.» Er hat sich seiner Krankheit gestellt. Und vor allem hat er sich nicht auf den Intellekt bezogen, sondern er hat appelliert – an das Mitgefühl für die Demenzkranken. Er hat damit manifest gemacht, wie wichtig Gefühle in seiner Krankheit sind.

Und damit steht er auf derselben Linie wie viele Demenz- und Alzheimerspezialisten. So schreibt die leitende Ärztin einer Demenzklinik in der NZZ dazu: «Der Patient mit Demenz hat nicht nur Defizite, sondern auch Ressourcen. Diese Tatsache geht immer wieder vergessen. Oft zeigt er eine tiefe Emotionalität, vielleicht auch in einem Masse, wie er sie vorher nie zeigen konnte.» Oder anders: Jeder Mensch, auch ein Mensch mit Defiziten, welcher Art sie auch seien, hat seine Würde. Defizite irgendwelcher Art, die jeder von uns in sich trägt, ändern nichts Grundsätzliches an der Würde eines Menschen.

Dieses Hin und Her von Meinungen wirft ein helles Schlaglicht darauf, was für ein komplexes Wesen der Mensch ist. Definitive Meinungen und Antworten können wir nie geben. Die eindeutig feststellbare Wahrheit gibt es nicht, in keinem Bereich. Aus dieser Erkenntnis heraus soll Sokrates gesagt haben: «Wir haben die Wahrheit gesucht. Wir haben sie nicht gefunden.

Morgen reden wir weiter.» Und im Johannesevangelium sagt Jesus: «Ich bin der Weg, die Wahrheit und das Leben» (Joh 14,6). Er betont damit, dass Wahrheit nicht eine Sache ist, über die man verfügen oder die man besitzen kann. Gott ist die Wahrheit und er ist der Weg zu ihr. Wahrheit ist allein in Gott, in seiner lebendigen göttlichen Person. Damit ist klar, dass man die Wahrheit weder ergründen noch besitzen kann. Sie hat göttliche Dimensionen. Und deshalb ist sie jenseits aller menschlichen Möglichkeiten. Man kann nur auf dem Weg zu ihr sein. Sie erreichen oder gar über sie verfügen werden wir nie.

Wir sind in der Osterzeit, der Zeit, in der wir die Auferstehung Jesu feiern. Und gerade mit der Auferstehung machen wir ja die Erfahrung, wie weit entfernt wir von jeder endgültigen Erkenntnis sind. Auferstehung ist erfahrbar, aber nicht erkennbar. Und das sollte die Kirche, also uns Christinnen und Christen, Sie und mich, sehr demütig machen. Wir besitzen die Wahrheit so wenig wie alle Anderen. Aber diese Erfahrung sollte uns auch stolz machen, nämlich stolz darauf, dass wir an einen Gott glauben, der uns Demut lehrt und Demut vorlebt. Seine Demut hat dazu geführt, dass seine Botschaft weite Teile der Menschen überzeugt hat und vor allem frei macht für einen offenen Umgang mit der Welt. Seine Demut hat zur Auferstehung – zum Leben – geführt.

Und genau hier liegt wohl unser Problem. Wir möchten ja – das ist wohl ein urmenschlicher Trieb – Wahrheit besitzen, oder wie es Gunter Sachs in seinem Abschiedsbrief formulierte, «die geistige Kontrolle über unser Leben» haben. Diese Kontrolle zu haben, das ist ein Traum, den wir wohl alle irgendwo in uns tragen. Die Kontrolle nicht zu haben, Ungewissheit und Fragen, das verunsichert uns und kann sogar Angst machen. Nicht von ungefähr haben Wahrsager und Gurus gerade jetzt so viel Zulauf. Denn sehr viele Menschen erleben unsere Zeit in weiten Bereichen als unsicher. Der Arbeitsplatz ist unsicher. Partnerschaften sind zu Lebensabschnittpartnerschaften geworden. Wie werden wir alt? Können wir unser Alter finanzieren? Ist der Klimawandel gefährlich? Unsere Generation erlebt wohl ihre Zeit als ganz besonders unsicher. Und weil wir diese Zeit als so unsicher erleben, erfahren wir sehr deutlich, dass wir gar nicht anders können, als auf der Suche zu sein. Sokrates nennt das «Suche nach der Wahrheit». Der christliche Glaube redet davon, dass er auf dem Weg zu Gott, zur Wahrheit ist. Augustin bezeichnet deshalb die Kirche als das wandernde Gottesvolk. Wir tun also gut daran, nicht zu vergessen, dass wir immer auf dem Weg sind und dass wir diesen Weg nie kontrollieren können.

Wir haben heute einen Anlass mit zeitgenössischer Kunst in unserer Kirche. Nun wissen wir alle, dass Kunst und Kirche heute in einem gestörten Verhältnis zueinander leben. Beide sind voll von Vorurteilen. Vorurteile hat man ja immer dann, wenn man sich mit dem anderen nicht beschäftigt, sich nicht darauf einlässt. Mir fällt immer wieder auf, wie wenig wir Christinnen und Christen von der zeitgenössischen Kultur im weitesten Sinn des Wortes wissen. Und bei den in der Kunst und in der Kunstwissenschaft Arbeitenden ist das Wissen über die Kirche auch nicht besser. Beide weichen einander aus. Ich finde es deshalb vorbildlich von unserer Kirchgemeinde, dass sie versucht, sich auf zeitgenössische Kunst einzulassen und sich von ihr anregen und bereichern zu lassen.

Als ich die Kunstinstallation von Peter Wüthrich in unserer Kirche sah, kamen mir viele Gedanken, auch solche, die zu unserem heutigen Thema passen. Ich hatte den Eindruck, dass da Bücher fliegen. Das tun sie ja normalerweise nicht. Wie schwarze Vögel flattern sie – ungebunden von irdischer Schwere. Sie erinnern mich an die Krähen, die sich auf unserer Dachterrasse tummeln. Ungebunden, originell und unvorhersehbar fliegen sie herum. Eine Freude, ihnen zuzusehen. Will der Künstler sagen, dass das Unvorhersehbare, Unverfügbare das Wesentliche im Leben ist? Oder symbolisieren die fliegenden Bücher, dass unser Wissen nicht genügt, sondern dass es Flügel ins Unberechenbare braucht? Kann seine Installation bedeuten, dass Bibel und Liturgie nur weiterhelfen, wenn wir uns von Buchstabengläubigkeit lösen, wenn wir versuchen Gott entgegenzufliegen? Und kann es auch heissen, dass Bücher, Gedanken anderer Menschen also, Freiheit bringen? Kann es also heissen, dass, wenn wir auf Andere hören, uns neue Gedanken zu Freunden werden, uns Flügel verleihen? Peter Wüthrich nennt sein Werk «mes amis» – meine Freunde.

Mich hat das Werk ermahnt, das Unverfügbare des Lebens zu suchen, das Überkontrollierte und Starre in mir aufzuweichen. Es ermahnt mich, nie zu vergessen, dass ich meine Gedanken und Vorstellungen immer wieder überdenken und entwickeln muss. Fliegende Bücher – ein unmöglicher Gedanke. Aber nur wenn ich versuche, das Unmögliche zu denken, kann ich die irdische Enge überwinden und auf Gott zugehen.

3. Sonntag nach Ostern 2015

Seid eigensinnig!
Psalm 98

Der heutige Sonntag hat, wie alle Sonntage in der Osterzeit, einen Namen. Er heisst «Cantate» – auf Deutsch: Singet. Er heisst so, weil der Psalm 98 des heutigen Tages mit diesem Wort beginnt: «Singet», und dann geht es weiter «dem Herrn ein neues Lied.» Der Psalmdichter erklärt, warum wir ein neues Lied singen sollen. Er sagt: «weil Gott wunderbare Taten vollbracht hat». Mit den wunderbaren Taten ist die Befreiung des Volkes Israel aus der Babylonischen Gefangenschaft vor etwa 2600 Jahren durch Gott gemeint. Auch in der Kirche singen wir von solchen wunderbaren Taten. Aber wir meinen damit Ostern, also die Befreiung von Tod und Sünde durch die Auferstehung Christi. Oder anders gesagt: Wir sollen singen, weil Ostern ist. Und zwar sollen wir nicht irgendetwas singen, sondern wir sollen ein neues Lied singen.

Ein neues Lied für etwas, was wir seit 2000 Jahren wissen? Wie soll das denn gehen? Mit dieser Frage wird eine Schwierigkeit angesprochen, die wir alle immer wieder haben. Kann das Leben der Kirche neu und frisch bleiben? Oder muss es nach so langer Zeit fast zwangsläufig zu Routine und lieb gewordener Gewohnheit werden? Routine und Gewohnheit in der Kirche kennen wir natürlich alle. Deshalb ist es nicht immer leicht, in die Kirche zu gehen oder kirchliche Anlässe zu besuchen. Man befürchtet Langeweile und immer Gleiches. Man hat vielleicht Angst davor, sich nicht konzentrieren oder nicht beten zu können. Und natürlich: Gottesdienste sind nicht immer gut. Zudem gibt es zu viele belanglose Predigten. Darum kommt es vor, dass man manchmal einfach nicht mag. Das ist nicht neu. Schon vor Jahrhunderten reden die Kirchenväter davon, dass die Gläubigen für das Bleiben in der Kirche Durchhaltevermögen brauchen. Und lange hat man versucht, diese Kirchenmüdigkeit mit Zwang zum Messebesuch zu überwinden.

Auch der deutsche Bundespräsident Gauck hat vor einiger Zeit über diese Nöte und Probleme der Kirche gesprochen. Er hat gewarnt: Die Kirche dürfe kein sanftes Ruhekissen für bürgerliche Gemütlichkeit sein. Sie müsse wieder lernen, dass sie nicht Mainstream, nicht mehrheitsfähig sein könne. Und weiter sagte er: «Ja, unsere Kirchen können selbstgenügsam, bequem, wehleidig und dem Zeitgeist verfallen sein. Wir müssen uns neu darauf besinnen, wie die junge Kirche einst in der alt gewordenen römischen Welt wuchs und gedieh und überzeugte: als moralische und spirituelle Avantgarde, als eine frische, eigensinnige, vor allem aber als eine von ihrer Aufgabe überzeugte Gemeinschaft.» (FAZ, 16. Mai 2014)

Das sind bedenkenswerte Worte. Sie sind eine präzise Umschreibung dessen, was Jesus im Johannesevangelium sagt: «Mein Vater wird dadurch verherrlicht, dass ihr reiche Frucht bringt» (Joh 15,8). Gott wird in der Welt durch uns gross und wichtig. Wir Gläubige können Gott durch unsere Lebensführung herrlich, strahlend gross machen. Das heisst, es liegt nicht zuletzt an uns, ob unser Gott von den Leuten ernst genommen wird. Gott gross und wichtig machen, das kann die Kirche leisten – auf ganz verschiedene Wege. Zunächst ganz einfach dadurch, dass wir wirklich davon überzeugt sind, dass der christliche Glaube der Welt etwas zu bieten hat. Wir können Menschen nur gewinnen, wenn wir als Gemeinschaft überzeugt sind, dass der christliche Glaube weltverändernd sein kann. Und noch etwas: Vorbildlichkeit der Lebensführung der Gläubigen ist unverzichtbare Bedingung dafür, dass die Kirche glaubwürdig ist. Krass zeigen das die Skandale, die die Christenheit immer wieder heimsuchen. Sie sind eine Katastrophe für das Ansehen Gottes. Kirchen müssen moralische und spirituelle Avantgarde sein, die frisch und eigensinnig ihren Glauben lebt. Um es mit dem heutigen Tagespsalm zu sagen: Wir könnten doch versuchen, dem Herrn ein neues Lied zu singen – ein frisches und eigensinniges neues Lied.

Dabei gefällt mir das Wort eigensinnig besonders gut. Eigensinnige Christen sollen wir sein, nicht Stromlinienchristen. Nur, was heisst das? Zunächst heisst es, eigensinnig darauf bestehen, dass die Auferstehung der Mittelpunkt des christlichen Glaubens ist, auch wenn das ein noch so verrückter, unlogischer und unverständlicher Gedanke sein mag. Ein Gedanke auch, mit dem wir wohl alle immer wieder ringen und der uns immer wieder zum Fragen zwingt – und uns wohl auch zum Zweifeln bringt.

Und dann heisst «neues Lied» auch, dass die Kirchen sich eigensinnig von dem, was gerade Mode ist, abgrenzen müssen. Das bequeme Mehrheitsdenken darf nicht ihr Massstab sein. Man muss spüren, dass wir Gläubige anders denken und nicht vom Zeitgeist gesteuert werden. Oder wie Jesus einmal zu seinen Jüngern gesagt hat: «Bei euch soll es nicht so sein» (Mk 10,43). Das heisst: Der Glaube darf in Fragen der Menschenrechte nicht Sachzwängen und Wirtschaftsvorteilen den Vorrang geben. Auch der Westen, der sich ja immer wieder als christliches Abendland versteht, darf vor Herrn Erdogan, den Chinesen und anderen grausamen Magnaten nicht kuschen. Tut er das, verrät der Westen seine Fundamente, die zu einem grossen Teil im Christentum wurzeln.

Die Kirchen müssen deutlich und laut sagen, was es aus christlicher Sicht nicht geben darf und was es aus christlicher Sicht geben muss. Aus christlicher Sicht muss klar sein, dass alle Menschen Abbilder Gottes sind (Gen 1,27), also gleichwertig und gleich würdig – Behinderte, Alte, Schwarze, Weisse, Flüchtlinge, Männer, Frauen, Arme, Reiche, Kriminelle, auch der unangenehme Nachbar und die schwierige Tante. Alle sind Abbilder Gottes. Die deutsche Staatsverfassung hat die Konsequenz daraus in eine grossartige Formulierung gegossen: «Die Würde des Menschen ist unantastbar.» Das alles ist natürlich ein grandioses Ideal. Die Wirklichkeit sieht aber etwas anders aus. Oder wie es George Orwell 1944 in seinem Roman «Die Farm der Tiere» spöttisch ausgedrückt hat: «Alle Tiere sind gleich. Aber einige sind gleicher als die anderen.»

Davon dürfen die Kirchen um kein Jota abrücken. Die Kirchen? Wer ist denn das? Wir haben uns immer gut christkatholisch gefreut, wenn in der römisch-katholischen Kirche dem Papst und den Bischöfen der Protestruf entgegentönte: «Die Kirche, das sind wir!»

Schadenfreude gilt nicht. Denn der Satz gilt auch für uns. Die Kirche besteht nicht aus Instanzen und Amtsträgern. Die Kirche sind wir. Wir – Sie und ich – müssen das neue Lied anstimmen. Sie und ich müssen versuchen, die eigensinnige, frische, moralische und spirituelle Avantgarde zu sein, von der Bundespräsident Gauck spricht. Aber wie können wir das?

Ich denke, es muss im ganz einfachen Alltag beginnen. Etwa wie wir über Menschen denken: differenziert, nicht immer kritisch negativ, aber auch nicht naiv. Vor allem dürfen wir nie vergessen, dass jeder Mensch eigentlich nur eines sucht – ein bisschen Glück im Leben. Und dann werden wir uns auch besser anderen Menschen gegenüber verhalten können, verständnisvoller und barmherziger.

Und dann, denke ich, müssen wir uns als Gläubige deutlich und eigensinnig zu christlichen Grundwerten bekennen, auch wenn das manchmal Mut braucht. Etwa bei menschenverachtenden Witzen nicht lachen. Laut darauf bestehen, dass bestimmte schweizerische Gesetze und Volksbeschlüsse unmoralisch sind und die primitivsten christlichen Grundlagen verletzen. Sich fundiert mit Tod auf Bestellung, Genmanipulation und anderen modernen Problemen auseinandersetzen. Nur dann können wir nämlich kompetent christliche Standpunkte vertreten und nicht einfach Fortschrittsgläubigen oder Vorgestrigen nachplappern. Nur wer kompetent christliche Werte verteidigt, kann eigensinnig und wirksam das neue Lied singen.

Das alles kann man eigentlich in einem Wort zusammenfassen: Demut. Demut heisst, mutig in den anderen Menschen das Abbild Gottes sehen und die eigene Unzulänglichkeit bekennen. Oder noch mal anders: eigensinnig das andere Lied singen, das Lied jenseits von Stromliniendenken und Anpasserei.

Das alles ist nicht lückenlos zu verwirklichen. Wir werden immer wieder daran scheitern. Wir können deshalb diesen Weg nur immer neu suchen. Das weiss auch Jesus. Er sagt deshalb nicht: Bei euch ist es anders. Er sagt nur: «Bei euch soll es nicht so sein» (Mk 10,43). Er lässt unser Versagen zu, weil er als grosser Realist weiss, dass nicht immer alles anders sein kann. Auch das ist ein neues Lied in einer Welt, die glaubt, ständig leistungsbetont sein zu müssen. Auch das gehört zum neuen Lied: Wir dürfen auch einmal versagen.

4. Sonntag nach Ostern 2016

Wir wissen nicht, was wir beten sollen
Psalm 27

Die Zeit zwischen Himmelfahrt und Pfingsten heisst Bittwoche. Sie ist von alters her eine Zeit des besonders intensiven Betens. Es gibt in diesen Tagen, auch heute noch, Bittprozessionen, Bittwallfahrten und spezielle Gebetsgottesdienste. In dieser besonderen Gebetszeit steht über dem heutigen Sonntag ein Wort aus Psalm 27: «Vernimm, o Herr, mein lautes Rufen; sei mir gnädig und erhöre mich. Mein Herz denkt an dein Wort: ‹Sucht mein Angesicht.› Dein Angesicht, Herr, will ich suchen. Verbirg dein Angesicht nicht vor mir.» Was der Psalm betet, kommt genau aus der Erfahrung, die wir alle auch machen: dass Gott sein Angesicht zu verbergen scheint. Hört er mich eigentlich? Bringt beten überhaupt etwas? Wo ist er eigentlich? Wegen dieses zweifelnden Fragens trägt der heutige Sonntag den Namen «Exaudi», das heisst auf Deutsch: «Erhöre mich.»

«Erhöre mich.» Dieser Ruf redet davon, wie schwierig beten sein kann. Auch die Bibel weiss sehr gut, wie schwer beten oft ist. Die Psalmen reden häufig davon. Und auch die Jünger haben Schwierigkeiten. Sie bitten Jesus deshalb im Lukasevangelium: «Herr, lehre uns beten» (Lk 11,1). Und der Apostel Paulus stellt fest: «Wir wissen nicht, worum wir in rechter Weise beten sollen» (Röm 8,26). Und sogar Jesus selbst spürt Gott nicht, wenn er in der Karfreitagsnacht verzweifelt betet: «Mein Gott, mein Gott, warum hast du mich verlassen?» (Joh 19,26).

Wir brauchen uns also nicht zu schämen, wenn wir mit Beten Schwierigkeiten haben. Nicht nur biblische Persönlichkeiten, sondern auch grosse Heilige berichten davon. Schwierigkeiten und Zweifel gehören zum christlichen Glauben. Dass das so ist, muss man ernst nehmen. Man darf das weder beschönigen noch verdrängen. Nicht umsonst zieht sich diese Erkenntnis wie ein roter Faden durch die Heilige Schrift.

Beten ist also nicht einfach. Nur: Was heisst denn «beten» überhaupt? «Die Leute beten, wenn alles andere auch nichts mehr nützt», hat einst der englische Dichter Oscar Wilde gespottet. Er trifft damit einen Schwachpunkt des christlichen Betens. Wir beten weniger, und weniger leicht, wenn es uns gut geht. Dagegen geht beten oft leichter, wenn es uns nicht gut geht, wenn wir in Not sind oder Angst haben, wenn wir Hilfe brauchen. Oder wenn es um das Gelingen von etwas Wichtigem geht – einer Hochzeit etwa. Oder für ein Kind, das eben geboren wurde. Oder für einen Kranken. Gewiss, das Gebet um Hilfe ist etwas ganz Wichtiges, das uns stärken und Hilfe bringen kann. Aber Gebet um Hilfe kann nicht das einzige Beten sein.

Zum Gebet gehört noch Anderes. Es gibt viele Formen von Gebet. Und Beten kann viele Inhalte und Ziele haben. Das zeigt sich nur schon daran, dass es in den ältesten Teilen des Alten Testaments für Beten kein Wort gibt. Aber es wird natürlich viel gebetet. Was und wie gebetet wird, wird in vielen präzisen Begriffen benannt. Da wird nicht einfach von Beten geredet, sondern es wird von Rufen, Flehen, Weinen, Jubeln, Danken, Loben, Hören berichtet. Beten hat also viele Facetten. Es gibt viele Arten von Gebet. Der alte christkatholische Katechismus hat das sehr schön mit einem heute etwas altmodisch wirkenden Satz umschrieben: «Beten ist die Erhebung des Gemütes zu Gott.» Diese Aussage gefällt mir sehr. Sie redet nicht von Inhalten, sie redet nicht von Um-Hilfe-Bitten. Sie redet von unserer Beziehung zu Gott. Sie redet von Gott suchen. Sie redet von Still sein, von Hören. Von Auf-Gott-Hören. Hören!

Der dänische Philosoph Sören Kierkegaard hat es so formuliert: «Beten heisst nicht sich selbst reden hören. Beten heisst still werden und still sein und warten, bis der Betende Gott hört.» Damit sind wir bei Jesus selbst, der in der Bergpredigt gesagt hat: «Wenn ihr betet, sollt ihr nicht plappern wie die Heiden, denn sie meinen, sie werden erhört, wenn sie viele Worte machen» (Mt 6,5).

Aber wie kann ich hören? Ich kann das ganz verschieden tun. Man kann allein oder in Gemeinschaft hörend beten. Besonders wichtig ist das Lesen in der Bibel, deren Texte man dann einfach auf sich wirken lassen kann. Oder Gebetstexte lesen und mit Herz und Verstand darüber nachdenken. In unserem Gebetbuch hat es wundervolle Gebete – etwa der tief konzentrierte Text von Niklaus von Flüe: «Mein Herr und mein Gott, nimm alles von mir, was mich hindert zu dir! Mein Herr und mein Gott, gib alles mir, was mich fördert zu dir! Mein Herr und mein Gott, nimm mich mir und gib mich ganz zu eigen dir!» Man kann auch in sich hineinhören, denn wir sind ja alle Gottes Ebenbild und tragen also Göttliches in uns. Man kann fragend in sich hineinhören, um zu spüren, wie wir mit den Leiden und Freuden unseres Lebens umgehen. Oder man kann auch einfach stillsitzen und nachdenken. Wenn wir so still geworden sind, können wir vielleicht plötzlich ganz einfach Gott erzählen – von unserem Glück und unseren Schmerzen, von unseren Plänen und von unseren Schwächen, von unseren Hoffnungen und Ängsten. Dann kommen oft ganz von selbst die richtigen Worte. Aber wir müssen ja gar nicht alles in Worte fassen. Man kann Gott nicht nur in Worten erzählen, man kann es auch mit Gefühlen tun, mit Tränen oder Lachen, mit Körperhaltungen, Knien, Stehen, Bekreuzigen, mit Tanzen, mit Musik. Und vielleicht können wir bei genauem Hinhören im gewohnten Gottesdienst Dinge erkennen, die wir lange gar nicht bemerkt haben. Es gibt alle Möglichkeiten. Gott ist auf nichts eingeschränkt. Alles, das ganze Leben hat mit

Gott zu tun. «Auch Fussball hat mit Gott zu tun», pflegte der christkatholische Theologe Kurt Stalder zu sagen.

Dieses Suchen nach der unendlichen Weite Gottes, nach den unendlichen Möglichkeiten des Gebets und nach den Schwierigkeiten des Betens hat der Heilige Benedikt von Nursia (480–547) so ausgedrückt:

> O gnadenreicher, heiliger Gott,
> verleihe uns Weisheit, dich zu erkennen,
> Verstand, dich zu verstehen,
> Eifer, dich zu suchen,
> Geduld, auf dich zu warten,
> Augen, dich zu schauen,
> ein Herz, über dich nachzusinnen,
> und ein Leben, dich zu verkündigen,
> in der Kraft des Geistes unseres Herrn Jesus Christus.

6. Sonntag nach Ostern

Der Geist macht, was er will – aber was macht er?

Johannesevangelium 3,8

Wir wissen natürlich alle, dass Pfingsten etwas mit dem Heiligen Geist zu tun hat. Das haben wir schliesslich schon im Unterricht gelernt. Und heute haben wir es wieder in Liedern und Lesungen gehört. Und das feurig rote Messgewand erinnert uns deutlich an das Feuer des Heiligen Geistes.

Trotz diesen Dingen, die wir wissen und kennen, stellen wir uns sofort die Frage: Aber was ist das denn eigentlich, «Geist»? Das Wort «heilig» lassen wir zunächst einmal weg und überlegen uns einfach, was wir in der Alltagssprache unter «Geist» verstehen. Denn wir brauchen das Wort ja alle häufig. So sagen wir etwa: War das eine geistreiche Rede! Oder: Unsere heutige Versammlung fand in einem guten Geist statt. Oder wir reden vom Zeitgeist. Oder wir reden von geistig Behinderten. Oder: Das war wieder geistloses Geschwätz. Oder: Dieser Typ geht mir schön auf den Geist. Wenn so etwas gesagt wird, dann wissen wir sofort, was gemeint ist.

Aber wenn wir jetzt auf diesem Hintergrund sagen müssten, was wir genau unter Geist verstehen, dann kämen wir in Schwierigkeiten. Denn bei näherem Zusehen merken wir, dass das Wort «Geist» in jedem dieser Ausdrücke etwas anderes bedeutet. Man kann nicht sagen, der Geist ist das und das – wie man von der Niere sagen kann, sie sei ein Organ, das Giftstoffe aus dem Blut herausfiltert. Wir können höchstens sagen: Der Geist hat entweder etwas mit dem Gehirn zu tun, dort hat es Geist. Oder er hat mit Gefühl, also mit der Seele, zu tun. Jedenfalls ist der Geist nichts Körperliches, nichts Leibliches. Er ist eben Geist.

Deshalb ist Geist – wie immer man es auch dreht und wendet – nicht klar zu fassen oder zu erklären. Man kann ihn nicht eindeutig definieren, wie man die Niere oder den Magen definieren und beschreiben kann. Und genau das ist das Wichtige am Geist. Er ist nicht einzufangen. Er ist anders als Leibliches. Aber er ist immer da. Wir spüren ihn immer wieder. Zum Beispiel: Ein Kind muss in der Schule einen Aufsatz schreiben. Es sitzt vor dem leeren Blatt und nagt am Bleistift. Es kommt ihm nichts in den Sinn. Einfach nichts. Und da geschieht es plötzlich. Das Kind hat eine Idee: Ah, ich könnte so und so anfangen. Und es beginnt zu schreiben. Da hat der Geist gewirkt, und nicht die Kraft der Muskeln oder der Magen. Plötzlich war die Idee einfach da. Oder ich habe mit einem Menschen ein Problem. Ich weiss einfach nicht, wie weiter. Wir haben uns gestritten über irgendetwas oder wir haben in einer gemeinsamen Arbeit verschiedene Vorstellungen. Keine Ahnung, wie wir miteinander weiterkommen sollen. Und plötzlich habe ich eine Idee. Ich könnte so und so mit ihm reden oder ihm das und das vorschlagen. Und es funktioniert.

Idee – das ist das Stichwort. Es ist ein griechisches Wort und bedeutet «Gestalt oder Bild». Also: In meinem Inneren steigt eine Idee, ein Bild auf. Ich kann mir plötzlich ein Bild davon machen, was ich tun kann oder muss. Der Geist kommt aus meinem Inneren, er steigt aus dem Unsichtbaren meines Lebens herauf. Und das ist das Grosse am Menschen: Er ist mehr, als man von aussen sehen kann. Es gibt viele Dinge, die geheim und tief im Inneren des Menschen verborgen sind. Man sieht einem Menschen nicht an, was in ihm steckt. Der Geist eines Menschen hat mit Intelligenz, also mit Gehirn, wie auch mit Gefühlen, also mit Seele, zu tun. Deshalb ist der Geist des Menschen nicht zu sehen und nicht zu messen. Jeder Mensch ist anders, als wir dies von aussen sehen können. Er hat ein verborgenes Inneres, das nur ihm gehört. Diese innere, unsichtbare Seite, zusammen mit seiner äusseren Erscheinung, macht erst den ganzen Menschen aus.

Auch in der Bibel und in der Kirche kommt der Geist vor. Aber hier heisst er der «Heilige Geist». Da geht es – wie das Wort sagt – nicht um den menschlichen Geist. Das Wort «heilig» bedeutet, dass von etwas gesprochen wird, das von jenseits des Menschen kommt. Heilig ist das, was bei Gott ist, jenseits der menschlichen Grenzen. Heilig hat immer mit Gott zu tun. Das bedeutet: Der Heilige Geist kommt von aussen zum Menschen. Er kommt von Gott in die Welt hinein. Und weil er von Gott kommt, ist er noch weniger fassbar und noch viel schwieriger zu verstehen als der menschliche Geist. Deshalb redet die Bibel immer nur in Bildern von ihm. Denn man kann ja von ihm keine Geschichten erzählen, wie man vom Vater die Schöpfungsgeschichte oder die Befreiung Israels aus der Gefangenschaft in Ägypten erzählen kann. Oder wie man vom Sohn Geschichten weitergeben kann, die er erzählt hat. Und von ihm kann man auch von seinem Leiden und Sterben erzählen. Das alles gibt es beim Heiligen Geist nicht. Er wird nur mit Bildern geschildert: als das Feuer, das warm gibt. Als die Taube, die hinfliegt, wo sie will. Als Wind, den man spürt, aber den man weder sehen noch berühren kann. Der Heilige Geist wird also mit Worten geschildert, die Leben, Wärme und Bewegung bedeuten. Gleichzeitig drücken diese Worte aber auch Unfassbarkeit und Unverfügbarkeit aus. Man kann das Feuer nicht berühren, den Wind nicht halten und die Taube nicht einfangen.

Das alles sagt noch etwas Weiteres: Niemand kann über den Heiligen Geist verfügen. Kein Mensch kann sagen: Ich habe den Heiligen Geist. Keine Kirche besitzt ihn, und kein Papst und kein Bischof, keine Predigerin, kein Politiker und keine Lehrerin. Kein Mensch, wirklich kein einziger Mensch hat ihn. Alle haben ihn nur manchmal, aber nie immer. Zu allen kommt er dann, wenn er will und wenn er es für nötig hält. «Der Geist weht, wo er will», heisst es im Evangelium (Joh 3,8). Und weil er weht, wie und wo er will, müssen wir um ihn beten. Und wir möchten ja, dass er bei uns weht, deshalb beten wir in jedem Gottesdienst um ihn. Weil wir möchten, dass er zu uns kommt, feiern wir Pfingsten.

Und vielleicht ist er doch mehr da, als wir denken. Manchmal spüren wir seine Lebendigkeit allerdings erst hinterher. Wir haben es doch alle schon erfahren, dass wir nach einem Ereignis sagen mussten: Wir waren damals nicht allein. Jemand hat uns geführt und getragen. Jemand hat uns geholfen. Wenn wir das spüren, dann war der Heilige Geist da. Er kommt und geht eben, wie er will – wie der Wind oder wie eine Taube. Er kommt und geht wirklich. Er ist immer da, wenn wir Freiheit spüren – Freiheit von dunkler Vergangenheit, Freiheit von Zwängen, die uns plagen, Freiheit von schmerzhaften Erfahrungen und Erlebnissen, Freiheit vom grauen Alltag, Freiheit von Schuld, Freiheit der Liebe – immer dann war der Heilige Geist da. Paulus sagt es so: «Wo der Geist des Herrn ist, da ist Freiheit» (2 Kor 3,17).

Pfingsten 2012

Es gibt Freiheit – tatsächlich!
2. Korintherbrief 3,17

Pfingsten ist ein schwieriges Fest. Natürlich haben wir im Unterricht einmal gelernt, dass an diesem Tag der Heilige Geist zur Kirche gekommen sei. Aber was sollen wir uns unter dem Heiligen Geist vorstellen? Bei Vater und Sohn ist das leichter. Von ihnen kann man viel erzählen. Aber vom Heiligen Geist? Da gibt es keine spannenden Geschichten. Auch die Pfingstgeschichte erzählt eigentlich nicht vom Heiligen Geist, sondern von den Menschen, die sein Kommen erlebt haben.

Da hilft uns wieder einmal der grosse Theologe und Denker Paulus weiter. Der hat das Wesen des Heiligen Geistes mit einem Satz auf den Punkt gebracht. Er schreibt: «Wo der Geist des Herrn ist, da ist Freiheit» (2 Kor 3,17). Das ist nicht nur eine trockene theologische Erklärung. Das ist ein ungeheures Versprechen. Zunächst heisst das: Leute, jetzt hört einmal zu! Es gibt tatsächlich Freiheit. Auch wenn ihr das oft ganz anders erlebt. Ihr habt natürlich Recht. Ihr seid in tägliche Einengungen eingeklemmt. Ihr leidet unter Leistungsdruck. Innere Zwänge machen euch unfrei. Ihr müsst Dinge tun, die ihr gar nicht tun wollt. Ihr werdet in eine von Lärm, Dreck und Licht verschmutzte Umwelt gezwungen. Es gibt Abhängigkeiten von Wirtschaft und Globalisierung. Wir sind also tatsächlich oft unfrei, eingezwängt in Verpflichtungen. Und doch: Freiheit, das gibt es wirklich, sagst du uns, lieber Paulus! Aber sag uns doch bitte auch, wo es sie denn gibt. Sag uns auch, wo wir sie finden können.

Natürlich, Paulus redet in erster Linie von der Kirche. In ihr kann man, sagt er, Freiheit finden. Unter Getauften kann es keine Unterschiede zwischen Rassen und Völkern geben. Da sind alle vor Gott gleich. Vor ihm gibt es keine schwarzen Schafe, die man hinauswerfen dürfte. Auch Männer und Frauen sind vor ihm alle gleichwertig. Menschen und Völker sind zwar verschieden. Aber auch wenn sie noch so verschieden sind, so sind doch alle gleichwertig. Dazu sagt der Apostel Paulus: «Denn ihr alle, die ihr auf Christus getauft seid, habt Christus angelegt. Es gibt nicht mehr Juden und Griechen, nicht mehr Sklaven und Freie, nicht mehr Mann und Frau. Denn Ihr seid alle gleich (wörtlich: Einer) in Christus Jesus» (Gal 3,27–29). Paulus hat natürlich nicht politisch gedacht, sondern für die Kirche. Aber kirchlich-christliche Überzeugungen können nicht ohne gesellschaftlich-politische Folgen bleiben. Für Christen kann es deshalb nicht Juden und Roma, nicht Yugos und Schweizerinnen, nicht Verbrecher und Unbescholtene, nicht Prostituierte und Ehrbare geben. Daran müssen Christen und Christinnen denken, wenn sie ihre politischen Rechte wahrnehmen. Damit geben sie Zeugnis für oder gegen das Evangelium ab.

Genau dieses Denken von der Gleichwertigkeit aller Menschen hat dazu geführt, dass in den Anfängen der Kirche die Leute sich massenweise taufen liessen. Vor allem die Frauen und die Sklaven – die Unterprivilegierten und Unterdrückten also – haben innerhalb der Kirche die Freiheit gefunden, die sie sonst nirgends fanden. Nur dort wurden sie als echte Brüder und Schwestern ernst genommen. Sie erlebten in der christlichen Gemeinde: «Wo der Geist des Herrn ist, da ist Freiheit.»

Aber nicht nur die Frauen und Sklaven des Römerreiches hatten grossen Hunger und Durst nach Freiheit. Wir alle haben das auch. Und wir alle müssen auf Freiheiten verzichten, die wir gerne hätten. Wir haben es eben geschildert. Es gibt Dinge, die wir tun müssen, auch wenn wir nicht wollen. Es gibt gesellschaftliche und persönliche Umstände, die uns und andere Menschen unfrei machen. Da darf der gläubige Christ nicht einfach sagen: Das ist halt so, da kann man nichts machen. Gleichgültigkeit ist eine der ganz grossen Sünden. Christgläubige müssen sich gegen gesellschaftliche, wirtschaftliche und politische Missstände politisch oder mit Zivilcourage wehren. Schweigen und wegschauen ist verboten.

Paulus denkt noch in eine andere Richtung. Er redet von der inneren Freiheit, die von äusseren Zwängen frei machen kann. Für die innere Freiheit muss man arbeiten. Innere Freiheit bekommt man wohl nur mit Disziplin. Ein ganz banales Beispiel kann das vielleicht zeigen. Muss zum Beispiel die «Tagesschau» immer um halb acht alles andere dominieren? Könnte man nicht in einem guten Gespräch oder in einem gemütlich-fröhlichen Zusammensein die «Tagesschau» einmal einfach «Tagesschau» sein lassen? Oder anders gesagt: Freiheit hat mit Nachdenken darüber zu tun, was denn für das Leben wichtig ist. Wenn man nachdenkt, kann man vielleicht plötzlich sagen: Das mache ich jetzt nicht, auch wenn es so bequem und angenehm wäre. Denn jetzt gerade ist anderes viel wichtiger. Also: Ich muss Prioritäten setzen. Auf Deutsch heisst das: Ich muss eine Liste machen, was zuerst kommt und was später. Ich muss den Spreu vom Weizen (Mt 3,12), das Wesentliche vom Unwesentlichen trennen. Was ist wichtig für mich? Was ist wichtig für die andern, mit denen ich zu tun habe? Und nicht zuletzt: Was ist wichtig für Gott? Nur wenn ich diese Fragen immer wieder stelle, kann ich mich von Unnötigem frei machen und frei werden für das Wesentliche.

Freiheit bekommt man also nicht gratis. Sie ist kein kostenloses Geschenk. Geschenkt erhalten wir aber die Möglichkeit und die Fähigkeit, Freiheit zu finden. «Wo der Geist des Herrn ist, da ist Freiheit.» Das heisst: Wenn wir den Heiligen Geist wirken lassen, dann können wir Freiheit finden. Der Heilige Geist ist ein Nonkonformist. Er zeigt uns Dinge, die wir noch gar nicht bemerkt haben und die uns vielleicht gar nicht gefallen. Deshalb hat Paulus gesagt: «Prüfet alles, das Gute behaltet» (1 Thess 5,21). Nichts ablehnen – auch das Seltsamste nicht, auch das nicht, was uns zuwider ist, auch das Fremde und Unbekannte nicht. Über den eigenen Schatten springen und die eigenen Vorurteile infrage stellen. Eine alte griechische Weisheit sagt: «Ich weiss, dass ich nichts weiss.» Das heisst: Nur wer immer neu lernen und erkennen will, nur wer seine Vorurteile bekämpft, nur der kann frei werden. Wer vorurteilslos alles zu prüfen versucht und dann das als wichtig Erkannte behält, der wird plötzlich frei von Dingen, die wichtig schienen, aber bei Licht besehen unwichtig sind. Wer frei wird von Unnötigem, kann frei werden für das wirkliche Leben. Freiheit ist nämlich nicht Freiheit von etwas, sondern Freiheit für etwas. Hinsehen – in Stille, denkend, betend –, das macht frei. Frei für das Leben, frei für andere Menschen, frei für Gott.

Wir könnten es doch versuchen. Versuchen! Glaube ist nicht wissen, sondern fragen und suchen. Vielleicht würden wir dann erfahren, dass Paulus mit seiner Behauptung Recht hat: Wo der Geist des Herrn ist, da ist tatsächlich Freiheit!

Pfingsten 2013

Ein unverständliches Kirchenfest

Heute ist Dreifaltigkeitssonntag. Das ist ein Kirchenfest. Auf einem Fest feiert man etwas. Aber was feiern wir denn heute? Die Heilige Dreifaltigkeit, das weiss jeder. Nur – was ist das? Das weiss nicht jeder. Und deshalb liegt die Frage auf der Hand. Und die Antwort? Die liegt nicht auf der Hand. Denn wir wissen keine. Nur etwas wissen wir: Das Thema ist so komplex, so schwierig und so unfassbar, dass man gar nicht weiss, wo und wie man mit Antworten anfangen könnte.

Aber man braucht weder Prediger noch Theologe zu sein, um das zu wissen. Der Glaube ist für uns ja ohnehin nicht immer einfach. Und die Dreifaltigkeit ist ein besonders schwieriges Thema. Natürlich wissen wir, dass wir an den dreifaltigen Gott glauben, also an Vater, Sohn und Heiligen Geist, der aber doch nur einziger Gott ist. Aber in unserem Gebetsleben ist uns die Dreifaltigkeit doch meist recht fern. Denn wenn wir beten, beten wir normalerweise nicht «lieber dreifaltiger Gott», sondern wir beten zu einer der drei göttlichen Personen. Wir beten «Vater unser» oder «Herr Jesus Christus, erbarme dich» oder «Komm, Heiliger Geist».

Und damit stecken wir schon mitten in der ganzen Problematik. Zwar glauben wir an einen einzigen Gott, wie es im Glaubensbekenntnis heisst. Aber gleichzeitig reden wir von drei Personen. Dass wir da Schwierigkeiten bekommen, ist nur logisch. Ja noch mehr: Auch wenn wir wissen, dass der Glaube an die Dreifaltigkeit zum ältesten christlichen Glaubensgut gehört, so müssen wir doch zugeben, dass diese Formulierungen uns unverständlich sind. Und sie waren zu allen Zeiten unverständlich. Seit den Anfängen des Christentums lesen die Gläubigen in der Bibel, dass es nur einen Gott gebe. Gleichzeitig lesen sie im gleichen Buch auch von Vater, Sohn und Heiligem Geist. Von jeher kämpfen die Gläubigen mit dieser Widersprüchlichkeit. Und vielleicht sind diese Widersprüchlichkeiten für Menschen unserer Zeit noch schwieriger geworden. Denn wir sind erzogen worden, logisch zu denken und vernünftig zu handeln. Logik und Vernunft helfen uns aber nur wenig weiter, wenn wir uns mit der Dreifaltigkeit auseinandersetzen oder gar ihr näherkommen wollen.

Die ganze Kirchengeschichte erzählt immer wieder von diesen Denk- und Glaubensnöten. Auch grösste Denker und Heilige sind davor nicht verschont geblieben. So auch der Heilige Augustin nicht. Er war einer der bedeutendsten Theologen und Philosophen der frühen Kirche. Er ist wichtig geblieben bis auf den heutigen Tag. Er hat um das Jahr 400 als Bischof in der Stadt Hippo Regius im heutigen Algerien gelebt. Der grosse Denker hatte schon viele wichtige Bücher verfasst, da plante er auch noch ein Buch über die Heilige Dreifaltigkeit. Eine wunderbare Legende berichtet von den Schwierigkeiten des Heiligen mit diesem Thema. Sie erzählt: Augustin machte einen Spaziergang am Meeresstrand, um über die Dreifaltigkeit nachzudenken. Obschon er tief in Gedanken versunken war, fiel ihm plötzlich ein kleiner Knabe auf. Dieser schüttete mit einer Muschel Wasser in ein kleines Loch, das er im Sand gegraben hatte. Augustin fragte das Büblein: «Was machst du denn da?» Das Kind antwortete: «Ich will das Meer in dieses Loch schütten.» Leise lächelte der Bischof und sagte: «Aber das kannst du nicht. Das Meer ist doch viel zu gross für dieses kleine Loch.» Da sagte das Kind: «Siehst du, genauso ist es mit der Dreifaltigkeit. Sie ist noch viel grösser als das ganze Meer. Deshalb kannst du nur einen ganz winzigen Teil des Geheimnisses der unendlichen Dreifaltigkeit in dein Buch schöpfen.» Der Knabe fliegt als Engel davon und hinterlässt einen irritierten Augustin. Trotz grosser Bedenken macht er sich ans Werk, in grosser Bescheidenheit allerdings. Demütig beginnt er sein Buch deshalb nicht mit seinen eigenen Gedanken, sondern mit einem Gebet um göttliche Hilfe. Soweit die Legende. Augustin hat das Buch vollendet. Dieser winzig kleine Teil des Geheimnisses, den Augustin in sein Buch schöpfen konnte, hat ein Buch von fast 600 Seiten ergeben. Aber auch nach 600 Seiten ist selbst der grosse Kirchenvater mit der Dreifaltigkeit nie fertig geworden.

Der Dreifaltigkeitsglaube, und darnach auch Augustin, lehren uns etwas: Mit Glaubensfragen wird man nie fertig. Daraus können und müssen wir schliessen: Gott ist und bleibt der ganz Andere (Karl Barth), der Unverständliche und Unfassbare. Er ist und bleibt ein grosses Geheimnis, ja das Geheimnis überhaupt. Und das ist gut so. Denn ein Gott, den man versteht, ist kein Gott. Er wäre nur eine Figur, die wir in unserem Denken und in unseren Gefühlen unterbringen könnten. Man könnte ihn in der Gehirnschublade «Religion» ablegen. Und ein Gott, der in einer Schublade Platz hätte, den könnte man dann hervorholen, wenn man ihn brauchen kann. Man könnte ihn aber auch in der Schublade lassen, wenn man ihn nicht brauchen kann oder wenn er stört.

Aber Gott ist der ganz Andere. Er ist der Unberechenbare. Er hat aus menschlicher Sicht einen anarchischen Zug. Biblisch ausgedrückt, heisst das: Er ist der Allmächtige. Er entzieht sich deshalb jeder Einordnung. Seine Unfassbarkeit macht uns Mühe. Und das alle Tage, weil er eben in keiner Schublade Platz hat. Seine Unfassbarkeit, seine Anarchie, seine Allmacht eben, erfahren wir immer und jederzeit. Etwa wenn wir die Wunder der Schöpfung betrachten, in einem Tierfilm im Fernsehen zum Beispiel oder bei einem Zoobesuch. Wir erfahren es in der Liebe, die einschlagen kann wie der Blitz, die dann aufblüht und zur vollen Reife kommt und ein ganzes Leben erfüllt. Wir erfahren sie in der Entstehung des Lebens, in seiner Entfaltung und seiner unbegreiflichen Schönheit.

Aber wir erfahren das unergründliche Geheimnis Gottes, seine Allmacht, auch negativ. Eine blühende Liebe kann absterben oder in einer Katastrophe enden. Leben kann – für uns unverständlich – unendliches Leiden und fürchterliches Verenden bedeuten. Und dann folgt natürlich auch die Frage: Warum lässest du, allmächtiger Gott, die Scheusslichkeiten in Syrien, Palästina oder im Sudan geschehen? Warum tust du nichts? Warum bin ausgerechnet ich zu einem Leben in der glücklichen Schweiz geboren und nicht im Elend von Darfur oder als Sklave im Fussballparadies Katar? Und warum sitze ich hier in dieser schönen Kirche und nicht in den Folterkellern Erdogans? Und warum gibt es, allmächtiger Gott, Menschen, die ein so bitteres Schicksal haben, dass sie keine Zukunftsperspektiven mehr haben und nur noch in dumpfer Verzweiflung und Angst dahinvegetieren, bis sie sich einem skrupellosen Menschenhändler oder Schlepper anvertrauen? Und warum – um Gottes willen – sind wir in den reichen Industrieländern nicht fähig (oder willens?) diese Flüchtlinge menschenwürdig zu behandeln?

Wer mit dem unbegreiflichen Dreifaltigkeitsglauben irgendwie leben lernt, kann vielleicht auch besser mit der Fremdheit und Unverständlichkeit Gottes umgehen. Wer die allmächtige Unberechenbarkeit Gottes im Guten wie im Bösen anzunehmen versucht, der wird zwar die oft so unbegreifliche

Handlungsweise Gottes immer noch nicht verstehen. Aber vielleicht ein wenig akzeptieren können.

Da liegt eines meiner Lieblingsprophetenworte aus dem Alten Testament wohl auf der Hand. Es steht im Buch Jesaja: «Meine Gedanken sind nicht eure Gedanken, und eure Wege sind nicht meine Wege. So hoch der Himmel über der Erde ist, so hoch erhaben sind meine Wege über eure Wege und meine Gedanken über eure Gedanken» (Jes 55,8f). Dieses Wort in das eigene Leben integrieren – könnte das weiterhelfen? Oder könnte es sogar zur Reife und Grösse Hiobs führen? Hiob verlor alles, seine Frau, seine Familie und seine Freunde, seinen Besitz und versank schliesslich in tiefste Krankheit und Einsamkeit. Er hat nicht verstanden, was und warum ihm, dem treuen Freund Gottes, sein Gott das alles angetan hat. Aber er hat in seinem Elend und in seiner vollkommenen Menschen- und Gottesverlassenheit nicht gehadert und nie geschimpft. Er hat Gottes Allmacht anerkannt und gesagt: «Der Herr hat es gegeben, der Herr hat es genommen. Der Name des Herrn sei gepriesen.» Und weiter heisst es: «Bei allem sündigte Hiob nicht und äusserte nichts Ungehöriges über Gott» (Hi 1,21).

Wenn uns das Nachdenken über die Dreifaltigkeit der Reife Hiobs einen kleinen Schritt nähergebracht hat, dann ist der heutige Sonntag tatsächlich ein Fest.

Dreifaltigkeitssonntag 2016

Die Menschen suchen

Lukasevangelium 15,1–10

Wir kennen alle das Bild vom guten Hirten: Ein schöner, sanfter Jüngling trägt liebevoll ein Lamm auf seinen Schultern. Er beschützt das friedliche Tier zärtlich. Ein Bild der Ruhe und Geborgenheit. Auch in unserer Kirche in Bern ist dieser gute Hirte gegenwärtig – dort oben auf dem Kanzeldeckel steht er. Er ist gepflegt in ein Gewand mit Goldstreifen gekleidet. Er hält das ruhige Lamm locker mit der linken Hand, in der Rechten den klassischen Hirtenstab. Die beiden haben es gut zusammen. Es ist eine hochästhetische, idyllische, religiös verklärte Darstellung.

Im heutigen Evangelium erzählt Jesus von einem solchen Hirten. Die Geschichte spielt in der Welt der kleinen Leute im bäuerlichen Palästina, in einer Welt, aus der auch Jesus stammt. Seine Gleichnisse und Geschichten spielen deshalb oft in diesem bescheidenen Milieu. Hier geht es um einen kleinen Viehzüchter. Er besitzt 100 Schafe. Das ist nicht viel. Er besorgt seine Herde wohl selbst, denn sie dürfte zu klein sein, als dass er sich einen Helfer leisten könnte. In diesen Verhältnissen hat der Besitzer ein enges emotionales Verhältnis zu jedem Tier – abgesehen davon, dass schon ein einziges Schaf einen grossen Wert darstellt. Ein Schaf also ist verschwunden. Vielleicht hat es sich verlaufen. Vielleicht ist es krank. Vielleicht ist es gefressen worden. Der Mann hat keine Ahnung, was mit seinem Tier geschehen ist. So lässt er seine Herde allein, wohl an einem sicheren Ort, und macht sich auf den Weg, um sein Tier zu suchen. Denn er weiss genau, dass das Tier – wenn es allein bleibt – umkommen wird. Alles Unglück beginnt, das will Jesus vielleicht so nebenher auch noch sagen, alles Unglück beginnt mit Allein- und Verlassensein.

So beginnt der Hirte in der oft unwegsamen Wüsten- und Steppenlandschaft des Heiligen Landes zu suchen. Er sucht, wie es im Text wörtlich heisst, «bis er es findet». Es war also wohl keine einfache Suche. Und weiter heisst es: «Und wenn er es gefunden hat, legt er es voll Freude auf die Schultern.» Das tönt so idyllisch, wie der schöne Hirte auf unserem Kanzeldeckel idyllisch aussieht. Allerdings: Die Wirklichkeit eines Schafhirten in den kargen Ländern des Vorderen Orients hat nichts Süsses an sich. Das muss wohl auch unser Hirte erfahren. Man kann sich das etwa vorstellen: Das Schaf ist erschöpft und verängstigt. Es lässt sich nicht, ohne sich zu wehren, auf die Schultern hieven. Es ist schwerer, als wir uns vorstellen. Und zudem riecht ein Schaf gar nicht gut. So macht sich der Hirte auf den beschwerlichen Weg zurück zu seiner Herde, seine schwere, zappelnde Last mühsam schleppend. Hirte sein ist also keine Idylle, sondern eine bitterharte Arbeit.

Wenn Jesus im Johannesevangelium sagt: «Ich bin der gute Hirte», dann denkt auch er sicher nicht an unsere idyllische Vorstellung. Sondern er denkt an das harte, oft lebensgefährliche Dasein der Hirten. Auch seine Hirtenarbeit ist sehr hart. Sie endet nach einem schwierigen Leben schliesslich im Tod am Kreuz. Als der Hirte unserer Geschichte nach der anstrengenden Rettungsaktion zurück ist, ist er durch seine Freude wieder zu Kräften gekommen. Er ruft Freunde und Familie und feiert mit ihnen das wiedergefundene, kostbare Schaf. Daraus zieht Jesus den ebenso einfachen wie erstaunlichen Schluss: «Ich sage euch: Ebenso wird auch im Himmel mehr Freude sein über einen einzigen Sünder, der umkehrt, als über 99 Gerechte, die es nicht nötig haben, umzukehren.» Das sagt Jesus zu Zöllnern, Menschen also, die kleine Handelsleute und armselige Reisende schamlos ausbeuten. Sie sind beinharte Materialisten. Im Lukasevangelium sind sich diese Menschen offensichtlich wohl bewusst, wie unzulänglich ihr Leben ist und dass bei ihnen vieles nicht gut ist. Denn am Anfang unseres Textes heisst es, dass die Zöllner und Sünder immer wieder zu Jesus gehen, um seine Worte zu hören. Er kann ihnen offensichtlich Hoffnung auf eine anständigere Zukunft geben. Und sie merken, dass Gott sich über jeden freut, der zurück zu ihm findet. Sie spüren bei ihm etwas, was für den christlichen Glauben zentral ist: Auch der unwichtigste Mensch ist wichtig. Es gibt keinen Mann und keine Frau, die für ihn nicht zählen würden. Niemand, wirklich niemand hat bei Jesus nicht so viel Würde, dass er oder sie unwichtig wäre.

Natürlich stimmen wir dem bei, dass jeder Mensch seine menschliche Würde hat. «Die Würde des Menschen ist unantastbar», heisst es in der deutschen Verfassung. Das können wir alle leicht unterschreiben. Aber umso schwieriger ist es, danach zu handeln. Wie schwierig das umzusetzen ist, können wir daran sehen, dass die Christenheit es schwer hat, das in der Welt sichtbar zu machen. Vielleicht gehen deshalb im Westen immer mehr Menschen von der Kirche weg. Sie verschwinden wie das Schaf in unserem Gleichnis. Das erleben wir ja auch in unserer Kirche und in unserer Gemeinde. Wir waren immer eine sehr kleine Kirche. Aber heute sind wir noch kleiner geworden. Der Kanton Bern zählt ungefähr eine Million Einwohner. Davon sind etwa 1000 christkatholisch – ziemlich genau ein Promille also. Zwar kann auch eine kleine Minderheit grosse Stärken aufweisen. Aber wir spüren unsere Kleinheit manchmal trotzdem schmerzlich. So ist es zum Beispiel in immer mehr unserer Gemeinden kaum mehr möglich, die nötigen Ämter zu besetzen. Oder in gewissen Gottesdiensten sind nicht mehr genug Menschen da, um die nötige Gemeinschaftlichkeit erleben zu können.

Dass aus unserer Herde viele Glieder verschwunden sind, hat zahlreiche Gründe: die moderne Gesellschaft, der Individualismus des modernen Menschen. Wir könnten noch viele Gründe aufzählen. Aber das ergibt keinen Sinn, wir kennen sie ja alle. Hingegen müssten wir uns überlegen, was unser Anteil an diesem Mitgliederschwund ist – der Anteil der Gemeinde, aber auch der Anteil eines jeden Einzelnen von uns. Wir müssen nicht darüber nachdenken, um uns Vorwürfe zu machen oder ein schlechtes Gewissen zu bekommen. Dass es Defizite im kirchlichen Leben gibt, gehört dazu. Seit es die christliche Kirche gibt, hat sie ihre Defizite. Wir sollten uns deshalb nicht resigniert auf unsere Defizite fixieren. Wir müssten uns vielmehr überlegen, was wir besser machen könnten. Und da könnte uns die Geschichte unseres Hirten mit seinem verlorenen Schaf auf Ideen bringen.

Also: Ein Schaf geht verloren. Was tut der Mann? Er überlegt sich, wo und wann er das Tier zum letzten Mal gesehen hat. Er ruft sich seine Eigenheiten in Erinnerung. Dann lässt er seine Herde, wo sie ist, und macht sich seufzend auf die anstrengende Suche nach dem verlorenen Tier. Was hiesse das für uns? Ich denke, dass es zuallererst hiesse, die Menschen zu suchen. Wo könnten sie sein? Warum sind die Leute nicht mehr in der Kirche? Können die Menschen bei uns das Gefühl haben, dass sie und ihre Anliegen, ihre

Sorgen, ihr Denken bei uns vorkommen? Sprechen wir eine Sprache, die Leute von heute noch verstehen? Beten wir Gebete, in denen sich die Menschen von heute ernst genommen fühlen? Fühlen sich die Menschen mit ihren Sorgen und Freuden bei uns aufgehoben? Wo könnten sie sein – das heisst letztlich: In welchen Welten leben sie? Was denken und suchen sie? Was sind ihre Freuden, Fragen, Sorgen und Hoffnungen?

Wo könnten die Menschen sein? Das müsste unsere zentrale Frage sein. Dieser Frage nachzugehen, wäre wichtiger als alle die üblichen Geschäfte, um die wir uns so eifrig kümmern. Bürokratie, Administration, Reglemente, Geld etwa. Das alles läuft ja ohnehin von selbst. Man kann sich ruhig nur nebenher darum kümmern. Unser Hirte sollte uns das Vorbild sein. Er lässt die Herde allein, um das verlorene Tier zu suchen. Wir sollten es machen wie er: Unseren gewöhnlichen kirchlichen Alltag sein lassen und dafür auf die Suche gehen nach denen, die nicht mehr bei uns sind. Die Menschen suchen – nur das. Immer wieder suchen.

3. Sonntag nach Pfingsten 2012

Ehebruch – na und?

Johannesevangelium 8,1–11

Vor einiger Zeit begann ein römisch-katholischer Priester ein Verhältnis mit der Ehefrau seines Laientheologen und zog mit ihr zusammen. Darauf verlangte der zuständige Bischof die sofortige Beendigung des Verhältnisses. Andernfalls könne er nicht mehr Priester bleiben. Der Pfarrer weigerte sich, von der Frau zu lassen. Darauf sah sich der Bischof gezwungen, den Priester wegen eines ehebrecherischen Verhältnisses und wegen Bruch des Zölibatsversprechens abzusetzen. Die Gemeinde des Priesters protestierte: Sie wolle den Pfarrer behalten. Schliesslich sei der Priester doch ein Mann wie jeder andere auch. Man müsse doch verstehen und verzeihen. Und natürlich wurde unsere Johannesstelle zitiert: «Wer von euch unschuldig ist, werfe den ersten Stein.»

Die Geschichte des Pfarrers zeigt, wie unendlich weit wir vom Eheverständnis der Zeit Jesu weg sind. Natürlich ist es ein gewaltiger Fortschritt, dass wir des Ehebruchs Überführte nicht mehr steinigen. Aber gerade weil unser Eheverständnis mit dem Eheverständnis Jesu und des damaligen Judentums nicht mehr viel zu tun hat, ist es so schwierig, diesen Text wirklich zu verstehen. Wie anders wir von Ehe denken, zeigt sich nur schon daran, dass in unserem Land die Scheidungsrate auf über 50 % gestiegen ist. Mit anderen Worten: Unsere Gesellschaft und unser Verhältnis zwischen den Geschlechtern haben sich in wenigen Jahrzehnten gewaltig verändert. Zerbrechen von Ehen ist Alltag geworden. Das wird auch in der neuesten Version der Trauungsliturgie unserer Kirche sichtbar. Dort wird auf ein verbindliches Treueversprechen verzichtet (diesen Verzicht halte ich allerdings für anpasserisch und billig!).

Wie gehen wir also mit unserer Geschichte um? Wir wissen natürlich, dass das Neue Testament die Ehe als unauflöslich betrachtet. Aber wir wissen aus eigenen und fremden Erfahrungen ebenso gut, dass eine Ehe absterben oder zerbrechen kann. Auch wenn wir das akzeptieren, sind wir uns wohl trotzdem darin einig, dass jede zerbrochene Ehe, jede gescheiterte Beziehung, tiefe Spuren hinterlässt und einen Bruch im Leben mit sich bringt. Oft bringt das Verletzungen und Wunden mit sich, die nie mehr ganz vernarben. Auf der anderen Seite wissen wir auch, dass das Zerbrechen einer Ehe einen Neuanfang ermöglichen kann. Viele zweite Ehen sind bekanntlich glücklich geworden. In dieser Erkenntnis liegt der Grund, dass die Altkatholiken und die Orthodoxen eine Wiederverheiratung Geschiedener kennen.

Zurück zu unserem Bibeltext. Jesus geht – wie aus anderen Stellen in den Evangelien hervorgeht – von der Unauflöslichkeit der Ehe aus. Es gibt keinen Zweifel daran, dass er Ehebruch für ein sehr schweres Delikt hält. Die Schriftgelehrten und Pharisäer wissen das natürlich. Und sie wissen auch, dass Jesus auf der anderen Seite Barmherzigkeit über alles stellt. Sie möchten deshalb gerne wissen, wie er den Spagat zwischen seiner Gesetzestreue und seiner Barmherzigkeit bewältigt. Deshalb stellen sie ihn mit einer im Grunde unbeantwortbaren Frage auf die Probe. Sie wollen wissen, ob er sich an das göttliche Gesetz des Alten Testaments hält oder ob er es bricht: «Moses hat uns im Gesetz vorgeschrieben, solche Frauen zu steinigen. Was sagst du?» Wie wird er sich also angesichts der grausamen Steinigung, die der Ehebrecherin droht, aus der Affäre ziehen?

Jesus scheint zu überlegen und gibt dann eine inhaltlich wie stilistisch perfekte Antwort: «Wer unter euch ohne Schuld ist, werfe den ersten Stein auf sie.» Damit hat er die Vollstreckung eines Todesurteils verunmöglicht. Gleichzeitig respektiert er aber das alttestamentliche Gesetz. Die Antwort Jesu ist von einer so ungeheuren Treffsicherheit und löst die Problematik so meisterhaft, dass sie als geflügeltes Wort in den allgemeinen Wortschatz eingegangen ist.

Die Pharisäer und Schriftgelehrten können Jesus nicht vorwerfen, er habe das Gesetz gebrochen. Aber die Steinigung ist trotzdem abgewendet. Gesetz und Barmherzigkeit bleiben gleichzeitig in Kraft. Was können sie da noch sagen? So verdrückt sich einer nach dem andern – schweigsam und verlegen.

Für Jesus ist damit die Sache allerdings noch nicht erledigt. Denn für ihn ist es nicht wichtig, dass er sich heil aus der Affäre gezogen hat. Sondern ihn interessiert die Frau und ihr Schicksal. Ihm ist es wichtig, wie die Frau heil aus der Sache herausfindet, wie sie mit ihrem Problem fertig wird, wie sie in ihrem Leben weiterkommt.

Jesus reagiert auf den Ehebruch nicht mit jener faden Gleichgültigkeit, die wir so oberflächlich Toleranz nennen: «Das alles ist ja gar nicht so schlimm. So ein Ehebruch kann jedem passieren. Er ist auch nur ein Mann. Man muss nur verzeihen können. Zudem muss jeder selbst wissen, was er verantworten will und kann.» Jesus aber ist nicht so gefühlsduselig und unehrlich wie die Gemeindeglieder, die sich für den ehebrecherischen Pfarrer eingesetzt haben. Sondern er wendet sich zielgerichtet der Frau zu und geht intensiv auf sie ein. Er nimmt sie mit ihrer Schuld ernst. Er weiss um die Last von Schuldbewusstsein, Schuldgefühlen und Ängsten. Er verharmlost nichts. Mit einer Formulierung, die seine göttliche Autorität durchscheinen lässt, sagt er: «Auch ich verurteile dich nicht.» Aber damit ist für ihn die Sache noch nicht erledigt. Jesus verharmlost mit seinem Wort nichts. Das Geschehene ist keine Bagatelle: «Geh und sündige von jetzt an nicht mehr!», sagt er zu ihr. In völliger Klarheit nennt er die Sache beim Namen: Sie hat gesündigt. Sündigen meint immer etwas Schwerwiegendes. Sündigen ist nie eine Kleinigkeit wie zu viel essen oder eine Parkbusse bekommen. Das Merkmal einer Sünde ist, dass sie immer etwas Zerstörerisches ist. Sie macht Beziehungen kaputt. Sie entfremdet Menschen voneinander. Sie richtet Mauern auf. Deshalb verheimlicht man Sünde meist gerade vor den Allernächsten. Man schämt sich. Man hat ein schlechtes Gewissen. Man lügt aus Angst vor den Folgen. Andere Sünden verletzen oder zerstören ganz direkt und in aller Öffentlichkeit. Man kann bekanntlich Menschen mit Worten niederstrecken. Auch so werden Menschen und Beziehungen zerstört. Aus diesem, und nur aus diesem Grund will Gott nicht, dass wir sündigen. Es geht nicht darum, dass er uns das Vergnügen nicht gönnen würde, die Süsse des Bösen zu geniessen. Er ist kein Moralist wie moderne Gesundheitsfanatiker und Präventivmediziner. Er ist nicht schmallippig wie die selbst ernannten religiösen oder sozialen Moralhüter. Jesus hat selbst Freude an den Freuden dieses Lebens. Er gönnt sie sich und den anderen.

Er weist also die Frau nicht mit einem verurteilenden und moralinsauren Spruch zurück, sondern er öffnet ihr neue Perspektiven: «Gehe und sündige nicht mehr.» Geh, sagt er! Gehe vorwärts. Geh in eine neue Zukunft. Die Formulierung «nicht mehr» deutet an: Schliesse mit dem Vergangenen ab, fang neu an. Aber wirklich neu. Die alte böse Ehebruchsgeschichte liegt hinter dir. Mach den alten Mist nicht mehr. Erfasse die Chance und fange ein neues Laben an.

Was ich jetzt so deutlich, ja fast überdeutlich ausgeführt habe, sagt Jesus ganz ruhig und fast kühl: «Geh und sündige von jetzt an nicht mehr.» Er sagt das ganz undramatisch. Denn er weiss, dass die Frau ihr Leben neu ausrichten muss, wenn sie ein gutes Leben leben möchte. Und was vielleicht noch wichtiger ist: Jesus traut ihr die Neuausrichtung zu. Er vertraut ihr, dass sie in eine neue Zukunft gehen kann. Damit ist ein Grundprinzip des christlichen Glaubens festgehalten: Wenn man sich verrannt hat oder Böses getan hat, dann gibt es trotz allem die Möglichkeit des Neuanfangs. Allerdings führt der Weg dazu nicht über Verdrängen und Verharmlosung. Billige Psychologisierung und Allerweltstoleranz helfen nicht weiter. Neuanfang gibt es nur, wenn man zum falsch Gelaufenen steht und das Geschehene beim Namen nennt. Neues Leben gibt es nur mit völliger Ehrlichkeit gegenüber sich selbst.

So ist auch das Schlimmste und Dümmste, das man gemacht hat, für den christlichen Glauben nie das Ende. Auch der härteste Sünder ist nie verloren. Es gibt immer einen Neuanfang. Gott traut uns etwas zu. Das «Geh und sündige von jetzt an nicht mehr» ist keine Moralaussage, sondern die Verheissung, dass der Weg zu Gott nie verschlossen bleibt. Auch wenn wir uns noch so verrannt haben.

5. Sonntag nach Pfingsten 2008

Drei frustrierte Apostel und frustrierte Kirchen

Lukasevangelium 5, 1–11

Mich erinnern viele Christinnen und Christen an die Fischer des heutigen Evangeliums. Diese mögen nicht mehr fischen. Denn sie sind von einer durchgearbeiteten Nacht erschöpft. Eine ganze Nacht lang haben sie nicht einen einzigen Fisch gefangen. Sie haben ganz einfach genug. Da verlangt Jesus von den Frustrierten, sie sollen nochmals fischen gehen. Petrus weiss als erfahrener Fischer natürlich, dass fischen bei Tageslicht nicht sehr sinnvoll ist. Und er lässt sich wohl auch nicht gerne von Jesus dreinreden. Denn Jesus ist ja auf dem Festland zu Hause. Er ist Zimmermann. Er hat also von Fischerei keine grosse Ahnung.

Auch wir sind oft von der kirchlichen Arbeit frustriert, genau wie die Fischer. Wir haben jahrelang in der Kirche gelebt und ihr oft unser Bestes gegeben. Trotzdem müssen wir sehen: Die Kirchen verlieren in der Gesellschaft immer mehr an Bedeutung. Die Gotteshäuser werden leerer. Die

Überalterung verstärkt sich. Die Finanzen werden knapper. Diesem Trend versuchen wir seit Langem entgegenzuwirken. Aber wie bei Petrus scheinen auch unsere Netze leer zu bleiben. Und wie Petrus und seine Gefährten denken, dass sie vom Fischen mehr verstehen als Jesus, genauso denken auch wir. Nämlich, dass wir von Kirche mehr verstehen als viele Kirchenkritiker. Wir haben schliesslich lange Kirchenerfahrung. Deshalb reagieren wir auf Vorschläge, die wir von innen und aussen bekommen, gerne negativ: Das haben wir alles schon probiert, und es hat nichts genützt. Wie die Fischer am Morgen müde sind und keinen Sinn darin sehen, am Tag nochmals fischen zu gehen, so sind auch wir oft einfach müde und resigniert. Wir möchten die Arbeit in der Kirche aufgeben. In unserer Zeit für die Kirche zu arbeiten, das sei dasselbe wie für die Fischer das Fischen bei Tageslicht – nämlich ohne wirkliche Erfolgschancen. Dass wir so denken, ist verständlich. Trotzdem halte ich es für falsch, einfach zu resignieren und nur noch das Negative zu sehen.

Dafür ist die Sache Gottes zu wichtig. Und in einem sind wir uns doch trotz aller Sorgen und Enttäuschungen einig: Die christliche Botschaft ist etwas sehr Besonderes. Die Person Jesu ist nicht nur eine absolut singuläre Figur. Seine Wirkung ist bis heute unübersehbar. Das Christentum hat kulturelle, soziale und ethische Auswirkungen, die die Welt grundlegend verändert haben. Europa – aber nicht nur Europa – trägt bis heute den Stempel des Christentums. Und es ist sicher kein Zufall, dass auch im 21. Jahrhundert ein Christ die wichtigste moralische Instanz der Welt geblieben ist: der Bischof von Rom.

Im Grund wissen wir also alle, dass der christliche Glaube Qualitäten hat, die sonst nirgends zu finden sind. Wir seien zur Freiheit geboren, hat Paulus vor 2000 Jahren im Galaterbrief gejubelt (Gal 5,13). Und im gleichen Brief hat er diesen Gedanken mit einem wunderbaren Wort noch vertieft: «Es gibt nicht mehr Juden und Griechen, nicht mehr Sklaven und Freie, nicht mehr Mann und Frau. Alle sind vor Christus gleich» (Gal 3,28). Dem ist eigentlich nichts beizufügen. Denn eindrücklicher und realistischer kann man nicht ausdrücken, dass alle Menschen vor Gott die gleiche Würde haben. Das ist eine der ganz grossen Errungenschaften des Christentums.

1700 Jahre später scheint Jean-Jacques Rousseau (1712–1778) auf dieses Pauluswort anzuspielen. Es gibt nämlich von ihm einen Satz von grosser Weisheit, der bestens zu Paulus passt: «Der Mensch ist zur Freiheit geboren und er liegt doch überall in Ketten.» Rousseau hat natürlich Recht. Aber warum liegt der Mensch in Ketten? Ganz einfach: Unsere göttliche Freiheit findet auf dieser Erde ihre Grenzen. Das haben die Christen immer gewusst. Es liegt folglich im Mittelpunkt jeder christlichen Lebensführung, dass man seine eigenen Grenzen zu sehen versucht. Und auch versucht, diese zu überwinden. Es ist deshalb absolut unchristlich, wenn wir die eigene Verantwortung nicht sehen wollen und versuchen, sie einfach auf Andere zu schieben. Sich mit Schuldzuweisungen an Andere der eigenen Mitverantwortung entziehen wollen, das darf ein Christ, eine Christin, nie. Das gilt auch für den heutigen Zustand der Kirche.

Natürlich tragen wir nicht für alles Verantwortung, was in der Kirche nicht gut ist. Natürlich gibt es Sachzwänge, die wir nicht beeinflussen können. Natürlich gibt es gesellschaftliche und politische Umstände, denen wir ausgeliefert sind. Aber was man sicher nicht darf und was Christen gerne tun, ist, alles Mögliche und Unmögliche für die Schwäche der Kirche verantwortlich machen, etwa so: Die Menschen sind heute oberflächlich und materialistisch. Sie interessieren sich nur noch für sich. Es geht ihnen mit ihrem hohen Lebensstandard zu gut. Oder der Islam ist schuld. Seine Aggressivität macht uns kaputt. Auch mit fehlendem Geld in der Kirche reden wir uns heraus. Aber noch keine Kirche oder Kirchgemeinde ist an Geldmangel zugrunde gegangen. An Mangel an religiöser Tiefe und geistiger Substanz hingegen schon. Auch mit noch so vielen Finanzen kann man eine geistlich ausgehöhlte Kirche oder Kirchgemeinde nicht retten. Übrigens: Die frühe Kirche ist als arme Kirche erfolgreich gewesen. Erst als sie reich wurde, kamen die Probleme. Von allen diesen Behauptungen mögen vielleicht gewisse begründet sein. Aber mit dem Gerede von Islam, Geldmangel oder zeitgenössischem Materialismus verändert man nichts – im Gegenteil.

Was ist also zu tun? Unsere Geschichte sagt etwas dazu. Jesus schickt die Fischer nochmals an die Arbeit. Und sie gehen widerwillig. Denn sie denken: Was versteht Jesus schon vom Fischen? Aber sie vertrauen dem Mann, den sie eben predigen gehört haben – weil er glaubwürdig ist. Und tatsächlich: Sie machen gegen ihre Erwartung und gegen jede Erfahrung einen riesigen Fang.

Als Jesus mit diesem Wunder zeigt, dass aus Unmöglichem Mögliches werden kann, erschrickt Petrus. Er merkt nämlich, dass mit ihm nicht einfach ein Prediger, sondern Gott selbst bei ihm ist. Aus Angst schreit er Jesus an: «Geh weg von mir, denn ich bin ein sündiger Mensch.» Gott zu nahe kommen ist nach biblischem Denken lebensgefährlich. Aber dass Petrus ein sündiger Mensch ist, kümmert Jesus nicht. Im Gegenteil: Gerade sündigen Menschen wie Petrus gibt der göttliche Jesus den Auftrag, in seinen Dienst zu treten. Genau hier liegt ein entscheidender Punkt dieser Geschichte: Gott nimmt sündige Menschen in seinen Dienst. Die Kirche besteht also nicht aus vollkommenen, reinen, sündlosen Menschen, sondern aus kleinen, schwachen Geschöpfen. Aus diesem Grund ist die Kirche immer heilig und unheilig zugleich. Deshalb ist es schlicht dumm, wenn es Leute gibt, die sagen, in den Kirchen müsste es immer friedlich und lieb zugehen.

Was heisst das aber für uns? Rezepte und einfache Antworten gibt es im Umgang mit Gott nicht. Mit Gott gibt es nur lange Wege. Im Vertrauen, dass Gott uns nicht fallen lässt, heisst es deshalb: immer wieder neu fischen gehen, immer wieder. Das ist natürlich wenig konkret. Ich will versuchen, konkreter zu werden. Die Kirche hat viele Probleme. So sind etwa unsere Gottesdienste für viele Menschen kaum zugänglich – mit unserer schwierigen, oft unverständlichen Sprache und mit unseren schönen Symbolen aus anderen Zeiten. Oder: Predigten sind zu oft voller Clichés und lebensfern. Der Unterricht kann unbefriedigend sein. Für all das tragen die Geistlichen grosse Verantwortung. Aber nicht nur sie! Nach christkatholischem Verständnis ist die Gemeinde mit den Geistlichen gemeinsam für das kirchliche Leben verantwortlich. Deshalb dürfen die Gläubigen bei Missständen nicht schweigen. Wenn sie Mängel sehen oder unzufrieden sind, müssen unbedingt intensive Gespräche zwischen den Geistlichen und der Gemeinde aufgenommen werden. Wir müssen unbedingt lernen, offen und ehrlich über kritische Fragen zu reden, Predigtthemen oder Unterrichtsprobleme anzusprechen. Sagen, was man gut fand und wo man sich unbefriedigt fühlt. Nicht einfach kritisieren, sondern versuchen gemeinsam in der grossen Tiefe des christlichen Glaubens zu fischen – immer wieder. Das muss man in der Gemeinde planen und organisieren. Dies kommt nicht von selber. Wir müssen mit einem harten Kern gemeinsam fischen gehen. Ohne das geht es nicht.

Ich höre jetzt den Einwand: Es kommen ja doch nur immer die ewig gleichen drei Leute. Aber auch die fischenden Jünger waren nur drei: Petrus, Johannes und Jakobus. Sie haben auch nicht gesagt: Wir sind nur drei, als Jesus von ihnen verlangte, Menschen für seine Sache zu finden. Sie haben nicht gesagt, wenn nicht mehr kommen, hat es keinen Sinn. Sie sind zu dritt fischen gegangen, nicht nur Fische. Sie haben höchst erfolgreich auch Menschen gefischt – weil sie dem Herrn vertrauten. Also nicht uns vertrauen, sondern ihm. Auch wenn es in unseren Tagen nicht einfach ist. Und wenn zuerst vielleicht nur drei kommen.

4. Sonntag nach Pfingsten 2016

Auslachen kann Mord sein

Römerbrief 6,12–14; Matthäusevangelium 5,21–24

Viele Leute werfen Paulus vor, er moralisiere ständig und sei auf die Sünde geradezu fixiert. Auch der heutige Text kann so wirken. Denn das Wort Sünde kommt in diesem kurzen Text von etwa zehn Zeilen drei Mal vor! Das ist auffällig. Wenn man den Apostel deswegen auf ein überspitztes Sündenverständnis festnagelt, dann verkennt man aber sein hoch differenziertes Denken. Man übersieht dazu noch etwas ganz Zentrales: Der Apostel kennt keine Verachtung des Leibes. Im Gegenteil: Leib und Geist sind für ihn gleich wichtig, trotz der Sterblichkeit des Leibes. Beide – Leib und Geist – können genauso Werkzeuge der Gerechtigkeit sein wie Werkzeuge des Bösen. Es kommt letztlich auf Sie und mich an, wie wir mit unserem Leib und unserer Seele umgehen. Das hat man im Christentum – wohl unter dem Einfluss der griechischen Philosophie (Gnosis) – immer wieder übersehen. Man hat den Leib oft verteufelt und den Geist als das Edlere und vor allem das Wichtigere gesehen. In gewissen christlich-fundamentalistischen Kreisen ist es besonders beliebt, den Leib gering zu achten und alle leiblichen Freuden zu verteufeln. Es ist auffallend, aber letztlich nicht verwunderlich, dass solche «übergeistlichen» Gruppen immer wieder in grobe Unzucht verfallen. Wenn nämlich der Körper nicht ernst genommen wird, dann verschafft er sich auf seine Weise umso heftiger Gehör. Wo das Leibliche schlecht gemacht wird, kommt es darum besonders leicht zu leiblichen Vergehen verschiedenster Art. Sekten und Sexualvergehen sind oft eng verbunden. Das kann man zum Beispiel bei amerikanischen Sektenpredigern», aber auch bei vielen unserer Sekten, immer wieder sehen.

Nein, beide, Leib und Geist, sind für den christlichen Glauben gleichermassen wichtig. Das ist an vielem sicht- und erfahrbar. So kann man am Leib genau so krank sein wie an der Seele. Paulus ist Realist. Deshalb weiss er sehr genau, dass Glaube auf dem Boden des Alltags, in der Realität, im Leib eben, leben muss. Glaube ist nicht nur für höhere Sphären da, sondern er ist vor allem für das ganz gewöhnliche Leben da. Das betont der Apostel – so wie hier – immer wieder. Nebenbei eine aktuelle Bemerkung dazu: Je älter man wird, desto wichtiger scheint der Leib zu werden. Denn man spürt ihn im Alter oft viel mehr. Er funktioniert nicht mehr so einwandfrei, und es zwackt immer mehr in allen Gliedern und Innereien. Und das Bewusstsein, dass der Tod unsere leibliche Existenz bald einmal vernichten wird, wird stärker. Paulus hat leiblich sehr viel leiden müssen – durch schlimmste Reisebedingungen, durch schwere Krankheit, aber auch durch grobe körperliche Gewalt in römischen Gefängnissen. Weiss er deshalb besonders gut, wie wichtig der Leib ist?

Doch auch unser heutiger Bergpredigttext mag uns dazu verleiten, den Glauben vor allem als Geistessache zu verstehen. Denn was Jesus da sagt, ist doch völlig unrealistisch. Wer zum anderen «Trottel» sagt, der soll vor Gericht kommen? Und wer «du gottloser Narr» sagt, soll in die Hölle kommen? Das haben wir doch alle schon getan, dass wir einen anderen Menschen «Dubel» genannt haben. Und deshalb sollen wir schon in der Hölle landen?

Wenn nun aber Jesus – wie man das durch alle seine Reden und Handlungen hindurch sehen kann – ein Realist mit starker Bodenhaftung ist, warum stellt er dann mit seiner Auslegung des 5. Gebots so unmögliche Forderungen auf, die niemand erfüllen kann, geschweige denn erfüllt hat? Jesus weiss natürlich, dass ich mich dem Gewicht dieses Gebots relativ leicht entziehen kann. Wenn ich nämlich das Gebot «Du sollst nicht morden» einfach wörtlich nehme, dann kann ich ja mit gutem Gewissen sagen: Ich habe noch nie jemanden umgebracht und ich gedenke auch nicht, das zu tun. Damit habe ich das Gebot erfüllt, und es ist für mich erledigt. Nur: So einfach ist die Sache nicht. Mit «Du sollst nicht morden» wird zunächst einfach festgehalten, dass man einem andern Menschen das Leben nicht nehmen darf. Diese Forderung gehört zu den ältesten Leistungen der menschlichen Kultur. Sie erkennt, dass das Leben von Gott geschaffen und gegeben ist. Und darum ist das Leben des Anderen tabu. Weil es von Gott kommt, ist es der Verfügungsgewalt des Menschen entzogen.

Nun kann man aber – und darauf will Jesus hinaus – dem Anderen das Leben nicht nur mit dem leiblichen Tod wegnehmen. Lebensverlust beginnt schon sehr viel früher. Man kann einen Menschen allein schon mit Lächerlichmachen erledigen. Mit Mobbing und sexistischen Sprüchen kann man jemanden fertigmachen. Beschimpfen, Auslachen, böse Worte können einen Menschen aus der Gemeinschaft ausschliessen und ihn fürs Leben schädigen. Ich bin hier in Olten zu einem Primarlehrer in die Schule gegangen, der hat die Mädchen prinzipiell nur Hühner genannt. Und die Knaben hat er ganz einfach verprügelt, und das äusserst brutal. Bei Klassenzusammenkünften bringen es Schulkameradinnen und -kameraden nur schwer fertig, davon zu erzählen. Man kann spüren, wie stark sie bis auf den heutigen Tag an diesen Verletzungen leiden und sie nie verkraften konnten. Noch heute wirken diese Demütigungen nach und haben ihr Leben schwer geschädigt. Einige Mitschüler können und wollen sogar bis heute keine Klassenkameraden mehr sehen. Schon bei solchen Begegnungen werden diese Demütigungen wieder neu erlebt. Mich hat dieser Lehrer nie verprügelt. Ich gehörte eben zu den intelligenteren und zu den «besser Gschtrählten». Und genau diese Selektion machte die Sache natürlich noch schlimmer. Die ärmeren und weniger intelligenten wurden durch diese parteiischen Behandlungen noch tiefer in ihr Elend hinuntergestossen und ausgeschlossen.

Genau davon redet Jesus in der Bergpredigt. Es sind diese und viele andere Formen von Machtausübung, die Menschen fertigmachen und ihnen ihre Würde wegnehmen. Bösartigkeiten aller Art verweigern ihnen Lebensqualität und machen sie gemeinschaftsunfähig. Ihre Persönlichkeit und damit ihr ganzes Leben werden auf diese Weise beeinträchtigt. Luther hat Jesus verstanden, wenn er «Du sollst nicht morden» so kommentiert: «Mit diesem Gebot will Gott einen jeden beschirmt, befreit und umfriedet haben vor jedermanns Frevel und Gewalttat. Er will es als Ringmauer, Feste und schützende Burg um den Nächsten gestellt haben.» Luther hat sehr genau begriffen, was Jesus meint.

Nein, christlicher Glaube ist weder hochgeistig noch wirklichkeitsfern. Er findet im Alltag statt oder er findet gar nicht statt. Und mit den Geboten darf man es sich nicht zu einfach machen – das sagt uns Jesus in der Bergpredigt. Jeder von uns hat schon gemordet, die Ehe gebrochen, gestohlen. Wissen wir das eigentlich?

6. Sonntag nach Pfingsten 2011

Die jungfräuliche Maria – eine sexistische Fantasie?

Unsere Kirche ist ja nicht gerade dafür bekannt, dass die Marienverehrung bei uns eine zentrale Rolle spielt. Im Gegenteil. Die Mutter Gottes spielt eher eine zwiespältige, oder vielleicht untergeordnete, ja sogar negative Rolle. Ihre Verehrung gilt bei vielen Gemeindegliedern als römisch. Man konnte bei uns Leute hören, die christkatholisch so definierten: Wir haben keinen Papst, keine Heiligen und keine Marienverehrung. So einfach ist es natürlich nicht. Und vor allem: Wenn es so wäre, würden uns wesentliche Teile des christlichen Glaubens fehlen. Denn seit den ersten Zeiten der Kirche, schon im Neuen Testament also, hat Maria eine grosse Bedeutung. Darum gibt es seit alters her auch Feste, die die Gottesmutter betreffen. Wir feiern heute eines dieser Feste, «Mariä Entschlafen», den Todestag der Mutter Jesu also. Es ist ein leicht verständlicher Feiertag. Auch wir denken gerne an geliebte Menschen an ihrem Todestag. Schon früh feierte man deshalb den Todestag Marias.

Vor einiger Zeit wurde im Gottesdienst die Geschichte gelesen, wie der Engel zu Maria kommt und ihr die Geburt Jesu ankündigt (Lk 1,26–38). Ich predigte dann aber nicht über diesen Text, der ja von der Jungfrauengeburt redet. Nach der Messe kam eine Frau zu mir und sagte, meine Predigt sei zwar recht und gut gewesen, aber ich hätte mich doch sehr elegant um die

Jungfrauengeburt herumgedrückt. Das gefalle ihr nicht. Denn darüber müsse man doch endlich einmal offen reden. Fragen um Maria beschäftigen also die Leute auch heute. Deshalb hat die Frau Recht, wenn sie offen über Maria reden möchte. Das wollen wir jetzt versuchen.

Im Neuen Testament wird Maria als eine eigenständige, starke Persönlichkeit geschildert – etwa im Magnifikat (Lk 1,46–55), wo sie den sozial und politisch explosiven, ja revolutionären Text spricht: «Er stürzt die Mächtigen vom Thron und erhöht die Niedrigen. Die Hungrigen beschenkt er mit seinen Gaben und lässt die Reichen leer ausgehen» (Lk 1,52). Das ist ein politisch derart brisanter Satz, dass er nur einer starken, unangepassten Frau in den Sinn kommen kann.

Aber die Stärke dieser Persönlichkeit geriet immer mehr in Vergessenheit. Und dabei spielte natürlich der Gedanke der Jungfrauengeburt eine wichtige Rolle. Man begann nämlich immer mehr von dieser Jungfräulichkeit der Maria zu reden, von ihrer Sündlosigkeit, von ihrer Reinheit. Ihre Gestalt wurde auf diese Weise langsam domestiziert und gezähmt. Ihre wirkliche Persönlichkeit trat immer mehr in den Hintergrund. So wurde Maria schliesslich fast nur noch als brave, gehorsame, reine Person verehrt. Maria wurde zu einem Mädchen mit steril-bravem Aussehen. Das sentimentale Gipsmadonnenbild entstand. Eine solche Mariengestalt kann natürlich in unserer Zeit nicht mehr viel sagen. Es ist also kein Wunder, dass der Gedanke der Jungfrauengeburt uns Mühe macht und veraltet zu sein scheint. Zu sehr ist das alles mit sexuellen Reinheitsvorstellungen verbunden, mit denen wir nichts mehr anfangen können. Die allzeit reine, keusche Jungfrau Maria ist für uns nichts mehr als eine weiss-blaue Kitschfigur mit Augenaufschlag aus einem Devotionalienladen. Aber die profilierte, starke Frauengestalt ist hinter dem Gips verschwunden.

Dazu kommt noch etwas: Die Jungfräulichkeit der Mutter Jesu weckt in uns sofort den Verdacht auf männlich bestimmte Reinheitsfantasien, auf machohafte Frauenvorstellungen. Ist also die Jungfrauengeburt einfach eine veraltete Idee von verklemmten Theologengehirnen? Oder etwas weniger polemisch gefragt: Was soll denn eigentlich an der Jungfrauengeburt wichtig sein?

Zunächst sei festgehalten, dass man im biblischen Zeugnis die Jungfrauengeburt nicht unterschlagen kann. Sie gehört – nach weit reichendem Konsens von Neutestamentlern – in grossen Teilen des Neuen Testaments zum ältesten Bestand des Glaubens. Das ist direkt und indirekt feststellbar. So kommt zum Beispiel im ältesten Evangelium, dem Markusevangelium, Josef überhaupt nicht vor. Jesus wird als Sohn Marias (Mk 6,3) bezeichnet, entgegen dem damaligen Brauch, die Kinder nach dem Vater zu benennen. Jesus redet nur von seiner Mutter und seinen Brüdern. Er redet kein einziges Mal von Josef. Wenn er vom Vater redet, dann meint er seinen Vater im Himmel. In anderen Evangelien (Matthäus, Lukas) wird von der Jungfrauengeburt selbstverständlich erzählt. Auch in sehr frühen Texten der Kirche erscheint sie völlig natürlich, zum Beispiel im Eucharistiegebet des Hippolyt (unser Eucharistiegebet V), das um etwa 200 entstanden ist. Die Jungfrauengeburt ist also seit den Anfängen der christlichen Gemeinde ein zentraler Punkt des Glaubens. Warum ist das so? Zuerst ist etwas Wichtiges zu betonen: Die Jungfrauengeburt hat nichts mit Biologie, Geschlechtlichkeit oder gar Gynäkologie zu tun. Die Gedanken von Reinheit, Sündlosigkeit, Unbefleckheit und Ähnlichem sind erst viel später akzentuiert und sogar in den Mittelpunkt gestellt worden. Die späteren, unsäglichen Reinheits- und Keuschheitserörterungen haben dann zu der gesichtslosen, faden und süsslichen Madonnenvorstellung geführt. An irgendwelchen sexuellen und biologischen Fragen waren aber weder das Neue Testament noch die Urkirche interessiert.

Aber wenn es nicht um Moral, Geschlecht und Reinheit geht – um was geht es dann? Es mag uns erstaunen: Es geht ausschliesslich um die Person Jesu Christi. Die grosse theologische Streitfrage in frühester Zeit war nämlich: Wer war dieser Jesus denn eigentlich? War er ein Mensch gewordener Gott? Oder war er nur ein prophetischer, besonders gottnaher Mensch? Oder war er beides? Oder war er gar kein richtiger Mensch? Oder gar kein richtiger Gott? Das Neue Testament schildert ihn auf der einen Seite als Menschen. Er ist ein Mensch mit eigenem Willen. Er leidet. Er hat Angst. Er wird wütend. Er gerät in Versuchung. Er isst und diskutiert gerne. Und auf der anderen Seite schildert ihn die Bibel als Gott. Er redet absolut, wie ein Mensch nie reden könnte: «Ich aber sage euch…», oder «Ich bin das Licht der Welt». Seine Zeichen und Wunder, seine Verklärung (Mk 9,2–13) und die Auferstehung reden von seiner göttlichen Natur.

Sein Bewusstsein ist das eines wirklichen Menschen und zugleich das des Mensch gewordenen Gottes. Er ist beides – Gott und Mensch. Oder etwas vereinfacht gesagt: Er hat das menschliche Erbe seiner Mutter und das göttliche Erbe seines Vaters. Die Menschenfrau Maria hat Gott geboren. Ein grosses Konzil (Ephesus 431) hat deshalb Maria «Gottesgebärerin» genannt. Das, und nur das, ist der Inhalt der Jungfrauengeburt. Die biologische Frage, das Wie, das Was, das Wo sind unwichtig. Es geht bei der Jungfrauengeburt genau genommen um Jesus Christus und nicht um Maria. Wir verehren sie, weil sie die Mutter Jesu Christi ist. Deshalb gibt es ursprünglich in der Kirche kein Marienbild ohne das Kind. Sie ist für sich allein nicht wichtig, sondern nur als die Mutter Gottes und deshalb als unsere Fürbitterin.

Nur: Was bedeutet das für uns? Viel! Denn es sagt uns, was für einen Gott wir haben. Er ist nicht einer, der einfach von der Ferne eines göttlichen Thrones Ratschläge, Gebote und Gesetze gibt und sagt: Ihr müsst nur machen, was ich sage, dann kommt ihr schon ins Paradies. Er ist ein Gott, der zu unsereins geworden ist. Oder wie es ein Theologe einmal über den Zimmermann Jesus gesagt hat: Gottes Sohn ist Bauarbeiter.

Unser Gott ist kein ferner Gott, der in Herrlichkeit thront. Er ist einer, der zu uns hinabgestiegen ist in das Reich des Todes. Er kennt unsere Not aus eigener Erfahrung. Es gibt in der kirchlichen Kunst eine wunderschöne Darstellung des Auferstandenen. Es wird abgebildet, wie der Gottessohn in das Reich des Todes hinabsteigt und die Menschen (in Gestalt von Adam und Eva) an der Hand nimmt und sie aus dem Tod hinauf ins Leben zieht. Er befreit die Menschen höchstpersönlich aus den Fesseln des Todes. Er lässt uns nicht allein und hilflos im Dunkeln sitzen. Er selbst holt uns heraus. Dass Gott Mensch geworden ist, um uns herauszuholen, genau das meint die Jungfrauengeburt. Und nur das!

Mariä Entschlafen 2012

Was ein unfreundlicher Jesus sagen will
Lukasevangelium 11,27–28

Eben haben wir einen Text aus dem Lukasevangelium gehört, der uns wohl kaum verständlich ist und der uns auf den ersten Blick erst noch unangenehm berührt. Da rühmt eine Frau die Mutter Jesu überschwänglich. Selig, glücklich, gesegnet sei sie, weil sie Jesus geboren habe. Und was macht Jesus? Er reagiert schroff mit einem unfreundlichen Kommentar – so im Stil: «Meine Mutter ist hier nicht wichtig.» Was sollen wir damit anfangen? Das ist wohl unsere erste Reaktion auf Jesu Antwort.

Ich möchte versuchen zu zeigen, dass wir einen zentralen Text gehört haben und dass hinter dem merkwürdigen Satz eine der ganz wichtigen Aussagen des Neuen Testaments steht. Das können wir heute kaum merken. Denn der Text wurde vor knapp 2000 Jahren geschrieben – also in einer völlig anderen Zeit und vor allem in einem völlig anderen kulturellen und religiösen Umfeld. Ich möchte deshalb versuchen, ihn für unsere heutige Zeit verständlich zu machen, ihn quasi zu übersetzen.

Wir sind in Palästina, in einem Land mit uralten bäuerlichen Traditionen. Dort macht in jener Zeit Mutterschaft die Würde einer Frau aus. Einen Sohn zu bekommen, ist ein grosses Privileg. Damit ist klar: Der Freudenruf der Frau gilt in Wirklichkeit nicht der Mutter, sondern ihrem Sohn. Das alles ist für uns schwer verständlich. Denn aus heutiger Sicht ist das doch eine Diskriminierung der Frau, wenn sie auf die Geburt eines Sohnes reduziert wird. Da scheint eigentlich nur der Sohn wichtig, nicht aber die Frau. Jesu Reaktion ist nur auf diesem Hintergrund zu verstehen.

Mimt Jesus einfach den Bescheidenen? «Nehmt mich doch nicht so wichtig?» Sicher nicht. Denn Jesus ist – und das betont er immer wieder – im Auftrag Gottes hier. Und alles, was er sagt und tut, das sagt und tut er ausschliesslich, um diesen Auftrag zu erfüllen. Allein diese Bestimmung zählt. Nichts sonst. Von allem, was von diesem Auftrag ablenkt, will er nichts wissen. Deshalb lenkt er von seiner Mutter ab, aber auch von seiner Person. Er koppelt sich damit von familiären und menschlichen Bindungen ab. In seinen Augen hängen Glück und Segen des Lebens nicht von menschlicher Nähe ab, sondern von einer Grundhaltung, von einer Lebenseinstellung. Und diese Grundhaltung umschreibt Jesus in seiner Antwort: Glücklich und gesegnet ist, wer auf Gottes Wort hört und es bewahrt, und nicht, wer einen Sohn geboren hat. Jesus lehnt sich dabei an das zentrale jüdische Gebet an, das jeder gläubige Jude zwei Mal am Tag betet: «Höre Israel, der Herr ist Gott. Der Herr ist einzig» (Dtn 6,4). Wie ein roter Faden zieht sich von da an durch die ganze Bibel die Aufforderung: «Höre!»

Hören. Damit fängt alle Gottesbeziehung an. Hören heisst nämlich von sich selbst Abstand nehmen, aus dem eigenen Selbst hinausgehen. Hören ist mehr als nur akustisches Hören. Hören heisst mit allen Sinnen offen sein für Anderes, für Neues, für Unerwartetes, Irritierendes. Eine Beziehung eingehen kann nur jemand, der offen ist für das Unbekannte. Solches Hören ist die Grundvoraussetzung für jede Beziehung. Wer nicht hören kann, bleibt isoliert und in sich eingeschlossen, bleibt beziehungsunfähig. Wer nicht hören kann, wer nicht Anderes, Fremdes aufnehmen kann, wer nicht wagen kann, Unerhörtes ernst zu nehmen, der wird nie eine Beziehung aufnehmen können – weder zu anderen Menschen noch zu Gott. Deshalb ist das erste Wort, das der Begründer des abendländischen Mönchstums, der Heilige Benedikt von Nursia (um 480–547) seinen Brüdern in seiner berühmten Mönchsregel sagt: «Höre». Mit Hören fängt jede Beziehung an. Auf das Wort Gottes hören – damit beginnt auch jede Gottesbeziehung.

Höre! Das ist sehr einfach gesagt. Aber wir erfahren alle, wie schwierig es ist, Gottes Wort zu hören. Wie kann man das? Es gibt natürlich viele Wege. Selbstverständlich gehört das Lesen der Bibel dazu, auch wenn die Texte manchmal sperrig und schwierig sind. Oder Gebetstexte lesen und darüber still werden. In unserem Gebetbuch hat es wundervolle Gebete – etwa das kleine von Niklaus von Flüe: «Mein Herr und mein Gott, nimm alles von mir, was mich hindert zu dir! Mein Herr und mein Gott, gib alles mir, was mich fördert zu dir! Mein Herr und mein Gott, nimm mich mir und gib mich ganz zu eigen dir!» Aber das allein genügt noch nicht. Anderen Menschen zuhören gehört auch dazu. Denn in den Gedanken und Worten anderer Menschen wird oft Gottesnähe, aber auch Gottesferne, erfahrbar. Und damit kann man selber besser hören lernen. Und etwas ganz Wichtiges: Zum Hören braucht es Stille. Das kann man in jedem gewöhnlichen Gottesdienst lernen. Es gehört zur grossen Weisheit der Kirche, dass viele Texte immer und immer wieder gebetet werden. Nur in der Geborgenheit des Vertrauten kann man offen werden für das ganz Andere, das Göttliche. Wer immer etwas Neues hört oder hören will, wer immer neue Reize braucht, wird nie zu der Stille kommen, die es zum Hörenkönnen braucht.

Aber Jesus bleibt nicht beim alttestamentlichen «Höre Israel» stehen. Er gibt dem Wort mit einem anderen Begriff eine viel grössere Weite. Weil «hören» allein nicht genügt, fügt er das Wort «bewahren» bei. Glücklich und gesegnet werde nur, wer das Wort Gottes hört und es auch bewahrt. Bewahren tönt für unsere Ohren sehr nach aufbewahren, möglichst unverändert lassen, in einer Schublade versorgen. Konservativ, ja reaktionär tönt das. Aber gerade das ist nicht gemeint. Das Wort Gottes bewahren heisst, das Wort Gottes bei sich behalten, in seinem Leben aufbewahren. Es nicht unbeachtet, sondern gegenwärtig sein lassen. Heisst, es lebendig erhalten und zum Wachsen bringen.

Wir feiern ja heute den Todestag der Gottesmutter Maria. Und so mag es sinnvoll sein, ganz an den Anfang der Geschichte dieser Frau zurückzugehen. Denn genau dort kommt im Lukasevangelium das Wort bewahren schon einmal vor – in gleicher Bedeutung. Nachdem der Engel Maria die Geburt des Gottessohnes angekündigt hat, heisst es von der tief erschrockenen Maria: «Und Maria bewahrte alle diese Worte und bewegte sie in ihrem Herzen» (Lk 2,19). In der biblischen Sprache heisst bewahren bewegen – entwickeln, fruchtbar machen, weitergeben. Hören allein genügt nicht. Das Wort kann man, wenn man es denn hören will, nicht einfach passiv hinnehmen und in eine Schublade legen. Bewegen muss man das Wort Gottes. Oder um es in den dürren Worten des Jakobusbriefes zu sagen: «Glauben ohne Werke ist tot» (Jak 2,17). Bewegen heisst weitergeben, oder wie es in einem Gebet in unserer Liturgie heisst: «Wir haben das Brot des Lebens und den Wein der Freude empfangen. Lass auch uns zu Brot und Freude werden für andere Menschen.»

Ich denke, dass Jesus davon spricht, dass das Zentrum allen Glaubens das Hören und das Weitergeben ist. Das müssen wir versuchen: Gottes Sache in unseren Herzen bewegen und weitergeben. Es mag wenig genug sein. Aber schon kleine Zeichen des Verständnisses, der Zuwendung und wohl auch der klaren Meinungsäusserung sind ein guter Anfang. Das Wort Gottes bewegen und bewahren heisst also: versuchen, Brot und Freude zu werden für andere Menschen. Oder um es nochmals anders zu sagen: Wenn wir das Wort Gottes gehört haben, muss es unsere Umgebung merken. Sonst haben wir es nur gehört, aber nicht zugehört. Wir haben das Wort dann auch nicht bewegt.

Mariä Entschlafen 2016

Ist Religion wirklich nur Privatsache?
Matthäusevangelium 6,1–6; 16–18

Im Grossen Rat des Kantons Bern wurde kürzlich ein Vorstoss eingereicht, der die Abschaffung der Besoldung der bernischen Geistlichen durch den Kanton verlangte. Auch sonst gibt es in der Schweiz immer wieder Bestrebungen, das Christentum aus der Öffentlichkeit zu verbannen. So soll das Aufstellen von Kreuzen und anderen christlichen Symbolen in der Öffentlichkeit verboten werden. Und auch die Trennung von Kirche und Staat ist ein Thema, das noch lange nicht gelöst ist.

So geraten Kirchen und Religionen zunehmend unter Druck. Sie sollen möglichst aus der Öffentlichkeit verdrängt werden. Die Argumentation ist immer etwa die gleiche: Religion sei Privatsache. Sie gehe niemanden etwas an, auch den Staat nicht. Deshalb sei sie aus der Öffentlichkeit fernzuhalten. Dass dieses Argument nicht nur falsch ist, belegen im Neuen Testament verschiedene Texte. So fordert etwa die Bergpredigt, dass man seine religiöse Grundhaltung und seine religiösen Aktivitäten nicht in der Öffentlichkeit demonstrieren solle: Wenn man Gutes tut, soll man das nicht in die Welt hinausposaunen. «Deine Linke wisse nicht was deine Rechte tut» (Mt 6,3). Das heisst: Nicht einmal die Allernächsten sollen merken, wenn man jemandem hilft. Wenn man betet, soll man das nicht demonstrativ in der Öffentlichkeit tun. Und wenn man fastet, soll das niemand sehen oder merken können. Man soll nicht ein frommer Heuchler sein, heisst es zudem im Matthäusevangelium. Dazu muss man wissen, dass das griechische Wort für Heuchler eigentlich «Schauspieler» bedeutet. Also: Man soll seine Frömmigkeit nicht öffentlich darstellen, nicht in der Öffentlichkeit vorführen. Man soll seinen Glauben in der Stille für sich leben.

Damit sind wir alle einverstanden. Aber was noch wichtiger ist: Diese absolute Forderung der Bergpredigt, seine Frömmigkeit im stillen Kämmerlein zu üben, hat ihre tiefste Wurzel in der biblischen Vorstellung, wie das Verhältnis zwischen Mensch und Gott sein soll. Diese Vorstellung sieht so aus: Die Gläubigen sind mit Gott persönlich in einem innigen Verhältnis verbunden. Im Neuen Testament wird deshalb Gott mehrmals «abba» genannt. Das

Wort kann als intime Anrede etwa wie Papa verstanden werden. Intimität geht niemanden etwas an, weder in der Beziehung zu anderen Menschen noch zu Gott. Beten, Wohltätigkeit und Fasten geschehen nur zwischen Gott und dem einzelnen Gläubigen. Frömmigkeit ist eine Ich-Du-Beziehung, die niemanden etwas angeht und die auch niemand von aussen verstehen oder ermessen kann. Es ist wie mit einer zwischenmenschlichen Beziehung – einer Liebe etwa: Niemand kann sie verstehen, nachfühlen oder gar in sie hineinsehen. Insofern ist Religion, wie alles Intime, tatsächlich Privatsache.

Aber das ist nur die eine Seite. Es gibt auch noch eine andere: Religion ist gleichzeitig auch eine öffentliche Angelegenheit. Man kann das leicht aus der Geschichte lernen. Es gibt kein Land und kein Volk, das nicht von seiner Religion oder seinen Religionen geprägt wäre – im Positiven wie im Negativen. Es gibt keine Kultur und keine Zivilisation, die nicht von Religion mitgeformt worden wäre. Es gibt kein gesellschaftliches Zusammenleben, das nicht irgendwo religiöse Wurzeln hätte. Das wissen wir alle: Ein buddhistisches Land hat ein anderes Gesicht als ein christliches oder islamisches. Mit anderen Worten: Religion kann nicht aus der Öffentlichkeit herausgelöst werden. Niemand, auch der härteste Atheist nicht, kommt nicht mit Religion in Kontakt. Er muss nur die Zeitung lesen, Musik hören, Schimpfen, grüss Gott sagen, und schon ist er mit Religion in Berührung gekommen. Jeder Sportbericht verwendet eine religiöse Sprache. Lesen sie einmal einen Bericht über einen wichtigen Fussballmatch. Da wimmelt es von religiösen Ausdrücken. Religion prägt also die Öffentlichkeit – auch in der stark säkularisierten Gesellschaft von heute.

Aber natürlich kann man die Öffentlichkeit des Religiösen nicht nur kulturell, historisch oder soziologisch nachweisen. Mehr noch: Man kann in allen grossen religiösen Schriften einen Öffentlichkeitsanspruch des Religiösen feststellen. Oft sind wir uns dessen gar nicht bewusst. Das lässt sich leicht mit Beispielen aus dem christlichen Bereich belegen. So beginnt unser wichtigstes Gebet mit «Vater unser». Schon diese Anrede ist eine politische Aussage. «Vater unser» heisst es, und nicht «Vater mein!» Das aber heisst, dass Gott nicht nur mein Vater ist, sondern der Vater aller Menschen. Er ist der Vater auch der Fremden, der Andersgläubigen, der Aussenseiter, der Randfiguren und der Straffälligen. Daran müssten auch das Schweizervolk und die Schweizer Politik in ihrem Umgang mit Flüchtlingen und Sans-Papiers denken.

Und das gilt auch für meinen Umgang mit den Menschen, mit denen ich zu tun habe. Gott ist auch der Vater dessen, der mir Böses getan hat, der mir unsympathisch ist, der mir auf die Nerven geht. Wenn ich das ernst nehme, dann werde ich versuchen, mit jedem Menschen so umzugehen, wie es nicht nur für mich, sondern auch für ihn gut ist. Wenn wir einen gemeinsamen Vater haben, dann sind wir logischerweise Geschwister. Das gilt auch für einen Mann oder eine Frau, die mich tief verletzt oder gar hintergangen haben. Dieses Wissen war bei den ersten Christen nicht nur theoretisch gegenwärtig, sondern sie haben es bewusst gelebt. So haben sie selbstverständlich in jedem Gottesdienst für den römischen Kaiser gebetet, selbst wenn dieser ein blutiger Christenverfolger war. Beten Sie und ich auch für Menschen, die uns Mühe machen oder die uns gar wehgetan haben?

Im Vaterunser steht weiter: «Gib uns heute unser tägliches Brot.» Man könnte jetzt sagen, in einem Land wie der Schweiz, in dem ein Drittel aller Lebensmittel auf dem Kehricht landen, kann man das ehrlicherweise nicht beten. Denn niemand hier drinnen muss fürchten, heute oder morgen nichts zu essen zu haben. Aber auch hier ist zu bedenken: Es heisst «unser tägliches Brot» und nicht «mein tägliches Brot». Es geht also nicht einfach um mein Brot, sondern um das Brot aller Menschen. Ich bete im Vaterunser nicht einfach für mich. Sondern ich bete darum, dass er allen Menschen das Nötige zum Leben gibt. Ich kann mit meinem Gebet die Verantwortung nicht einfach auf Gott abschieben. Wenn ich um unser Brot bitte, dann weiss ich, dass ich auch für das Brot anderer Menschen verantwortlich bin. Wenn ich aber weiss, dass ich mitverantwortlich bin, dann kann ich es nicht beim Beten bewenden lassen. Dann muss ich auch helfen, etwas dagegen zu tun, dass nicht eine Milliarde Menschen hungern müssen. Wenn wir um unser tägliches Brot bitten, bedeutet das also, dass wir uns für die Hungernden wehren müssen – etwa dadurch, dass wir protestieren, wenn die reichen Länder, also Sie und ich, auf Kosten der armen Länder leben. Es gehört deshalb zur zentralen christlichen Pflicht, dass Kirchen Missstände in Firmen, Konzernen und politischen Systemen lautstark anprangern. Wenn wir das nicht tun, dann müssen wir die Brotbitte aus dem Vaterunser streichen. Kurz: Das Vaterunser ist auch – nicht nur, aber auch – ein eminent politisches Gebet.

Man könnte im Neuen Testament unendlich viele politische Texte finden. Auch die Nächsten- und Feindesliebe gehört dazu. Wobei mit Liebe nicht ein Gefühl gemeint ist, und schon gar nicht einfach lieb sein. Nächstenliebe ist verantwortliches Tun. Es kann je nachdem auch bedeuten, hart sein zu müssen. Es kann sehr schwierig und schmerzlich sein. Wenn die Alliierten die Naziherrschaft mit Waffengewalt gestürzt haben, dann hatte das nicht nur – aber auch! – mit Nächstenliebe, also mit Verantwortungsbewusstsein für Andere zu tun. Nächstenliebe will die Welt zum Besseren verändern. Sie ist deshalb eine schwierige, bittere und oft auch eine hochpolitische Angelegenheit.

Wenn man Religionen entpolitisieren will, sie also in den Privatraum verweisen will, dann zerstört man einen ihrer wichtigsten Wesenszüge –

nämlich ihre zentrale Aufgabe, die Welt lebenswerter zu machen. Und genau das ist politisch. Natürlich ist hier nicht von Parteipolitik die Rede. Sondern hier ist die Rede von der Verantwortung der einzelnen Gläubigen wie auch der kirchlichen Institutionen für die Öffentlichkeit, für das Wohl der Welt. Deshalb: Wer die Kirche in die Sakristei oder in das stille Kämmerlein einschliessen will, fügt der Öffentlichkeit grossen Schaden zu.

6. Sonntag nach Pfingsten 2012

Liebe Christen, seid bitte etwas schlau!
Lukasevangelium 16,1–9

Die Bibel ist manchmal ein merkwürdiges Buch. Da empfiehlt uns doch Jesus tatsächlich einen Betrüger als Vorbild. Die Kirche hat sich mit dieser Geschichte immer schwergetan. Prediger und Ausleger hat sie durch Jahrhunderte hindurch in Verlegenheit gebracht – bis auf den heutigen Tag. Und ich weiss auch nicht, ob meine Gedanken unsere Verlegenheit etwas verkleinern können.

Ein Finanzverwalter eines reichen Gutsbesitzers macht seine Arbeit miserabel. Deshalb will ihn sein Chef entlassen. Um als Arbeitsloser nicht in Not zu geraten, denkt er sich einen Trick aus, nämlich: Er schenkt den Schuldnern seines Chefs grosse Beträge und betrügt so seinen Arbeitgeber um viel Geld. Er sagt zum Beispiel zu einem Schuldner: Ich erlasse dir die Hälfte deiner Schulden. Der Schuldner freut sich natürlich und er wird später den arbeitslosen Verwalter unterstützen. Der Betrogene bei diesem Geschäft ist der reiche Gutsbesitzer. Durch den Betrug hat er ja einen grossen Teil seines Vermögens verloren. Nun würde man eigentlich annehmen, dass der betrogene Arbeitgeber wütend wird und seinen Angestellten für den Betrug haftbar macht. Aber der macht etwas Unverständliches: Er lobt den Angestellten, der ihn betrogen hat. Er sagt zu ihm: Das hast du gut gemacht. Mit deinem klugen Verhalten hast du dafür gesorgt, dass du auch als Arbeitsloser gesichert leben kannst. Aber Achtung: Der betrogene Gutsbesitzer lobt nicht den Betrug seines Angestellten. Er bewundert jedoch dessen Schläue und dessen kluge Taktik. Jesus kommentiert die Sache so: «Die Kinder der Welt sind klüger als die Kinder des Lichts» (Lk 16,8). Das ist doch ein erstaunlicher Kommentar. Aber Jesus geht noch weiter. Er fordert uns erst noch dazu auf, den Betrüger nachzuahmen und uns mit ungerechtem Geld Freunde zu machen.

Liebe Christen, seid bitte etwas schlau!

Was steckt hinter der Geschichte, die uns doch reichlich anrüchig vorkommt? Jesus schockiert die braven Bürger wieder einmal – was er ja immer wieder macht. Aber er schockiert natürlich nicht einfach, weil ihm das Schockieren Freude macht. Sondern, er will uns mit seiner provozierenden Geschichte die Augen öffnen und geistlich weiterbringen. Aber wohin? Als Kinder des Lichts redet Jesus seine Jünger an. Anderswo heisst es ähnlich: «Denn Ihr seid Kinder des Lichts und des Tages... Wir gehören nicht der Nacht und der Finsternis an» (1 Thess 5,5). Deshalb kann Jesus sagen: «Ihr seid in der Welt, aber nicht von der Welt» (Joh 7,19). In der Sicht des Neuen Testaments gehören die Gläubigen also zu einer anderen Welt – zur lichten Welt Gottes. Gleichzeitig warnt Jesus seine Zuhörer vor Naivität und Harmlosigkeit. Denn wir leben doch in dieser Welt. Wir sollen also bitte die Klugheit nicht vergessen. Wir sollen daran denken, dass die Kinder dieser Welt oft schlauer sind als wir Kinder des Lichts. An anderer Stelle sagt er etwas Ähnliches: «Seid klug wie die Schlangen» (Mt 10,16). Und genau hier soll unser Verwalter unser Vorbild sein – mit seiner Klugheit und Weitsicht. Nicht mit seinem Betrug dient er als Vorbild, sondern mit seiner Weitsicht. Jesus hat genau gesehen, dass christliche Kreise oft naiv sind und die Realitäten dieser Welt nicht sehen.

Wir sollen das Geld – den ungerechten Mammon – klug anwenden. Zum Wort «Mammon». Das hebräische Wort bedeutet ursprünglich «fest sein», «zuverlässig sein». Geld ist also das, was uns fest und zuverlässig erscheint. Es sichert unsere Existenz. Ohne Geld kann niemand leben. Das Geld ist das, was für die Menschen das Leben sicher macht. Weil das Geld die Existenz garantieren kann, kann es sogar als eine Grundlage des Lebens gelten. Geld ist das, worauf sich die Menschen verlassen, notwendigerweise verlassen müssen. Aber das Geld hat auch eine andere, eine dunkle Seite. Geld kann ungerecht sein. Das wissen wir alle. Es kann dubios verdient sein. Es kann ungerecht verteilt sein. Es kann ungerechte Hintergründe haben – zum Beispiel wenn man billige Kleider kauft, die von armen Arbeitssklavinnen hergestellt worden sind. Man kann es ungerecht verwenden – zum Beispiel durch Geiz oder Luxussucht.

Doch Geld ist nicht von Natur aus schlecht. Es hat jedoch eine starke Neigung, ungerecht zu werden, nämlich wenn wir ungerecht damit umgehen. Und genau dagegen wendet sich unsere Geschichte. Wendet euer Geld klug an. Klug heisst hier weitsichtig. Genau das war der Verwalter, indem er in seine Zukunft investierte. Und genau das meint auch Jesus: Investiert euer Geld in eure Zukunft. Allerdings ist mit Zukunft natürlich viel mehr gemeint als nur unsere persönliche oder gar nur unsere materielle Zukunft. Es ist mehr gemeint als das Investieren in das Wohl unserer Kinder oder in die Sicherung unseres eigenen Alters. In die Zukunft investieren wir, wenn wir nicht einfach an das Reich Gottes denken, sondern wenn wir in den Kategorien des Reiches Gottes denken. Das heisst, wenn wir wie der Verwalter über die Gegenwart hinaus und über uns selbst hinaus denken. Wir sind schlau, wenn wir für Bedürftige sorgen, wenn wir gegen materielle Ungerechtigkeit ankämpfen oder wenn wir zur Bewahrung der Schöpfung beitragen. Kurz, wenn wir mit unserem Geld dazu beitragen, etwas vom Reich Gottes in diese Welt zu bringen. In die Zukunft investieren heisst, in das Reich Gottes investieren. Es heisst, daran zu denken, dass unsere Existenz immer mit der Ewigkeit Gottes verbunden ist. Es heisst, immer an den Weg zu Gott zu denken. Er liegt immer vor uns und er ist nie zu Ende. Klugheit ist immer Zukunftsdenken. Christliche Klugheit ist das Denken an die absolute Zukunft oder mehr noch: denken in absoluten Zukunftskategorien.

9. Sonntag nach Pfingsten 2012

Die Kirche ist nicht einfach ein Verein
Galaterbrief 6,2–5

«Ertraget einander gegenseitig», schreibt Paulus im Kolosserbrief (Kol 3,13). Die Bemerkung ist nüchtern. Sie macht klar, dass der Verfasser Gemeindeerfahrung haben muss. Paulus formuliert im Galaterbrief reicher und tiefer: «Traget einer des Anderen Last!» (Gal 6,2). Wir können den Satz alle leicht unterschreiben. Wir sind ja schliesslich dafür, dass wir einander helfen und füreinander da sind. Deshalb verstehen wir das Wort wohl ganz selbstverständlich als eine Art Moralanleitung für unseren Alltag. Und Lebensrezepte für den Alltag sind praktisch. Sie sagen, was man zu tun hat, und nehmen so die Verantwortung ab. Nun ist aber der Text wohl doch etwas komplexer als eine Kalenderweisheit. Denn das Neue Testament im Allgemeinen und die Paulusbriefe im Besonderen wollen nicht Sammlungen von Weisheitsregeln oder Lebensrezepten sein. Die Bibel ist nicht ein Moralkodex oder eine Moralanleitung. Sie ist – so könnte man etwas plakativ sagen – das Grundgesetz der Kirche und deshalb auch das Grundgesetz jeder christlichen Gemeinde.

Wir reden völlig selbstverständlich von der Kirche. Nur, was ist das eigentlich, die Kirche? Vielleicht ist es einfacher, zuerst zu sagen, was die Kirche nicht ist. Sie ist sicher nicht ein gewöhnlicher Verein oder eine Institution wie irgendeine andere. Sie ist auch nicht einfach eine Gemeinschaft Gleichgesinnter wie eine Partei oder eine Non-Profit-Organisation. Die

Kirche ist eine enge Gemeinschaft von Menschen, die alle etwas gemeinsam haben: Sie sind getauft. Sie ist deshalb eine Gemeinschaft von Menschen, die zu Gott gehören. Sie haben vom Heiligen Geist die Kraft erhalten, zu spüren, dass es Gott gibt. Und zwar nicht irgendeinen Gott, sondern den Gott, der uns durch Tod und Auferstehung Christi freigemacht hat. Aus diesem Verständnis von Kirche heraus kann Paulus sagen: «Wir leben aus dem Geist» (Gal 5,25).

Nun wäre Paulus nicht Paulus, wenn er aus einer solchen Feststellung nicht sofort Konsequenzen ziehen würde. Deshalb sagt er weiter: «Wenn wir aus dem Geist leben, dann wollen wir auch dem Geist folgen.» Das heisst aber, dass die Gemeinde nicht einfach das tut, was sie aus eigener Erkenntnis als richtig befunden hat. Sondern sie ist bestrebt, sich vom Heiligen Geist führen und leiten zu lassen, um das zu tun, was Christi Wille ist. Aus diesem Glauben heraus prägt Paulus das eingängliche Wort: «Traget einer des Anderen Last, dann werdet ihr das Gesetz Christi erfüllen.» Christi Gesetz ist also ganz einfach. Da braucht es keine komplizierten Regelungen, keine scharfsinnigen Gesetze. Es braucht nur eines: des Anderen Last sehen und ernst nehmen.

Das tönt gut. Nur – was bedeutet es für die Kirche heute und damit für unsere Gemeinde hier und jetzt? Es gibt eine schöne Geschichte, die das illustrieren könnte. Tertullian, ein grosser Kirchenschriftsteller um das Jahr 200, erzählt: Die Leute haben natürlich schon damals geschwatzt und geredet. Man hat sicher auch über die neuen, etwas merkwürdig auffallenden und fremdartigen christlichen Gemeinden geredet. Tertullian hat gehört, dass die Leute sagen: «Seht wie sie einander lieben.» Die Menschen ausserhalb der Kirche haben offenbar gespürt, dass die Christen nach anderen Regeln lebten als die übrige Welt. Es scheint ein Lebensstil geherrscht zu haben, der die gegenseitige Liebe und Solidarität auch für Aussenstehende sichtbar machte.

Nun darf man sich unter «Liebe» nicht einfach gute Gefühle füreinander vorstellen. Liebe ist mehr als nur Gefühl. Jede christliche Gemeinde ist aus ganz gewöhnlichen Menschen zusammengesetzt. Und gewöhnliche Menschen wie Sie und ich haben gute und schlechte Gefühle füreinander. Wir erleben schlechte Gefühle und Enttäuschungen. Wir streiten und wir reden übereinander. Kurz: Jede Gemeinde besteht aus gewöhnlichen Menschen. Aus erlösungsbedürftigen Menschen wie Sie und ich. Sie besteht nicht aus gerechten und sündlosen Leuten. Das ist die Realität. Sie lässt sich nicht ändern. In dieser irdischen Wirklichkeit von Menschen, die einander nahestehen und gleichzeitig Probleme miteinander haben, lebt die Kirche.

Trotzdem: Die Kirche – unsere Gemeinde – müsste ein Ort sein, an dem man sich dieser Realität nicht einfach anpasst und tut, was alle anderen auch tun. Die Kirche müsste ein Ort sein, wo man versucht, der streithaften Welt eine andere Wirklichkeit gegenüberzustellen. In der Kirche müsste es anders aussehen als sonst in der Welt. Man müsste die Konflikte, die es halt einfach gibt, anders austragen. Man müsste die Schwächen – die eigenen und diejenigen der Anderen – anders meistern, als man das in Vereinen und Politik, in Beruf und Alltag üblicherweise tut. In der christlichen Gemeinde müsste man versuchen, des Anderen Last zu tragen. Nur – was heisst das? Es heisst zunächst ganz einfach sehen lernen, dass alle ihre Lasten haben, auch die Unsympathischen, auch die Schwierigen, auch die, die mir etwas Unangenehmes oder gar Böses angetan haben. Alle tragen ihre Last in der Welt herum. Und alle haben gleichzeitig den unstillbaren Drang, ein gutes Leben zu haben, etwas Glück zu finden. Auch der Unangenehmste und der mir vielleicht sogar widerwärtige Mensch sucht etwas Freude und Glück. Das sollten wir möglichst nie vergessen.

Das ist das eine. Das andere: Man kann für den Mitmenschen tatsächlich etwas tun, wenn man dessen Last ernst nimmt. Ernst nehmen heisst vor allem eines: nicht schönreden wie etwa «nur etwas Geduld, das kommt schon wieder». Ernst nehmen heisst auch nicht verdrängen. Also Sprüche wie: Wir wollen die Vergangenheit Vergangenheit sein lassen, wir schauen jetzt in die Zukunft. Wer die Vergangenheit nicht ernst nimmt, den wird sie unweigerlich einholen. Wer die Vergangenheit nicht aufarbeitet, wird nie wirklich in die Zukunft schauen können. Das zeigt die Weltgeschichte genauso wie die Psychologie des Alltagslebens. Das geht nicht leicht und schnell. «Tief ist der Brunnen der Vergangenheit», hat deshalb Thomas Mann geschrieben (in «Josef und seine Brüder»). Das kann man nicht ernst genug nehmen.

Des Anderen Last tragen heisst nicht einfach, sie ihm wegnehmen. Es heisst vielmehr bei ihm sein, wenn man von seiner Last weiss. Es heisst auf ihn oder sie eingehen. Es heisst geduldig nachfragen. Er oder sie muss spüren können, dass man um ihre Not weiss. Gleichzeitig muss man wissen, dass man sie nie ganz verstehen oder nachvollziehen kann. Des Anderen Last tragen heisst also vor allem, diesen Menschen spüren lassen, dass er oder sie nicht allein ist. Und genau hier liegt der springende Punkt für die christliche Gemeinde: Sie muss alles daran setzen, dass die Menschen sich in ihr geborgen und getragen fühlen – in allen ihren Nöten. Und genau an diesem Punkt liegt wohl eine Schwäche unseres Gemeindelebens. Für viele Menschen ist die Kirche nicht der Ort der Geborgenheit, wo andere Menschen da sind, die mich durch das Leben begleiten. Sie laden deshalb ihre Sorgen an anderen Orten ab, in engen Freundschaften (was natürlich sehr gut ist), oder in Psychotherapien. Aber auch in esoterischen Kreisen, in fundamentalistischen Gemeinschaften, beim Guru und so weiter.

Ich denke, wir müssten uns in unseren Gemeinden genau überlegen, wie wir es schaffen, dass wieder mehr Menschen bei uns in Freud und Leid zu Hause sind und sich getragen und geborgen fühlen. Selbstverständlich kann das nicht immer gelingen. Und nicht alle Menschen sind zugänglich. Nicht mit allen kann man reden. Auch das ist übrigens eine Last. Aber versuchen sollten wir es. Denn unsere Gemeinde ist, wie wir gerne sagen, der Leib Christi, an dem ein Glied für das andere sorgt. Wir sollten es wieder mehr versuchen, diese Gemeinschaft fühl- und erlebbar zu machen. Einfach ist es nicht, und gelingen wird es nicht immer. Manchmal aber schon.

11. Sonntag nach Pfingsten 2010

Die Stellvertreter Christi sind wir

Markusevangelium 12,1–12

Die römisch-katholische Kirche sieht ihren Papst – wir wissen es – als Stellvertreter Christi auf Erden. Und von Stellvertretern erzählt uns Jesus im heutigen Evangelium eine Geschichte. Stellvertreter sind die, die für einen anderen Menschen Verantwortung übernehmen. Es ist eine fürchterliche Geschichte, die da erzählt wird. Ein Grundbesitzer baut einen schönen Weinberg. Er rüstet ihn mit allem Notwendigen aus. Zum Schutz vor wilden Tieren und Dieben baut er einen starken Zaun um seinen Rebberg herum. Er errichtet auch einen kleinen Wachturm. Dazu richtet er eine Weinpresse ein, damit man den Wein gerade an Ort und Stelle herstellen kann. Ein schönes Besitztum ist entstanden, das gute Erträge verspricht.

Der Mann kann seinen Weinberg nicht selbst bebauen. Deshalb stellt er Pächter ein, die als Stellvertreter für ihn den Weinberg pflegen sollen. Einmal im Jahr schickt er einen Bevollmächtigten, der den Pachtzins abholt. Aber die Pächter erweisen sich als schlechte Stellvertreter ihres Herrn, ja sogar als Kriminelle. Als der bevollmächtigte Vertreter kommt, um den Pachtzins abzuholen, verjagen sie ihn einfach. Der Gutsherr schickt weitere Bevollmächtigte. Auch sie werden von den Pächtern verjagt oder umgebracht. Als der Besitzer schliesslich seinen eigenen Sohn schickt, wird auch er nicht respektiert. Er wird kurzerhand ermordet. Die Pächter, die für den Besitzer den Weinberg besorgen sollten, erweisen sich als verbrecherische Stellvertreter.

Natürlich verstehen wir die Geschichte Jesu sofort als Schilderung seines eigenen Schicksals. Der verratene Gutsbesitzer steht für Jesus. Er stellt sich so selbst als der Verfolgte dar: Die religiöse Führung der Juden, die Stellvertreter Gottes sein sollten, verfolgen ihn – den Abgesandten Gottes. Jesus sagt, dass sie ihn töten werden. Und schliesslich kündet er mit einem Bild aus den Psalmen erst noch seine Auferstehung an: «Der Baustein, den die Bauleute verworfen haben, ist zum Eckstein geworden. Das hat der Herr vollbracht, vor unseren Augen geschah dieses Wunder» (Ps 118,22).

Natürlich merken die geistlichen Führer Israels schnell, dass Jesus mit den üblen Stellvertretern sie gemeint hatte. Das machte sie verständlicherweise wütend und sie hätten Jesus gerne ins Gefängnis gesteckt. Aber sie können nichts tun. Denn die Menschen, die Jesus zuhören, stellen sich hinter ihn. Sie sind der gleichen Meinung wie Jesus. Auch die gewöhnlichen Menschen sehen in der religiösen Führungsschicht schlechte Stellvertreter Gottes. Die religiöse Spitze hat offensichtlich beim Volk keinen guten Ruf. Das kommt uns sehr bekannt vor. Auch bei uns hat man oft das Gefühl, dass die Kirchen, ihre Strukturen und Behörden viel von ihrem einstigen Ansehen verloren haben. Meinungsumfragen, mit denen man das Ansehen von Berufsgruppen messen will, zeigen, dass die Geistlichen ihre einstige Spitzenstellung verloren haben. Sie sind nicht mehr so hoch geachtet, wie sie es einst waren.

Der Schriftsteller Rolf Hochhuth hat 1963 ein Theaterstück geschrieben. Es heisst «Der Stellvertreter». Es stellt dar, wie sich Papst Pius XII. während der Judenverfolgung durch die Nazis verhalten hat, nämlich: Er hat zum Holocaust weitgehend geschwiegen. Denn er wollte seine Kirche nicht gefährden. Hochhuth prangert dieses Schweigen in aller Schärfe als feiges Versagen an. Aber nicht nur das: Er stellt Pius in seinem Stück eine Figur gegenüber, die zeigen soll, wie sich ein guter Stellvertreter Christi verhalten würde: Ein Priester heftet sich einen Judenstern an seine Soutane und muss dafür mit den Juden in die Gaskammer. Stellvertreter Christi sein, heisst mit den Verfolgten solidarisch sein – bis zum Tod.

Wenn wir das hören, denken wir vielleicht auch an die russische Kirche und ihren Patriarchen. Auch er schweigt. Wenn Putin alle Menschenrechte verletzt, die Demokratie unterdrückt und harmlos, aber wirksam protestierende Frauen ins Straflager schickt, schweigen die Spitzen der Kirche. Die Beweggründe sind dieselben: Auch sie tun das, um die russische Kirche vor den Übergriffen eines grausamen Diktators zu schützen.

Nun wäre es natürlich billig, bloss mit dem Finger auf versagende Christen zu zeigen. Und so einfach macht es uns Hochhuth denn auch nicht. Er stellt mit dem machtlosen Jesuitenpater Riccardo eine Gegenfigur zum Papst dar. Dieser wehrt sich für die verfolgten Juden. Er solidarisiert sich mit ihnen. Deshalb wird er mit Juden in ein Konzentrationslager deportiert. Seine Solidarität kostet ihn das Leben. Er stirbt als würdiger Stellvertreter Gottes. Daraus folgt für uns etwas ganz Wichtiges. Wir alle sind auf den Namen Christi getauft. Wir tragen also seinen Namen. Man nennt uns deshalb Christen. Und die Leute sehen uns tatsächlich als Gefolgsleute Christi. Sie erwarten deshalb von uns, dass man uns das Christsein anmerkt. Sie erwarten, dass wir das Evangelium Jesu auch wirklich leben und nicht nur davon reden. Sie erwarten von uns, dass wir ihm nachfolgen, also das tun, was Jesus auch getan hat. Mit andern Worten: Sie erwarten von uns, sein Werk weiterzuführen. Sie sehen in uns in gewisser Weise die Stellvertreter Christi auf Erden. Und wenn das die Leute tun, haben sie Recht. Wir – Sie und ich – sind die Stellvertreter Christi auf Erden. Wir vertreten tatsächlich Gott in dieser Welt.

Das heisst etwas einfacher ausgedrückt: Die Menschen müssen an unserem Verhalten spüren, dass wir Christen sind. In einem Dankgebet für das empfangene Abendmahl in unserer Messe heisst es: «Wir haben das Brot des Lebens und den Wein der Freude empfangen. Lass auch uns zu Brot und Freude werden für andere Menschen.» Und genau das ist die Aufgabe der Kirche und ihrer Mitglieder: Brot und Freude für andere zu sein. Ob wir Brot und Freude für andere Menschen tatsächlich sind oder nicht, daran werden wir von den Leuten gemessen. Und genau darnach werden wir immer wieder gefragt: Wie halten wir es mit der Ehrlichkeit im Umgang mit andern Menschen? Wie möchten wir, dass in unserem Land mit Flüchtlingen umgegangen wird? Wie halten wir es mit rassistischen oder sexistischen Witzen? Wie gehen wir mit unserer Umwelt um? Haben wir eine offene Hand für die Bedürftigen dieser Welt? Oder ganz plakativ und etwas simpel: Fragen wir uns ehrlich, was Jesus in einer Situation, in der wir gerade stecken, getan hätte? Und jetzt eine ganz harte, auch etwas plakative Frage: Treten deshalb so viele Menschen aus der Kirche aus, weil wir zu wenig überzeugende Stellvertreter Christi sind?

Aber hilft uns diese Geschichte von den Stellvertretern weiter? Wir wissen doch, dass wir nie wirkliche Stellvertreter sein werden. Erfahren wir uns dann nicht immer wieder als Versager vor Christus? Macht der christliche Glaube mit seinen hohen Ansprüchen uns einfach immer zu Schwächlingen? So denkt Jesus eben gerade nicht. Er weiss, dass der Mensch immer wieder straucheln wird. Er hält deshalb die Türe für Gestrauchelte immer offen. Er will nicht den Tod des Sünders, sondern dass er lebe. Deshalb fügt er an das Gleichnis einen Schlussgedanken an. Er lässt es nicht bei der Verprügelung des Weinstockbesitzers bewenden. Sondern er stellt den Verprügelten als Sieger dar, so wie es der erwähnte Psalm 118 ausdrückt: «Der Baustein, den die Bauleute verworfen haben, ist zum Eckstein geworden.» Der geschlagene Besitzer des Weinbergs überwindet den Tod und das Böse und gelangt zur

Auferstehung. Was wir verderben, überwindet er. Unser missratenes Stellvertretertum überwindet er im Kreuz und in der Auferstehung.

14. Sonntag nach Pfingsten 2012

Wie gehen wir mit dem Islam und unserem Glauben um?

Radiopredigt

Der Islam beschäftigt uns gegenwärtig sehr. Und das ist ja kein Wunder. Bei uns ist allgegenwärtig geworden, was wir vorher kaum gekannt haben. Wenn man in einem Emmentaler Dorf oder im Supermarkt einen Mann mit drei verhüllten Frauen sieht, dann irritiert das uns. Aber nicht nur das: Der Islam weckt auch viele Ängste. Denn die Entwicklungen in der Türkei, die Kriege im Nahen Osten und der allgegenwärtige Terrorismus bedrohen die Sicherheit und den Frieden Europas. Der Islamismus bedroht den westlichen Lebensstil. Und natürlich – die unvorstellbaren Grausamkeiten des sogenannten Islamischen Staates oder die entsetzlichen Auspeitschungen in Saudi-Arabien stossen uns zutiefst ab. Der Islam erscheint durch diese Gewaltexzesse, Selbstmordattentate und die schaurige Scharia vielen Menschen einfach als grausame, blutrünstige Religion. Und das ist denn auch kein Wunder. Denn alles, behaupten die Täter, würden sie im Namen des Islam machen.

Dem kann man natürlich entgegenhalten, auch das Christentum sei eine blutige Religion. Und tatsächlich: Mit den Kreuzzügen, den Hexenverbrennungen oder den Judenverfolgungen hat das Christentum eine schreckliche Blutspur hinterlassen. Man darf das nicht beschönigen. Aber man kann die zwei Religionen trotzdem nicht einfach einander gleichsetzen, wie das gewisse Leute tun, wenn sie etwa sagen: Jede Religion führt zu Gewalt.

Wir wollen etwas genauer hinsehen. Dann fällt etwas sofort auf: Die beiden Figuren, die am Anfang der beiden Religionen stehen, sind völlig verschiedene Persönlichkeiten. Jesus ist ein armer Wanderprediger, der absoluten Gewaltverzicht lebte und diesen auch von seinen Anhängern verlangte. Er sagte zum Beispiel: «Wer dich auf die rechte Backe schlägt, dem biete auch die andere an» (Mt 5,39). Er hat Frauen gleichberechtigt behandelt – gegen alle Regeln seiner Zeit. Und was besonders wichtig ist: Er forderte bedingungslose Nächstenliebe und bedingungslose Gewaltlosigkeit. Er selbst ging diesen Weg der Gewaltlosigkeit ohne Wenn und Aber. Er nahm Verfolgung und Leiden bis an das grauenhafte Kreuz auf sich – ohne sich je zur

Wehr zu setzen. Gewaltloser kann ein Mensch nicht sein. Deshalb kann sich ein Gewalttäter nie auf Jesus oder das Neue Testament berufen. Unser Glaube lässt absolut keine Gewalt zu. Wer immer im Namen Christi gewalttätig geworden ist – wie Judenverfolger oder Hexenverbrenner –, hat den Namen Gottes geschändet und das Evangelium mit Füssen getreten. Das darf die Kirche nie vergessen.

Mohammed ist eine sehr andere Persönlichkeit. Er war ein tiefgläubiger Gottesmann mit echten prophetischen Gaben. Aber gleichzeitig war er auch ein gewalttätiger Eroberer. Er war zudem ein gewiefter, machtdurstiger Politiker. Mit Grausamkeit sparte er nicht. Er liess Menschen hinrichten und verkaufte Besiegte in die Sklaverei. Er hat die Frau den Männern massiv untergeordnet. Und er hat zum Kampf gegen Andersgläubige aufgerufen.

Umgekehrt gibt es im Koran aber auch eindrückliche Forderungen nach Gewaltlosigkeit, Nächstenliebe und Schutz der Schwachen. Das ist ein genauso wichtiger Teil des Korans. Trotzdem: Das Verhältnis zur Gewalt ist im Islam und im Christentum grundsätzlich verschieden. Gewalt ist für Christen absolut verboten. Im Islam ist das nicht so.

Auch wenn Gewaltanwendung im Koran Wurzeln haben kann, so ist jedoch die arabische Kultur eine Hochkultur mit höchsten kulturellen und intellektuellen Leistungen und höchsten humanitären Errungenschaften. Auch die christliche Welt profitierte jahrhundertelang von dieser Kultur. Wenn der Islam Gewalt auch nicht grundsätzlich ausschliesst, so darf man daraus trotzdem nicht schliessen, dass die Muslime einfach gewaltbereite Unterdrücker seien. Die Durchschnittsmuslime sind westlichen Durchschnittschristen recht ähnlich: Sie wollen in Ruhe ein friedliches Dasein führen. Viele leben einen lauen Islam. Sie gehen hin und wieder in die Moschee. Sie feiern die grossen Feste – aber viel mehr nicht. Ich habe das in Gesprächen in muslimischen Ländern immer wieder gehört: Die Menschen sind überzeugte Gläubige, aber der Glaube ist nicht das Zentrum des Lebens. Es ist also gar nicht viel anders als bei uns westlichen Christen. Wir kennen doch alle Kirchenglieder, die im Brustton der Überzeugung sagen: «Ich bin überzeugter Christ. Aber in die Kirche gehe ich nicht.» Viele Muslime halten es genauso wie diese Christinnen und Christen.

Aber natürlich stellt sich trotzdem die Frage: Wie gehen wir nicht nur mit dem Islam um, sondern vor allem auch mit unserem eigenen christlichen Glauben? Zuerst dies: Es darf keine fade, dümmliche Toleranz geben, die keine eigene Stellung mehr beziehen will. Christentum und Islam sind nicht austauschbar. Sie haben grosse Gemeinsamkeiten, aber auch grosse Verschiedenheiten. Es kann deshalb zum Beispiel nicht sein, dass – wie in Deutschland geschehen – Weihnachtsmärkte mit Rücksicht auf Muslime in Wintermärkte umgetauft werden. Es dürfen nicht – wie in der Schweiz geschehen –

Weihnachtsfeiern in Schulen abgeschafft werden, aus Rücksicht auf nicht christliche Schüler. Es darf nicht sein, dass in Gegenden, wo das üblich ist, verboten wird, Kreuze in Schulen aufzuhängen. Wir müssen zu unserer christlichen Eigenart stehen. Die Schweiz ist ein Land, das auf dem Christentum aufgebaut ist. Wir dürfen nicht aus feiger Rücksicht christliche Werte vernachlässigen. Wir Christinnen und Christen müssen selbstbewusst zu unserem Glauben stehen.

Aber tun wir das auch? Das dümmliche Minarettverbot spricht nicht für christliches Selbstbewusstsein, genauso wenig wie das Verbot muslimischer Friedhöfe. Solche Verbote sind schlicht eine Respektlosigkeit gegen Andersgläubige. Und sie sind vor allem auch Ausdruck christlicher Feigheit, die Angst hat vor dem Islam. Ein Burkaverbot könnte sinnvoll sein. Denn eine Ganzkörperverschleierung hat mit dem eigentlichen Islam nichts zu tun. Sie ist eine kulturelle Erscheinung. Und was noch wichtiger ist: In der Schweiz hat jeder Mensch das Recht, dem anderen Menschen in das Gesicht zu sehen und ihm das eigene Gesicht zu zeigen. Dieses Recht ist unverzichtbar.

Nein, die Kirche kann nicht durch ängstliche Verbote erhalten oder gar gerettet werden. Abwehren kann man den Islam nicht. Die Christenheit kann sich im Westen aber nur behaupten, wenn sie mutig und vor allem selbstbewusst in Wort und Tat ihren Glauben lebt. Die Stärke des Islam in den westlichen Ländern hat viel mit der Schwäche des westlichen Christentums zu tun.

In unseren Kirchen stehen Kerzen. Kerzen sind nicht nur Folklore oder Dekoration. Sie erinnern an unsere Christenpflicht – nämlich das Licht der Freiheit, der Nächstenliebe, der Gewaltlosigkeit in die Welt hinauszutragen. Nur wenn wir den Mut und die Kraft haben, zu unserem christlichen Anderssein zu stehen, nur dann kann das Christentum überleben. Nur wenn wir dafür mutig und laut einstehen, dass jeder Mensch respektiert wird, auch der schwierigste, unangenehmste und fremdeste, nur dann bleibt unser Glaube glaubhaft. Licht weitertragen heisst auch, in Worten zu seiner christlichen Meinung zu stehen. Über rassistische oder sexistische Witze nicht zu lachen. Gegen populistische Sprüche anzutreten. Für eine menschliche Flüchtlingspolitik einzustehen und sich gegen Ungerechtigkeiten aller Art lautstark zu wehren. Das Licht weitergeben wollen heisst, dazu stehen, dass wir Licht Christi haben. Denn wir haben Licht! Aber es hängt von uns ab, ob dieses Licht auch anderen Menschen leuchtet. Wer das eigene christliche Licht versteckt, unsere christliche Eigenart verwässert und in billiger Weise weichspült, der trägt zur Beschädigung der Kirche bei. Wer aber die eigene christliche Identität mutig lebt – bei aller Respektierung der Andersdenkenden –, der kann dem christlichen Glauben der Gewaltlosigkeit ein Zeichen setzen gegen alle Gewalt, gegen alle Grausamkeit und gegen alle Sturheit. Wer an das Licht Christi glaubt und es weiterzugeben sucht, der muss kaum Angst vor dem Islam haben.

14. Sonntag nach Pfingsten 2016

Ach die Vergebung!
Matthäusevangelium 18,15–22

Stellen wir uns einmal Folgendes vor: Ein Gemeindeglied aus unserer Gemeinde hat gegen mich etwas Böses getan. Er hat über mich schlecht geredet. Er hat ein Versprechen zu Mithilfe gebrochen. Er hat mich in einer wichtigen Sache belogen. Er hat mich hintergangen. Das ist nicht so weit hergeholt. Wir alle haben doch persönliche Streitigkeiten, Beleidigungen, Verletzungen dieser Art schon erlebt. Jeder von uns könnte entsprechende Geschichten erzählen.

Wie mit solchen menschlichen Streitigkeiten umzugehen sei, darüber denkt auch Jesus nach. Denn Glaube ist für ihn nicht eine Sache für den Sonntag. Evangelium ist nicht einfach ein «Wort zum Sonntag», wie Spötter sagen. Nein, Glaube muss an jedem Tag des Lebens gegenwärtig sein. Er muss unseren Alltag prägen. Deshalb beschäftigt sich der heute vorgelesene Evangeliumstext mit der banalen Frage, wie wir mit unseren Alltagsstreitigkeiten umgehen sollen. Jesus sagt ganz präzise, wie er sich das vorstellt, nämlich so: Wenn einer gegen mich etwas Böses getan hat, dann darf ich nicht bei den Leuten herumreden, sondern ich muss ihm in einer Aussprache unter vier Augen meinen Vorwurf offen auf den Tisch legen – ich darf ihn keinesfalls vor Anderen anschwärzen. Wenn dieses diskrete und direkte Gespräch zu keiner Lösung führt, dann muss eine weitere Aussprache folgen, diesmal aber mit Gesprächszeugen. Und wenn das auch nichts nützt, dann muss die Sache vor die Kirchgemeinde gebracht werden. Wenn der Schuldige keine Einsicht zeigt, dann muss die Gemeinde den Ausschluss des Sünders aus der Kirche beschliessen.

Und jetzt stellen wir uns einmal vor, wir würden dieses Prozedere Jesu hier in unserer Gemeinde genau so durchführen. Das wäre schlicht unmöglich. Das gäbe nur ein Riesenchaos und wahrscheinlich auch eine Gemeindespaltung. Wir sind uns sicher einig: Jesu Vorgehen ist bei uns so nicht umsetzbar. Aber heisst das, dass die Gedanken Jesu in dieser Sache für uns überhaupt bedeutungslos sind? Bei näherem Zusehen werden wir bald merken, dass sie einen zentralen, wichtigen Kern enthalten. Und diesen Kern müssen wir herausschälen. Dann gewinnt unser heutiger Text für unsere Zeit und für unser kirchliches Leben plötzlich Gewicht und Aktualität. Wir müssen uns deshalb überlegen, was der Gedanke Jesu heute bedeuten könnte. Ich denke, dass der Hintergrund eigentlich einfach ist: Zwischen allen Menschen geschieht Böses. Und wenn Böses geschieht, tut dieses Böse den betroffenen Menschen immer weh. Im Extremfall kann es Menschen sogar für das ganze Leben zeichnen. Ich kenne Menschen, welche die Benachteiligung in einer Erbschaft nie verkraften konnten. Sie erlebten die materielle Zurücksetzung als schwerwiegenden Liebesentzug. Ein gehässiger, bösartiger Streit mit ungerechten Vorwürfen kann eine Beziehung so nachhaltig schädigen, dass sie nie mehr geheilt werden kann. Niederträchtige Worte können so tief verletzen, dass Menschen für das Leben gezeichnet sind. Und das gilt für alles Böse, das zwischen Menschen geschieht.

Das kann man gerade in der heutigen Zeit nicht genug betonen. Denn wir leben in einer Zeit, in der nicht gerne Grenzen zwischen Bösem und Gutem gezogen werden. Wir sagen bald einmal: «Jeder muss selbst wissen, was er tut. Mich geht das nichts an.» Natürlich ist Stellungbeziehen in zwischenmenschlichen Beziehungen immer schwierig. Aber trotz aller Schwierigkeiten, die wir haben: Jesus hat hier eine eindeutige Position bezogen. Die Kirche muss klar sagen: Ja, das ist eine gute Sache, oder: Nein, das geht nicht. In der Kirche kann Recht und Ethik nicht so beliebig sein, wie sie an anderen Orten in der Welt sein mag. Wahrheit und Recht sind nicht nach Gutdünken dehnbar, wie sie es in unserer Gesellschaft oft sind. Der Glaube kann nicht anders als Stellung beziehen und Leitplanken setzen. Wenn in der Kirche alles möglich ist und es keine Grenzen mehr gibt, dann verliert die Kirche ihre Identität und ihr Profil. Sie wird dann unglaubwürdig. Wenn unser Umgang mit Sexualität (im weitesten Sinn des Wortes) nicht immer neu hinterfragt wird, oder wenn man es als gegeben ansieht, dass Menschen einander hintergehen, oder wenn es als selbstverständlich gilt, dass Menschen gemobbt werden, oder wenn wir kleinere oder grössere Versicherungsbetrügereien für normal halten, dann müssen wir Christinnen und Christen Stellung beziehen. Denn in der christlichen Gemeinde muss etwas anders sein als in der gewöhnlichen Welt. «Bei euch soll es nicht so sein» (Mk 10,42), hat Jesus seinen Jüngern einmal gesagt. Er meint damit einfach, dass in seiner Kirche andere Regeln gelten müssen als in der gewöhnlichen Welt. Es gehört zum Zeugnis der Kirche, dass sie Böses böse nennt und Gutes gut. Es muss in der Gemeinde Christi klar sein, dass es Dinge gibt, die es in der christlichen Gemeinde nicht geben darf. Treten vielleicht Leute auch deshalb aus der Kirche aus, weil sie uns als identitätslos und deshalb als überflüssig erfahren? Treten sie aus, weil sie bei uns zu wenig vom Profil des Willens Jesu spüren, nichts mehr davon, dass unser Herr gesagt hat, dass es bei uns anders sein muss? Spüren sie nicht mehr, dass wir anders sein wollen und auch sein müssen als Vereine, als die Wirtschaft, die Politik, der Spitzensport, als andere Religionen und Weltanschauungen? Mit Moralismus oder Selbstgerechtigkeit hat das nichts zu tun. Denn Selbstgerechtigkeit ist eine der schlimmsten Sünden, die es gibt.

Dieser Überheblichkeit setzt Jesus ein hartes Wort entgegen. Petrus fragt, wie oft man vergeben müsse. Jesus antwortet ihm schroff, dass man nicht nur ein- oder siebenmal vergeben müsse, sondern siebenundsiebzigmal (Mt 18,22f), also immer und immer wieder. Wenn man das nebeneinanderstellt – einerseits aus der Gemeinde ausschliessen, andrerseits immer wieder vergeben –, dann ist das nicht leicht unter einen Hut zu bringen. Wie werden wir mit diesem Widerspruch fertig? Vielleicht so: Zu jeder Gemeinschaft gehören Grenzen. Jede Gemeinschaft muss sich gegen die Umgebung abgrenzen – zwei Eheleute, eine Familie, ein Verein, eine Firma, ein Staat. Deshalb muss auch eine christliche Gemeinde sich abgrenzen. Sie muss sagen: Das und das ist für uns unverzichtbar. Das machen wir und das nicht. Es gibt gewisse Dinge, über die wir nicht verhandeln können – zum Beispiel über die Auferstehung oder über die Menschenwürde und über vieles andere. Gewisse Dinge sind für uns weniger wichtig, andere wichtig und wieder andere absolut unverzichtbar.

Wenn Jesus von uns immer neue Vergebungsbereitschaft fordert, dann zeigt er, dass er genau weiss, dass Menschen fehlerhafte, gebrochene Geschöpfe sind. Er drückt damit aus, dass es in keinem menschlichen Leben Vollkommenheit oder gar Fehlerlosigkeit geben kann. Vollkommenheit darf nie Gesetz sein. Makellosigkeit kann kein Massstab werden, mit dem Menschen und ihre Beziehungen gemessen werden können. Vollkommenheit ist aber ein Ziel, das wir anstreben. Gleichzeitig wissen wir natürlich, dass wir das Ziel nie erreichen werden. Wir bleiben immer auf dem Weg dazu. Denn wir sind das wandernde Gottesvolk, wie Augustin sagt. Weil wir auf das Ziel nur zuwandern, es aber nie erreichen werden, heisst das, dass wir immer wieder neu zwischen Gut und Böse unterscheiden müssen. Die Kirche kann also nicht der Ort sein, in dem alle Unterschiede unwichtig sind und vergessen werden. Es geht darum, Gut und Böse, Erlaubt und Unerlaubt zu benennen und dann nach Jesu Gebot der Vergebung zu handeln. Und etwas ganz Wichtiges dürfen wir nicht vergessen: Man kann nur vergeben, wenn genau benannt wird, was vergeben werden soll. Man kann nur verzeihen, wenn man weiss, was denn verziehen werden soll.

Oder anders: Wer alles erlaubt, wem alles einerlei ist, wer sich weigert, vom Bösen und von Verantwortung für das Böse zu reden, der kann nie vergeben. Wer für das Böse keine Verantwortung auch bei sich sieht, kann nie vergeben. Das gilt auch umgekehrt. Wenn ich für mich keine Verantwortung für Böses übernehme, kann mir nicht vergeben werden. Deshalb heisst es im Vaterunser: Vergib uns unsere Schuld. Denn nur wer seine Schuld kennt, wer um Gut und Böse weiss, kann Vergebung finden.

19. Sonntag nach Pfingsten 2011

Gottes Auge – Googles Auge?

Psalm 139,2 und 9f

Allerorten ist vom gläsernen Menschen die Rede – etwa am Beispiel von Krankenkassenausweisen oder von AHV-Nummern. Coop registriert über die Supercard genau, welchen Käse ich gerne esse und welchen Wein ich trinke. Migros macht dasselbe. Und mit Handy und Kreditkarte kann man alle meine Wege genau verfolgen. Der oberste Chef von Google hat das bestätigt, wenn er ebenso zynisch wie befriedigt feststellte: «Wir wissen, wo du bist. Wir wissen, wo du warst. Wir können mehr oder weniger wissen, was du denkst.» Der Theologe Eugen Biser hat daraus den Schluss gezogen, dass die technologische Zivilisation es dem Menschen nach und nach möglich macht, ein bisschen «zu sein wie Gott» oder auch nur Eigenschaften Gottes nachzuahmen. Er könnte mit Informationstechnik göttliche Allwissenheit und mit Biotechnik schöpferische Allmacht zu erreichen versuchen.

Das erinnert uns natürlich stark an die Sündenfallgeschichte (Gen 3,1–6), in welcher die Schlange Adam und Eva verspricht, dass sie wie Gott sein werden, wenn sie Früchte vom verbotenen Baum essen. Und das gelüstet die beiden natürlich. Denn dann könnten sie ja Dinge tun, die eigentlich nur Gott zustehen. Das hätte ihnen selbstverständlich gefallen. Sein wie Gott – das ist ja bis heute ein verlockender Gedanke geblieben. Wenn der Google-Chef sagt, dass Google weiss, wo ich bin, wo ich war und was ich denke, erinnert das doch sehr an den Psalmvers: «Herr, du hast mich erforscht und du kennst mich. Ob ich sitze oder stehe, du weisst von mir» (Ps 139,2). Auch ein Vorbereitungsgebet für die Messe in unserem Gebetbuch steht in dieser Tradition, wenn es dort heisst: «Gott, dir ist jedes Herz offen. Du verstehst all unser Wollen und kein Geheimnis ist dir verborgen.» Dass Gott allwissend und allgegenwärtig ist, dieser Glaube gehört zur Grundsubstanz jüdischen und christlichen Denkens. In vielen Kirchen erinnert hoch oben ein Auge Gottes an diese Allwissenheit und Allgegenwart Gottes.

Vielen Menschen gefällt diese Vorstellung gar nicht. Denn sie erfahren damit Gott als einen Gott, der uns ständig misstrauisch überwacht. Mit

Überwachung kann er uns besser an die Kandare nehmen und mit Strafen drohen. Schon im Alten Testament ist von dieser Angst zu lesen. «Verbirg dein Angesicht vor meinen Sünden», heisst es im 51. Psalm (Vers 11). Oder etwas burschikoser ausgedrückt: Schau mir doch nicht immer zu, was ich mache. Und natürlich, Kirche und Theologie haben über die Jahrhunderte ein verheerendes Gottesbild gezeichnet: das Bild von einem alles kontrollierenden Polizistengott. Gott ist so zu einem Überwachergott geworden. Sein unbestechlicher Blick auf uns Menschen wird jeden und jede von uns vor sein letztes Gericht zerren und zur Rechenschaft ziehen. Um diese Drohung noch wirksamer zu machen, wurden Höllenstrafen in drastischen Farben geschildert. Damit versuchte man die Gläubigen zu domestizieren und zu disziplinieren. So wurde das Auge Gottes zum kalten Kontrollorgan und Gott wurde zum Sündenbuchhalter.

Aber das ist eine vollständige Verdrehung dessen, was die Allgegenwart und die Allwissenheit Gottes in der Bibel wirklich meint. Dass Gott alles weiss und alles sieht, das hat viel mit seiner Liebe zum Menschen zu tun. Er ist immer da, weil er uns nicht allein lassen will. Deshalb heisst es in einem Psalm: «Das Auge des Herrn ruht auf allen, ... die nach seiner Güte ausschauen, denn er will sie dem Tod entreissen» (Ps 33,18f). Und: «Nähme ich die Flügel der Morgenröte und bliebe am äussersten Meer, so würde auch dort deine Hand mich führen und deine Rechte mich halten» (Ps 139,9f). Und schliesslich beschreibt Paulus – der grosse Sänger der Liebe Gottes – Gottes treue Allgegenwart so: «Ich bin gewiss, dass weder Tod noch Leben, ... weder Gegenwärtiges noch Zukünftiges ... noch Gewalten der Höhe oder der Tiefe ... uns scheiden können von der Liebe Gottes» (Röm 8,38). So also sieht die Bibel die Allwissenheit und Allgegenwart Gottes. Sie ist ausschliesslich der Ausdruck seiner Treue. Er will bei uns sein, weil er uns behüten will. Allwissenheit und Allgegenwart sind also eigentlich nur andere Ausdrücke für seine Liebe und Treue. Das Auge Gottes ist ein liebevolles Auge.

Nun weiss natürlich auch die Bibel, dass es nicht immer so einfach ist, das Auge zu spüren. Das haben wir ja alle erfahren. Zu oft merken wir nichts von Gott oder wir haben das Gefühl, er sei ja gar nicht da. Auch die Bibel weiss das sehr gut. Sie redet die Situation des Menschen nicht frömmelig oder sentimental schön. Nein, sie ist ein Buch, das den Menschen in all seinen Facetten ernst nimmt – auch seine Zweifel und Glaubensprobleme sieht sie genau. So zweifelt etwa der Dichter von Psalm 51 (Vers 13) in seinem Gebet: «Verwirf mich nicht von deinem Angesicht und nimm deinen Heiligen Geist nicht von mir.» Und auch Jesus selbst erfährt tiefste Gottverlassenheit, wenn er vor seinem Tod betet: «Mein Gott, mein Gott, warum hast du mich verlassen?» (Mt 27,46).

Dass wir Gott nicht immer spüren können, hat seinen Grund: Die Realität Gottes und die Realität des Menschen klaffen immer weit auseinander. Sie passen nicht zusammen, weil der Mensch der Vollkommenheit Gottes nur seine Unvollkommenheit entgegensetzen kann. Die vollkommene Liebe Gottes kann deshalb bei uns nur unvollkommen ankommen. Auch seine Anwesenheit spüren wir nur bruchstückhaft. Das ist nicht immer angenehm. Denn das lässt uns zweifeln und macht unsicher. Aber das ist wohl gut so. Denn Sicherheit schläfert ein. Unsicherheit dagegen weckt auf. Sie zwingt uns zu suchen und zu fragen. Erst das unsichere Wissen macht also den Glauben interessant und uns lebendig. Nur der Spiesser weiss genau, wie es ist. Nur der Spiesser ist immer sicher und will sich nicht verändern. Nur der Spiesser sucht nicht und fragt nicht. Deshalb ist der Spiesser eine so langweilige Figur, auch der Glaubensspiesser: der Fundamentalist römisch-reaktionärer wie evangelikaler Prägung.

Doch nochmals zurück zum Anfang – zum Allgegenwärtig-sein-Wollen und zum Alles-wissen-Wollen der elektronischen Google-Welt. Der Google-Chef entlarvt sich selbst, wenn er sagt: «Wir wissen, wo du bist. Wir wissen, wo du warst. Wir können mehr oder weniger wissen, was du denkst.» Er versucht in uns hineinzusehen, nicht weil er uns helfen oder uns im Leben weiterbringen will. Sondern er will in uns hineinsehen, weil er etwas aus uns herausholen möchte. Denn er ist ja Chef einer Firma, die wie jede Firma Gewinn machen will und muss. Man soll aber die Elektronikwelt nicht verteufeln. Man kann sie zum Guten nutzen und sie hat in unserer Welt viel Gutes bewirkt. Dabei darf man aber nie vergessen, dass das nützliche Internet zugleich zu einem Überwachungssystem geworden ist, das nichts vergisst und nichts verzeiht und sogar unser zukünftiges Verhalten ergründen kann. Es kann so segensreich wie gefährlich sein.

Daran kann man sehen, wo es hinführt, wenn der Mensch wie Gott sein will: Das führt in Abhängigkeit und Gefangenschaft. Gottes Blick auf uns hingegen will uns nicht mit Überwachung in ein System zwingen und gefangen setzen. Sondern sein Blick will unsere Freiheit und die Entfaltung unseres Lebens ermöglichen. Wirkt da für unsere Ohren der Satz aus dem 31. Psalm (Vers 5) im Hinblick auf das weltweite elektronische Netz nicht geradezu prophetisch? «Du wirst mich befreien aus dem Netz, das sie mir heimlich legten.»

19. Sonntag nach Pfingsten 2015

Die verpönte Mission gehört zum Glauben

Exodus 4,10–17

Das Wort «missionieren» hat in vielen Ohren keinen guten Klang. Wenn wir es hören, kommen einem fast von selbst die Grausamkeiten vieler Kolonialherren in den Sinn – etwa die der Spanier in Südamerika, der Belgier und Deutschen in Afrika oder die Zwangstaufen, mit denen Karl der Grosse die Sachsen in die Kirche zwang –, um nur einige Beispiele zu nennen.

In unserer Zeit gibt es noch eine andere Kritik an der Mission: Der berühmte Satz Friedrichs des Grossen, dass «jeder nach seiner Façon selig werden solle», wirkt bis heute nach. Die Meinung ist weit verbreitet, alle Religionen seien gleichwertig. Niemand dürfe deshalb versuchen, jemanden zu einem anderen Glauben zu bekehren. Religion sei Privatsache. Es gehe niemanden etwas an, was jemand glaube oder denke. Das stimmt natürlich. Und wir ziehen eine Konsequenz daraus: Mission sei absolut verboten. Das führt dazu, dass wir uns sogar scheuen, über unseren Glauben nur schon zu reden.

Und tatsächlich: Mission kann einen unangenehm sektiererischen Charakter haben. Zum Beispiel: Mormonen an der Haustüre, Jehovas Zeugen an der Strassenecke oder «Jesus liebt dich»-Plakate in unseren Bahnhöfen. Skepsis gegen gewisse Missionsmethoden ist nicht nur verständlich, sondern nötig. Aber allen Vorbehalten zum Trotz gilt: Das Neue Testament befiehlt den Christen, ohne Wenn und Aber den christlichen Glauben weiterzuverbreiten. Jesus selbst gibt den strikten Befehl: «Geht hin zu allen Völkern und machet alle Menschen zu meinen Jüngern und taufet sie im Namen des Vaters und des Sohnes und des Heiligen Geistes, und lehret sie befolgen, was ich euch geboten habe» (Mt 28,19f). Der Befehl ist eindeutig. Man kann nicht daran herumdeuteln. Christen sind von Christus persönlich verpflichtet worden, seine Sache in der Welt zu verbreiten. Was machen wir jetzt damit?

Es scheint uns doch so unglaublich schwierig, ja fast unmöglich, diesen Auftrag zu erfüllen. Natürlich war es für Juden und Christen nie einfach, Aufträge Gottes zu erfüllen – auch wenn es nicht um Mission ging. Jesus selbst weiss das natürlich ganz genau. Er hat das schliesslich am eigenen Leib erfahren. Deshalb sagt er den Jüngern im Lukasevangelium klar und deutlich voraus, dass sie oft erfolglos sein werden (Lk 10,10). Ja, er weissagt ihnen noch mehr – und das immer wieder – nämlich, dass sie um seines Namens gehasst und verfolgt sein werden (zum Beispiel in der Bergpredigt, Mt 24,9 oder in Joh 15,18).

So ist es nicht verwunderlich, dass sich in der Bibel immer wieder Erzählungen von Menschen finden, die sich Gott verweigern wollen: Ich will oder ich kann deinen Auftrag nicht erfüllen. Sie melden dabei verschiedene Vorbehalte an. Oft haben sie ganz einfach Angst. Von dieser Angst hören wir auch in unserer Geschichte von Moses. Dieser hat von Gott den Auftrag erhalten, vor das Volk Israel zu treten und anzukündigen, dass er, Gott, die Juden aus der ägyptischen Gefangenschaft befreien wolle. Moses wehrt sich mit Händen und Füssen gegen diesen Auftrag. Er hat begreiflicherweise Angst, dass ihm das Volk nicht glaubt, wenn er sagt, er habe von Gott einen Auftrag erhalten. Wir verstehen die Angst gut. Denn es ist doch schwierig, Menschen glaubhaft zu machen, von Gott selbst beauftragt zu sein. «Mit Verlaub, Herr», sagt Moses zu Gott, «ich bin kein redegewandter Mann, ich bin schwerfällig mit Mund und Zunge.» Gott lässt den Einwand nicht gelten. Er verspricht aber Hilfe: «Ich bin mit dir und ich weise dich an, was du reden sollst.» Doch Moses hat immer noch Angst: «Aber bitte, Herr, schicke doch einen anderen.» Gott wird wütend. Ja, Gott kann offensichtlich wütend werden. Er ist nicht einfach der sanfte «liebe Gott», wie wir ihn so gerne hätten! Und so bleibt Gott unerbittlich. Er schickt Moses trotz allen Einwänden. Er verspricht ihm aber Hilfe und gibt ihm dazu noch menschlichen Beistand: Moses muss nicht allein gehen. Sein Bruder Aaron soll ihn begleiten. Dazu bekräftigt Gott seine Hilfe: «Ich werde mit deinem und seinem Mund sein. Ich werde euch anweisen, was ihr tun sollt», sagt der Herr.

Hier wird in unserer Geschichte etwas ganz Zentrales sichtbar. Gott gibt Gebote und er setzt Massstäbe. Er gibt Befehle und Aufträge. Er hat Pläne mit der Welt. Aber er setzt seinen Willen nicht diktatorisch allein durch. Sondern er will uns Menschen in sein Wirken einbeziehen. Er will seine Vorstellungen gemeinsam mit uns umsetzen. Wir Menschen sind ihm nämlich wichtig. Er nimmt uns ernst. Er traut uns etwas zu. Gleichzeitig erwartet er aber, dass wir mitmachen. Wenn er nichts mehr von uns erwarten würde, dann wären wir ihm ja gleichgültig.

So ist es auch mit dem Missionsbefehl. Gott traut uns zu, dass wir sein Evangelium von Freiheit und Liebe überzeugend in die Welt tragen können. Und die Kirchengeschichte zeigt, dass das möglich ist. Grosse Beispiele und Vorbilder sind etwa der Heilige Martin, Franziskus von Assisi oder Mutter Teresa. Aber nicht nur die grosse Kirchengeschichte, nicht nur die grossen Heiligen zeigen das. Auch im menschlichen Alltag kann die Weitergabe der Sache Jesu erfahrbar werden: In Berlin geschieht es in diesen Tagen, dass sich immer wieder muslimische Flüchtlinge taufen lassen. Viele einfache Gläubige helfen ihnen tatkräftig. In dieser Hilfe spüren sie etwas von Gottes Liebe. Sie erfahren Dimensionen des Lebens, die sie in ihrer schrecklichen Lebensgeschichte noch nie erlebt haben.

An die Strassenecke stehen oder dümmliche Plakate aufhängen, das ist nicht Mission. Solche Aktionen schaden dem Ansehen der Christen sehr. Sie rücken die Christenheit in die Ecke der naiven Frömmeler. Die Leute mit Worten «herumbringen» zu wollen, hat kaum je Erfolg gehabt. Mission bedeutet nämlich nicht in erster Linie reden, sondern vor allem handeln. Das Christentum breitete sich nach der Auferstehung deshalb so rasant aus, weil die Menschen in den Gemeinden plötzlich Verhältnisse erlebten, die es in der heidnischen Gesellschaft nie gegeben hatte. Sie erlebten Verhältnisse, die sie als göttlich empfanden. So hatten die Frauen plötzlich Rechte und Freiheiten, die vorher unvorstellbar waren. Oder Sklaven durften mit Menschen höherer Schichten am gleichen Tisch sitzen. Und die Sozialarbeit hatte in den Urgemeinden ein so grosses Ausmass, wie wir uns das heute nicht mehr vorstellen können. Die ersten Christen konnten damit Armen, Unterdrückten und Randfiguren der Gesellschaft ein würdiges Leben ermöglichen. Mission als «Weitergabe der Sache Gottes» verstanden die ersten Christen also als Weitergabe der Liebe Gottes. Mission heisst, den Menschen etwas von der Freiheit und Liebe Gottes weiterzugeben, die ich selbst bekommen habe.

Das kann bei ganz kleinen Dingen anfangen. Zum Beispiel: einem Bettler einen Hamburger stiften oder mit ihm zu reden versuchen. Oder eine isolierte Witwe zum Essen einladen. Oder einem Arbeitslosen helfen, über seine Situation zu reden. Aber wenn wir das sagen, sind wir, ohne es zu merken, schon bei der Erfahrung von Moses: Er hatte Angst vor dem Auftrag Gottes, haben wir gehört. Uns geht es oft genauso: Wir getrauen uns gar nicht recht, Dinge zu tun, die Gott eigentlich von uns erwartet. Wir denken, dass wir nicht wissen, wie. Wir denken, dass wir es sowieso nicht können. Wir sind oft kontaktscheu (ganz besonders bei Randfiguren) und menschenschüchtern. Ich kenne das aus eigener Erfahrung: Es braucht manchmal weniger Mut, eine Predigt zu halten, als sich auf einen anderen Menschen intensiv einzulassen. Wir haben Angst davor, unbefugt in eine intime Welt einzutreten und etwas falsch zu machen.

Gott hat diese Angst des Moses ernst genommen und ihm gesagt, er solle doch seinen Bruder Aaron als Hilfe mitnehmen. Zu zweit falle es ihm sicher leichter, zum Pharao zu gehen. Vielleicht müssten wir diesen Rat auch für uns zu Herzen nehmen. Wir müssten Hilfe bei anderen suchen, wenn wir unsicher sind. Und diese Hilfe müsste doch in der Gemeinde zu finden sein. Wir könnten uns in der Gemeinde mit Gleichgesinnten zusammentun, um gemeinsam zu bedenken, wie wir die Liebe und die Freiheit Gottes weitergeben könnten, also den Missionsbefehl Jesu umsetzen könnten. Im gegenseitigen menschlichen Vertrauen sind Ängste, Hemmungen und Kontaktschwierigkeiten leichter abzubauen. Vielleicht schaffen wir es zu zweit leichter, einen anderen Menschen die Liebe Gottes spüren zu lassen. Gemeinsam könnten vielleicht auch wir wie Jesaja – der vor dem Auftrag Gottes auch Angst hatte – dazu kommen, unsere Ängste zu überwinden und zu Gott zu sagen: «Hier bin ich. Sende mich!» (Jes 6,8).

20. Sonntag nach Pfingsten 2015

Wenn Gott tot ist – warum ist er gestorben?
Hiob 42,1–6

Am Ende des 19. Jahrhunderts hat Friedrich Nietzsche erklärt: «Gott ist tot» (in: «Fröhliche Wissenschaft»). Wir haben dieses Wort wohl alle schon einmal gehört. Aber wir können es nur noch isoliert als Aussage eines Religionsverächters sehen. Der deutsche Philosoph wurde mit seiner Erklärung, dass Gott tot sei, von vielen Christen gewissermassen auf die schwarze Liste der verbotenen Denker gesetzt. Nun ist es schon immer die einfachste Lösung gewesen, unangenehme Aussagen zu verketzern statt sie zu hinterfragen.

Wenn man aber Nietzsches Satz im Zusammenhang seines Textes sieht, dann wird plötzlich klar, dass er nicht unbedingt als Angriff auf Gott zu verstehen ist. Nietzsche macht nämlich zunächst ganz einfach eine Feststellung: «Gott ist tot.» Dann zieht er aus dieser Feststellung eine Konsequenz: Der Tod Gottes hat, so sagt er wörtlich, «den Einsturz unserer ganzen europäischen Moral» zur Folge. Gott ist also in unserer Gesellschaft gestorben. Und das bewirkt den Einsturz unserer ganzen europäischen Moral. Weil Gott in unserer Gesellschaft nicht mehr vorkommt, stürzt unser soziales und ethisches Gefüge ein. Nietzsche versteht den Tod Gottes als epochalen, geschichtlichen Vorgang. Gottes Tod hat sich in der Geschichte, in unserer Geschichte, ereignet. Weil Gott in unserer Gesellschaft gestorben ist, hat sich unsere ganze Kultur und Zivilisation verändert.

Das leuchtet nicht nur ein, mehr noch: Wir haben am Anfang des 21. Jahrhunderts sogar das Gefühl, Nietzsche habe mit prophetischer Weitsicht die Entwicklung, die wir erleben, vorausgesehen. Wir stehen doch alle unter dem Eindruck, dass wir in einer Auflösung unserer gesellschaftlichen, religiösen und moralischen Traditionen stehen. Nur einige Beispiele seien genannt: Es gibt eine verbreitete Angst vor langen oder gar lebenslangen Loyalitäten und Verantwortungen, Stichwort «Lebensabschnittpartner». Oder: Eine Arbeit oder eine Verpflichtung darf die eigene Selbstverwirklichung ja nicht gefährden. Oder: Ein ungebremster Individualismus lässt unsere sozialen Strukturen zerbröseln. Oder: Wir haben Mühe mit dem Gedanken, dass es in jedem Menschenleben Schuld gibt. Wir entlasten uns lieber mit psychologischen Entlastungsversuchen, als dass wir selbst persönliche Verantwortung übernehmen. Oder: Wir haben ein unglaublich blutiges Jahrhundert hinter uns – eines der blutigsten überhaupt. Viele hundert Millionen Menschen sind Diktaturen, Kriegen und Massakern zum Opfer gefallen. Tatsächlich: Der von Nietzsche prophezeite Einsturz unserer ganzen europäischen Moral scheint Realität geworden zu sein.

Wir sagen das nicht anklagend und jammernd. Es geht nicht darum, zu lamentieren, die Welt sei böse und früher sei alles besser gewesen. Deshalb denken wir jetzt nicht über die anderen nach. Wir denken über uns nach, über die Kirche, über Sie und mich. Ist Gott bei uns wirklich noch lebendig? Oder hat Nietzsche auch für uns Recht? Ist Gott auch in uns gestorben? Wenn Nietzsche provokativ «Gott ist tot» ruft, so trifft uns das sehr unangenehm. Das lässt etwas anklingen, das in den Tiefen unserer Seele lebt – unsere Zweifel und Einsamkeitsängste. Mit diesen Zweifeln und Ängsten müssen wir alle leben. Sie werden hier geradezu aufreizend angesprochen. Haben wir denn nicht alle schon an Gottes Wirklichkeit gezweifelt? Gibt es ihn überhaupt? Warum schweigt er zum Elend dieser Welt? Warum nützt mein Gebet nichts? Wo ist seine Gerechtigkeit? Wo ist seine Liebe? Warum treffen mich, ausgerechnet mich, Schicksalsschläge? Lebt er überhaupt noch? Nietzsches Feststellung, dass Gott tot sei, trifft letztlich mit der Frage Hiobs zusammen, wo denn Gottes Gerechtigkeit sei, ja, ob es diese überhaupt gebe. Wo Hiob aber noch verzweifelt fragen kann, kann der Philosoph nur noch resigniert feststellen.

Hiob zweifelt keinen Moment an der Existenz und der Lebendigkeit Gottes. Er ist überzeugt, dass es Gott gibt und dass er in dieser Welt wirkt – auch an ihm. Das glaubt er, obschon er, der fromme, gottesfürchtige Mann, alle Schicksalsschläge erlebt hat, die man erleben kann: Er verliert allen Besitz, seine Frau und seine Kinder sterben, er wird mit schwerer Krankheit geschlagen. Er wird aus der Gesellschaft ausgestossen. Schliesslich vereinsamt er völlig. Seine Freunde sagen ihm: Du hast gesündigt und an Gott gefrevelt, deshalb geht es dir so schlecht. Aber Hiob weiss es besser. Er weiss, dass er gottesfürchtig gelebt und für Gott und die Menschen getan hat, was er konnte. Er weiss, dass die alte Vergeltungstheorie falsch ist, wonach die Guten belohnt und die Bösen bestraft werden. Denn sie kann bei ihm nicht stimmen. Deshalb kann er überhaupt nicht verstehen, dass Gott ihn so geschlagen hat. Dass es aber Gott ist, der ihn geschlagen hat – das steht für ihn ausser Zweifel.

Aber warum denn, um Himmels willen, warum denn? «Ich schreie zu dir und du erhörst mich nicht. Ich stehe vor dir und du achtest meiner nicht. Mit gewaltiger Hand befehdest du mich. Ich warte auf Licht und es kam Finsternis» (Hi 30, 20f). Ein gewaltiges «Warum» schleudert Hiob seinem Gott entgegen. Es ist die Frage, die wir alle stellen: Warum lässt Gott Böses zu? Hiob will es wissen. Er will eine Erklärung. Er will Gott verstehen. Deshalb schreit er nach Gottes Gerechtigkeit. Aber Gott erklärt in seiner Antwort seine Gerechtigkeit nicht. Er lässt sich nicht in die Karten blicken. Er gibt weder eine Erklärung noch eine Begründung. Gott macht Hiob klar, dass er sich in keine menschliche Denkschemen einordnen lässt. Kein menschliches Gerechtigkeitsempfinden kann ihn umfassen. Gott führt in seiner Rede das Rätsel keiner Lösung zu. Gott steht immer jenseits aller menschlichen Vorstellungskraft. Hiob muss lernen, dass es unmöglich ist, seinen Herrn zu verstehen. Und genau das ist das grosse Problem jeder Gott-Mensch-Beziehung. Gott würde auf menschliche Dimensionen schrumpfen, wenn der Mensch Gott und sein Tun verstehen könnte. Dann wäre Gottes Tiefe nur noch menschliche Untiefe. Wenn der Mensch Gottes Gerechtigkeit verstünde, dann wäre er eingemauert in die engen menschlichen Gerechtigkeitsvorstellungen.

Das ist so, weil Denken, Fühlen und Wissen der Menschen Gottes Dimensionen nie auch nur im Entferntesten ermessen können. Genau daraus wird im Buch Hiob die Konsequenz gezogen. Gott macht Hiob klar: Wenn der Mensch Gott verstehen will, dann hängt er dem uralten, nie erfüllbaren Traum nach, der ihn aus biblischer Sicht das Paradies gekostet hat. Dann will er sein wie Gott. Das aber wird der Mensch nie schaffen. Gott bleibt immer der verborgene Gott und ist gleichzeitig der Gegenwärtige. Gott bleibt immer der ganz Andere und zugleich der Vertraute. Er bleibt der Dunkle, Abgründige, Unergründliche, und er ist zugleich der Nahe, Lichte, Strahlende.

Das ist die ungeheure Spannung, in welcher Gläubige leben müssen. Diese Spannung ist unüberwindbar. Wir bewundern die Herrlichkeit der Schöpfung und wir erstarren vor ihrer Grausamkeit. Wir geniessen den Reichtum und die Schönheit des Lebens und gleichzeitig graut uns vor dessen Leiden und Schrecken. Wir werden nie verstehen, warum Gott auf die unglaubliche Idee kam, seinen Sohn ans Kreuz schlagen zu lassen. Und gleichzeitig singen wir beglückt «Christus ist auferstanden. Er ist wahrhaft auferstanden.»

Glaube kann nur in dieser Spannung leben. Wenn er das nicht tut, kommt er entweder zu Nietzsches Schluss, dass Gott tot sei. Oder er reduziert den grossen, gewaltigen, undurchschaubaren Gott auf einen langweiligen «lieben Gott», einen Papi, der nur zu faden, menschlichen Glücks- und Liebesvorstellungen Ja und Amen sagen darf. Nein, echter Glaube kann nur in der Spannung zwischen dem hellen Gott und dem dunklen Gott leben. Das sieht Hiob ein. Er wird nicht – wie man das immer wieder missversteht – zu einem überdemütigen, passiven Dulder. Er nimmt nicht einfach alles hin. Im Gegenteil: Am Schluss sagt Hiob das verrückte Wort zu Gott: «Höre doch. Ich will reden. Ich will fragen. *Du* belehre mich!» (Hi 42,4). Hiob will Gott um jeden Preis näher kommen. Er will die Spannung aushalten. Aber er will Gott nicht mehr kennen, nicht mehr begreifen. Er weiss, dass er das nie erreichen kann. Er kann Gott nur suchen, ihm immer etwas näher kommen, ihn immer etwas mehr erahnen. Aber er kann das nur, wenn Gott immer wieder etwas von seinem Geheimnis, von seinem

Licht und seinem Dunkel preisgibt. «*Du* belehre mich» – das ist die Quintessenz von Hiobs Gotteserfahrung.

«*Du* belehre mich», das ist das Fundament des ganzen Glaubens und der ganzen Frömmigkeit Hiobs. Und weil er erfahren hat, dass Gott ihn tatsächlich belehrt, erlebt er einen lebendigen Gott. Darum kann er im tiefsten Elend voll Überzeugung sagen: «Ich weiss, dass mein Erlöser lebt. Als letzter erhebt er sich über den Staub. Ohne meine Haut, die so zerfetzte, ohne mein Fleisch werde ich Gott schauen. Ihn selbst werde ich dann für mich schauen; meine Augen werden ihn sehen, nicht mehr fremd. Darnach sehnt sich mein Herz in meiner Brust» (Hi 19,25ff).

21. Sonntag nach Pfingsten 2006

Jesus hätte in der Schweiz kein Asyl bekommen
Lukasevangelium 17,11–19

Wenn verschiedene Leute den gleichen biblischen Text lesen, so werden sie ihn aus verschiedenen Blickwinkeln betrachten. Und je nach Blickwinkel werden ihnen ganz verschiedene Dinge auffallen. So würde einem Menschen in der Antike oder im Mittelalter, aber auch einem Menschen aus dem modernen Indien in unserem heutigen Evangeliumstext zuallererst das Wort «Aussätzige» ins Auge springen. Denn für diese Menschen war oder ist der Aussatz oder die Lepra immer noch eine höchst akute Bedrohung. Jeder könnte die Krankheit bekommen – überall und jederzeit. Und wer einmal angesteckt war, dessen Leben war damals erledigt. Wegen der hohen Ansteckungsgefahr mussten die Kranken ihren Wohnort verlassen und in die Einsamkeit ziehen, wo sie niemand anstecken konnten. Sie wurden von Familien und Freunden ausgestossen. Sie verloren alles und mussten vom Betteln leben.

Das alles kennen wir nur noch vom Hörensagen. Wenn wir hier im Westen unser heutiges Evangelium hören, so ist der Aussatz deshalb nur noch eine theoretische Grösse. Uns fällt darum etwas anderes viel mehr auf, die Wortwahl Jesu nämlich. Jesus nennt den Samaritaner, einen Nichtjuden also, «diesen Ausländer». Weil nur der Fremde aus Samaria, aber keiner von den neun einheimischen Juden für die Heilung dankte, fragt Jesus: «Ist keiner umgekehrt ausser diesem Ausländer?» Da horchen wir sofort auf. Das riecht nach Ausländerfeindlichkeit und nach Ausgrenzung. Es tönt ja fast, wie wenn er «Jugo» gesagt hätte. Wir hören das natürlich so, weil wir diese Töne kennen und weil wir nicht nur gute, sondern auch böse Ausländerdiskussionen haben – über Sarkozys Roma, über die Kosovaren bei uns, über die Albaner in Griechenland oder über die Muslime Thilo Sarrazins.

Natürlich ist es selbstverständlich, dass wir Ausländerdiskussionen haben. Denn wenn wir über 20 % Ausländer in unserem Land haben, so wirft das Fragen auf und es führt manchmal auch zu Problemen. Gleichzeitig wissen wir natürlich auch, dass unsere Spitäler, unsere Restaurants und Altersheime, ja unsere ganze Wirtschaft zusammenbrechen würden, wenn diese vielen Ausländer nicht hier wären und für uns arbeiten würden. Das können wir auch in unserer Kirche sehen: Etwa ein Viertel der Geistlichen unserer Kirche sind Ausländer! Wir können uns leicht ausmalen, was es für viele Gemeinden bedeuten würde, wenn sie uns plötzlich verlassen würden. Kurz und gut: Wir wissen alle, dass unser Land nur so gut funktioniert, weil so viele Ausländer bei uns arbeiten.

Trotzdem: Die entstehenden Fragen und Probleme dürfen wir nicht ausblenden. Denn Ausländer können – wie alles Fremde, Neue und Unbekannte – bedrohlich wirken. Wir werden plötzlich mit für uns merkwürdigen Lebensweisen konfrontiert, mit Kulturen, die uns nicht immer sympathisch sind, mit Religionen, die uns fremd sind und manchmal auch aggressiv erscheinen. Eine neue Art von Kriminalität hält Einzug. Dazu fragen sich viele, ob sie den Einheimischen Arbeitsplätze wegnehmen. Oder verschwindet gar die schweizerische Eigenart? Alle diese Fragen und Unsicherheiten erzeugen Ängste, Ängste um unsere Zukunft. Angst ist aber nie ein guter Ratgeber. Denn Angst führt in vielen Bereichen des Lebens fast immer zu denselben Reaktionen: zu Abwehr, zu Aggression und selbst zu Verachtung. Oder anders gesagt: Weil die Schweiz ein Einwanderungsland geworden ist, sind Fremdenangst und Fremdenfeindlichkeit entstanden.

Diese Fremdenangst wird von gewissen Politikern schamlos ausgenützt, um auf Stimmenfang zu gehen. Andere Politiker wiederum nehmen diese Ängste nicht ernst und reden romantisch von multikultureller Gesellschaft. Aber weder populistische Agitation noch Verharmlosung bringen uns einer Lösung näher. Auswege finden wir nur, wenn wir uns eingestehen: Wir sind ein Einwanderungsland, und das hat gesellschaftliche Veränderungen zur Folge. Und diese Veränderungen bringen Probleme und Friktionen mit sich. Die entstandenen und entstehenden Probleme gilt es ernsthaft zu untersuchen und unpolemisch zu diskutieren. Nur dann können wir die schwierige Situation bewältigen und zu fruchtbarem Zusammenleben finden.

Wenn wir meinen, das alles sei eine Erscheinung unserer Zeit oder eine Folge der Globalisierung, dann täuschen wir uns gewaltig. Das Alte Testament ist voll von Berichten über Konflikte zwischen Völkern und über Probleme mit einwandernden Menschengruppen. Auch im heute vorgelesenen Evangelium klingt das an. «Keiner kommt, um Gott die Ehre zu geben – ausser dieser Ausländer», sagt Jesus. «Dieser Ausländer da», das tönt unangenehm rassistisch – im Munde Jesu natürlich noch viel mehr. Aber warum redet Jesus so? Dazu muss man wissen, dass die Samaritaner eine spezielle Art Judentum leben. Sie galten beim Volk Israel als Abgefallene, die den Glauben Israels verlassen und verraten hatten. Sie galten deshalb als Fremde und Ausländer, die man verachtete. Man wollte nichts mit ihnen zu tun haben. Jesus ist zwar ein strenggläubiger und gesetzestreuer Jude, aber er machte diese Ausgrenzung nicht mit. Das wird daran sichtbar, dass er auch den Samaritaner heilt. Damit macht Jesus deutlich, dass die Barmherzigkeit Gottes alle religiösen, ethnischen, geschlechtlichen und ständischen Schranken durchbricht. Das Evangelium richtet sich an alle Menschen, und nicht nur an diejenigen, die sich für rechtgläubig halten. «Ich bin gekommen, die Sünder zu suchen, nicht die Gerechten» (Mt 9,13), sagt Jesus einmal.

Und jetzt geschieht etwas Auffallendes: Der Samaritaner ist der Einzige der zehn, der sich bedankt. Er ist der Einzige, der weiss, dass man auch auf Gott zugehen muss. Glaube ist eine Beziehung, die nur im Hin und Her funktionieren kann. Erst jetzt wird der rassistisch tönende Ausdruck Jesu verständlich. Er sagt den braven, den bürgerlichen, den Rechtgläubigen mit scharfer Spitze: dieser Ausländer da ist der Einzige, der zu Gott gefunden hat. Das Wort Jesu «dieser Ausländer da» müssen wir uns hinter die Ohren schreiben. Ausländer sein ist nicht automatisch etwas Schlechtes. Hinter jedem Ausländer könnte einer stecken, der zu Gott gefunden hat. Hinter jedem Ausländer könnte sich einer verbergen, der näher bei Gott ist als ich.

Man kann es auch anders sagen: Es gibt nicht gute und schlechte Völker. Aber es gibt in jedem Volk gute und schlechte Menschen. Eine Hierarchie von besseren und schlechteren Völkern widerspricht dem Evangelium. Da ist nicht Mann noch Frau, noch Jude noch Grieche, wird Paulus deshalb später sagen (Gal 4,28). Daran sollten wir in allen Ausländerdiskussionen denken. Jesus will uns daran erinnern, dass hinter allem Fremden und Unverständlichen etwas Gutes stecken kann. Das hat nichts mit Blauäugigkeit zu tun, sondern mit dem Wissen, dass jeder, wirklich jeder Mann und jede Frau, ein Ebenbild Gottes ist. Dass Verbrechen dabei Verbrechen bleibt, dass Scharia inakzeptabel ist und dass Zwangsheirat nicht infrage kommt, brauchen wir nicht zu betonen.

Ich habe in der deutschen Wochenzeitung «DIE ZEIT» eine Glosse gelesen, die mir wieder einmal vor Augen geführt hat, dass wir in der Kirche auch auf Stimmen von aussen hören müssen. Ich will Ihnen diese Glosse nicht vorenthalten: «Die familiären Verhältnisse sind zweifelhaft, Milieu und Herkunft bildungsfern. Die Sache mit der Volkszählung ist ganz offensichtlich eine Chiffre für Migrationshintergrund. Geboren wurde er bei Hirten in einem Stall, andere Quellen sprechen von Roma-Lager vor der Räumung. Dann die Flucht nach Ägypten, Asylantrag etc. (Der IQ kann nach heutigen Berechnungen nicht besonders hoch gewesen sein.) Seine Vita bestätigt die Analyse: arbeitslos, obdachlos, bildungslos, Gelegenheitsauftritte in der Unterhaltungsindustrie (Bergpredigt), dazu offensichtlich suchtgefährdet («verwandelte» Wasser in Wein). Ausserdem mangelnde religiös-kulturelle Integration. Konflikte mit dem Gesetz. Das frühe Ende kam entsprechend.»

Man mag es drehen und wenden, wie man will: Jesus hätte in der Schweiz keine Chance auf Asyl gehabt. Denn sein Platz ist leider ganz unten, unrehabilitierbar.

22. Sonntag nach Pfingsten 2010

Nächstenliebe ist mehr als ein Gefühl

Matthäusevangelium 7,12; Galaterbrief 5,13f

Natürlich wissen wir, dass die Nächstenliebe ein Herzstück aller christlichen Existenz sein muss. Und wir wissen ebenso gut, dass der Jude Jesus die alte jüdische Forderung nach Nächstenliebe nicht nur überzeugend gelebt und gepredigt hat, sondern er hat sie bis zur Unerträglichkeit gesteigert. Wir kennen etwa die unerhörten Forderungen der Bergpredigt, zum Beispiel «Wenn einer dich auf die rechte Wange haut, so halte ihm auch die andere hin» (Mt 5,39). Und auch Paulus – als echter Nachfolger Jesu – stellt die Nächstenliebe ins Zentrum seines Denkens, wie wir eben im Text aus dem Galaterbrief gehört haben.

Das alles wissen wir gut. Und wir wissen ebenso gut, wie oft wir an diesen Idealen christlicher Ethik gescheitert sind. Aber wir müssen gar nicht so grosse Worte gebrauchen. Denn das Problem beginnt schon mit den einfachsten Angelegenheiten des Alltags. Wie schwierig ist es etwa, mit einem nervenzerfetzend schreienden Kind, mit einer geschwätzigen, «gwundrigen» Nachbarin oder mit einem geizigen, schwierigen Onkel vernünftig umzugehen. Wir brauchen uns dessen gar nicht zu schämen. Auch ein so grosser Heiliger wie Augustin seufzt über die Nächstenliebe. Der wunderbare englische Kriminalschriftsteller G.K. Chesterton hat es ironisierend auf den Punkt gebracht, wenn er seinen Priesterdetektiv Pater Brown sagen lässt: «Ich liebe alle Menschen. Nur mit den Leuten habe ich Mühe.»

Bevor wir uns auf den Begriff Liebe einlassen, muss allerdings etwas klargestellt werden: Wir meinen immer, lieben heisse, einem anderen Menschen gute, positive Gefühle entgegenzubringen, ihn «gern haben». Aber das wäre ja völlig weltfremd: Man kann doch nicht verlangen, einem Lehrer, der mich plagt, oder einer Arbeitskollegin, die mich schikaniert, gute Gefühle entgegenzubringen. Zudem kann man Gefühle kaum steuern. Sie kommen einfach. Antipathie ist nicht auszurotten.

Jesus war immer ein Realist. Deshalb umschreibt er Nächstenliebe in der Bergpredigt ganz unsentimental mit einem pragmatischen Satz so: «Was ihr von anderen erwartet, das tut auch ihr ihnen!» (Mt 6,31). Da wird nicht von Gefühlen gesprochen. Da wird kein süsses Lächeln gefordert. Da wird im Grunde ganz einfach gesagt: Wenn du in einer schwierigen Situation mit einem anderen Menschen bist oder wenn ein anderer etwas von dir will, dann denke zuerst einmal nach. Versetze dich nüchtern abwägend in die Lage des Anderen. Was würdest du in seiner Situation brauchen? Was hättest du in deiner Lage gerne, wie das Gegenüber auf dich reagiert? Was du an seiner Stelle erwarten würdest – das tue. Die pragmatische Sicht Jesu sagt also, dass Nächstenliebe nur in geringem Mass eine Sache des Gefühls ist. Sie ist eine Sache des Tuns. Und man kann sie nur tun, wenn man vorher nachgedacht hat. Auch Paulus schlägt in dieselbe Kerbe. Er sagt: «Ihr seid zur Freiheit berufen» (Gal 5,13). Daraus folgert er: nützet diese Freiheit, um Nächstenliebe zu üben. Mit anderen Worten: Man kann das.

Es gibt im Deutschen ein sehr schönes Wort für solches Nachdenken über die Bedürfnisse des Anderen. Es heisst «verstehen». Die kleine Silbe «ver-» deutet immer einen Ortswechsel an (verlassen, verreisen, verduften). Ver-stehen heisst also: von sich, vom eigenen Ich weg stehen. An einen anderen Ort stehen. Also an den Ort des Anderen stehen. Sich selbst aus dem Mittelpunkt herausnehmen. Die Sache aus dem Blickwinkel des Anderen betrachten. Ich will versuchen, das an einem kleinen Beispiel zu erläutern. Ich habe vor Kurzem eine E-Mail erhalten, die ich als Frechheit empfand. Der Inhalt war richtig und wichtig. Und eine schnelle Antwort wäre wichtig gewesen. Aber Ton und Form waren ganz einfach verletzend. Meine Reaktion war folgende: na warte! Wenn du mir so kommst, musst du ja nicht meinen. Jetzt kannst du auf meine Antwort warten, auch wenn dir das Schwierigkeiten macht. Meine Reaktion war alles andere als Nächstenliebe. Es war simples Zurückgeben, eine ziemlich einfältige Vergeltung. Nächstenliebe wäre gewesen: Ich kenne ihn ja. Weil ich ihn kenne, kann ich ihn verstehen. Und da er die Antwort schnell braucht, schicke ich sie ihm umgehend. Ich kann mir dabei ja trotzdem denken: Du bist doch immer derselbe unangenehme Kerl. So sollte die Nächstenliebe funktionieren.

Der Satz «Was ihr von anderen erwartet, dass tut auch ihr ihnen!» steht in der Bergpredigt Jesu. Er umschreibt und definiert damit das Wesen der

Nächstenliebe gültig und vollständig. Deshalb fügt Jesus noch die Bemerkung an: «Darin besteht das Gesetz und die Propheten» (Mt 7,12), was ja auch Paulus wörtlich in der heutigen Galaterstelle sagt. Christlicher Glaube ist also keine theoretische Angelegenheit, sondern eine Sache des Tuns. Es ist genuinste christliche Überzeugung, dass Glaube ohne Tat inhaltslos ist, ja, dass es Glaube ohne Tun gar nicht geben kann. Paulus formuliert das in ebenso völliger Nüchternheit und kommt damit ganz nahe an Jesu Quintessenz in der Bergpredigt heran: «Traget einer des Anderen Last, so werdet ihr das Gesetz Christi erfüllen» (Gal 6,2). Tragen ist etwas Mühsames. Eine Last ist etwas Schweres. Nächstenliebe ist und bleibt also eine belastende Angelegenheit. Man kann es drehen und wenden, wie man will.

Gelebte Nächstenliebe zeigt viel Wirkung. Wo sie geübt wird, ändert sich etwas in der Welt, vielleicht nicht Grosses, aber dafür Wichtiges. Wenn Menschen versuchen, einander zu verstehen, sich in die Lage des Anderen zu versetzen und entsprechend zu handeln, da erscheint das Leben plötzlich in einem anderen Licht. Wo man versucht, des Anderen Last zu tragen, da beginnt ein Stück Göttlichkeit in der Welt zu strahlen. Wo Menschen einander als Ebenbild Gottes behandeln, da verändert sich die Welt zum Besseren.

Wir können uns heute kaum mehr vorstellen, wie gross die Sprengkraft der jungen Kirche war. Die Heiden staunten über die andere Welt, die in der Kirche aufschien. Da gab es ein ganz neues Menschenbild, das das Zusammenleben der Menschen grundsätzlich veränderte. Deshalb wollten die Menschen Christen werden, weil sie in der christlichen Gemeinde göttliches Licht, göttliches Leben erfahren konnten. Hier war der Mensch nicht einfach ein Mensch, sondern es steckte Göttlichkeit in ihm. Deshalb wurde jedes Individuum fortan ernster genommen als je in der heidnischen Welt.

Liegt hier vielleicht ein Grund für die Schwachheit der Christenheit in der modernen Welt, dass in der Kirche von dieser Göttlichkeit nicht immer genug spürbar ist?

11. Sonntag nach Pfingsten 2015

Wir müssen keine Helden sein
1. Korintherbrief 2,1–5

Als ich den heutigen Text aus dem 1. Korintherbrief gelesen habe, bin ich erschrocken. Darüber soll ich predigen? Das sind so unverständliche Worte. Nein, dachte ich, mit einem solchen Text kann man den Leuten heute nicht mehr kommen. Ich weiss nicht, wie es Ihnen eben beim Zuhören ergangen ist. Aber ich vermute, dass Ihnen der Text kaum viel sagen konnte. Und vielleicht haben Sie sogar gedacht: Das ist halt wieder so ein uralter Text, den sowieso keiner versteht und der uns auch nichts mehr angeht.

Genau das hat mich dann herausgefordert. Ich habe gedacht: Nein, so leicht kann man es sich nicht machen. Es geht immerhin um Paulus, den wichtigsten Theologen der Christenheit. Er hat mit seinem theologischen Denken dafür gesorgt, dass aus der Botschaft des jüdischen Predigers Jesus eine Weltreligion geworden ist. Er ist zu wichtig, als dass man seine Texte einfach beiseiteschieben dürfte. Deshalb wollen wir es doch versuchen, unserer Lesung etwas näher zu kommen.

Paulus schreibt den Korinthern folgende Sätze: «Als ich zu euch kam, kam ich nicht, um glänzende Reden oder gelehrte Weisheit vorzutragen», und: «Meine Botschaft und Verkündigung war nicht Überredung durch gewandte und kluge Worte, damit sich euer Glaube nicht auf Menschenweisheit, sondern auf die Kraft Gottes stütze.» Paulus redet also vom Predigen, genauer: Er sagt wie und was eine Predigt sein soll. Predigen war für ihn ja das Zentrum seines Wirkens.

Auch heute noch spielt in der Kirche die Predigt eine wichtige Rolle. Wegen ihren Predigten werden Geistliche geschätzt oder eben gerade nicht. Da stellt sich sofort die Frage, wann wir denn eine Predigt gut finden und wann nicht. Vielleicht kann man es so sagen: Sie muss konkret sein und aktuelle Fragen ansprechen. Sie darf nicht zu «fromm» und schon gar nicht langweilig sein. Ich muss etwas für mein Leben mitnehmen können. Und zu lang darf sie auch nicht sein. Vor allem aber muss man den Eindruck haben, dass der Prediger von dem, was er sagt, selbst überzeugt ist und es auch zu leben versucht.

Das alles ist natürlich wichtig. Aber Paulus würde es kaum genügen. Für ihn muss predigen tiefer gehen. Darum wendet er sich sofort gegen jede Oberflächlichkeit. «Überredung durch gewandte und kluge Worte» sind ihm ein Greuel. Genau das aber wurde in der gebildeten und elitären Gesellschaft der Grossstadt Korinth von Rednern erwartet: Mit rhetorischen Tricks und glänzender Redekunst musste man überzeugen, um in Rede und Diskussion Sieger zu bleiben. Man musste sich an dem orientieren, was auf dem religiösen Markt gefragt und auch zu verkaufen war. Und man musste es gut verkaufen, wenn man in sein wollte. Heute ist das ja auch nicht viel anders. Auch heute gibt es einen religiösen Markt, auf dem Bedürfnistheologie betrieben wird, wo man also das predigt, was die Leute gerne hören möchten und was gut verkäuflich ist. Ein Beispiel: Es gibt im Kanton Bern eine in der Kirche angestellte Pfarrerin, die erklärt, sie sei Atheistin. Sie hat einen Riesenzulauf. Ich vermute, dass sie ein Bedürfnis stillt, nämlich das Bedürfnis, einem Gott auszuweichen, den man sowieso nie verstehen kann. Aber gerade darauf kommt es Paulus an, darauf zu pochen, dass Gott immer unbegreiflich bleiben wird. Der Theologe Karl Barth hat Paulus sehr genau verstanden, wenn er so unvergleichlich formuliert hat: «Gott ist der ganz Andere.»

Paulus schreibt, wie wir es gehört haben, den Korinthern: «Ich kam in Schwäche und in Furcht, zitternd und bebend zu euch.» Warum so ängstlich? Darum, weil er weiss, dass es eine ungeheure, ja unlösbare Aufgabe ist, vom ewig unbegreiflichen Gott reden zu müssen. Er hat einen Riesenrespekt vor dieser Aufgabe. Er weiss, dass man an ihr nur scheitern kann. Jeder, der predigt, müsste sich das hinter die Ohren schreiben, so respektvoll mit der Predigtaufgabe umzugehen wie Paulus. Oder um es etwas banal zu sagen: Wer vor der Predigt kein Lampenfieber hat, sollte keine Kanzel besteigen. Nicht wegen Erfolg oder Misserfolg, sondern wegen der Grösse der Aufgabe.

Er zittert und bebt, weil er von einem schwachen Gott erzählen muss. Ein schwacher Gott ist ein Paradox, das man nicht verstehen kann. Denn wenn wir das Wort Gott brauchen, dann denken wir an Grösse, Macht und Stärke. Aber der Apostel darf gar nicht von einem starken Gott reden. Denn Christus ist ein schwacher Gott. Er hat sich als Gott zu einem gewöhnlichen Menschen gemacht. «Er ist herabgestiegen vom Himmel und ist Fleisch geworden», heisst es im Credo. «Fleisch», das ist wörtlich zu nehmen. Ein Gott, der ein ganz gewöhnlicher Mensch wird und alles auf sich nimmt, was jeder Mensch auch auf sich nehmen muss: Angst, Sorgen, Schmerzen, Einsamkeit, Versuchung, Krankheit, Tod. Ein solcher Gott ist so schwach wie wir. Und von so einem Gott, der allen Vorstellungen widerspricht, muss Paulus reden. Und das hat Folgen gehabt: Paulus ist von den Gebildeten und den Eliten seiner Zeit ausgelacht worden. Ein schwacher Gott ist ein Skandal. Auch heute noch.

Weil Christus ein schwacher Gott ist, ist auch Paulus schwach, sind wir alle schwach. Denn wir können ja nicht stärker sein als unser Gott. Wir dürfen deshalb schwach sein. Oder anders gesagt: Weil der Gottmensch Christus am Kreuz als Versager endet und nicht als Held, dürfen logischerweise auch wir Gläubige schwach sein. Wir müssen keine Helden sein. Deshalb kann Paulus die Schwachheit des Kreuzes nicht mit brillanter Redekunst oder mit menschlicher Weisheit aufheben oder gar überzeugend machen.

Sondern er muss die Schwachheit Christi rühmen, weil sie – völlig unverständlich – unsere Stärke ist. Die Schwachheit des fleischgewordenen Gottes gibt es. Man kann sie nicht wegreden. Und genau in dieser Schwäche liegt paradoxerweise unsere Stärke: Die Kraft Gottes will die Menschen nicht zu starken Helden machen. Sie belässt die Menschen in jener Schwäche, in der sie nun einmal leben müssen. Sie bleiben Menschen mit allen Anfechtungen, Zweifeln und Nöten. Die Schwäche des Gekreuzigten verträgt sich nicht mit religiöser Selbstsicherheit und geistlicher Kraftmeierei. Die grossen Sprüche der Frömmler in den Bahnhöfen und Zeitungen à la «Gott liebt dich immer» vertragen sich nicht mit dem Kreuz, mit dem Elend der Schwäche Christi. Und genau das ist doch das wirklich Tröstliche am Ganzen: Wir dürfen schwach, ängstlich, traurig, verzweifelt, unzufrieden sein. Weil Christus es auch war. Wir dürfen zweifeln, weil der Gottmensch Christus auch zweifelte. Wir müssen nicht Helden sein, Glaubenshelden schon gar nicht. Christus hat unsere Schwäche gemeinsam mit uns. Er sitzt im gleichen Boot wie wir. Weil wir nicht stärker sein müssen als der am Kreuz schwache Gott. Deshalb konnte Paulus an anderer Stelle sagen: «In der Schwachheit bin ich stark» (2 Kor 12,9). Dass wir das lernen können, dass wir in der Schwachheit stark sind, das wünsche ich uns allen.

23. Sonntag nach Pfingsten 2016

Der Tod – das ewige Tabu

1. Korintherbrief 15,50ff

Heute möchte ich mit Ihnen über den Tod nachdenken. Nicht aus einem besonderen Anlass, und auch nicht weil es sich aus den heutigen Sonntagslesungen ableiten würde. Nein, einzig aus dem Grund, dass kein menschliches Wesen darum herumkommt, sich mit dem Tod zu beschäftigen. Das ist natürlich immer nur bruchstückhaft möglich. Aber ich tue es in der Hoffnung, uns alle ein wenig zum Sinnieren anzuregen.

Der Tod ist das Einzige, was auf dieser Welt wirklich völlig gewiss und völlig unausweichlich ist. Erich Kästner hat die Unausweichlichkeit des Todes ironisch so umschrieben: «Seien wir ehrlich, Leben ist immer lebensgefährlich.» Er hat damit auf den Punkt gebracht, was wir nicht wahrhaben wollen, also verdrängen: Die Tatsache, dass der Tod ein integrierender Bestandteil unseres Lebens ist. Es gibt kein Leben ohne Tod. Bereits mit dem ersten Lebenstag beginnt das Sterben. Und dieses Sterben bleibt ein Leben lang gegenwärtig. Und dazu kommt erst noch, dass der Tod jederzeit eintreten kann. Das ist eine Binsenwahrheit! Die eiserne Konsequenz aus dieser Erkenntnis heisst – frei nach dem französischen Philosophen Michel de Montaigne (1533–1592): Leben heisst sterben lernen.

Obschon wir das alle genau wissen, ist bei uns der Tod ein grosses Tabu. Wie schwer ist es doch, über den Tod zu reden – über den eigenen und ebenso über den eines geliebten Nächsten. So können viele Ehepaare nicht miteinander darüber sprechen, was sein wird, wenn eines von ihnen zuerst wird gehen müssen. Oder viele Menschen sind unfähig, ein Testament zu machen. Und von einem Kranken sagen wir nicht «wenn er sterben sollte», sondern beschönigend «wenn etwas passieren sollte» oder «wenn es eine Änderung geben sollte».

Umgekehrt hat der Tod auch immer eine unglaubliche Faszination: So ist etwa der Zusammenhang zwischen Tod und Sexualität ein ständiges Thema der Literatur und der Kunst. Oder: In Bern findet gegenwärtig unter dem makabren Titel «Six Feet Under» (= ein Meter achtzig unter der Erde) eine höchst erfolgreiche Ausstellung über den körperlichen Tod statt. Der leibliche Tod wird dort extrem konkret und drastisch vorgeführt. Oder: In einem Katalog für sehr kostbaren Schmuck, der letzte Woche meiner Zeitung beigelegt war, werden reihenweise teure Schmuckstücke verziert mit Totenköpfen, Särgen und Grabsteinen angeboten. Oder: Vor einiger Zeit habe ich einen Weihnachtsbaum gesehen, der ausschliesslich mit kleinen Totenschädeln geschmückt war. Oder: Risikosportarten, in denen der Tod bewusst oder unbewusst einkalkuliert wird, sind populär wie nie. Man kann über diese Dinge den Kopf schütteln oder sie geschmacklos finden. Aber es gibt sie. Und vor allem zeigen sie handfest auf, wie sehr der Tod die Menschen beschäftigt – auch wenn sie nicht leicht davon reden können.

Das alles ist natürlich nicht neu. So wird bei Paulus im 1. Korintherbrief der Tod als Stachel bezeichnet (1 Kor 15,55). Ein Stachel im Fleisch – das ist eine klare, aber unschöne Vorstellung. Das überaus drastische Bild trifft aber den Kern der Sache genau. Es zeigt an, wie wir vom Tod buchstäblich aufgespiesst sind. Wenn man dann aber den ganzen Satz liest, stellt man erstaunt fest, dass Paulus nicht über den Todesstachel jammert, sondern über die Auferstehung jubelt: «Tod, wo ist dein Sieg? Tod, wo ist dein Stachel?» Christus ist ja bereits auferstanden. Der Tod kann uns nichts mehr anhaben. Er ist besiegt. Martin Luther hat diesen Glauben noch krasser formuliert: Der Tod Christi hat unseren Tod gefressen. Tröstet uns Paulus einfach mit einer etwas einfältiger Beschwichtigung? «Es ist schon nicht so schlimm. Wir werden sowieso auferstehen.» Ist er also ein simpler Todesverdränger, ein Beschöniger, der den Tod nicht wahrhaben will? Natürlich nicht. So sehr Paulus der Sänger der Auferstehung ist, so sehr erinnert er uns immer wieder mit grösstem Nachdruck, dass wir sterben müssen. Keiner von uns, wirklich keiner, wird dem Tod entrinnen – das zieht sich wie ein roter Faden durch seine Schriften.

Das sagt Paulus uns so klar, weil er weiss, wie sehr wir den Tod nicht wahrhaben wollen. Wie drängen ihn an den Rand. Wir sterben in den Spitälern. Wir werden am Rand der Städte weit weg von den Leuten beerdigt. Viele von uns haben noch nie einen Toten gesehen. Zudem haben wir den Tod an ein fernes Ende des Lebens ins hohe Alter verbannt. Das tut Paulus nicht. Er erinnert uns: Es wird gestorben. Punkt. Da nützen keine kruden Anti-Aging-Programme. Da hilft kein biologisch-gesunder Lebensstil. Da helfen keine Jogging- und Fitnessprogramme. «Joggers die fitter» hat es einmal die englische Zeitung «Sunday Times» auf den Punkt gebracht: Leute, die joggen, sterben gesünder. Hätte Paulus etwas mehr Humor gehabt, könnte der Satz von ihm stammen.

Paulus verdrängt und beschönigt den Tod nicht. Aber er relativiert ihn – mit der Auferstehung Christi nämlich. Sein Auferstehungsglaube lässt ihn den Tod nicht als das letzte Wort sehen. Nach dem Tod kommt noch etwas. Es kommt ein neues Leben. Wir werden über den Tod hinausgeführt. Der Tod hat seinen Stachel verloren. Der Tod ist gefressen. Der Tod ist im Strudel des Lebens verschlungen worden. Solche Bilder verwendet Paulus für die Auferstehung. Er verwendet immer wieder Bilder und kaum rationale, wortgewandte Argumente. Das ist nicht so, weil er nicht schreiben könnte. Paulus ist bekanntlich ein glänzender Stilist. Dass er nicht in Begriffen, sondern in Bildern redet, liegt viel mehr in der Natur der Sache. Auch ein Paulus kann das Widersinnige, Verrückte und Unverständliche der Auferstehung mit der Realität des täglichen Lebens und Sterbens nicht unter einen Hut bringen. Die Erfahrung des Todes einerseits und der Auferstehungsglaube andrerseits sind nicht kompatibel. Todeserfahrung und Auferstehungsglaube lassen sich nicht harmonisieren. Einerseits erleben wir den Tod jeden Tag in unserer Angst vor dem eigenen Tod und vor dem Tod der Allernächsten. Wir erleben ihn drastisch, wenn jemand in unserer Umgebung einen grausamen Tod stirbt. Und die täglichen Todesanzeigen erinnern uns daran, dass jeder einmal drankommt. Und doch haben wir alle irgendwo eine Auferstehungshoffnung in uns.

Diese Spannung lässt sich nicht schönreden. Sie begleitet uns durch unser ganzes Leben. Wir müssen die Spannung zwischen Todesangst und Auferstehungshoffnung aushalten. Christusgläubige können diese Spannung nie loswerden. Denn echten Glauben ohne Spannung und Zweifel gibt es nicht. Aber vielleicht kann uns Paulus in dieser Spannung nochmals weiterhelfen. Er kann sie nicht aufheben, aber er kann uns mindestens Erleichterung verschaffen – wieder mit einem seiner grossartigen Bilder: Wenn wir sterben, werden wir wie ein Samenkorn in die Erde gelegt und beerdigt. Das Samenkorn verschwindet und wird nie mehr gefunden. Aber aus dem begrabenen Samenkorn entsteht etwas Neues, ganz Anderes, Unvorstellbares: eine Sonnenblume, ein Quittenbaum oder eine duftende Rose. Auch wir sind ein Samenkorn, das stirbt und beerdigt wird, und es wird nie mehr gefunden. Aber wir werden etwas Neues, ganz Anderes sein, etwas für uns vollkommen Unvorstellbares (1 Kor 15,35–41).

Drittletzter Sonntag nach Pfingsten 2006

Tanzt der Tod? Der Tod tanzt!
Zum Basler Totentanz

Als Sie beim Eingangsspiel den Tönen der berühmten Fuge Bachs (BWV 1080) folgten und das komplexe Spiel plötzlich so abrupt abbrach, fragten Sie sich vielleicht, was denn da geschehen sei? Ob unser Organist nicht mehr weiter wusste oder hat die Orgel gestreikt? Keines von beidem. Bachs eigenhändige Niederschrift dieser Fuge bricht nämlich an dieser Stelle tatsächlich brüsk ab. Ein Sohn Bachs erklärt das damit, dass sein Vater über dem Komponieren dieses Werks gestorben sei. Was Bach zu höchster Vollendung bringen wollte, das brachte der Tod gnadenlos zum Stillstand. Beim Zuhören haben wir also eben erlebt, wie der Tod zerstörerisch in das Leben eingreifen kann. Das ist der Tod: Abbruch, Ende, Nichts.

Und noch etwas anderes zeigt das abrupte Ende unserer Fuge: Der Tod kann jederzeit und überall zuschlagen. Davon haben wir am Anfang unseres Gottesdienstes gesungen «Mitten wir im Leben sind – mit dem Tod umfangen.» Oder wie es ein mittelalterlicher Prediger formulierte: «Der Tod ist uns so nahe, dass stets sein Schatten auf uns fällt» (Joh. Geiler von Kaysersberg).

Der Tod – wir wissen es – ist hintergründig immer irgendwo gegenwärtig. Aber wenn er dann wirklich kommt, dann tritt er massiv in den Vordergrund und stürzt den Sterbenden ins Nichts des Todes hinab. Dann kann der Tote sich nicht mehr bewegen, nichts mehr spüren, sich nicht mehr äussern. Für den Gestorbenen ist alles zu Ende. Aber wenn der Tod nur Ende und Nichts bedeutet, wie kann man ihn dann mit Tanz in Verbindung bringen? Tanz ist doch das genaue Gegenteil von Leblosigkeit. Tanzen steht doch für Vitalität, Bewegung, Körperlichkeit, Erotik, Rhythmus. Tanz kann alles ausdrücken: Schmerz und Freude, Lust und Zorn, Trauer und Verzweiflung. Der Tote kann nichts mehr. Deshalb scheinen uns Tod und Tanz völlige

Gegensätze zu sein. Und doch sind sie eng miteinander verbunden. So gibt es keine grosse Literatur, die sich nicht mit Tod und Eros beschäftigen würde. Und nicht nur bei uns. Auch in vielen anderen Kulturen gehören Tod und Tanz wie ein Zwillingspaar zusammen. An vielen Orten in der Welt werden Beerdigungen mit reichen Tanzritualen richtiggehend gefeiert.

Das ist kein Zufall! Wir werden sehen, dass der Tod tatsächlich etwas Tänzerisches hat. Die mittelalterlichen Menschen, die Totentänze malten, haben gespürt, dass der Tod tatsächlich tanzt. Ein tanzendes Paar tut, was ihm gefällt und was ihm Lust macht. Genauso tanzt der Tod: Er greift in das menschliche Leben ein, wann, wo und wie er will. Und dann hinterlässt er oft auch Spuren. Zum Beispiel ein gewaltiges Durcheinander in Firma oder Geschäft. Erbstreitigkeiten treten auf. Menschen verlieren plötzlich ihr Zuhause. Alte Ehebrüche tauchen wieder auf. Besitztümer werden in alle Winde zerstreut. Der Tod löst alle Sicherheit und alle sozialen Ordnungen in nichts auf. Als absoluter Gleichmacher packt der Tod jeden, anarchisch und unberechenbar, diabolisch und bösartig.

Und dazu macht der Tod in den alten Totentänzen noch Musik. Er spielt zum Tanz auf mit vielen Instrumenten. Auch im Basler Totentanz gibt es ein Orchester mit Skelettmusikern. Wir merken: Der Tod, nicht wir, gibt den Ton und den Takt an. Wir tanzen nach seiner Pfeife. Der Mensch tanzt nicht, er wird vom Tod getanzt. Und genau das wird mit dem tanzenden Tod ausgedrückt. Der Tod tanzt mit jedem, ob der will oder nicht. Er macht mit jedem, was er will.

Wegen dieser Willkür des Todes ist es nur logisch, wenn er im Basler Totentanz auf ganz verschiedene Weise tanzt – ruhig und ausgelassen, sanft und obszön. Er macht wilde Sprünge und elegante Schritte. Er spottet und höhnt. Grinsend nimmt er den Menschen ihr Wichtigstes weg – das Geld, die Kaiserkrone, den Geliebten, den Beruf und auch ihre Würde. Kurz: Der Totentanz drückt die absolute Macht des Todes über den Menschen aus. Niemand kann sich wehren. Der Tod ist in unserem Leben eine allmächtige Kraft. Es gibt wohl nur noch eine andere Kraft im menschlichen Leben, die ähnlich allmächtig ist. Der Eros. Mit Eros beginnt alles irdische Leben. Nur in intimster Gemeinschaft eines Mannes und einer Frau kann neues menschliches Leben entstehen. Der Tod am Ende ist das absolute Gegenteil dieser intimen Gemeinschaft. Er ist die absolute Einsamkeit. So umklammern Eros und Tod, Nähe und Einsamkeit unser ganzes Leben.

Genau das erzählt uns der Totentanz. Und er erzählt es mit grimmigem Humor. Und dieser Humor kommt nicht von ungefähr. Denn gegen übermächtige Kräfte kann man sich am besten mit Lachen wehren. Humor ist ein wichtiges Mittel gegen jede Übermacht und jede Unterdrückung. Deshalb entstehen die tiefsinnigsten Witze über Diktatoren, bei den verfolgten Juden, über den mächtigen Eros, über den unausweichlichen Tod. Ich habe das in Pfarrerkreisen oft erlebt. Zu später Stunde mit gelockerter Zunge beginnen Geistliche oft über ihre Beerdigungserlebnisse zu berichten. Makabre Geschichten werden mit schwärzestem Witz erzählt und belacht. Lachend hält man sich die Schrecken des Todes vom Leib. Der böse Witz macht nicht einmal vor Friedhöfen halt. So erzählen die Wiener mit Vergnügen, der riesige Wiener Zentralfriedhof sei zwar nur halb so gross wie Zürich, dafür aber doppelt so lustig. Und auf dem Grabstein eines Totengräbers habe ich unter seinem Namen den Spruch gelesen: Wer andern eine Grube gräbt, fällt selbst hinein. Und schliesslich: Selbst ein echter Totenschädel scheint zu grinsen – über seinen eigenen Schrecken.

Auch in der Bibel ist der Tod allgegenwärtig. Die Bibel ist aber nicht ein frömmeliges Buch, das die Schrecken des menschlichen Lebens und Sterbens verharmlost und von einem lieben Gott faselt, der mich vor allem Bösen bewahrt. Die Bibel ist ein realistisches Buch, das unsere Todesängste genau kennt. Sie schildert diese Ängste drastisch. Biblische Menschen haben Angst wie wir. «Mich überfielen die Schrecken des Todes», heisst es in einem Psalm (Ps 55,5). Und Jesus selbst fürchtet sich vor Tod und Leiden. Deshalb bittet er in der Nacht vor seinem Tod im Garten Gethsemane: «Mein Vater, wenn es möglich ist, gehe dieser Kelch an mir vorüber» (Mt 26,39). Und auch die Jünger, die nächsten Vertrauten Jesu, fürchten sich vor dem Tod. Petrus verleugnet ihn sogar, um ja nicht in die Sache mit dem Kreuz hineingezogen zu werden. Und nach der Kreuzigung verkriechen sich die Jünger verängstigt in den Hinterhöfen der Grossstadt Jerusalem.

Und dann geschieht das Merkwürdige: Plötzlich verlieren die Jünger die Angst. Sie kommen wieder aus all ihren Verstecken hervor. Ja mehr noch: Sie erzählen überall die Geschichte von der Auferstehung, die ihnen kaum jemand glauben mag. Man lacht sie aus. Aber sie fürchten sich nicht mehr vor Spott und Verfolgung. Sie hören nicht auf, von der Auferstehung zu reden. Und das zeigt Wirkung. Ihre Erzählungen vom Auferstandenen revolutionieren die Welt – bis auf den heutigen Tag. Man kann das alles weder vernünftig begründen noch logisch erklären. Den Jüngern hat die Auferstehungserfahrung klargemacht, dass der Tod doch nicht so allmächtig ist, wie die Jünger meinten. Und genau diese Erfahrung verändert ihr Verhalten grundsätzlich. Der Triumph ihres Meisters über den Tod lässt sie nicht mehr los. Sie lachen nicht mehr über den Tod. Über Machtlose macht man keine Witze. Aber die Jünger freuen sich über den besiegten Tod. Man jubelt und freut sich über die Auferstehung. Strahlend schreibt deshalb Paulus im 1. Korintherbrief: «Verschlungen ist der Tod vom Sieg. Tod, wo ist dein Sieg? Tod, wo ist dein Stachel?» (1 Kor 15,54b,55). Wir werden heute des Apostels begeisterte Worte zum Glaubensbekenntnis singen – aus Freude über die Auferstehung.

Trotzdem weiss ich natürlich, dass es nicht so leicht ist, sich an der Auferstehung zu freuen, wie das jetzt gerade getönt hat. Auch wenn wir von der Auferstehung wissen, auch wenn wir an die Übermacht Christi glauben: Die Todesängste sind nicht einfach vorüber. Der Tod wird mit jedem von uns tanzen. Des Todes Schatten fällt immer noch auf uns. Wir leiden immer noch an Todesängsten und am Verlust nächster Menschen. Aber wir können versuchen, über die Relativität des Todes nachzudenken. Wir können um Auferstehungshoffnung beten. Und wir können von der Auferstehung singen und auch tanzen. Denn singen und tanzen – das ist Leben. Ich wünsche uns allen, dass wir uns von den Todesängsten etwas lösen können und in der Hoffnung wachsen, dass der Tod nicht das letzte Wort Gottes ist, auch wenn er uns noch immer zu ängstigen vermag.

Drittletzter Sonntag nach Pfingsten 2013

Soll man sich wirklich auch auf die andere Backe hauen lassen?
Matthäusevangelium 5,38–42

Die Bibel macht es uns schon nicht einfach. «Wer dich auf die rechte Backe schlägt, dem biete auch die andere an.» Was soll ich damit anfangen? Denn das ist ja überhaupt nicht machbar. Und «Leiste dem Bösen keinen Widerstand». Was soll denn das für den Terrorismus und die Menschenrechtsverletzungen bedeuten?

Aber Jesus hat es in der Bergpredigt gesagt. Und diese gehört schliesslich zum Herzstück seines Denkens. Wir müssen also das Wort ernst nehmen. Wir können ja Jesus nicht zensieren oder an seinen Worten herumdoktern. Nur – wie machen wir das? Es gibt nur einen Weg: Wir müssen versuchen, Jesus zu verstehen. Wir wollen deshalb seinen Gedankengängen nachspüren. Vielleicht kommen wir dann weiter. Jesus leitet diesen Abschnitt seiner Rede mit einem Zitat aus dem Alten Testament ein: «Ihr habt gehört, was gesagt wurde: Aug um Auge, Zahn um Zahn» (Ex 21,24). Dieser Satz hat einen schlechten Ruf. Er steht bei uns als Symbol für alttestamentliches Rachedenken und bei den Antisemiten für jüdische Vergeltungssucht. Aber beides ist ein Missverständnis. Das Wort ist nämlich ein uralter Rechtsgrundsatz, der viel älter ist als das Alte Testament.

Ursprünglich hat ein Mensch, dem ein anderer Mensch einen Schaden zugefügt hat, diesem den Schaden einfach handgreiflich vergolten. Jeder hat sich sein Recht selbst verschafft. Wenn ihm etwas gestohlen wurde, hat er dem Anderen auch etwas gestohlen. Und wenn einer ihm einen Zahn ausschlug, hat er ihm halt auch einen Zahn ausgeschlagen. So hat jeder Selbstjustiz geübt und auf diese Weise versucht, zu seinem Recht zu kommen. Diese Selbstjustiz hat natürlich ein friedliches Zusammenleben der Menschen verunmöglicht. Reste dieses Denkens haben sich bis heute in gewissen Kulturen als Blutrache erhalten.

Weil diese Selbstjustiz eine gesellschaftliche Normalität verunmöglichte, hat man schon sehr früh versucht, rechtliche Normen zu schaffen und eine möglichst gerechte Gerichtsbarkeit einzurichten. Und dazu musste man Gesetze verfassen. Das juristische Aug-um-Auge-Prinzip stammt aus einem vor etwa 5000 Jahren entstandenen Gesetzbuch. Es sollte Rachemechanismen und Selbstjustiz verhindern. Zu diesem Zweck regelte man zum Beispiel Fragen des Schadenersatzes. Durch dieses Gesetz wird dem Geschädigten von jetzt an verboten, sich selbst Recht zu verschaffen. Nicht er, sondern ein neutrales Gericht legt fortan fest, wie ein Streit beigelegt wird. So wird zum Beispiel der Wert eines verlorenen Auges geschätzt und die geschuldete Vergütung berechnet. Somit wird dem Täter kein Auge mehr ausgeschlagen, sondern er muss materiellen Schadenersatz leisten. Die Invalidenversicherung rechnet übrigens auch heute genauso: Sie schätzt den Wert eines Auges oder eines Beins und zahlt dann eine entsprechende Rente. Kurz und gut: Das Aug-um-Auge-Gesetz gehört zu den grundlegenden Rechtsprinzipien der Zeit Jesu. Und genau dieses Rechtsprinzip stellt Jesus in unserem Text infrage.

Aber warum tut er das und was will er damit erreichen? Er macht hier ganz einfach das, was er so oft macht: Er provoziert bewusst. Denn Jesus ist ein glänzender Redner und er weiss, wie er fesseln kann. Er weiss, dass man mit richtig dosierter Schocktherapie seine Zuhörer aufrütteln und sie zum Denken anregen kann. Man darf ihm allerdings nicht unterstellen, dass er einfach aus rhetorischen Gründen so redet oder dass er Provokation einfach um der Provokation willen betreibt. Jesus ist immer überzeugt von dem, was er sagt.

Auch hier redet er aus tiefster Überzeugung. Um das zu verstehen, muss man wissen, dass Jesus nicht in irdischen Kategorien denkt. Menschliche Realitäten, irdische Gesetzmässigkeiten, rechtliche Notwendigkeiten oder Vernunft stehen für ihn nicht im Vordergrund. Er orientiert sich am Reich Gottes. Denn um dieses Reich Gottes zu versprechen, ist er in die Welt gekommen. Deshalb ist das Reich Gottes sein Massstab. An diesem misst er alles und nicht an den Regeln dieser Welt.

Nach den Gesetzmässigkeiten des Gottesreiches gibt es keine Vergeltung, keine Gegenwehr, keine Notwehr. Denn dort wird es keine Gewalt geben.

Aber Jesus redet nicht nur so. Er lebt auch danach. Es wäre ihm ein Leichtes gewesen, sich gegen seine Verfolger zu wehren und dem Kreuz zu entrinnen. Er tat es nicht und bezahlte dafür mit dem Tod. Seine Gewaltlosigkeit war also in unseren Augen überhaupt nicht erfolgreich. Jesus stellt damit in Wort und Tat jedes juristische Recht und jeden Widerstand infrage. Und das hat seinen Grund. Denn Recht, staatliche Gewalt, Widerstand sind ja nur deshalb notwendig, weil unsere Welt ungerecht ist. Wir leben in einer Welt, in der das Böse eine unüberwindbare Macht ist. Wir erleben alle Tage, dass es eine Welt ohne Unrecht nicht gibt. Irdische Gesetze und ihre Durchsetzung durch die staatliche Macht muss es nur deshalb geben, weil wir in einer ungerechten Welt leben müssen. Darum trägt jedes Recht den Keim des Unrechts in sich. Ein absolut gerechtes Recht – das weiss jeder Jurist – kann es nicht geben. Das ist deshalb so, weil auch die rechtlich geordnete Gewaltausübung eines Rechtsstaates ihren Grund in unserer ungerechten Welt hat. Nur eine Welt, in der das Böse eine reale Grösse ist, die man nie loswerden kann, nur in einer solchen Welt ist Gewalt nötig. Auch wenn sie legitim ist, bleibt sie doch immer Gewalt.

Das ist die mahnende Aussage unseres Jesus-Wortes. Überschätzt ja das irdische Recht nicht! Denn auch das noch so verantwortungsvoll ausgearbeitete Recht ist ein Produkt einer unerlösten Welt. Jedes irdische Recht ist nur Suche nach Gerechtigkeit, nie aber die Gerechtigkeit selbst. Wir sollten uns das in der Schweiz besonders merken. Wir sind zu Recht stolz auf unsere demokratische Ordnung und unseren Rechtsstaat. Unser Land gehört zu den gerechtesten Staaten der Welt. Aber auch die Schweiz kann, wie jedes andere Land auch, kein vollkommenes Recht schaffen. Jedes Recht trägt Unrecht in sich. Denn man kann nie alle Hintergründe, Motive und Seelenstrukturen kennen, wenn man etwas beurteilen muss. Das kann man mit ein paar Stichworten leicht zeigen: Verurteilen von Kriminellen, Steuergerechtigkeit, Gleichheit vor dem Gesetz, Verteilung von Armut und Reichtum, Flüchtlingselend und so weiter. Deshalb darf man auch nie sagen, wie das gewisse Politiker tun, «das Volk hat immer Recht». Das Volk hat gar nicht immer Recht. Denn auch es lebt in einer Welt, die ohne Unrecht nicht existieren kann.

Und schliesslich gilt das alles auch für jede und jeden von uns. Auch wenn wir uns noch so Mühe geben, richtig und gut zu handeln, wenn wir noch so sehr im Recht sind oder uns im Recht fühlen: Ein Stück Unrecht, ein Stück Schuld, ein Stück Böses steckt immer irgendwo in uns. Denn wir alle leben nicht im Reich Gottes, sondern in dieser irdischen Welt. Doch darüber muss man nicht verzweifeln, denn Jesus hat uns das Reich Gottes versprochen. Das nicht zu vergessen, daran mahnt uns Jesus. Wenn man das nicht vergisst, werden wir wohl leichter mit dieser Welt umgehen können.

Aber für den Umgang mit dieser Welt ist noch etwas anderes wichtig. Niemand, wirklich gar niemand besitzt Gerechtigkeit. Das sagt Jesus mit seinem heutigen Text über Recht und Unrecht auch. Es sei mit einem etwas abgeänderten Wort des griechischen Philosophen Sokrates deutlich gemacht: «Wir haben die Gerechtigkeit gesucht. Wir haben sie nicht gefunden. Morgen reden wir weiter.»

Vorletzter Sonntag nach Pfingsten 2013

Bewaffnet euch!
Epheserbrief 6,10–17

Als wir eben die Lesung aus dem Epheserbrief gehört haben, haben wir da eigentlich realisiert, was für ein aggressiver, harter Text das ist? Da ist zunächst vom Teufel die Rede, vom Herrscher der finstern Welt. Gegen den hilft nur eines: harter, bitterernster Kampf. Dazu braucht es die ganze Kriegsausrüstung, Panzer, Kriegsstiefel, Schild, Helm und Schwert.

Wissen wir eigentlich noch, was für eine wichtige Rolle der Teufel im Alten und Neuen Testament spielt? Jesus selbst spricht immer wieder von ihm. Und der Epheserbrief schildert ihn, wie wir eben gehört haben, als gewaltige, gefährliche Macht: «Wir haben nicht gegen Menschen aus Fleisch und Blut zu kämpfen, sondern gegen die Gewalten, gegen die Mächte, gegen die Weltbeherrscher der Finsternis, gegen die Geistwesen der Bosheit», heisst es da. Die Macht des Bösen wird im Neuen Testament also nicht als abstraktes, geistiges Phänomen gesehen, als etwas, das «es» einfach gibt, sondern als konkretes persönliches Wesen. Das Böse ist für die Bibel der Satan, der Teufel.

Da haben wir aufgeklärte Kinder des 21. Jahrhunderts allerdings unsere Mühe. Die Vorstellung eines Satans ist uns fremd geworden. Wir stellen uns das Böse als ein geistiges Irgendwas vor, als etwas Unfassbares, aber keinesfalls als eine Person. Wir haben den Teufel rationalisiert und wegpsychologisiert. Das Böse im Menschen kommt für uns aus Charakterstruktur, aus Kindheitserfahrungen, aus Umwelteinflüssen, und salopp gesagt auch aus den Genen. Oder auch: Das Böse ist das, was der Mensch tut. Er könnte es auch lassen, wenn er nur wollte. Das alles ist meilenweit von der biblischen Vorstellung entfernt, wie zum Beispiel die folgende Aussage im 1. Petrusbrief zeigt: «Der Teufel geht umher wie ein brüllender Löwe und sucht, wen er verschlinge» (1 Pt 5,8).

Kurz: Die ganze Bibel geht von einer Person «Teufel» aus. Da stellt sich natürlich sofort die Frage: Gibt es den Teufel wirklich, oder ist er einfach eine Legenden- und Sagengestalt? Oder ist er gar nur eine veraltete Vorstellung aus unaufgeklärter Zeit? Ein Mensch in biblischer Zeit würde diese Frage überhaupt nicht verstehen. Denn die Menschen der Antike haben das Böse viel stärker als eine konkret spürbare Macht empfunden, der man nicht entkommen kann. Sie spürten sie als Macht, die alle in ihrem Würgegriff hielt. Die Menschen erfuhren Krankheit und Schmerzen viel unausweichlicher als wir. Die Lebenserwartung war klein, der Tod allgegenwärtig. Kriege waren jederzeit möglich. Armut und Hunger überfielen die Menschen regelmässig, aber meist völlig unerwartet. Naturkatastrophen und Seuchen waren den Menschen viel unmittelbarer bewusst, weil sie ständig in die Welt einbrachen. Das Böse erwies sich alle Tage als unüberwindliche Macht, die dem Menschen enge Grenzen setzt und ihn plagt und knechtet. Die Menschen kennen das Böse als unberechenbar und gewalttätig, das zu bekämpfen man keine Chance hat – als Teufel eben.

Dazu kommt, dass es nicht nur die körperliche Leidenserfahrung gibt. Es gibt dazu noch die geistigen und seelischen Bedrückungen und Unterdrückungen. Da gibt es Unfreiheit, Welt- und Zukunftsängste. Da gibt es Streit und Einsamkeit, eigene und fremde Bosheit. Menschen erfahren jeden Tag, dass sie der Macht des Bösen hilflos ausgeliefert sind. Es gibt das eigene Versagen und die eigenen Grenzen. Deshalb tun sie Dinge, die falsch sind und die sie eigentlich gar nicht tun möchten. Aber sie können nicht anders. Denn die Macht des Bösen – die Bibel sagt des Teufels – hat sie in ihren Klauen.

Dieses Gefühl der völligen Auslieferung an eine unbarmherzige und unüberwindbare Macht, diese Erfahrung der Macht- und Hilflosigkeit, hat Goethe in berühmte Verse gefasst (Wilhelm Meisters Lehrjahre):

Wer nie sein Brot mit Tränen ass,
Wer nie die kummervollen Nächte
Auf seinem Bette weinend sass,
Der kennt euch nicht, ihr himmlischen Mächte.
Ihr führt ins Leben uns hinein,
Ihr lasst den Armen schuldig werden,
Dann überlasst ihr ihn der Pein;
Denn alle Schuld rächt sich auf Erden.

Das können wir alle unterschreiben. Die Schlussfolgerung des Neuen Testaments ist allerdings sehr anders: Gott – und das betont der Epheserbrief besonders deutlich –, Gott lässt uns Arme nicht schuldig werden und er überlässt uns auch nicht der Pein. «Ihr alle seid Kinder des Lichts», sagt Paulus im 1. Thessalonicherbrief (1 Thess 5,5) und der Epheserbrief fügt bei: «Werdet stark durch die Kraft und Macht des Herrn. Zieht die Rüstung Gottes an, damit ihr den listigen Anschlägen des Teufels widerstehen könnt» (Eph 6,11). Weil ihr Kinder des Lichts seid, könnt ihr das, obschon es natürlich nicht immer gelingen wird. So sieht es der Epheserbrief. Mit anderen Worten: Christen und Christinnen dürfen im Bewusstsein leben, dass sie etwas gegen die Macht des Teufels tun können, sofern sie die Waffenrüstung Gottes anziehen: Den Gurt der Wahrheit, die Stiefel der Bereitschaft, den Panzer der Gerechtigkeit, den Schild des Glaubens, den Helm des Heils und das Schwert des Geistes.

Das ist genau der Grund, warum Christen, wenn sie diesen Namen verdienen, sich nicht in das fromme Ghetto geistlicher Beschaulichkeit zurückziehen. Sie sind auch nicht diejenigen, die pausenlos von der Liebe Gottes, von der Schönheit des Glaubens und von der Gegenwart Gottes in dieser Welt reden. Wer ein Kind des Lichts ist, weiss, dass er in einer Welt leben muss, in der die Macht des Bösen, eben der Teufel, viel Einfluss hat. Aber das braucht uns nicht zu lähmen, im Gegenteil: Wer im Glauben steht, weiss zwar, dass man die Macht des Bösen nicht besiegen kann und dass man sie deshalb auch nicht besiegen muss. Aber er weiss ebenso gut, dass man mit Erfolg etwas gegen sie tun kann. Man kann in der Welt mit den Waffen des Lichts etwas verändern. Man kann anderen Menschen und sich selbst die Härten des Lebens erleichtern. Mit Wärme und Nähe einsamen Menschen Geborgenheit bringen. Man kann etwas für Recht und Freiheit tun. Man kann gegen das Unrecht aufstehen. Man kann mit den Waffen des Lichts jeden Tag in kleinen Dingen etwas verändern – und hin und wieder vielleicht sogar in grossen Dingen.

Aber man kann das alles nur, wenn man das Böse nicht verharmlost – wenn man es nicht verdrängt, psychologisiert, biologisiert. Nur wenn man das Böse als unüberwindliche, unberechenbare, alle menschlichen Kräfte übersteigende Macht versteht, nur dann kann man es ins Visier nehmen. Könnte da die Vorstellung einer grausamen, unverständlichen bösen Macht, eben des Teufels, hilfreich sein? Wir leben in einer Welt, in der der Teufel nicht mehr existiert. Er ist weggedacht und wegrationalisiert. Es gibt ihn fast nur noch als Märchenfigur. Wir haben ihn in intellektuellem Hochmut abgeschafft. Ist es da so erstaunlich, dass er durch die Hintertür wieder zu uns kommt, in Form von Teufelsspielen, Teufelsvideos, Teufelschmuckstücken, Büchern, Hell's Angels, Feiern des Hexensabbats und schwarzer Messen?

Und könnte mit diesem Verdrängen der teuflischen Macht auch zusammenhängen, dass wir wieder mehr Zukunftsängste haben als viele Generationen vor uns? Wenn man der allgegenwärtigen Macht des Bösen mit den Waffen des Geistes ins Auge schaut, ist sie dann vielleicht weniger gefährlich? Oder um es mit Luther zu sagen: «Und wenn die Welt voll Teufel wäre und wollt uns gar verschlingen, so fürchten wir uns nicht so sehr. Es soll uns doch gelingen.» (Ein feste Burg ist unser Gott, 3. Strophe)

Letzter Sonntag des Kirchenjahres 2008

Ist Gott halt doch ein Sündenbuchhalter?

Heute ist der letzte Sonntag des Kirchenjahres. Das Ende des Kirchenjahres ist ein Symbol für das Ende der Welt. Deshalb ist heute die Rede vom Jüngsten Gericht, vor das wir zitiert werden sollen. Jedes Gericht aber ist ein schrecklicher Gedanke. Wir alle möchten doch unter keinen Umständen vor einem Gericht stehen müssen. Das Jüngste Gericht aber ist eine besonders schreckliche Vorstellung.

Trotzdem: Das biblische Zeugnis wie auch die kirchliche Tradition sind eindeutig. Christus wird wiederkommen mit der klaren Absicht, Gericht zu halten. Das tönt für uns düster und bedrohlich. Theologie, Kunst und Musik haben diese Schrecken denn auch drastisch geschildert und ausgebaut. Wir kennen die vielen Darstellungen des Jüngsten Gerichts. Da sieht man Christus über allem thronend, während die Guten in den Himmel kommen und die Bösen in die Hölle fahren. Wir kennen auch den kitschig schaurigen Requiemsgesang «Dies irae» des 13. Jahrhunderts, wo vom Tag der Wiederkunft Christi gesungen wird: «Tag des Zornes, o Tag voll Grauen, da die Welt den Herrn soll schauen. Welch ein Zittern wird da walten, wenn der Richter kommt zu schalten, streng mit uns Gericht zu halten.»

Müssen wir also vor diesem Gericht zittern und Angst haben? Was ist dieses Gericht, von dem es im grossen Glaubensbekenntnis heisst: «Er wird wieder kommen in Herrlichkeit, zu richten die Lebenden und die Toten.» Was fangen wir mit diesem Glauben denn an? Der Anfang tönt schön: «Er wird wiederkommen in Herrlichkeit.» Die Wiederkunft Jesu ist das Gegenstück zu seiner Geburt. Mit der Geburt beginnt bei ihm wie bei jedem Menschen der Weg in den Tod. Mit der Wiederkunft Christi ist dieser Tod überwunden. Christus wird zurückkommen – strahlend und herrlich. Trotz allen Wartens hat die Christenheit nie aufgehört, an diese Wiederkunft zu glauben. So sagen wir in der Messe, dass wir Abendmahl feiern werden «bis er wieder kommt in Herrlichkeit».

Zwar kommt er in Herrlichkeit – aber nicht einfach so harmlos strahlend, Friede, Freude, Eierkuchen verbreitend. Sondern er kommt zu richten. Aber was heisst das? Man sollte sich den richtenden Christus sicher nicht als trockenen Buchhalter vorstellen, dessen höchstes Ziel es ist, Verfehlungen und Sünden nachzuweisen. Es war seit je der Glaube der Kirche, dass das Gericht nicht einfach eine buchhalterische Abrechnung ist. Sondern das Gericht ist das Letzte, was Christus für uns tut. Damit wir den Weg in sein Heil, in sein Reich finden. Auch im Gericht ist Christus – um das schöne alte Wort zu brauchen – der Heiland, also derjenige, der uns heilt. Das Gericht ist Teil unserer Erlösung.

Allerdings darf man auch nicht verharmlosend sagen: So schlimm wird es schon nicht sein, er wird sicher ein Auge zudrücken. Nein, es geht wirklich um ein echtes Gericht. Denn Gott nimmt uns Menschen und unsere Eigenverantwortung ernst. Weil Gott den Menschen als eigenständige Persönlichkeit ernst nimmt, müssen wir uns für das verantworten, was wir getan und nicht getan haben. Er handelt nicht mit jener faden Toleranz, die sagt: «Jeder muss selbst wissen, was er tut; mich geht das nichts an.» Weil er uns ernst nimmt, ist es ihm nicht gleichgültig, was und wie wir leben. Weil er uns für zurechnungsfähig hält, überträgt er uns mit dem Gericht Verantwortung für unser Tun. Und das kann eine Verurteilung nach sich ziehen. Das ist übrigens auch im irdischen Gericht so: Nur der Unzurechnungsfähige wird nicht bestraft.

Nun richtet aber nicht der ewige, unendliche, unbekannte Gott über uns kleine Menschen. Sondern er hat das Gericht seinem Sohn übergeben, der als Mensch unser Bruder ist. Einer der Unsrigen richtet uns also. Einer, der selbst Mensch ist und das Menschsein von innen kennt und erlitten hat. Einer, der durchgemacht hat, was auch wir durchmachen: Angst, Verzweiflung, die Versuchungen des Lebens, Zorn, Enttäuschung, Todesschrecken. Er ist ein Richter, der uns ganz und gar versteht.

In der Offenbarung sagt der in Herrlichkeit wiederkommende Christus zum erschreckten Johannes: «Fürchte dich nicht. Ich bin's» (Offb 1,17). Das wird er im letzten Gericht auch zu uns allen sagen: Fürchte dich nicht. Ich bin's, du musst keine Angst vor mir haben. Aber neben diesem tröstlichen «Fürchte dich nicht, ich bin's» gibt es auch viele schreckliche Texte – etwa die Stelle im Gleichnis vom ungetreuen Knecht: «Der Herr wird ihn in Stücke hauen und ihm den Platz unter Heuchlern zuweisen: dort wird Heulen und Zähneknirschen sein» (Mt 24,51). Oder im heutigen Evangelium, wo Christus zu den törichten Jungfrauen schroff sagt: «Ich kenne euch nicht» (Mt 25,12).

Es gehört zur unglaublichen Spannweite der biblischen Gottesvorstellungen, dass man sie in ihrer Gegensätzlichkeit nie zusammenbringen kann. Es gibt den verdammenden Gott, und es gibt den erlösenden Gott. Das gilt auch für die Aussagen über Weltende und Gericht. Gott ist so unendlich unvorstellbar, dass auch die Bibel ihn nur widersprüchlich schildern kann. Er ist nicht nur der liebe Gott, sondern er hat auch dunkle, harte Seiten. Gott ist eben alles. Deshalb kann das Glaubensbekenntnis seine Aussagen über den Gottessohn versöhnlich abschliessen: «Sein Reich wird kein Ende haben.» Gottes Reich hat nichts mit gewöhnlichen, imperialistischen, irdischen Reichen zu tun, die alle zum Untergang bestimmt sind. Es wird kein Ende haben. Kein Ende haben ist aber mehr als nur eine zeitliche Bezeichnung. Es bedeutet vor allem, dass es in Gottes Reich keine Grenzen irgendwelcher Art mehr geben wird. Alle jene Grenzen, unter denen wir in unserem Leben leiden –, Tod, Angst, Krieg, Hunger, Krankheit, Kleinlichkeit, Streit, Einsamkeit –, wird es nicht mehr geben. All das ist vorbei: «Der Tod wird nicht mehr sein, und kein Leid, noch Geschrei, noch Schmerz wird mehr sein. Denn das Erste ist vergangen», heisst es in der Offenbarung des Johannes (Offb 21,4).

Es ist seit je der Glaube der Christenheit, dass der Richter zugleich der Heiland ist. Das ist schwer zu verstehen und noch schwerer zu glauben. Aber nur das, was schwer zu verstehen und noch schwerer zu glauben ist, ist göttlichen Ursprungs. Denn wer Gott versteht, missversteht ihn. Und wer ohne Fragen und Zweifel glaubt, glaubt nur an seine eigene Gottesidee, an den Gott, den er für sich selbst gemacht hat, aber nicht an den wirklichen Gott. Und genau deshalb ist es so schwierig, Gericht und Barmherzigkeit zusammen zu bringen.

Angesichts der ungeheuren Widersprüche und Spannungen, in denen die Bibel von Gott redet, bleibt uns nur das Staunen über die Unendlichkeit und Unverständlichkeit Gottes. Deshalb ist Glaube einerseits ewiges Fragen, und andrerseits heisst Glaube auch die Hoffnung nicht verlieren, dass er wiederkommen wird in Herrlichkeit. Und weil das so schwierig ist, wünsche ich uns allen, dass wir des Fragens, des Wartens und des Hoffens nicht müde werden.

Letzter Sonntag des Kirchenjahres 2011

Predigten zu verschiedenen Anlässen

Die Predigten betreffen kirchliche Feiern, politische Themen und das geistliche Amt

Zur Hundertjahrfeier der Utrechter Union 1989	*156*
Wo der Geist des Herrn ist, da ist Freiheit	*162*
Der Heilige Franziskus von Assisi	*166*
Warum heiratet man eigentlich?	*169*
Présentation de Jésus au Temple – Chandeleur	*173*
Wir sind alle gegen Gewalt – aber nützt das etwas?	*176*
Das Volk hat nicht immer Recht	*180*
Die Kirche muss aus der gemütlichen Sakristei herauskommen	*183*
Wozu ist eigentlich ein Pfarrer da?	*185*
Zur Wahl eines Bischofs	*189*
Zur Weihe eines Bischofs	*191*
Wir sind Gehilfen eurer Freude	*197*
Zum Abschied von meinem Bistum	*200*
Zu meinem silbernen Bischofsjubiläum	*205*

Zur Hundertjahrfeier der Utrechter Union 1989
1. Petrusbrief 2,7–9

«Ihr seid das auserwählte Geschlecht! Ihr seid das Königshaus! Ihr seid die Priesterschaft! Ihr seid der heilige Stamm! Ihr seid das Volk, das Gott gehört!» Mit solch grandiosen, ja leidenschaftlich-pathetischen Worten sagt der Verfasser des 1. Petrusbriefes, was die Kirche ist. Er sagt dies am Ende des ersten Jahrhunderts zu Christen in kleinasiatischen Gemeinden. Er sagt es Menschen, die sich als Kirche im Angesicht der Welt natürlich ganz anders erfahren – nämlich als das, was sie für die grosse Welt wirklich sind: als kleine, nebensächliche Grösse. Ihre Überzeugung wurde von ihrer Umgebung nicht ernst genommen. Die Gläubigen hatten von ihren Familien und Freunden Spott und Verachtung zu erdulden.

Materielle Nachteile waren an der Tagesordnung, und blutige Verfolgungen konnten jederzeit aufflammen. Diesen Christen, die wissen, dass sie in der Welt nichts gelten können, ihnen wird gesagt, dass sie die höchsten denkbaren Würden besässen: Sie sind Auserwählte, sie sind königlichen Geblüts, mit priesterlicher Würde bekleidet, ja in Gottes Besitz. Die Kirche ist also nicht irgendeine Gemeinschaft unter vielen. Sie ist im wahrsten Sinne des Wortes unvergleichlich. Sie lässt sich mit keiner sozialen, politischen oder religiösen Gemeinschaft vergleichen. Es gibt nichts auf Erden, was höhere Würde hat als die Gemeinschaft der Kirche.

Ich weiss, dass moderne Menschen Mühe haben, solche Aussagen zu akzeptieren. Sie erscheinen uns triumphalistisch und überheblich. Dazu fragen wir uns natürlich auch, ob diese Aussagen wirklich stimmen. Die Kirche ist ja in unzählige Gruppierungen zersplittert. Sie hat die Kraft verloren, die Welt zu verändern. Menschen suchen Befreiung und Freude nicht mehr bei ihr, im Gegenteil: Für Viele steht die Kirche für Einengung und Lebensfeindlichkeit. Und deshalb ist sie in unserer Zeit noch viel mehr zu einer marginalen, ja zu einer belächelten Erscheinung geworden. Trotzdem gilt das Wort aus dem Petrusbrief. Es gibt nichts daran zu rütteln. Die Kirche hat es zu allen Zeiten hoch geachtet und ernst genommen: «Wir sind das auserwählte Geschlecht, das Königshaus, die Priesterschaft, der heilige Stamm, das Volk, das Gott gehört.» Es gibt in der Welt nichts, was mit uns – der Kirche – zu vergleichen wäre.

Die Kirche ist unvergleichlich – auch wir?
Das gilt auch für unsere kleinen Kirchen der Utrechter Union. Auch wir haben diese Würde wie alle anderen Kirchen. Auch wir sind königlich, priesterlich, auserwählt. Es gibt nicht unseresgleichen in dieser Welt, denn auch

wir sind das Volk, das Gott gehört. Aber wir – in unserer Kleinheit und mit unseren grossen Sorgen und schweren Problemen –, wir haben wohl ganz besonders Mühe, diese unerhörten Würdenamen für uns in Anspruch zu nehmen. Wer würde es denn wagen, unsere Kirche als unvergleichlich in der Welt zu bezeichnen? Das ist verständlich, weil ihre Unvergleichlichkeit für die Welt tatsächlich nicht sichtbar ist – und für uns oft auch nicht. Wir empfinden die vielen Schwierigkeiten und Nöte unserer Kirche zu sehr. Wir leiden an ihrer Kleinheit. Wir leiden am Streit, den es auch in unseren Kirchen gibt. Wir wissen, dass wir für die Menschen oft nicht das sind, was sie brauchen. Wir wissen, dass es auch in unserer Kirche Versagen, Faulheit, fromme Blindheit, Selbstgerechtigkeit, Schwäche, Eigensucht, neurotische Verbohrtheit gibt. Und so ist es gut verständlich, dass es uns nur schwer gelingt, unsere Kirchengemeinschaft als königlich, göttlich, unvergleichlich zu erleben.

Aber wenn das Wort aus dem Petrusbrief tatsächlich gilt, dann muss an unserer Unfähigkeit, unsere Kirche als unvergleichlich zu sehen, etwas nicht gut sein. Ich denke, dass hinter dieser Unfähigkeit ein Denkfehler stehen muss. Ich sehe diesen Denkfehler in unserer Meinung, die Würde der Kirche hänge ab von ihrer Leistung, von ihrem Erfolg bei den Menschen, von ihrer Grösse und ihrem Ruf, von der Reinheit und Glaubensstärke ihrer Glieder. Aber so ist es gerade nicht. Die Würde der Kirche wurzelt gerade nicht in der Würde der Institution Kirche, und schon gar nicht in der Würde der Menschen, die zur Kirche gehören. Nicht weil gute Menschen eine gute Kirche machen, ist die Kirche heilig. Es gehört zum Urbestand des kirchlichen Glaubens, dass die Kirche heilig ist, weil ihr der Herr Herrlichkeit geschenkt hat. Sie hat alle ihre Würde einzig und allein von ihm und nicht von ihrem Ansehen bei den Leuten oder von ihren Leistungen. Weil Christus durch das Kreuz zur Herrlichkeit aufgestiegen ist und uns – wie es der Verfasser des Petrusbriefs ausdrückt – «aus Finsternis in sein wunderbares Licht geführt hat», deshalb ist die Kirche heilig. Auch wenn die Welt die Kirche ablehnt oder nicht ernst nimmt, so ist damit das Urteil über sie noch lange nicht gesprochen. Sie darf sich darin Christus selbst zum Leitbild nehmen. Von ihm sagt ja unser Text: «Geht zum lebendigen Stein, der von den Menschen verworfen wurde, der aber von Gott zum Eckstein gemacht wurde.» Auch Christus ist von der Welt verfolgt und missachtet worden, aber das ändert nichts daran, dass Gott ihn zum Höchsten erhöht hat.

Allerdings hat die Kirche ihre Heiligkeit und Würde nicht einfach zu ihrem eigenen Gebrauch erhalten. Unser Text betont mit grosser Schärfe, dass ein ganz bestimmter Sinn darin liegt, wenn wir «das auserwählte Geschlecht, das Königshaus, die Priesterschaft, der heilige Stamm, das Volk, das Gott gehört», sind. Dieser Sinn liegt darin, dass wir «die guten Taten dessen verkünden, der uns aus der Finsternis in sein wunderbares Licht gerufen hat». Wenn immer in der Kirche etwas Böses geschieht, etwas, das nicht zum Willen Gottes passt, dann werden seine guten Taten verdeckt, sein wunderbares Licht verdunkelt.

Die Union der Eigenständigen und der Eigenverantwortlichen

Im überbordenden Zentralismus Roms, der in den Beschlüssen des 1. Vatikanischen Konzils gipfelte, haben alle Altkatholiken – obwohl sie sehr verschiedene geschichtliche und soziale Hintergründe hatten – eine Verdunkelung des göttlichen Lichts gesehen. Hier lag der Grund ihres Widerstandes. Sie wollten einen der Strahlen dieses «wunderbaren Lichts», die Freiheit der Kirche, verteidigen. Für diesen Kampf um Freiheit und Integrität der Kirche haben sie mit dem Ausschluss aus ihrer Kirche bezahlt. So waren sie gegen ihren ausdrücklichen Willen an einer Kirchenspaltung beteiligt. Viele Altkatholiken waren sich dieser Verantwortung bewusst. In erster Linie waren sich die Bischöfe sehr genau im Klaren darüber, dass jede Kirchenspaltung mit Sünde und Schuld verbunden ist. Deshalb suchten sie von Anfang an Wege, Spaltungen zu überwinden. Das war auch innerhalb der altkatholischen Kirchen gar nicht so einfach. Denn ihre Herkunft und ihr Denken waren sehr verschieden. Aber Geduld, Hoffnung, Arbeit und Gebet führten zu einem ersten Erfolg: Am 24. September 1889 konnten sich die altkatholischen Bischöfe Hollands, Deutschlands und der Schweiz hier in Utrecht darauf einigen, fortan zusammengehören zu wollen. Durch die Feststellung, dass ihre Kirchen gemeinsam den gleichen Glauben hätten, haben die Bischöfe die Altkatholischen Kirchen zu einer Union zusammengeführt. In dieser Union gibt es gemeinsames Handeln unter gleichzeitig strikter Wahrung der Eigenständigkeit der einzelnen Kirchen. In der römisch-katholischen Kirche hatte man schliesslich die Erfahrung gemacht, wohin es führt, wenn die Entscheidungsgewalt und Eigenverantwortung einfach an eine Instanz abgetreten wird. Man strebte deshalb das altkirchliche Prinzip von eigenverantwortlichen Kirchen an, die ausschliesslich im gemeinsamen Glauben und durch die gemeinsame Verantwortung füreinander und gegenüber dem Herrn der Kirche aneinander gebunden sind. Das führte zum Prinzip, die Entscheidungsgewalt nicht einfach an eine Instanz zu delegieren. Entscheide können deshalb nur in gemeinsamer Verantwortung und Absprache getroffen werden. Alles, was die anderen Kirchen mitbetrifft oder gar mitverpflichtet, darf nur im gegenseitigen Einverständnis aller Beteiligten beschlossen werden. Die Bischofskonferenz hat deshalb keine Entscheidungsgewalt. Sie kann nur feststellen, ob ein Bischof und seine Kirche, oder eine Entscheidung eines Bischofs und seiner Kirche, auf dem Boden der Utrechter Union stehen oder nicht. In die Entscheidung des einzelnen Bischofs und seiner Kirche greift sie nicht ein. Das Prinzip hat sich bewährt. Die Bischöfe von 1889 würden sich wohl freuen, wenn sie sähen, dass ihre damaligen Spannungen und Schwierigkeiten 100 Jahre später nicht mehr existieren. So muss der schweizerische Bischof nicht mehr gegen das Misstrauen seiner holländischen Kollegen kämpfen. Und in der Frage des Zölibats oder des Problems der Laienmitverantwortung haben sich Lösungen längst ergeben. Dass sich das Prinzip bewährt hat, wird auch dadurch bekräftigt, dass später noch fünf weitere Kirchen zur Utrechter Union gestossen sind.

Union gegen die Trennung

Aber nicht nur im inner-altkatholischen Zusammenleben hat sich das Grundprinzip der Union von 1889 bewährt, sondern auch in den ökumenischen Bestrebungen. 1931 fand man zur vollen Sakramentsgemeinschaft mit den Anglikanern. Das Abkommen hat sich als fruchtbar erwiesen und hat für uns bis auf den heutigen Tag seine zentrale Bedeutung behalten – auch wenn sich in den fast 60 Jahren die Verhältnisse auf beiden Seiten verändert haben. Auch mit den Orthodoxen sind wir weitergekommen – so viel weiter, dass wir mehr Hoffnung als je haben können, mit dieser grossen Kirchengemeinschaft eine Kirche zu bilden. Aber es sind noch sehr viele Missverständnisse und sehr viel Misstrauen abzubauen, nicht nur auf altkatholischer Seite, sondern auch auf orthodoxer Seite. Aber eben: auch auf altkatholischer Seite. Damit ist die Erfüllung der Hoffnung der Bischofserklärung von 1889 weiter in die Nähe gerückt. Die Bischöfe schrieben damals: «Wir hoffen, dass es den Bemühungen der Theologen gelingen wird, unter Festhaltung an dem Glauben der ungeteilten Kirche eine Verständigung über die seit der Kirchenspaltung entstandenen Differenzen zu erzielen.»

Natürlich – damit haben wir unsere Aufgabe noch nicht erledigt. Wir können nicht wegen des Erreichten die Hände in den Schoss legen. Der Auftrag aus dem Petrusbrief, die «guten Taten dessen zu verkünden, der uns aus Finsternis in sein wunderbares Licht gerufen hat», ist noch lange nicht erfüllt. Erzbischof Heykamp hat in seiner Eröffnungsansprache an die in Utrecht versammelten Bischöfe am 24. September 1889 gesagt: «Wir wollen nicht die Grenzsteine versetzen, die unsere Väter gestellt haben.» Das wird auch heute bei der Weiterentwicklung der Utrechter Union und im Leben jeder unserer Kirchen gelten müssen. Wir wollen nach wie vor fest und entschlossen auf dem Boden des Glaubens der ungeteilten Kirche stehen. Wir wollen nach wie vor entschlossen an unserer Katholizität und unserer Nähe zu allen katholischen Kirchen festhalten. Die Anglikaner, die Orthodoxen und die Römisch-Katholiken bleiben unsere nächsten Schwestern und Brüder im Glauben. Trotzdem können wir uns natürlich leicht vorstellen, dass die fünf Unterzeichner der Utrechter Erklärung sehr staunen würden, wenn sie heute dabei wären. Denn vieles hat sich innerhalb der Grenzsteine verändert. Denken wir nur daran, was für eine wichtige Rolle heute die Laien spielen. Oder wie die Rolle von Frau und Mann in der Kirche in das zentrale Blickfeld gerückt ist. Oder wie die ökumenische Frage an die Basis vorgedrungen ist. Oder wie anders die Bischöfe heute ihr Amt führen als vor 100 Jahren. Oder wie die Liturgie gemeindenäher geworden ist. So hat es sich erwiesen, dass es innerhalb der Grenzsteine viel Bewegungsraum gibt.

Zeugnis ablegen von unserer Gemeinschaft
Bischof Herzog hat in der nachfolgenden Diskussion gefordert, dass man überlegen müsse, «was zu tun sei, um Zeugnis abzulegen von unserer Gemeinschaft». Auch diese Forderung gilt noch heute. Wir können nicht einfach rückblickend und feiernd den heutigen Tag begehen. Wir müssen die Zukunft ohne Verdrängung von Vergangenheit oder Gegenwart ins Auge fassen. Wir müssen bedenken, wie wir weiter entschlossen «Zeugnis ablegen von unserer Gemeinschaft». Wir haben gesehen, dass die Würde der christlichen Gemeinde in ihrer göttlichen Herkunft liegt. Deshalb ist sie heilig, man könnte auch sagen: anders. Anderssein – darin liegt unsere Würde auch. Dass wir lernen, nicht einfach das zu sagen, was die Welt sagt oder was die anderen Kirchen sagen. Dass wir nicht einfach dem nachrennen, was jetzt gerade Mode ist. Wir werden deshalb nicht nur einem monarchischen Machtgefüge in der Kirche eine Absage erteilen, sondern auch einem demokratischen. Denn Demokratie entscheidet ja so, dass eine Mehrheit eine Minderheit zwingt, ihrem Entscheid zu folgen. Für den Staat ist das natürlich richtig. Aber für die Kirche ist eine solche Entscheidungsweise nicht möglich, weil jede Form von Zwang gegen jedes göttliche Prinzip ist. Und noch etwas: Fragen der Ethik, der Wahrheit oder des Willens Gottes können nicht durch Mehrheitsentscheide beantwortet werden. Zu kirchlichen Entscheiden kommt man nach unserem Verständnis nur dadurch, dass man miteinander forscht, spricht, Wege sucht, betet. Nur in dieser Form von gemeinsamen Entscheiden, gemeinsamer Verantwortung, gegenseitigem Respekt können wir die Idee der Utrechter Union von 1889 lebendig und wirkungsvoll weiterführen. Das bedeutet, dass wir in allem, was wir in unseren Kirchen tun, sehr wohl bedenken müssen, ob die anderen Kirchen nicht auch betroffen sein könnten. Wir werden in Zukunft noch viel sorgfältiger prüfen müssen, wie wir unsere Kirchlichkeit so miteinander leben, dass spürbar wird, dass wir mit der Utrechter Union nichts anderes wollen als «die guten Taten dessen verkünden, der uns aus der Finsternis in sein wunderbares Licht gerufen hat».

Wie wir das tun oder nicht tun, das wird sich natürlich auf unser gewöhnliches Leben und unseren kirchlichen Alltag auswirken.

Unser geistliches Leben wird sich zum Beispiel nicht einfach auf die Stillung persönlicher religiöser Bedürfnisse beschränken. Es wird getragen sein müssen vom Wissen um die Verantwortung eines jeden Einzelnen für die Existenz der Gemeinde. Jedes unterlassene Gebet, jedes Schweigen bei gottesdienstlichen Missständen, jeder unterlassene Gottesdienstbesuch, jeder nachlässige Umgang mit Eucharistie kann eine Schwächung der Kirche bedeuten. Nachlässigkeit auch in der Erneuerung des Gebets und des Gottesdienstes, stures Festhalten an alten Gepflogenheiten können unsere Kirche schädigen. Wenn es der Kirche schlecht geht, wenn ihr Gebet leblos und langweilig wird, dann haben wir alle etwas damit zu tun, seien wir Bischöfe oder Ministranten, Synodendelegierte oder einfach Gemeindeglieder.

Wie man strittige Fragen bewältigt

Aber ich denke auch daran, wie wir in strittigen Fragen miteinander umgehen. Auch da muss spürbar sein, dass wir uns altkatholisch miteinander auseinandersetzen. Auch da müssen wir Bischof Herzogs Forderung ernst nehmen, nach welcher «wir Zeugnis für unsere Gemeinschaft abgeben müssen». Was gäbe es für ein besseres Beispiel als die ungelöste Frage der Rolle der Frau in der Kirche? Wer diese für die moderne Kirche zentrale Frage ernsthaft angehen will, der darf nicht schon jetzt wissen, was richtig und was falsch ist. Wer hinter der Utrechter Erklärung steht, der muss bereit sein, einen langen und beschwerlichen Weg mit allen Beteiligten zu gehen, einen Weg, dessen Ziel noch keineswegs bekannt ist. Er wird Geduld und Nachdenken, Verzicht auf eigene Positionen und Verständnis für Andersdenkende erfordern. Erst wenn wir bereit sind, alles zu vermeiden, was andere verletzen könnte, erst wenn wir bereit sind, auch völlig Undenkbares zu denken, erst wenn wir es fertigbringen, auch der eigenen Überzeugung gegenüber distanziert und kritisch zu sein, erst wenn die Liebe zur Kirche an erster Stelle steht – erst dann kann unser Weg zu einem guten Ziel führen. Wenn wir das aber fertigbringen, dann haben wir ein strahlendes Zeugnis für unsere Gemeinschaft abgegeben.

Gemeinsame Verantwortung dafür übernehmen, erfolgreich «die guten Taten dessen zu verkünden, der uns aus der Finsternis in sein wunderbares Licht gerufen hat», das wollten die Bischöfe im Jahre 1889. Gemeinsam heisst jedoch nicht gleichmacherisch. Nicht alle haben gleich viel Verantwortung. Es gibt Bischöfe und Synoden, Geistliche und Laien, Frauen und Männer, Gemeindeglieder im Vordergrund und im Hintergrund, es gibt die Utrechter Union und es gibt Ortskirchen. Sie alle haben ihr besonderes Mass und ihre besondere Weise an Verantwortung. Alle diese Verantwortlichkeiten, Geistesgaben, Stärken, Positionen, Möglichkeiten zu einem grossen, kräftigen, gemeinsamen kirchlichen Handeln zusammenwirken lassen, das heisst altkatholisch sein. Und wenn wir das können – in gemeinsamer Freude an der Kirche, in gemeinsamer Hoffnung auf das «wunderbare Licht» des Herrn, im gemeinsamen Glauben der alten Kirche, mit dem Mut derer, die überzeugt sind, dass sie für die Kirche Gottes etwas tun können –, dann wird der Festprediger am nächsten Utrechter Jubiläum wieder mit dem Petrusbrief beginnen können: «Ihr seid das auserwählte Geschlecht! Ihr seid das Königshaus! Ihr seid die Priesterschaft! Ihr seid der heilige Stamm! Ihr seid das Volk, das Gott gehört!»

Dom zu Utrecht
23. September 1989

Wo der Geist des Herrn ist, da ist Freiheit

2. Korintherbrief 3,17
Zum 150. Geburtstag von Bischof Dr. Eduard Herzog

Am 14. Juni 1875 hat Eduard Herzog, damals Pfarrer in Olten und Theologieprofessor an der Universität Bern, an der ersten christkatholischen Synode in der Schweiz die Predigt gehalten. Die Synode war zusammengekommen, um der in Entstehung begriffenen Rom-unabhängigen katholischen Kirche eine Verfassung zu geben. Herzog nimmt deshalb die von römisch-katholischer Seite gestellte zentrale Frage auf, woher denn die aus Laien und Geistlichen zusammengesetzte Synode das Recht hernehme, gegen die Entscheide der höchsten kirchlichen Instanz – des Konzils und des Papstes – Widerstand zu leisten, eine katholische Synode abzuhalten und kirchliche Behörden einzusetzen. Seine Antwort: «Wir hätten ... schweigen können, weil es eben doch die rechtmässig gewählten und eingesetzten kirchlichen Oberen waren, die die neuen Artikel zu glauben uns vorstellten. Wir konnten aber auch reden, geleitet von Gedanken, dass es doch nicht recht sei, in einer so wichtigen Angelegenheit ... die erkannte Wahrheit zu verraten, preiszugeben, zu verdunkeln, unterdrücken zu lassen. ... Wir konnten den rechtmässigen kirchlichen Vorstehern gehorchen – oder unserer festen und unerschütterlichen Überzeugung. ... Unser Vorgehen war eine Revolution, aber keine Empörung wider Gottes Ordnung, sondern Auflehnung gegen Menschen, welche ... eine göttliche Ordnung ... zerstört haben. ... Unsere Pflicht war und ist unser Recht. ... Wir zweifelten nicht an unserem Recht, ... weil wir uns Schritt für Schritt nur von der Pflicht leiten liessen.»

Kein Revolutionär

Es kennzeichnet einen immer wiederkehrenden Grundzug von Eduard Herzogs Beteiligung am Aufbau einer von Rom getrennten Kirche, dass er so sehr die Pflicht betont, aus der heraus er handelt. Aus Pflicht gegenüber dem Willen Gottes, aus Pflicht gegenüber den exkommunizierten und ausgetretenen Katholiken, versucht er zu handeln. Er ist kein Revolutionär oder gar Revoluzzer. Er ist nicht einer, der einfach die Gunst der Stunde für seine Zwecke nutzen wollte. Seine Haltung erinnert durchaus an das berühmte Wort des Münchner Kirchenhistorikers Ignaz von Döllinger (1799–1890) an seinen Erzbischof: «Als Christ, als Theologe, als Geschichtskundiger, als Bürger kann ich diese Lehre nicht annehmen.» Auch Herzog wollte, wie der Bonner Theologe Franz Heinrich Reusch (1825–1900) es ausdrückte, dem «katholischen Gewissen» folgen. Wie die anderen massgeblichen theologischen Exponenten der altkatholischen Bewegung lehnte sich auch er aus Pflicht, und nicht aus Lust, auf. Das war gegenüber der römisch-katholischen Seite von allem Anfang an festzuhalten.

Wenn man die ersten Synodeberichte oder zeitgenössische altkatholische Literatur liest, merkt man aber schnell, dass viele Gegner der Papstdogmen einem solchen Ideal keineswegs entsprachen. Mancher Christkatholik der ersten Stunde hatte weniger einen kirchlichen als vielmehr einen politischen Hintergrund. Rationalismus und allerhand politische Berechnung spielten eine nicht unwichtige Rolle. Und nicht zuletzt gab es auch solche, die eher an einer katholischen Kirche zu Discountpreisen interessiert waren als an einer Kirchenreform, die zu ursprünglichen Formen kirchlichen Zusammenlebens zurückfinden wollte. Es gab auch eine starke Tendenz, aus der Kirche eine Demokratie zu machen, denn das bischöflich-synodale System wurde in breiten Kreisen als Parlamentarismus im Stil des 19. Jahrhunderts verstanden. Dass die Kirche sich dann von einer profanen Institution kaum mehr unterscheiden würde, das störte viele nicht. Herzogs Wort «Unsere Pflicht ist unser Recht», das er eigentlich der römisch-katholischen Seite entgegenwarf, wurde so plötzlich auch zur Warnung an die eigenen Leute. Diese sollten nicht vergessen, dass die Legitimation der altkatholischen Bewegung, sich gegen die rechtmässigen kirchlichen Instanzen aufzulehnen, einzig und allein in der Pflicht gegenüber der Kirche lag. Die Pflicht gegenüber der Kirche ist auch heute die einzige Legitimation für unsere kirchliche Sonderexistenz und alles daraus folgende kirchliche Handeln, Reden und Tun.

Wo der Geist des Herrn ist, da ist Freiheit…

Ein Jahr später wurde Herzog zum Bischof gewählt. Er findet sein Siegelwort, unter das er seine bischöfliche Tätigkeit stellt, im 2. Korintherbrief: «Wo der Geist des Herrn ist, da ist Freiheit.» Auch das ist eine Antwort auf die zentrale Frage nach der Legitimation des aufrührerischen Handelns gegenüber der rechtmässigen kirchlichen Instanz. Nun wird aber die Pflicht zum Widerstand als Legitimation nicht nur angeführt, sondern diese wird jetzt auch begründet. Weil die Freiheit der Kirche, und damit die Kirche selbst, durch den päpstlichen Machtanspruch bedroht ist, deshalb fügt sich Herzog nicht. Das Pauluswort tönt fast wie eine Beschwörung: «Wo der Geist des Herrn ist, da ist Freiheit!» Deshalb darf eine Kirche, die den Anspruch erhebt, aus dem Geist des Herrn zu wirken, nicht absolutistische Machtstrukturen aufbauen. Im Gegenteil, aus dem Heiligen Geist verstanden kann Autorität in der Kirche nie eine Einengung der Freiheit bedeuten. Sie ist im Gegenteil zu deren Schutz da. Wo aber ist denn der Geist des Herrn, wenn die Freiheit nicht mehr geschützt ist, weil ein absolutistisches System sie jederzeit einengen kann? So argumentiert Herzog, wenn er dieses Pauluswort als Siegelwort wählt.

Freiheit – das ist ein Wort, das in eben jener Zeit auf die Menschen in der Schweiz stark wirkte. Der politische Liberalismus war damals die einflussreichste Kraft in der Schweiz. Eben hatte man mit Erfolg den Ausbau der Volksrechte in der noch jungen Bundesverfassung verlangt. Die Papstdogmen standen also in schroffem Widerspruch zu den Erfahrungen, die man mit der Freiheit im damaligen politischen Leben unseres Landes machte und machen wollte. Kein Wunder, dass viele Anhänger der christkatholischen Kirche diesen Freiheitsbegriff auf die Kirche übertrugen. Die Synode, eigentlich als Rückkehr zu altkirchlichen Wegen der Entscheidungsfindung gedacht, wurde deshalb dem Zeitgeist entsprechend stark parlamentarisiert. Die Frömmigkeit wurde in rationalem Sinn vereinfacht und fast säkularisiert. Die Kirchendisziplin war eher eine Abgrenzung gegen die römisch-katholische Kirchendisziplin als eine selbst konzipierte. Kurz: Ein stark negativ bestimmter Freiheitsbegriff hielt in der Kirche Einzug, der weder zur Bibel noch zur kirchlichen Tradition passte. Spöttisch sagt man deshalb auch heute noch: Altkatholisch ist, wenn man nicht muss. Teils mit Erfolg, teils aber auch ohne, wehrte sich Eduard Herzog gegen diese blutarme Kirchlichkeit (die wir – dies nur nebenbei – auch heute noch immer nicht genügend überwunden haben).

…auch eine beschwörende Mahnung an die eigene Kirche!

Auf diesem Hintergrund wird das zunächst als Argument gegen die päpstlichen Machtansprüche angewendete Pauluszitat ganz von selbst auch zu einer beschwörenden Mahnung an die eigene Kirche. Nur wer sich dem Geist des

Herrn unterwirft, hat Freiheit. Das gilt für die Kirche als Gemeinschaft genau wie für jeden Gläubigen. Ob Bischof Herzog eine solche Mahnung an seine Kirche beabsichtigte, ist heute wohl kaum mehr sicher zu beurteilen. Aber ich könnte es ihm leicht nachfühlen, wenn er manchmal mindestens in diese Richtung gedacht hätte – etwa wenn ihm die liberalen Minimalisten in seiner Kirche das Leben sauer machten. Besonders wichtig ist mir: Auch wir Christkatholiken müssen dieses Siegelwort noch heute so verstehen, wie es aus der Situation von Bischof Herzog heraus verstanden werden kann.

Das Einstehen für die Freiheit der Kirche ist seit jener Zeit nicht weniger aktuell geworden. Aber es muss in einer anderen Form geschehen. Eduard Herzog und seine Mitstreiter mussten sich gegenüber der römisch-katholischen Obrigkeit und gegenüber der Öffentlichkeit legitimieren. Sie mussten deshalb öffentlich die Schwächen des päpstlichen Systems aufzeigen und sie mit theologischen Argumenten widerlegen. Die verbale Auseinandersetzung spielte aus diesem Grund damals eine wichtige Rolle. Heute ist das anders geworden. Wir müssen nicht gegen die in der römisch-katholischen Kirche auch heute deutlich spürbaren Folgen des Vaticanum I protestieren. Das machen die römisch-katholischen Gläubigen heute selbst. Das zeigen, um nur das bekannteste Beispiel zu nennen, die Vorgänge im Bistum Chur deutlich.

Wir brauchen also nicht verbale Reklame für uns zu machen. Aber wir müssen die gewonnene und behauptete Freiheit in unserer Kirche überzeugend leben. Wir müssen durch unsere Art, Kirche zu sein, beweisen, dass Bischof Herzog richtig handelte, als er Widerstand leistete – unter grossen persönlichen Opfern, notabene. Wir müssen durch unseren Umgang miteinander beweisen, dass wir nicht einfach eine Kirche ohne Papst sind. Wir sind eine Kirche, in der Bischof und Synode gemeinsam, im dialogischen Miteinander, die notwendigen Entscheidungen so finden, dass es keine Unterlegenen und keine Ausgegrenzten gibt. Das ist mühsam und braucht viel Zeit und Kraft. Der Entscheidung eines Einzelnen oder einer qualifizierten Mehrheit zu folgen, ist einfacher. Sich einer Entscheidung beugen ist ja immer eine Form der Unterordnung. Einen Konsens zu finden jedoch, der niemanden zum Verlierer macht und alle Spaltungen vermeidet, das ist der bischöflich-synodale Weg. Es ist ein steiler und beschwerlicher Weg, der ohne Blasen und Durst, ohne Gefühle der Erschöpfung und des Aufgeben-Wollens nicht zu bewältigen ist. Das lehrt uns beispielsweise die Auseinandersetzung über die Frauenordination mehr als deutlich. Aber es ist ein Weg, der Gemeinschaft nicht spaltet, sondern aufbaut, weil die Würde jedes einzelnen Christen geachtet bleibt. Genau für diese Freiheit hat sich Bischof Herzog eingesetzt, wenn er das paulinische «Wo der Geist des Herrn ist, da ist Freiheit» für sich und seine Kirche in Anspruch genommen hat.

Freiheit in der Kirche, wie sie Paulus versteht, ist nicht einfach Durchsetzung eigener Wünsche und Begehren. Sie ist auch nicht eine Form von Selbstverwirklichung oder Emanzipationsbegehren. Sie ist nicht geführt von Aggressionen gegen Ordnungen oder Instanzen. Obschon das alles natürlich auch mitspielt. Freiheit als kirchliche Freiheit in der Gegenwart des Geistes des Herrn verstanden ist mehr. Sie ist ein durch nichts eingeschränktes Suchen nach der guten Entscheidung. Sie ist ein Suchen nach dem Willen Gottes und seiner Wahrheit. Dieses Suchen wird durch nichts eingeengt – weder durch eine Gehorsam erheischende Instanz, sei sie kirchlicher oder politischer Natur, noch durch psychische, soziale oder intellektuelle Zwänge innerer oder äusserer Herkunft. Weil wir aber alle wissen, dass sich diese Zwänge immer wieder als stärker erweisen, ist die Freiheit in der Kirche stets geprägt von Demut gegenüber dem Herrn. Denn er hat uns seinen Geist versprochen.

St. Peter und Paul Bern
30. November 1991

Der Heilige Franziskus von Assisi

2. Korintherbrief 12,9

Wir kennen alle die Redensart: «Ich bin doch kein Heiliger!» So entschuldigt man sich für etwas in seinem Leben, was nicht ganz lupenrein war – etwa zu viel getrunken zu haben, zu viel zu essen oder gerne eine fremde Frau oder einen fremden Mann zu fest anzusehen. Vielleicht will man auch nur betonen, dass man kein braver Langweiler ist. Man möchte jemand sein, der mit beiden Beinen im Leben steht. Einfach: Man möchte als vitaler Mensch dastehen.

Warum denken so viele Leute, Heilige seien einfach brave und langweilige Menschen? Dafür gibt es wohl verschiedene Gründe. So wurden in der Kirche Heilige gerne als gehorsame und autoritätsgläubige Menschen dargestellt. Und sie werden zu oft auf moralische Vorbilder reduziert. Deshalb meinen viele Leute, Heilige seien Menschen, die am echten Leben vorbeigehen. So ist etwa Maria oft als nur demütige, allzeit reine, immer folgsame Frau dargestellt worden. Aber auch die süsslichen Jesusbilder, die faden Gipsmadonnen und die künstlerisch unbedarften Heiligenfiguren, die es in fast jeder Kirche gibt, haben das Ihre dazugetan. Und vielleicht haben auch die zahlreichen Heiligsprechungen der letzten Jahre die Vorstellung von Heiligen beeinflusst.

Als Vorbilder der Vitalität gelten sie wohl bei vielen Leuten nicht. Aber echte Heilige sind ganz anders, nämlich mutige Nonkonformisten. Ein wirklicher Heiliger ist immer ein profilierter Querdenker – angefangen bei Maria, die in ihrem Magnifikat davon singt, dass im Himmelreich die grossen Herren leer ausgehen und die kleinen Leute die Sieger sein werden. Sie singt vergnügt von einer revolutionären Umwertung aller Werte. Oder der Heilige Martin, der unerschrocken gegen die militärische Disziplin verstiess, als er für einen Bettler seinen Mantel zerschnitt. Oder Teresa von Avila, die mutig die Stellung der Frau in Kirche und Gesellschaft ihrer Zeit in Frage stellte. Und natürlich allen voran der Heilige Franziskus, der, um ganz für die Sache Gottes da zu sein, mit seiner ganzen Herkunft und Vergangenheit brach. Der lebenslustige Sohn aus reichem Haus gab sein üppiges Wohlleben auf. Er begann zu fasten und zu beten, und das bis an die Grenzen des Möglichen. Von Christus, der gerufen hatte, bekam er ungeheure Kräfte, um durchzustehen, was ihm bevorstand. Er schockierte mit seinem Verhalten die Gesellschaft von Assisi. Er wurde zum Bürgerschreck des Establishments. Das ging so weit, dass sein Vater ihn vor Gericht brachte.

Allerdings protestierte er nicht pubertär einfach um des Protestes willen. Er protestierte nicht gegen, sondern für etwas – für eine glaubwürdige Kirche. Er protestierte gegen das Leben der Kirche und der Gesellschaft, das mit den Vorstellungen Jesu kaum mehr etwas zu tun hatte. Und er protestierte nicht nur mit Worten. Er handelte auch. Mit seinem Denken und Tun war er seiner Zeit weit voraus. Zwei Beispiele: Die Aussätzigen internierte man damals aus Angst vor Ansteckung in einsamen Siechenhäusern. Jeder Kontakt mit ihnen war verboten. Franziskus hielt sich nicht daran. Im Gegenteil: Er begann Aussätzige an Leib und Seele zu pflegen, nicht zuletzt auch mit körperlicher Zärtlichkeit. Wem kommt da nicht die moderne Palliativmedizin in den Sinn, die Sterbende körperlich und seelisch warmherzig betreuen möchte – eben mit franziskanischer Zärtlichkeit? Ich habe als junger Spitalseelsorger noch erlebt, wie man unheilbar Kranke zum Sterben in Abstellkammern der Spitäler unterbrachte oder, um es deutlich zu sagen, deponierte. Man liess sie dort völlig einsam sterben. Franziskus hat uns mit seiner Begleitung der Aussätzigen vorgemacht, dass Kranke Wärme und Nähe brauchen. Bis zum letzten Atemzug. Er hat im 13. Jahrhundert gemacht, was sich in der modernen Medizin erst jetzt langsam durchzusetzen beginnt – endlich!

Auch sein Umgang mit der Schöpfung war revolutionär. In seiner Zeit war die Schöpfung – Tiere und Pflanzen – nur dazu da, menschliche Bedürfnisse zu befriedigen. Man wusste nicht, dass ein Tier ein beseeltes Wesen mit Gefühlen, Schmerzen, Freuden und Ängsten ist. Die Liebe von Franziskus für die Schöpfung verstand damals kaum jemand. Er war seiner Zeit – und auch uns! – weit voraus. Wir sind doch mit unseren Tierfabriken, mit unseren grausamen Methoden in der Eier- und Milchproduktion, mit unserer Verschwendung von Nahrungsmitteln nicht entfernt so fortschrittlich, wie es Franziskus vor bald 800 Jahren war.

Der Extremist Franziskus war kein Fanatiker

Seine Haltung und Lebensführung wirkten für viele extrem, bis zur Unerträglichkeit. Aber er war kein Fanatiker. Es gab damals zwar viele fanatische und gewalttätige Kirchenrevoluzzer. Aber Franziskus wollte mit ihnen nichts zu tun haben. Er wollte für die Kirche da sein. Er wollte die Kirche von Grund auf renovieren. Deshalb suchte er das Vertrauen und die Unterstützung der Kirchenverantwortlichen. Mit seiner Ehrlichkeit und seinem kompromisslosen Reformwillen konnte er die reichen und mächtigen Kirchenfürsten überzeugen, die ja von seinen Forderungen auch selbst betroffen waren.

Warum aber nennen wir Franziskus heilig? Was heisst überhaupt heilig? Vielleicht lässt es sich mit einer einfachen Erfahrung illustrieren, die wir alle schon gemacht haben. Wenn wir eine Kirche betreten, verändert sich etwas in uns. Mit dem Übertreten der Schwelle verhalten wir uns plötzlich anders als an alltäglichen Orten. Wir werden stiller oder andächtig oder nachdenklich. Auf der anderen Seite der Kirchentüre merken wir, dass es etwas gibt, das über unser gewöhnliches Leben hinausgeht, etwas Geheimnisvolles, etwas, über das wir nicht verfügen. Kurz: Wir spüren etwas von Heiligkeit. Heilig sein heisst also, auf der anderen Seite der Grenze zwischen menschlicher und göttlicher Welt zu stehen.

Paulus redet in seinen Briefen die Glieder seiner Gemeinden häufig mit «Heilige» an. Mit Paulus müsste ich meine Predigt deshalb eigentlich mit «Liebe Heilige Oltnerinnen und Oltner» beginnen. Das würde Ihnen wahrscheinlich merkwürdig vorkommen. Aber für den Apostel sind Gläubige Menschen, die auf den Ruf Gottes hin über eine Grenze näher zu Gott gekommen sind. Sie haben von ihm die Kraft erhalten, über die Grenze auf seine Seite zu wechseln. «Ich habe dich bei deinem Namen gerufen. Du bist mein», heisst es im Alten Testament (Jes 43,1). Heilige sind Menschen, die diesen Ruf nicht nur hören, sondern ihm auch folgen können. Diese Menschen führen ein anderes, neues Leben, ein Leben jenseits der unsichtbaren Grenze zu Gott. Sie leben in enger Beziehung mit Gott, mit der Welt und mit sich selbst. So sind sie zu Menschen geworden, die die Kraft haben, denjenigen Menschen Licht zu bringen, die im Dunkeln sitzen. Es kommt deshalb nicht von ungefähr, dass das hebräische Wort für heilig (qadisch) etwas mit Grenze zu tun haben soll.

Heilige Menschen

Persönlichkeiten, bei denen man diese Grenzüberschreitung besonders deutlich spürte, wurden in der Kirche schon früh als heilige Menschen verehrt. Sie waren nicht so sehr moralisches Vorbild. Sie waren vielmehr beglückendes Beispiel dafür, dass ein Mensch Gott nahe sein darf. Gleichzeitig sind diese Heiligen aber Menschen aus Fleisch und Blut, mit Fehlern und Schwächen. Auch Franziskus hatte Schattenseiten. Auch Paulus. Und Augustin. Auch Mutter Teresa. Heilige sind nicht Halbgötter oder gar Götter. Sie sind Menschen, bei denen man spürt, dass sie nahe bei Gott sein können. Sie können dem Ruf Gottes folgen. Weil sie aber Menschen sind, können sie es wohl nicht immer. Aber sie können es immer wieder.

Der Heilige Franziskus hat diese Grenze mit einer Radikalität überschritten, die seine Zeitgenossen beeindruckt, aber auch befremdet hat. Er hat dafür auch Spott geerntet. Aber der Spott ist bald verstummt. Immer mehr Menschen wurden Anhänger von ihm, bis auf den heutigen Tag. Seine Ausstrahlung muss unglaublich gewesen sein. Und diese Ausstrahlung leuchtet auch heute noch.

Mir scheint, dass Franziskus das glauben und leben konnte, was Paulus so sagte: «In der Schwachheit bin ich stark» (2 Kor 12,9). Hier sehe ich das Tröstliche seiner Persönlichkeit. Wir alle sind schwach, hilfsbedürftig, zerbrechlich. Alle. Und doch hat jeder von uns die Chance, über die Grenze näher zu Gott zu kommen. «Ich habe dich bei deinem Namen gerufen, du bist mein» (Jes 43,1). Dieses Wort Gottes gilt uns zerbrechlichen Menschen, Ihnen und mir. Wir können das vielleicht nicht immer hören. Aber er ruft uns trotzdem. Immer wieder. Damit wir es doch einmal hören können.

Patrozinium im Kapuzinerkloster Olten, 2016

Warum heiratet man eigentlich?
Galaterbrief 6,2

Warum heiratet man eigentlich? Die Frage scheint an einem Hochzeitstag ziemlich einfältig, denn schliesslich weiss jede und jeder, warum man heiratet: aus Liebe natürlich. Aber dass es so einfach nicht ist, zeigt sich ja schon an euch beiden. Ihr habt lange nachgedacht, bis ihr etwas zögerlich zum Schluss kamt: Jawohl, das machen wir jetzt. Dahinter steckt wohl die wichtige Überlegung, dass heiraten für das ganze Leben Folgen haben wird. Und diese Folgen sollen natürlich gute Folgen sein. So erhoffen sich Brautleute, in einem gemeinsamen Leben geborgen und getragen zu sein – bis der Tod sie scheidet. Sie suchen und brauchen verlässliche Geborgenheit. Das gilt für alle Menschen. Der biblische Schöpfungsbericht hat das kurz und bündig so formuliert: «Es ist nicht gut, dass der Mensch allein sei» (Gen 2,18). Wir wissen natürlich, dass das stimmt. Mehr noch: Wir alle kennen Menschen, die wegen ihrer Einsamkeit seelisch verkümmert sind. Trotz dieser Erfahrung darf man die Ehe nicht romantisieren oder gar gefühlvoll-sehnsüchtig in ihr das Paradies erwarten. Eine Ehe gewinnt ihre Tiefe und Echtheit gerade nicht durch romantische Paradiesvorstellungen, sondern nur durch gemeinsames Erfahren schöner und schwieriger Zeiten. Eine Ehe kann sich erst zu voller Reife entfalten, wenn die Eheleute erlebtes Licht und erlittenes Dunkel gleichermassen in ihr gemeinsames Leben integrieren können.

Immanuel Kant (1724–1804), der Philosoph der deutschen Aufklärung, hat die Ehe trocken so definiert: Die Ehe sei «die Verbindung zweier Personen verschiedenen Geschlechts zum lebenslangen wechselseitigen Besitz ihrer Geschlechtseigenschaften». Diese Definition mag uns unflätig (so der Kulturphilosoph Oswald Spengler 1880–1936), spöttisch oder gar zynisch erscheinen. Das ist sie aber nicht. Genau besehen drückt sie nämlich mit nüchterner deutscher Präzision zwei biblische Voraussetzungen der Ehe aus: Mann und Frau sind, wie es das Alte Testament ausdrückt, einander ein Gegenüber (Gen 2,13), ja sogar das Gegenüber schlechthin. Sie sind einander ebenbürtig, weshalb sie einander auf gleicher Augenhöhe begegnen – und das bei aller geschlechtlichen Verschiedenheit. Nicht Gleichheit, sondern Gleichrangigkeit in Verschiedenheit ist die unabdingbare Grundvoraussetzung für eine christliche Ehe. Die zweite Grundvoraussetzung ist die lebenslange Verlässlichkeit. Eine christliche Ehe ist darauf angelegt, dass Mann und Frau sich aufeinander verlassen können – unbedingt und uneingeschränkt. Deshalb wird das kirchliche Eheversprechen mit einer absoluten Vertragsklausel abgenommen, nämlich: bis der Tod euch scheidet.

Eine Zigarre ist kostbar

Nun wissen wir alle nur zu gut, dass eine Ehe scheitern kann, bei aller Ehrlichkeit und trotz allen guten Willens der Beteiligten. Ein Versprechen zweier Menschen ist eine Absichtserklärung, mehr nicht. Ein Versprechen kann deshalb nie eine Garantie sein. Das ist uns allen klar. Aus diesem Wissen um die Zerbrechlichkeit menschlichen Wollens und Könnens könnte man die Ehe bildhaft mit einer kostbaren Zigarre vergleichen. Eine Zigarre ist etwas sehr Empfindliches. Man muss sie deshalb sorgfältig und zärtlich behandeln. Man muss sie liebevoll vor Verletzungen schützen. Man muss sie behutsam pflegen, weil Beschädigungen sie unbrauchbar machen. Wenn man sie sorgfältig entflammt hat, dann muss man ihr mit regelmässigen Zügen immer wieder frische Luft zuführen, sonst geht sie aus. Kurz: Wenn man eine Zigarre vernachlässigt, stirbt sie. Genauso stirbt eine vernachlässigte Ehe. Damit ihr das nicht vergesst, schenke ich euch hier eine Zigarre. Hängt sie zu Hause an die Wand.

Man muss also die Glut der Ehe – die Liebe – sorgfältig hegen und pflegen. Der heilige Apostel Paulus, der grosse Psychologe und Lebenskenner, hat sehr genau gewusst, dass Liebe nicht einfach ein Gefühl ist. Denn über Gefühle verfügt niemand wirklich. Deshalb versteht die Bibel die Liebe nicht primär als Gefühl, sondern als ein Tun. Das heisst: Liebe hat viel mit Wollen und Denken zu tun. Darum hat der Apostel die Liebe im Galaterbrief so definiert: «Traget einer des anderen Last, so werdet ihr das Gesetz Christi erfüllen.» Jemandem seine Last tragen helfen – das ist Liebe! Und Lasten gibt es in jedem Leben genug, wer wüsste das nicht? Es gibt die Last mit dem eigenen Ich, mit den eigenen Schwächen und den eigenen Grenzen, mit den unerfüllten Hoffnungen und Erwartungen, mit den kleinen und grösseren Versagen, mit den Enttäuschungen und Schlägen des Lebens, mit der Angst vor Liebesentzug, vor Krankheit und Tod. Es gibt auch die Last mit schwierigen und unsympathischen Menschen. Und, und, und...

Eine Ehe ohne Streit ist keine Ehe

Es gibt auch die Last – es sei nicht verschwiegen – mit dem eigenen Ehegatten (die Frau ist mitgemeint!), der seine Mucken, seine Gewohnheiten und seine Ticks hat. Gerade in der Ehe, aber nicht nur in der Ehe, kann «Last tragen helfen» bedeuten, dass Klartext geredet werden muss. Deshalb kann echte Liebe sehr schmerzlich sein. Wenn ich dem Anderen zum Beispiel verständlich machen muss, dass eine seiner Lasten gar keine Last ist, sondern nur seine Überempfindlichkeit. Oder wenn ich ihr erklären muss, dass ihre Schwierigkeiten mit einem anderen Menschen nicht bei diesem liegen, sondern bei ihr selbst. Dann ist das Liebe – wenn auch nicht unbedingt leicht zu ertragende Liebe. Deshalb heisst lieben auch miteinander streiten können. Eine Ehe, in der nicht gestritten wird, ist keine Ehe (das brauche ich euch beiden, so wie ich euch kenne, allerdings kaum zu sagen!).

Lieben heisst aber noch etwas anderes: den anderen so nehmen, wie er oder sie ist, und nicht so, wie er oder sie sein sollte oder wie ich ihn oder sie haben möchte. Jeder Mensch hat Ecken, Kanten und dunkle Seiten. Sie sind nicht Bosheit, sondern sie sind die elende Folge der traurigen Tatsache, dass wir alle unerlöste, schwache Geschöpfe sind, die in einer gebrochenen Welt leben müssen. Dass man den anderen mit allen seinen Flecken und Runzeln anzunehmen und sogar zu verstehen sucht, genau das heisst seinen Mann, seine Frau lieben.

Last und Lust tragen
Paulus hat das Wort von «Last tragen» nicht im Zusammenhang mit der Ehe gesagt. Er war ja überzeugter Zölibatär und hat sich nur am Rand mit der Ehe auseinandergesetzt. Aus diesem Grund gestatte ich mir als kleinem Prediger den grossen Paulus zu ergänzen. Hätte er von der Ehe geredet, hätte er meiner Meinung nach noch etwas anfügen müssen, nämlich: Traget einer des Andern Lust. Ich denke natürlich auch an das, was Sie jetzt gerade gedacht haben. Die Freude an der gegenseitigen Lust ist selbstredend ein sehr wichtiger Teil dessen, was die Glut der Ehe am Brennen hält. Ich denke aber noch weiter. In einer guten Ehe müssen beide nicht nur die Lasten des Anderen tragen, sondern beide sollen auch die Freuden des Anderen tragen helfen – auch wenn es nicht die eigenen Freuden sind. Das tönt einfach, ist es aber nicht. Mein Ehepartner kann Freude an Dingen haben, die ich nicht verstehe. Er oder sie kann Lust auf Dinge haben, die mir fremd sind oder die mir gar Unbehagen bereiten. Das, was dem Anderen Freude oder Lust macht, ihm oder ihr ermöglichen, sich sogar daran mitzufreuen, das heisst des Anderen Lust tragen. Also liebe Brautleute, traget einer des Anderen Last und traget einer des Anderen Lust, dann werdet ihr das Gesetz Christi erfüllen. Wenn ihr beides versucht, dann werdet ihr euch eurer Ehe freuen können, und sie wird euch frei und offen füreinander machen.

Etwas ganz Wichtiges haben wir noch nicht gesagt. Die eheliche Beziehung ist in christlicher Sicht mehr als nur eine menschliche Beziehung. Sie hat eine zusätzliche Dimension, die über die rein zwischenmenschliche Erfahrung von Liebe hinausgeht. Sie hat viel mit Gott zu tun. In der Ehe soll der Mensch ein Abbild der Liebe Gottes erfahren können. Ein Abbild nur, nicht mehr. In biblischer Sicht kann jeder Mensch, was immer auch geschehen sein mag, wieder zu seinem Gott zurückkehren. Gott weist nie einen Menschen zurück, der zu ihm kommen will. Er ist ein treuer Gott, der keine Beziehung abbricht, auch die hoffnungsloseste, kaputteste nicht. Jeder verlorene Sohn und jede verlorene Tochter kann jederzeit zurückkehren und sicher sein, dass der Vater ihn oder sie aufnimmt, und das erst noch mit grosser Freude (Lk 15,11–32). Diese Verlässlichkeit und Treue Gottes ist das Vorbild jeder Ehe. Zu seinem Mann, zu seiner Frau soll man jederzeit zurückkehren können, was immer auch geschehen sein mag. Genau darum werdet ihr versprechen, «einander eure Liebe zu schenken, einander zu achten und die Treue zu halten, bis der Tod euch scheidet».

Wir haben es gesagt: Die eheliche Liebe kann nur ein Abbild der Liebe Gottes sein, nicht mehr. Nur eine zweidimensionale Schwarz-Weiss-Fotografie der farbenreichen und vieldimensionalen Liebe Gottes. Aber immerhin ein erkennbares, brauchbares Bild. Wenn ihr das fertigbringt, dass ihr in der Liebe des geliebten Mannes, der geliebten Frau, immer neu einen Funken der Liebe des Dreifaltigen Gottes erkennen könnt – manchmal einen leuchtenden, manchmal auch einen schwachen –, dann ist eure Ehe nicht nur geglückt, sondern dann seid ihr dem Reich Gottes ein Stück näher gekommen.

Eine Hochzeitspredigt, Frühjahr 2012

Présentation de Jésus au Temple – Chandeleur
Jean 8.12

Avant de commencer nos vêpres nous avons posé des cierges sur l'autel et nous avons chanté la louange de la lumière avec les paroles de l'évangéliste Jean: «Je suis la lumière du monde. Qui me suit ne marchera pas dans les ténèbres, mais aura la lumière de la vie.» Nous avons fait cela avec une bonne raison: le soir apporte les ténèbres de la nuit et donc nous avons besoin de lumière. Seule la lumière a la force de rompre la nuit, cette nuit si souvent inquiétante et lugubre. C'est pourquoi la dernière parole de Goethe avant de mourir était: «Plus de lumière!» («Mehr Licht!»).

Avez-vous marché une fois tout seul dans une forêt pendant la nuit sur un petit chemin sans lumière? Certainement cela vous a fait peur. On entend mille choses que l'on n'entendrait jamais pendant une promenade lors d'une journée ensoleillée. Il y a partout des bruits mystérieux – est-ce quelqu'un, ou est-ce une bête ou seulement une bestiole, ou une feuille qui tombe? Ténèbres – cela veut dire peur, désespoir, misère, solitude, dépression. Ténèbres symbolise tout ce qui est sombre, tout ce qui nous effraye et qui nous angoisse.

Pour l'évangéliste Jean les ténèbres signifient le monde, signifient l'existence de l'homme qui aboutit toujours à la mort. Quand Saint Jean parle de ténèbres, il pense à l'existence sans issue et sans perspective. Pour lui le monde est tombé dans une existence séparée de Dieu. C'est pourquoi nous sommes destinés à la mort. Et c'est pourquoi nous avons probablement tous déjà fait l'expérience mortelle des ténèbres – avec ou sans l'expérience directe de la mort physique.

J'aimerais vous citer comme premier exemple une expérience très personnelle: ces jours j'accompagne une jeune femme qui est pleine de joie de vie et de vitalité chaleureuse. Elle est sur le chemin vers sa mort. Il n'y a aucun espoir de la sauver de son cancer torturant et douloureux.

Mais il y a beaucoup d'autres exemples de ténèbres dans le monde: chaque jour 100 000 hommes, femmes et enfants meurent de famine. En Occident, il se déroule un changement effrayant de culture et de civilisation. Une énorme industrie anime les gens à consommer des biens de luxe et à se divertir sans cesse. Les conséquences de ce changement de valeurs et de traditions dans notre société sont imprévisibles. Nos structures sociales se trouvent dans un changement fondamental et nous n'avons aucune idée où cela va finir. Nous faisons aussi des expériences sombres dans notre vie personnelle. Notre bonne volonté échoue souvent et nous n'arrivons pas à réaliser ce qui nous semblerait bon et juste. Nous faisons trop souvent l'expérience de notre faiblesse et de ténèbres en nous-mêmes.

Et il y a encore la peur: la peur du chômage, la peur de l'âge qui détruit notre force, notre beauté, notre santé, notre succès, nos relations. Il y a la peur de la mort. Dans cette expérience de ténèbres que nous faisons tous, le prophète Esaïe a prononcé ces paroles merveilleuses: «Le peuple qui marchait dans les ténèbres a vu une grande lumière. Sur ceux qui habitaient le pays de l'ombre, une lumière a resplendi» (Es 9,1). Les chrétiens ont dès le début de leur communauté compris cette phrase comme promesse de l'arrivée du Sauveur, du Messie, de la Lumière du Monde. L'évangile de Saint Jean dira sept siècles après Esaïe qu'avec Jésus Christ cette lumière annoncée par le prophète est arrivée. Cette lumière brille dans les ténèbres. Selon Saint Jean, Jésus lui-même dira plus tard: «Je suis la lumière du monde. Qui me suit ne marchera pas dans les ténèbres».

Mais cela est-il vrai? Est-ce que cette lumière brille vraiment dans nos ténèbres – dans les vôtres et dans les miennes? Est-ce que nous ne marchons vraiment plus dans les ténèbres de tous les jours? Est-ce que le monde est devenu meilleur depuis la naissance du Christ, depuis l'existence de son Eglise? Regardons notre monde. Rien n'est meilleur, notre évangéliste semble avoir la même conviction: «La lumière brille dans les ténèbres, et les ténèbres ne l'ont point comprise» (Jean 1,5). Le monde ne saisit pas la lumière. Il reste dans les ténèbres. Est-ce que l'Evangile tombe donc en résignation en disant: la lumière ne change rien, parce que le monde ne peut pas et ne veut pas la saisir et la comprendre.

Si l'Evangile disait que le monde était devenu clair et brillant après la naissance du Christ, cela serait du bavardage pieux ou même bigot. Il y a des bigots qui prétendent que le monde est devenu bon et plein d'amour par l'Evangile. Jean est plus réaliste. C'est pourquoi il accentue le fait irréfutable: le monde n'est pas capable de saisir la lumière. C'est un fait. Dénier ce fait serait hypocrite.

Mais cela ne veut pas du tout dire que la lumière du Christ n'est pas efficace. Il y a beaucoup de gens qui ont vu et qui voient le Christ – la lumière. Ces hommes et ces femmes sont capables de la saisir. Ils vivent dans cette lumière. Ils reçoivent de cette lumière force et espoir. Ce qui est encore plus important, c'est que beaucoup de ces gens peuvent transmettre cette lumière à ceux qui ne l'ont pas trouvée. Ils sont capables de vivre de manière à ce que d'autres êtres humains puissent sentir la lumière dans leurs ténèbres. C'est un grand charisme de recevoir la lumière. Mais c'est encore un plus grand charisme de transmettre la lumière à son prochain.

Comme deuxième exemple, je pense à une femme très âgée qui a eu une vie très dure. Elle a vécu dans des circonstances matérielles difficiles. Son mari ainsi que des enfants sont mort tôt. Elle est devenue dépendante d'une belle-fille dure et sans cœur. Cette vieille femme avec sa vie difficile est restée sereine et heureuse. Elle dit toujours avec une grande modestie et avec un sourire d'une sagesse légère: «Ma lumière était toujours dans mes ténèbres.»

Je pense à tout ce que l'Eglise et les fidèles ont mis en mouvement pendant des siècles. Nelson Mandela, le Président de l'Afrique du Sud, nous a expliqué pendant une réunion du Conseil Œcuménique que la révolution contre l'Apartheid avait seulement été possible grâce à l'aide des églises. Les écoles ecclésiastiques ont accepté – contre les lois – tous les enfants: les noirs, les bruns, les blancs. C'est pourquoi les noirs oppressés étaient, grâce à leur bonne éducation, capables d'établir une opposition forte, efficace et intelligente.

Je pense aux hôpitaux chrétiens du moyen-âge ou aux hôpitaux de nos jours dans les métropoles immenses du tiers monde qui s'occupent de ceux dont personne ne s'occupe – les invalides, les drogués, les victimes du sida, les chômeurs, les orphelins.

Je pense aux Droits de l'Homme: ils ne sont pas le résultat de délibérations de la politique séculaire, mais ils ont leurs racines dans la foi chrétienne. Ce sont des réfugiés protestants, fuyant des monarques absolutistes européens, qui ont développé ces pensées aux Etats Unis au 18e siècle.

Je pense aux laïques dans nos paroisses qui prennent des responsabilités importantes dans des circonstances souvent difficiles: manque d'argent, vaste désintérêt, manque d'ecclésiastiques capables, querelles dans les paroisses, manque de vitalité dans la vie spirituelle. C'est souvent grâce à ces laïques présents, actifs, infatigables que la lumière du Christ ne s'éteint pas dans nos églises.

Et je pense à ces personnalités modestes et silencieuses qui étendent par leur manière de vivre la lumière du Christ. Par leur rayonnement ils soutiennent des hommes et des femmes en visitant des malades, en consolant les tristes, en invitant des isolés, en s'occupant des enfants, en riant avec les joyeux et en pleurant avec les désolés.

Saint Jean est un grand réaliste – comme tous les grands chrétiens. Mais il est aussi le grand chanteur de la lumière qui est venue dans le monde. Il plonge tout son évangile dans la lumière du Christ, dans la lumière du Ressuscité. En même temps il n'oublie pas le fait que le monde n'est pas capable de saisir et comprendre cette lumière. Ce n'est pas la lumière qui n'est pas capable, c'est le monde qui ne l'est pas. Après avoir dit ceci avec un réalisme sobre, il dit à plus haute voix: la lumière brille dans les ténèbres. Et elle brille vraiment. Et elle brille peut-être beaucoup plus claire parce qu'elle brille dans les ténèbres.

Vêpres en la Cathédrale de Lausanne
6 février 2005

Wir sind alle gegen Gewalt – aber nützt das etwas?
Matthäusevangelium 5,43–48

Natürlich sind wir alle gegen Gewalt. Und deshalb hat selbstverständlich auch niemand etwas dagegen, dass der Weltkirchenrat eine Dekade zur Überwindung der Gewalt ausruft. Was könnte man denn schon dagegen haben? Ja mehr noch: Wir wissen nur zu gut, dass es dringend ist, dass gegen die Gewalt auf dieser Welt gekämpft wird. Denn jeder und jede von uns ist schockiert, wenn wir von Folter, Vergewaltigung, Mord, Prügeln, Erschiessungen oder Todesstrafe hören. Gewalt ist etwas so Grauenhaftes, dass wir alle dagegen sind. Und wir haben alle auch Angst vor Gewalt!

Aber wenn alle gegen Gewalt sind, warum gibt es sie dann trotzdem? Warum haben wir denn alle schon selbst Gewalt erlebt – auch in unserer engeren und weiteren Umgebung? Das ist einfach deshalb so, weil in jeder Frau, in jedem Mann und in jedem Kind, also auch in Ihnen und mir, ein Gewaltpotenzial steckt. Den gewaltlosen Menschen gibt es nicht. Und genauso wenig gibt es die gewaltlose Welt – die gibt es erst im Reich Gottes. Gewalt gehört zur Existenz des irdischen Menschen. Sie ist ein Teil der unerlösten Welt. Sie ist ein Ausfluss der Macht des Bösen. Niemand kann sich aus eigener Kraft von ihr befreien.

Zudem kann man Gewalt manchmal auch noch begründen und sogar legitimieren: Hätte Hitler ohne Waffengewalt vertrieben werden können? Oder ist eine Polizei – selbst im Rechtsstaat Deutschland – ohne Waffen denkbar? Muss letztlich nicht auch jede Demokratie ihren Gesetzen manchmal mit Gewalt Nachachtung verschaffen, indem sie zum Beispiel die Schulpflicht erzwingt oder kriminell gewordene Menschen inhaftiert? Auch in der besten Demokratie muss sich die Minderheit dem rechtsgültig ermittelten Entscheid der Mehrheit unterziehen. Natürlich ist das die legitime Gewalt der Staatsmacht. Aber trotzdem ist und bleibt sie Gewalt.

Und wie steht es denn mit der Gewalt in Ihnen und in mir? Haben Sie sich beim Autofahren noch nie beim Drängeln ertappt? Haben Sie noch nie Kleinkinder beim Spielen zugeschaut? Haben Sie noch nie Türken-, Juden- oder Frauenwitze gehört? Haben Sie in Ihrer Ehe oder gegenüber Ihren Kindern oder Eltern noch nie Gewalt gebraucht? Haben Sie am Arbeitsplatz noch nie Gewalt erfahren? Gewalt ist nämlich nicht, wie wir oft meinen, nur Dreinschlagen oder schiessen. Gewalt kann auch still sein. Diese stille Gewalt kann von lautloser, oft gegenseitiger Unterdrückung in der Ehe bis zu Rationalisierungsmassnahmen in der Industrie reichen. Das ist ja gerade das Perfide an der Gewalt – sie ist oft nicht als solche erkennbar.

Mit ätzender Schärfe stellt Jesus deshalb fest, dass psychische oder geistige Gewalt genauso böse ist wie physische Gewalt: «Ihr habt gehört, dass zu den Alten gesagt worden ist: Du sollst nicht töten. Wer aber jemand tötet, soll dem Gericht verfallen sein. Ich aber sage euch: Jeder, der seinem Bruder auch nur zürnt, soll dem Gericht verfallen sein; und wer zu seinem Bruder sagt: Du Dummkopf! soll dem Spruch des Hohen Rates verfallen sein; Wer aber sagt: Du Narr! soll dem Feuer der Hölle verfallen sein» (Mt 5,21f).

Wie kommt aber dieser selbe Jesus, der doch genau weiss, dass Gewalt alltäglich und unvermeidlich ist, dazu, zu sagen: «Liebet eure Feinde» (Mt 5,43)? Hat Jesus nicht selbst Gewalt gebraucht, als er die Tische der Geldhändler umwarf und sie aus dem Tempel trieb? Und wie kann man diesen Satz hier in Oranienburg, in nächster Nachbarschaft des ehemaligen Konzentrations- und Vernichtungslagers Sachsenhausen sagen? Kann man sich nur im Entferntesten vorstellen, dass die dort Gepeinigten ihre Schergen lieben sollten? So gesehen ist das Wort Jesu unerträglich. Es tönt nach Weltfremdheit, ja nach Heuchelei. Deshalb ist es kein Wunder, dass man dieses Wort schon bei den ersten Christen kaum ertrug – obschon man sich einig war, dass es eine der christlichen Hauptwahrheiten beinhaltet. So hat man es schon bald gemildert und entschärft. Man reduzierte die Feindesliebe zum Beispiel auf die persönlichen Feinde. So konnte man bequem Krieg oder Todesstrafe rechtfertigen.

Feindesliebe – kann es das geben?

So einfach geht es natürlich nicht. Aber was meint denn nun Jesus wirklich mit seinem verrückten Satz «Liebet eure Feinde»? Wenn wir von Liebe reden, denken wir sofort an gute Gefühle. Einen Menschen lieben heisst für uns, gerne mit ihm zusammen sein, sich bei ihm geborgen wissen, ihm vertrauen können. Aber der Begriff «Feind» bedeutet doch das genaue Gegenteil: Misstrauen, Angst, Ablehnung. Jesus ist Realist genug, dass er den Menschen keine Gefühle auferlegt. Er weiss, dass man Gefühle nicht befehlen kann. Im Lukasevangelium entfaltet Jesus das Gebot von der Feindesliebe ganz einfach und pragmatisch: «Tut Gutes denen, die euch hassen; segnet die, welche euch fluchen; bittet für die, welche euch beleidigen» (Lk 6,27f). Hier ist nicht von Gefühlen die Rede, nicht von Sympathie und Antipathie, sondern allein davon, wie man auf Menschen reagieren soll, die einem böse wollen. Jesus sagt seinen Jüngerinnen und Jüngern nicht, was sie empfinden, sondern wie sich verhalten sollen. Nicht um Gefühle geht es, sondern um Verhaltensweisen.

Das tönt für uns vielleicht etwas sehr nach Moralin und nach säuerlichem Weltverbesserertum. Aber Jesus ist weder Moralist noch Weltverbesserer. Moralisten und Weltverbesserer neigen bekanntlich immer zu Gewalttätigkeit. Das gilt von Lenin über die militanten amerikanischen Abtreibungsgegner bis hin zu den Neonazis. Wer die Welt verbessern will, endet fast immer damit, dass er ihr Gewalt antut. Nein, Jesu Liebesgebot hat andere Wurzeln. Es hat nichts Taktisches an sich. Er will mit Nächstenliebe nicht etwas erreichen. Er will zum Beispiel nicht den Feind zum Freund machen oder ihn gar bessern. Denn Liebe, die einen Zweck erreichen will, ist keine Liebe. Mit anderen Worten heisst das: Das Liebesgebot ist keine natürliche Forderung. «Jesus hat die Feindesliebe in plakativem Kontrast zum ‹natürlichen› Verhalten formuliert. Sie ist nicht Taktik eines Kämpfers, nicht Grossmut eines Siegers, nicht Resignation eines Besiegten und auch nicht Abgeklärtheit eines Weisen» (Ulrich Lutz, Matthäusevangelium). Sie ist auch nicht Gipfel der «natürlichen» Menschenliebe. Sie ist weder vernünftig noch Erfolg versprechend.

Was soll sie dann aber? Jesus redet unter der Voraussetzung, dass das Reich Gottes kommen wird. Durch das Matthäusevangelium zieht sich wie ein roter Faden immer wieder die Erfahrung seines Verfassers. Der Evangelist hat erlebt, dass Jesus der auferstandene Gottessohn ist. Deshalb will er davon reden, dass dieser Auferstandene bei seiner Gemeinde ist – alle Tage bis ans Ende der Welt (Mt 28,20). Aus dieser Gegenwart Christi kann sich die Gemeinde verändern. Aus seiner Gegenwart in der Gemeinde schöpfen die Gläubigen die Kraft zur Nächstenliebe. Nicht weil sie etwas erreichen wollen, versuchen sich die Christgläubigen in Feindesliebe, sondern weil sie wissen, dass aus dieser Gegenwart Christi die Kraft kommen kann, dieses unmögliche Gebot immer wieder möglich zu machen. Die Frage ist also nur, ob unsere Erfahrung von Gnade für uns so tragfähig ist, dass wir für solch unmögliche Liebe frei werden können. Liebe zweckfrei und Liebe pur – einfach deshalb, weil Gott uns liebt?

Dekade zur Überwindung der Gewalt

Dass der Weltkirchenrat seine Dekade zur Überwindung der Gewalt mit dem Wort über die Feindesliebe eröffnet, ist eine sehr weise Entscheidung. Kirchen, kirchliche Instanzen und natürlich auch der Ökumenische Rat der Kirchen neigen zum Besserwissen. Viele kirchliche Verlautbarungen drücken aus, wie man es machen soll. Sie wissen oft zu leicht, was gut und was richtig ist. Wir Christinnen und Christen wissen es zu oft besser. Und deshalb hat der Weltkirchenrat gut daran getan, dieses schwierige, kantige, ja unmögliche Jesuswort über die Dekade zu setzen. Auch wir kennen keine Antworten. Wir wissen nur, dass es so nicht gehen kann. Wir wissen nur, Gewalt darf nicht sein. Jede Gewalt ist ein Schlag in Gottes Gesicht. Das wissen wir. Aber wie wir die Schläge verhindern sollen, das wissen wir nicht. Heisst das nun einfach, dass man sowieso nichts tun kann? Dass Gewalt eben zu dieser Welt gehört und es ausserhalb unserer Macht steht, etwas zu tun? Natürlich nicht. Zwei grosse Theologen haben die Machtlosigkeit gegen Gewalt bitter erfahren. Martin Luther hat die geballte Ladung Gewalt von Kirche und Reich am eigenen Leib schmerzlich spüren müssen. In dieser Erfahrung hat er gelernt, dass auch am Abgrund das Leben weitergeht. Er hat gesagt, dass er auch am äussersten Abgrund des Lebens noch ein Apfelbäumchen pflanzen würde.

400 Jahre später hat Karl Barth das unerbittliche Naziregime erlebt. Er musste zur Kenntnis nehmen, dass er gegen die grausame und gewaltige Macht des Dritten Reiches nichts entgegenzusetzen hatte. In dieser völligen Ausweglosigkeit hat er nicht etwa resigniert. Im Gegenteil. Die Erfahrung der unüberwindlichen Macht des Bösen hat ihn zu der wunderbaren Erkenntnis geführt: Wir kämpfen nicht gegen das Böse, *obschon* wir es nicht überwinden können. Nein, wir kämpfen gegen das Böse, *weil* wir es nicht überwinden können. In diesen Gedanken Luthers und Barths spiegelt sich die Paradoxie alles Göttlichen in dieser Welt. Apfelbäume pflanzen, wenn die Welt untergeht, ist für die Welt absurd. Für die Christen ist es selbstverständlich, ja zwingend.

Für Apfelbäume und für den Kampf für das Unerreichbare muss der Weltkirchenrat Zeugnis ablegen. Christen kämpfen in jeder Ausweglosigkeit gegen die Macht des Bösen. Sie legen damit Zeugnis von der Liebe Gottes ab. Damit werden sie zum Salz der Erde. Wie das Salz die Suppe würziger macht, so machen Christen die Welt würziger und geniessbarer – auch wenn sie die Gewalt damit nicht aus der Welt schaffen.

Predigt zur «Dekade zur Überwindung der Gewalt» anlässlich der Sitzung des Zentralausschusses des Weltkirchenrates Nikolaikirche Berlin-Oranienburg, 4. Februar 2001

Das Volk hat nicht immer Recht
Römerbrief 13,1–7

Vor vielen Jahren habe ich als Pfarrer einer Lektorin den heute gelesenen Text aus dem Römerbrief geschickt. Sie hat mir postwendend telefoniert, sie finde diese Bibelstelle unmöglich. Sie werde sie nur lesen, wenn ich mich verpflichte, darüber zu predigen. Die Lektorin hatte Recht. Ich predigte also gehorsam darüber. Und ich will es heute nochmals versuchen. Versuchen – denn der Text ist tatsächlich sperrig und schwierig. Hören wir nochmals, was da steht: «Jeder leiste den Trägern staatlicher Gewalt den schuldigen Gehorsam. Denn es gibt keine staatliche Gewalt, die nicht von Gott stammt. Jede ist von Gott eingesetzt», so beginnt er. In der Zeit von Gaddafi und Lukaschenko, Fidel Castro und Assad haben wir natürlich mit einem solchen Text Mühe. Haben diese Herren ihre Gewalt von Gott? Das kann doch nicht sein. Aber was dann?

Paulus hat den Brief zwischen 55 und 58 geschrieben, zur Zeit der ersten Christenverfolgungen. Das römische Kaiserreich war natürlich kein Rechtsstaat im heutigen Sinn. Aber es war auch nicht einfach eine rechtlose Diktatur. Das römische Recht war eine ausgeklügelte Rechtsordnung. Sie wirkt in gewissen Bereichen bis heute nach. Aber wie die Folterung Jesu und seine Kreuzigung zeigen, ist sie mit einer modernen, demokratisch legitimierten Rechtsordnung nicht zu vergleichen.

Paulus hat die Härte des Systems am eigenen Leib erfahren. Er war mehrmals im Gefängnis. Warum schreibt er trotzdem so über den Staat? Zunächst muss man von der Übersetzung Luthers unseres Paulustextes loskommen, die wir alle im Hinterkopf haben: «Jedermann sei der Obrigkeit untertan.» Sie ist falsch, weil sie aus dem obrigkeitsgläubigen Denken Luthers stammt. Paulus redet aber nicht von der Obrigkeit – also zum Beispiel vom Kaiser. Sondern er redet von den staatlichen Beamten, wörtlich redet der Text von den «Dienern der staatlichen Gewalt». Also von den kleinen Beamten. Und nicht zufällig wird zuerst von den Steuerbeamten gesprochen, also denjenigen Leuten, bei denen wir auch heute noch am direktesten mit dem Staat in Berührung kommen.

Und noch etwas: Paulus steht hinter der damaligen Rechtsordnung. Er nennt die staatliche Gewalt die Trägerin des Schwerts. Die Straf- und Polizeigewalt liegt also bei den staatlichen Beamten. Auch er scheint die Todesstrafe für selbstverständlich zu halten. Und ebenso scheint er gegen die Sklaverei nichts zu haben. In seinem Philemonbrief, in welchem es um einen entlaufenen Sklaven geht, sagt er kein Wort gegen die Sklaverei. Er nimmt sie für den Staat als gegeben hin. Für die christliche Gemeinde hingegen gelten andere Regeln. Im Galaterbrief sagt er deutlich, dass in der Kirche alle Getauften in Christus gleich seien. Deshalb gebe es in der christlichen Gemeinde keine Unterschiede mehr. Paulus sagt das so: «Es gibt nicht mehr Juden und Griechen, nicht Sklaven und Freie, nicht Mann und Frau» (Gal 3,28). In der Gemeinde darf ein Sklave nicht anders behandelt werden als jedes andere Gemeindeglied. Deshalb muss die Kirche andere Regeln einhalten als der Staat.

Man könnte es vielleicht so sagen: Das Denken von Paulus steht auf dem Hintergrund des Jesuswortes «Gebt dem Kaiser, was dem Kaiser gehört, und gebt Gott, was Gott gehört» (Mt 22,21). Der Kaiser darf nicht alles. Entsprechend müssen die Christen sich zum Staat verhalten: Gott geben, was Gottes ist. Wir wissen nicht, ob der Apostel dieses Wort Jesu gekannt hat. Hingegen ist absolut sicher, dass er auf alttestamentlichem Boden steht wie es zum Beispiel beim Propheten Jeremia ablesbar ist: «Ich (Gott) bin es, der die Erde gemacht... Und ich gebe sie, wem ich will. Und nun bin wiederum ich es, der all diese Länder in die Hände Nebukadnezars, des Königs von Babel, meines Knechtes, gegeben hat» (Jer 27,5ff). Und Nebukadnezar war immerhin der Mann, der das Volk Israel grausam nach Babylon deportiert hat. Also: Gott steht über jeder irdischen Macht. Aber er steht auch hinter Kyros, der die Israeliten aus der babylonischen Gefangenschaft befreit hat. Der heidnische Kaiser kann folglich nicht einfach tun, was er will.

Auffallend ist, dass Paulus überhaupt nichts dazu sagt, dass der Staat auch Unrecht tut. Ihn interessiert offensichtlich der Staat nur als irdische Ordnungsmacht, als Ordnungsmacht für den Alltag also. Mehr nicht. Während dieser Text also den Staat bejaht, scheint in der Offenbarung des Johannes (Offb 13) genau das Gegenteil zu stehen. Der Staat wird als grausame, gewalttätige Bestie geschildert. Das ist ein radikales Nein zum römischen Imperium. Wie passt aber das zusammen? Und warum gibt es so divergierende Meinungen über dasselbe Thema? Das historische Umfeld ist zur Zeit des Johannes anders geworden. Er schreibt etwa 40 Jahre nach Paulus. Grausame

Christenverfolgungen sind jetzt an der Tagesordnung. Der Staat zeigt seine brutale Seite.

Wenn man die Texte von Paulus und der Offenbarung etwas näher ansieht, kann man herauslesen, dass beide Autoren den Staat ähnlich sehen: Beide setzen ihm Grenzen. Paulus schränkt ihn so ein: Er ist Ordnungsmacht zur Sicherung des Alltags, mehr nicht. Und Johannes weist ihn in Schranken, weil er diese Grenzen überschreitet und allein bestimmt, was Recht ist und was Unrecht. Beide Texte gehen davon aus, dass der Staat nicht alles darf. Das gilt nicht nur für die kaiserliche Monarchie. Das gilt auch für den demokratischen Staat, wie wir ihn kennen. Es gibt übergeordnetes Recht, das immer über dem Staat steht. Deshalb steht am Anfang der Bundesverfassung: «Im Namen Gottes des Allmächtigen». Damit ist nicht der Christengott gemeint. Denn unser Staat ist nicht ein christlicher Staat. Unser Staat ist säkular. Aber es gibt absolutes Recht – göttliches Recht sozusagen –, das der Staat nicht antasten darf. Das, und nur das, wird mit dieser Überschrift gesagt.

Wenn rechtspopulistische Politiker gerne behaupten: Das Volk hat immer Recht, so ist das schlicht falsch. Das ist genauso falsch wie der alte Spruch, die Stimme des Volkes sei die Stimme Gottes (vox populi, vox dei). Die Stimme des Volkes kann natürlich die Stimme Gottes sein. Aber sie kann genauso auch die Stimme des Teufels sein. Die europäische Geschichte zeigt uns das bis heute zur Genüge. Dass der Staat nicht alles darf, kann man angesichts des erstarkenden Rechtspopulismus in unserem Land nicht genug betonen. Auch wenn ein Gesetz durch eine Abstimmung rechtsgültig geworden ist, so heisst das noch lange nicht, dass es ein gutes oder gerechtes Gesetz ist. Auch ein rechtsgültiges Gesetz kann gegen sittliche Normen verstossen.

Das darf die Politik – dürfen also wir Bürgerinnen und Bürger – nie vergessen: Es gibt ethische Grundsätze, die kein Staat verletzen darf. Der Staat muss sich an Prinzipien halten, die über ihm stehen. Als besonders gefährdete Bereiche seien ein paar Beispiele genannt: das Flüchtlingswesen und die Ökologie, die Handelspolitik, die Justiz und die Polizei. Also nochmals: Der Staat darf nicht alles. Auch in einer Demokratie nicht. Denn das Volk hat nicht immer Recht. Auch der Staat ist unverfügbaren ethischen Normen unterworfen, an denen er nicht rühren darf. Deshalb steht über der Bundesverfassung: Im Namen Gottes des Allmächtigen und nicht: Im Namen des Volkes.

Eidgenössischer Dank-, Buss- und Bettag 2011

Die Kirche muss aus der gemütlichen Sakristei herauskommen

Sie können sich leicht vorstellen, dass mir eine Predigt vor den höchsten Verantwortlichen unseres Landes schon etwas Bauchweh macht. Ich habe deshalb einen mir befreundeten Neutestamentler gefragt, ob er eine Bibelstelle wüsste, die für diesen Anlass geeignet wäre. Er dachte nach und sagte dann: In der Leidensgeschichte steht etwas Passendes im Lukasevangelium 22,46. Als ich nachschlug, sah ich, dass ich meinem Freund auf den Leim gekrochen war. Denn es ist ein sehr unpassender Text. Trotzdem will ich Ihnen diesen nicht vorenthalten, weil das Parlament schliesslich auch die bösen Gedanken des Volkes kennen muss. Es heisst da: «Wie könnt ihr schlafen. Steht auf und betet, damit ihr nicht in Versuchung geratet.» Ich will diese Stelle nicht weiter auslegen. Denn sie bringt Sie zu einer Erkenntnis, die Sie in Ihren Debatten sicher schon selbst gemacht haben, nämlich dass man keinem Zitat trauen soll, das man nicht selbst aus dem Zusammenhang gerissen hat.

Ich möchte mit Ihnen eine andere Stelle bedenken, nämlich aus dem 1. Timotheusbrief 2,1f: «Vor allem fordere ich zu Bitten und Gebeten, zu Fürbitte und Danksagung auf, und zwar für alle Menschen, für die Herrscher und für alle, die Macht ausüben.» Der etwa um das Jahr 100 entstandene Text zeigt, dass die Christenheit seit ihren ersten Anfängen für den Staat gebetet hat. Und sie hat das Gebet für den Staat nie aufgegeben, auch nicht in Zeiten, in denen sie vom Staat verfolgt wurde. Dass die Kirche für den Staat betet, ist die Konsequenz aus dem berühmten Satz des Apostels Paulus: «Jeder leiste den Dienern der staatlichen Gewalt den schuldigen Gehorsam; denn es gibt keine Gewalt, die nicht von Gott stammt» (Röm 13,1). Auch wenn dieses Wort das Blut frommer Christinnen und Christen immer noch zum Wallen bringt, so ist es trotzdem grundlegend für das christliche Staatsverständnis. Und dieses sieht so aus: Der Staat hat den Auftrag, das Zusammenleben der Menschen in dieser Welt zu ordnen. Er muss dafür sorgen, dass nicht die Macht des Stärkeren und Selbstjustiz gelten, sondern dass Rechtssicherheit ein geregeltes Zusammenleben ermöglicht. Und: Wenn Gott den Staat eingesetzt hat, dann ist dieser nicht allmächtig. Es gibt ethische Grenzen, die er nicht überschreiten darf, und es gibt Dinge, die seiner Verfügbarkeit entzogen sind.

Wenn das Parlament eine Einladung der Arbeitsgemeinschaft Christlicher Kirchen zu einem Gottesdienst annimmt, so bekunden Sie damit, dass Sie das wissen. Sie wissen also, dass Ihr Auftrag nicht allein durch die Rechte des Volkes begrenzt ist, sondern auch durch Gott selbst. Sie bekunden damit, dass

Ihnen wohl bewusst ist, dass nicht einfach die Interessen des Volkes oder die Meinung der Mehrheit die Kriterien Ihrer Entscheidung sein können. Es gibt Grundsätze und Imperative, die jenseits der menschlichen Verfügungsgewalt stehen. Das erfahren Sie am eigenen Leib, wenn Sie über Fragen der Ökologie, des Schwangerschaftsabbruchs, der Gentechnologie, der sozialen Gerechtigkeit, ja selbst über Finanzfragen entscheiden müssen. Dass das eine schwierige Aufgabe ist, die Mut und Fingerspitzengefühl erfordert, aber auch Demut und die Fähigkeit zu Kompromissen, die keine faulen sind, das wissen wir alle. Und wir wissen auch, was Helmut Schmidt einmal warnend gesagt hat: dass jeder Mensch, der Verantwortung und damit Macht übernimmt, immer auch in Schuld geraten wird.

Beten für den Staat zeigt deshalb die Demut der Kirche gegenüber dem Staat und seinen Verantwortlichen. Sie will nicht bevormundende Instanz des Staates sein (obwohl sie diesen Weg, wie die Geschichte zeigt, immer wieder beschritten hat), sondern helfende, verstehende, stärkende Kraft. Wir beten in jeder Liturgie für den Staat und seine Amtsträgerinnen und Amtsträger, weil wir um die Komplexität und Schwierigkeit ihrer Aufgabe wissen. Wir wissen, dass sie bei manchen Geschäften nicht eine gute Möglichkeit haben, sondern nur die am wenigsten schlechte wählen können. Wir wissen, dass es sehr leicht ist, Kritik zu üben und es besser zu wissen. Wir wissen auch, dass sie oft Projektionsfläche für Aggressionen von Bürgerinnen und Bürgern sind, die ihren Grund in deren eigenen Ängsten und Nöten haben. Diese Nöte und Ängste müssen allerdings ernst genommen werden und die Politik muss ihnen Rechnung tragen.

Wenn die Kirche für den Staat betet, dann zeigt das auch, dass die Kirche sich für den Staat mitverantwortlich weiss. Die Demut der Kirche gegenüber dem Staat kann also nicht bedeuten, dass sie sich einfach in die Betulichkeit der Sakristei zurückzieht. Sich für den Staat verantwortlich wissen heisst auch, in diesem Staat mitreden. Wenn es politische Kreise gibt, die Kirche in ein beschauliches kirchliches Ghetto verbannen wollen, dann übersehen sie etwas Wichtiges: Wenn der Kirche und ihren Gliedern Nächstenliebe auferlegt ist, dann schliesst das den Auftrag ein, sich politisch zu äussern. Wenn Menschen zum Beispiel vom Staat materiell, rechtlich oder gesellschaftlich benachteiligt werden, dann muss die Kirche reden. Wenn man für Menschen, für die Erhaltung der Schöpfung oder für gerechte Behandlung aller Völker einstehen will, dann wird dieser Einsatz von selbst politisch sein. Eine unpolitische Kirche ist deshalb ein Widerspruch in sich selbst. Den Staat in seinem göttlichen Auftrag und in seiner Verantwortung ernst nehmen, das kann man nicht, ohne im Staat die Stimme zu erheben. Und wenn die Kirche mit kritischer Stimme reden muss, dann tut sie das nicht aus Rechthaberei oder aus Kritiksucht, sondern aus Hochachtung gegenüber dem Staat, der einen göttlichen Auftrag in dieser Welt hat, nämlich einen wenn auch schmalen und stets gefährdeten Lebensraum menschlicher Gerechtigkeit und Friedens zu errichten. Sie redet, weil sie den Staat in seiner Aufgabe und in seiner Verantwortung unterstützen will. Dass die Kirche sich nicht in ein politisches Ghetto zurückziehen darf, wird spätestens dann sichtbar, wenn sie zu geschehenem Unrecht schweigt oder wenn sie zum Schweigen gebracht wird.

Dass die Kirche für den Staat betet, zeigt noch etwas Drittes, nämlich dass sie weiss, dass der Staat auch ihre Stütze und ihre Hilfe sein kann. In unserem Land ist das sehr deutlich, weil der Staat ihr die nötige Freiheit und Unabhängigkeit gibt, das zu tun, was sie tun muss. Wenn sie diese Hilfe nicht hätte, könnte sie manches nicht tun, was sie tut und worauf sie stolz ist. Dafür sind wir sehr dankbar. Aber wie die Kirche manchmal gegenüber dem Staat das Wort ergreifen muss, so muss der Staat auch manchmal der Kirche gegenüber die Stimme erheben. Denn auch die Kirche ist nicht gegen Selbstgerechtigkeit und Machtgebaren gefeit. Wir erleben das in unserem Land auch in der Gegenwart. Auch dafür schuldet die Kirche dem Staat Dank.

Und schliesslich beten wir für den Staat, weil die, die den Staat bewohnen, und auch die, die ihn regieren, unter Gottes Erbarmen stehen und Gottes Hilfe nötig haben. Dass es uns gut geht, ist nicht nur unser Verdienst. Dass wir einen funktionierenden Staat haben auch nicht. Weil wir das wissen, beten wir.

So wünsche ich Ihnen, lieber Herr Bundesrat, liebe Parlamentarierinnen und Parlamentarier, viel Kraft und Mut für Ihre schwierige, aber auch spannende Aufgabe. Wir versichern Sie unseres Dankes für Ihren Einsatz und wir versichern Sie unserer Fürbitten. Als kleine Gabe möchte ich ein kleines Gebet mitgeben: «Herr, gib mir die Kraft zu ändern, was zu ändern ist, die Geduld, das zu tragen, was nicht zu ändern ist, und die Weisheit, das eine vom anderen zu unterscheiden.»

Gottesdienst zur Eröffnung der Legislaturperiode 1995–1999 der Eidgenössischen Räte im Berner Münster, Dezember 1995

Wozu ist eigentlich ein Pfarrer da?
1. Petrusbrief 5,1–4

Das Verhältnis zwischen Pfarrer und Gemeinde gibt immer wieder zu reden. Selbstverständlich nicht nur bei uns. Und schon in den ersten Zeiten der Kirche gab es im Zusammenleben von Priester und Gemeinde Probleme. Es gibt deshalb schon sehr früh Zeugnisse von Diskussionen über die Aufgabe und die Verantwortung der kirchlichen Amtsträger. Ein besonders wichtiges Dokument dazu ist der 1. Petrusbrief. Er stammt aus dem ersten Jahrhundert. Wir haben ihn eben vorgelesen. Da haben wir wohl alle gemerkt, dass der fast 2000-jährige Text genau das umschreibt, was auch heute noch die Aufgabe des Pfarrers ist.

Die Einleitung beginnt mit einem Bild: «Weidet die Herde Christi, die euch anvertraut ist.» Liebe Gemeinde, wahrscheinlich setzt ihr euch jetzt zur Wehr und sagt: Wir laufen unserem Pfarrer nicht wie eine Schafherde einfach nach. Denn wir sind mündige Christen. Natürlich, ihr habt Recht. Und übrigens sieht das der Petrusbrief völlig gleich. Genau davon redet nämlich das Bild von der Herde. Zwar sind Schafe natürlich ausgesprochene Herdentiere. Wer aber schon einmal eine Schafherde beobachtet hat, weiss, dass eine solche Herde ein wirrer Haufen eigenwilliger und individueller Tiere ist. Da ist von lammfrommen Schäflein nicht immer viel zu spüren. Deshalb muss eine Schafherde mühsam zusammengehalten werden, wenn sie sich nicht verlaufen und nicht verhungern soll.

Und genau eine solche Herde, ein solcher eigenwilliger Haufen von Individuen ist auch eine Kirchgemeinde. Sie ist aus vielen sehr unterschiedlichen Menschen zusammengesetzt. Sie alle wollen selber denken, selber entscheiden, dreinreden und ihren eigenen Weg gehen. Zugleich aber gehören sie auch in die enge Gemeinschaft der Getauften, die nicht zerfallen darf. Die Gemeinde muss wie eine Schafherde zusammengehalten werden, damit sie nicht untergeht. Deshalb muss sie geweidet werden. Weiden bedeutet etwas ganz Einfaches. Es bedeutet «da sein». Ein Hirte muss für seine Tiere da sein, immer und jederzeit. Jedes Tier muss wissen, dass der Hirte da ist. Für jedes Tier. Immer.

Genau das meint der Befehl des 1. Petrusbriefs an die Priester: «Weidet die Herde Christi.» Der Pfarrer muss für seine Gemeindeglieder da sein. Nichts anderes als da sein – das aber ganz. Die Menschen müssen spüren, dass der Pfarrer tatsächlich für sie da ist. Wenn kürzlich einer unserer Pfarrer einem Gemeindeglied gesagt hat, er stehe jetzt nicht zur Verfügung. Er habe nämlich heute schon alle Stunden abgearbeitet, die er an einem Tag arbeiten müsse. Dann hat der Mann vom priesterlichen Dasein nichts begriffen. Im Petrusbrief steht denn auch nichts von Arbeitszeiten, von Stellenprozenten oder von Arbeitsverträgen. Die Bedürfnisse der Gläubigen kennen keine Bürostunden und keine Prozente. Deshalb legt der Petrusbrief keinen Wert auf Organisation und Management. Hingegen betont er nachdrücklich etwas ganz anderes: «Seid da nicht aus Zwang und nicht wegen des Lohnes», sondern, wie Luther so wunderbar übersetzt, «seid Hirten aus Herzensgrund». Eine andere Übersetzung sagt sogar: «Seid Hirten aus Herzenslust.» Ein Priester muss also Hirte sein, muss da sein aus Herzensgrund, ja aus Herzenslust.

Man kann es nicht genug betonen. Pfarrer sein ist nicht einfach ein Job wie ein anderer. Ein guter Pfarrer kann nur sein, wer sein Amt mit Freude, mit Wärme, ja mit Leidenschaft ausübt, eben aus ganzem Herzen. Dann aber ist es ein wunderbares Amt. Mir hat es ein Leben lang gefallen, weil es ein so vielschichtiges und vielseitiges Amt ist. Man darf Leute besuchen. Wer darf schon einfach Leute besuchen, Leute, die er zuvor nicht einmal gekannt hat? Man darf sich künstlerisch entfalten, wenn man Gottesdienste spirituell, musikalisch und sprachlich vorbereitet. Man darf in aller Ruhe für eine Predigt ausführlich theologisches Denken treiben und geniessen. Dann darf man so lange am Text der Predigt feilen, bis man es wagt, damit vor die Gemeinde zu stehen. Man darf im Unterricht mit Kindern zusammen sein und ihre Unbändigkeit geniessen, die wir Erwachsene längst verloren haben. Man darf an der Tiefe reifer Menschen teilhaben. Man darf die Weisheit alter Menschen auskosten. Man darf mit unzähligen Menschen schwere und freudige Zeiten teilen.

Aber natürlich ist Pfarrer sein auch ein schweres Amt. Alles andere zu behaupten, wäre billige Sentimentalität. Bischof Urs Küry hat dazu etwas Tiefgründiges gesagt. Ich zitiere aus seiner Predigt zu meiner Priesterweihe: «Schwer ist es, Pfarrer zu sein, nicht weil die Zeiten so schwer sind und die Menschen so unverständig und undankbar. Schwer sind die Zeiten immer gewesen und die Menschen auch reichlich unverständig und undankbar. Das gehört zu ihrer Unerlöstheit … Nein, schwer ist der Pfarrerberuf aus einem viel tieferen Grund. … Wer den Auftrag Christi erfüllen will, der muss mit ihm immer wieder den Weg des Kreuzes gehen, den Weg hinein in die Dunkelheit, in die Gottverlassenheit, in die Not der Sünde und des Todes.» Diesen Weg muss der Pfarrer gehen an Krankenbetten, in zerbrochenen Ehen, am Totenbett nächster Menschen, mit Arbeitslosen, mit Enttäuschten und Verbitterten. Das ist manchmal hart. Jeder Pfarrer, der wirklich weidet, wird nämlich mit seiner eigenen Schwäche und seinem eigenen Tod konfrontiert. Denn jeder Pfarrer, der wirklich da ist, spürt, dass er angesichts von Not und zerbrochener Menschlichkeit hilflos und schwach ist, ja sogar versagen muss.

Trotzdem kann der Pfarrer plötzlich auch die wunderbare Erfahrung machen, dass mitten in der Schwärze das Licht, das Licht des Lebens, der Auferstehung, zu leuchten beginnt. Wie oft bin ich in einer verzweifelten Situation stecken geblieben, etwa am Bett einer Krebskranken, im Gespräch mit einem betrogenen Ehepartner, im Kontakt mit einem verzweifelten Menschen, der durch Arbeitslosigkeit alles verloren hat. Und plötzlich war ich es, der als der Getröstete dastand. Wo ich ratlos war, ist ein Mensch in tiefster Not plötzlich stark geworden, hat einen Weg gefunden, hat Ja sagen und ins Leben zurückfinden können.

Natürlich gibt es nicht nur diese schönen Erfahrungen. Es gibt auch noch die schwierigen Leute, die ewigen Querulanten, die ewigen Besserwisser. Es gibt die Geldmenschen, die das Leben an Bilanzen messen. Da gibt es die Bürokraten, welche Pfarrer und Gemeinde in Reglemente zwingen wollen, die nur Arbeitsverträge sehen und nur in Arbeitsstunden und Stellenprozenten denken können. Sie planen für das Management der Kirche, nicht aber für die Kirche Christi, die in den gläubigen, zweifelnden, suchenden, fröhlichen und leidenden Menschen gegenwärtig ist. Ja, und dann gibt es natürlich die Leute, mit denen man es einfach nicht kann, die einem auf die Nerven gehen, die einem «cassent les pieds», wie die Franzosen so schön sagen.

Da kann nur etwas weiterhelfen: nämlich nie, wirklich nie! vergessen, dass wir alle unerlöste, schwache Menschen sind. Wir alle müssen unser Kreuz der eigenen Kleinheit und der eigenen Beschränktheit mit uns herumtragen. Wir alle, auch Sie und ich, schleppen Kleinlichkeit und Engherzigkeit mit uns durch unser Leben. Aber alle Menschen, alle, auch die unangenehmsten, wollen doch nur eines: im Leben etwas Glück und Geborgenheit finden. Daran sollte ein Pfarrer immer denken, wenn ihm Menschen auf die Nerven gehen.

Der Heilige Augustin hat den Arbeitsvertrag mit dem Herrn der Kirche, Christus, über die grossen priesterlichen Aufgaben von Verkündigung, Liturgie und Seelsorge so geschildert:

Unruhestifter zurechtweisen
Kleinmütige trösten
Sich der Schwachen annehmen
Gegner widerlegen
Sich vor Nachstellern hüten
Ungebildete lehren
Träge wachrütteln
Händelsucher zurückhalten
Eingebildeten den rechten Platz anweisen
Streitende besänftigen
Armen helfen
Unterdrückte befreien
Gute ermutigen
Böse ertragen
Und – ACH – alle lieben

Haben Sie den tiefen Seufzer des Heiligen Augustin gehört? Und – ACH – alle lieben.

Zu einem Priesterjubiläum
1. Adventssonntag 2015

Zur Wahl eines Bischofs
Psalm 23

Es ist ein grosser Tag im Leben einer Kirche, wenn sie einen neuen Bischof zu wählen hat – und zwar deshalb, weil der Bischof die zentrale Figur im Leben der Kirche ist. Es ist also kein Zufall, wenn das Papsttum versucht hat, alle Bischofswahlen an sich zu reissen. Aber auch äusserlich wird das Gewicht des Bischofs sichtbar: Seine Gewandung ist königlich, weil sein Amt von königlichem Zuschnitt ist.

Wenn die kirchlichen Verhältnisse einigermassen in Ordnung sind, dann ist der Bischof auch im Alltag von grosser Bedeutung. Seine Persönlichkeit, seine Theologie, seine Ausstrahlung und vieles andere können das kirchliche Leben entscheidend beeinflussen – im Guten wie im Schlechten. In diesem Wissen um die entscheidende Bedeutung des Bischofs prägen zwei Inhalte die Wahl und die Weihe eines Bischofs: einerseits die Bitte um den Heiligen Geist und andrerseits der immer wiederkehrende Gedanke, dass der Bischof als der Hirte seiner Kirche abbildhaft in der Nachfolge des Guten Hirten Christus selbst steht.

Dass Sie die Wahl Ihres zukünftigen Bischofs ausgerechnet auf Pfingsten gelegt haben, spricht eine beredte Sprache! Den Wählenden und dem zu Wählenden wird so eindrücklich in Erinnerung gerufen: Die Bischofswahl ist nicht in erster Linie die Sache menschlicher Abmachungen, menschlicher Wünsche oder auch menschlicher Ambitionen. Gewählter und Wahl müssen zuerst verstanden werden als Gabe des Heiligen Geistes, und erst dann als menschliche Entscheidung. Das mag fromm und schön tönen, aber es ist hart und radikal gemeint. Das heisst zum Beispiel das, was ein römisch-katholischer Theologe kürzlich in der Schweiz so formuliert hat: «Ein ordentlich denkender Priester will nicht Bischof werden!» Das ist wörtlich zu nehmen. Und zwar aus dem einfachen Grund, weil ein Mensch, der Bischof werden will, seinen Willen vor den Willen des Heiligen Geistes zu stellen sucht. Zugleich heisst das aber auch für die Wählenden, dass Sympathien und Vorlieben, Kalkulationen und Freundesdienste nicht wichtig sein dürfen. Im Vordergrund stehen allein das Wohl und Weh der Kirche – und damit der Wille des Heiligen Geistes. Wo das übersehen wird und kirchenpolitisches Kalkül, Kandidatenausleserei und Ausspielen von Kandidaten vor die Bitte um den Heiligen Geist gestellt werden, da kann es leicht geschehen, dass die Bischofswahl zu einem gewöhnlichen Machtspiel wird wie eine durchschnittliche politische Wahl auch. Und aus dieser gewöhnlichen Wahl könnte denn auch statt eines Bischofs ein gewöhnlicher Beamter hervorgehen.

In der Umgangssprache nennen wir den Bischof auch etwa den Oberhirten. Dieser Gedanke ist nicht von salopper Alltäglichkeit, sondern die Bildgestalt des Hirten spielt eine gewichtige Rolle auch in der Bischofsweihe. So heisst es im zentralen Weihegebet: «Schenke ihm Gnade und Kraft für sein Amt als Bischof, dass er dein Volk als guter Hirte auf deinem Weg leite.» Und etwas später wird zur Salbung der Psalm von Gott, dem guten Hirten, gesungen (Ps 23). Man findet in diesem alttestamentlichen Lied eine ganze Reihe von Bildern, die das Wesen des bischöflichen Amtes sehr präzis umschreiben. Da heisst es zum Beispiel: «Er weidet mich auf grüner Aue und führt mich zum Ruheplatz am Wasser.» Wohlsein, Geborgenheit, Versorgtsein, das kommt einem doch in den Sinn, wenn man diesen Vers hört. Der Bischof ist der, der zuständig ist für das Wohlergehen des wandernden Gottesvolkes. Als guter Hirte leitet er die Wandernden nicht auf ausgetretenen Pfaden langweiliger Kirchlichkeit zu hitzeverbranntem Gestrüpp veralteter Theologie. Er hält aber Ausschau nach dem, was seine Gläubigen brauchen. Ihre Not ist seine Not. Wenn die Sorgen der Zeit – etwa nicht beten und nicht glauben können oder der Zerfall der Familie oder Einsamkeit oder das Zerbröckeln kirchlicher Zusammengehörigkeit – neue Wege erfordern, so ist er offen für sie, ja mehr noch, er sucht sie. Er hängt nicht an Kirchenrecht und liturgischen Rubriken, an alten Moralvorstellungen und geistlichem Pomp. Sondern er ist der, der den Ausbruch aus dem Alten und den Aufbruch ins Neue anführt. Bischöfe haben oft den Ruf, Bremser zu sein und konservativ an allem Alten festzuhalten. Wenn sie das sind (und es soll ja solche Bischöfe geben), dann allerdings entsprechen sie nicht dem Urbild des guten Hirten, von dem es in Psalm 23 weiter heisst: «Er leitet mich auf rechten Pfaden ... Muss ich auch wandern in finstrer Schlucht, ich fürchte kein Unheil, ... denn dein Stock und dein Stab geben mir Zuversicht.» Man sieht es lebendig und bildhaft vor Augen, wie der Hirte seine Herde dynamisch und zielbewusst dorthin führt, wo es ihr gut geht. Mit der eisenbeschlagenen Keule verjagt er die lauernden Raubtiere (der Gleichgültigkeit, der faden Toleranz, der Selbstsucht). Mit dem Krummstab holt er Abirrende zurück, treibt er Säumige an. Er ist der Wächter, der darüber wacht, dass das Evangelium verkündet wird und nicht irgendeine gängige Ideologie oder eine persönliche Liebhaberei. Evangelium verkünden heisst aber auch modern, auf der Höhe des Lebens sein, vertraut sein mit den Sorgen und Nöten der Menschen, dem Denken und Leben der Zeit.

Der Hirtenstab deutet es an: Der Bischof leitet seine Kirche, er gibt ihr neue Impulse. Er geht mutig und unbeirrt voran zu den grünen Auen am Wasser. Und damit ist auch schon klar geworden: Bischofsein hat sehr viel mit Menschenführung zu tun. Der Oberhirte muss in stetem und ununterbrochenem Kontakt mit den Gemeinden sein – anspornend und ermutigend dort, wo es gut läuft, helfend und tröstend (vielleicht auch durchgreifend) dort, wo es nicht läuft. Der Bischof ist auch der Vater der Priester. Keine leichte Aufgabe gewiss, denn Sie wissen alle, dass Pfarrer nicht zur Rasse der Einfachen und Fügsamen, sondern eher der Schwierigen und Widerborstigen gehören. Er muss für sie da sein, wenn sie in Schwierigkeiten sind oder gar versagen. Er muss versuchen, sie so zu platzieren, dass sie zum Wohl ihrer Kirche und ihrer selbst leben und arbeiten können. «Um Gottes willen!» werden Sie sagen. Das alles sollte ein Bischof können? Wir haben keinen, dem wir das zutrauen und zumuten können. Und selbstverständlich haben Sie Recht. Wenn man das Bild des Hirtenpsalms – der ja von Gott redet – auf den Bischof anwendet, dann wird der Bischof an diesem Bild auch gemessen. Aber er wird diesem Bild nie genügen können. Die Diskrepanz zwischen Bild und Realität in diesem Amt – das mit königlichen Insignien ausgestattet ist – wird jedem Bischof zu schaffen machen. Sie wird ihn vielleicht sogar zerbrechen. Deshalb wohl hat einmal ein altkatholischer Bischof gesagt, dass in der Mitra eine Dornenkrone verborgen sei. Denken Sie daran, wenn Sie morgen Ihren Oberhirten wählen. Aber denken Sie nicht nur jetzt daran, sondern hören Sie nie auf, daran zu denken! Denn Ihr Bischof wird darauf angewiesen sein, dass seine Herde sich um ihn schart, auch im Gebet. Das heutige Gebet um den Heiligen Geist darf nur der Anfang sein. Sie müssen es fortführen für Ihren neuen Bischof. Er und seine Herde haben es nötig, wenn das Amt des Bischofs nicht zur frommen Idylle verkommen soll.

Ausserordentliche Synode des Katholischen Bistums
der Altkatholiken in Deutschland
St. Matthiaskirche Offenburg, Pfingsten 1985

Zur Weihe eines Bischofs

Wenn ein Bischof abtritt, wird selbstverständlich und ohne weiteres Nachdenken sofort ein Nachfolger gewählt. Denn ohne Bischof geht es in der Kirche offensichtlich nicht. Wirklich nicht? Es wird doch auch in unserer Kirche immer wieder die Frage nach dem Bischofsamt, seinem Sinn, ja seiner Notwendigkeit aufgeworfen. Wäre es denn nicht einfacher ohne einen Bischof? Könnten sich Gemeinden und Geistliche nicht freier entfalten? Oder wäre es nicht demokratischer, wenn die Geistlichen dieses Amt turnusgemäss übernähmen? Und wirkt ein so festlicher, ja fast pompöser Anlass wie dieser Weihegottesdienst in einer Zeit, in der auch Bundesrätinnen die Milch im Laden um die Ecke selbst einkaufen, nicht ein wenig anachronistisch?

Damit ist die grundsätzliche Frage nach dem Bischofsamt gestellt, seiner Notwendigkeit, ja sogar seiner Legitimität. Die Ansicht ist ja nicht neu, dass das Bischofsamt eigentlich unnötig sei. Es sei nur Menschenwerk, aus Machtfreude und maskulinem Herrscherinstinkt entstanden. Das ist nicht verwunderlich, denn es gab und gibt Bischöfe, die ihr Amt als Machtposition verstehen und missbrauchen. Zudem ist einzugestehen, dass die grossen Impulse in der Kirche oft gerade nicht von Bischöfen ausgegangen sind. Man darf deshalb die Frage, ob es überhaupt einen Bischof braucht, nicht auf die leichte Schulter nehmen. Man muss sich ernsthaft Gedanken darüber machen, was denn der Inhalt des Bischofsamtes wirklich sei. Vielleicht tun wir das am besten mit einem Blick in den Text der Bischofsweihe. Wenn die Liturgie auf ihrem Höhepunkt steht, wenn der neue Bischof nach der Handauflegung mit geweihtem Öl, dem Chrisam, gesalbt wird, wird der 23. Psalm gesungen: «Gott ist mein Hirt, mir wird nichts mangeln... Und wenn ich im finstern Tale wandere, du bist bei mir...». Also Gott ist der Grosse, der Unverfügbare, der hegend und pflegend über allem steht. Er ist die Mitte, der Anfang und das Ende. Der Psalmgesang macht klar, dass nicht der Geweihte oder der Weihende im Mittelpunkt steht, sondern Gott allein. Gott ist der Hirte, und nur er. Das ist eine deutliche Gnadenzusage: Es kann dir nichts passieren, auch wenn du in ein finsteres Tal hinuntersteigen musst. Denn er ist bei dir. Aber es ist zugleich eine deutliche Warnung: Wenn du ihn nicht als den höchsten Hirten, nicht als den einzigen Hirten respektierst und ernst nimmst, dann wirst du abstürzen. Er ist der Chef – nicht du!

Die Kirche leiten und führen

In seltsamer Spannung zu dieser Betonung des Absolutheitsanspruchs Gottes wird der Bischof am Schluss dann aber doch als Hirte bezeichnet, indem ihm ein Hirtenstab in die Hand gegeben wird, den er bei allen wichtigen Ereignissen mit sich führen wird. Er erhält den Auftrag, «die Kirche zu leiten und zu führen, und über ihre Einheit zu wachen». Zu leiten und zu führen. Ist das denn nötig? Gläubige sind doch selbständig, eigenverantwortlich, erwachsen! Sollen, wollen und dürfen sie geführt und geleitet werden?

Natürlich passt diese Argumentation gut in unsere Zeit. Aber es gibt triftige Gründe dafür, dass es in der Kirche anders ist. Wir wissen aus eigener Erfahrung, wie schnell Fragen des Glaubens und der Ethik zu tiefsten menschlichen Zerwürfnissen und zu schwersten Streitigkeiten führen. Die Kirche hat deshalb seit ihren Anfängen gegen Spaltungen kämpfen müssen. Sie ist daran oft fast zugrunde gegangen. Und heute ist es nicht anders: Mit welcher Erbitterung führen wir etwa die Abtreibungsdiskussion in unserem Land. Und aus der ökumenischen Arbeit wissen wir, dass es uns auch nach

Jahrhunderten der Trennung einfach nicht gelingt, wieder zusammenzufinden. Wir wissen aus unserer eigenen Kirche, wie tief uns zum Beispiel die Frauenordinationsfrage gespalten hat. Und schliesslich wissen wir es aus unserem Gemeindeleben, wie oft sich Menschen, von der Gemeinde tief verletzt, von der Kirche abspalten. Spaltung, das also ist das Urübel, an dem die Kirche von Anfang an leidet. Es ist deshalb kein Zufall, dass das Bischofsamt sehr früh aus dem Amt der Apostel herauszuwachsen beginnt, denn offensichtlich braucht es ein Amt, dessen besondere und wichtigste Aufgabe es ist, sich um die Einheit der Kirche zu sorgen. Deshalb trägt der Bischof sehr früh den Titel «Pontifex» – Brückenbauer. Die zentrale Aufgabe des Bischofs ist es, Spaltungen zu verhindern und zu heilen.

Der Gute Hirte

Zum Hirten wirst du, lieber gewählter Bischof, heute geweiht. Wir wünschen dir alle von Herzen, dass es dir gelingen mag, ein guter Hirte zu sein. Wie du weisst, hat Jesus von sich gesagt, dass er der Gute Hirte sei (Joh 10,11). Ein kräftiges und mutiges Wort. Allerdings ist dann die so kraftvolle Aussage Jesu verweichlicht und sentimentalisiert worden. Der Hirte wurde zum lieben Knäblein, das Schäfchen streichelt und auf seinem Arm herumträgt. Er wurde zum kitschigen Gebetbuchbildchen, zum lieben Langweiler, der blökende Schafe um sich hat und alle anlächelt. Wer aber je einem Schafhirten zugesehen hat, weiss, dass der Hirtenberuf keine Arbeit für liebe Langweiler ist und dass es mit Lieb- und Nettsein nicht getan ist. Hirte sein ist eine harte und komplexe Aufgabe. Der Hirte muss ein Könner sein und sein Fach verstehen. Er muss mutig und zäh, entscheidungs- und risikofreudig sein. Damit ein Hirte sein Amt ausüben kann, muss er weit voraussehen. Er muss einen Horizont haben, der über das tägliche Grasfressen, also weit über das kirchliche Tagesgeschäft, hinausgeht. Er muss den Weg und das Ziel seiner Herde voraussehen und planen können. Nur die Weitsicht ermöglicht es ihm, fette geistliche Weiden zu finden und nicht nur abgefressene Gemeinplätze.

Weil er Weitsicht haben muss, heisst er Bischof. Das Wort Bischof kommt von griechisch «Episkopos». Das ist der, der die Übersicht hat, der weit sieht. Weitsicht und Übersicht sind Voraussetzung für die Aufgabe des Bischofs. Er muss die einzelnen Gläubigen im Auge haben genauso wie eine ganze Gemeinde. Er muss sein Bistum kennen genauso wie die Utrechter Union. Er muss die nahestehenden Kirchen genauso in seine Überlegungen einbeziehen wie die ganze Ökumene. Seine Entscheide und Reden müssen deshalb noch eine andere Perspektive haben als die Sichtweise der einzelnen Gläubigen oder der einzelnen Gemeinde. Er muss immer auch aus der weiten Übersicht des Bistums und des überdiözesanen Horizontes handeln. Der Horizont des Bischofs ist nicht nur die Christkatholische Kirche der Schweiz, sondern die Kirche schlechthin. Er sorgt dafür, dass seine Ortskirche für die Kirche in der ganzen Welt und für die ganze Welt offen ist.

Und diese Weitsicht muss über das Gegenwärtige hinausgehen. Die Kirche gibt es schliesslich nicht erst seit heute. Wir bekennen uns jeden Sonntag im Gottesdienst zur katholischen Kirche. Mit dem Wort «katholisch» drücken wir aus, dass die Kirche nicht nur in die Gegenwart und in die Zukunft reicht, sondern ebenso in die Vergangenheit. Wir leben nicht nur in Gemeinschaft mit den Christinnen und Christen der Gegenwart. Wir gehören auch mit den Gläubigen zusammen, die vor uns als Leib Christi gelebt und gewirkt haben. Dass das Zeugnis derer, die vor uns gebetet, geglaubt, gehofft und Eucharistie gefeiert haben, nicht übersehen wird, sondern auch heute zu Wort kommt, auch das gehört zum Amt des Bischofs. Der Bischof muss dafür sorgen, dass auch die Gläubigen anderer Zeiten in der heutigen Kirche ihre Stimme haben. Denn sie gehören zur Heiligen Kirche Gottes wie wir. Ohne diese lebendige Tradition, ohne die Mitsprache unserer Geschichte, ohne das Stimmrecht derer, die vor uns Kirche waren, verliert die Kirche die lebendige Verbindung zu ihrem Herrn.

Aber nicht nur Gegenwart, Zukunft und Vergangenheit der Kirche müssen zum Blickfeld des Bischofs gehören. Auch die Menschen, die ausserhalb der Kirche stehen, muss der Bischof sehen. Sehr viele Menschen können das Evangelium nicht oder nicht mehr hören. Die Stimme der Kirche verhallt weitgehend ungehört. Und diese Entwicklung ist, so wie es heute aussieht, noch nicht zu Ende. Es muss dabei ganz ehrlich zugegeben werden, dass die Kirchen oft wenig zu sagen haben. Unsere Predigten, Liturgien, Seelsorgearbeit sind allzu oft nicht mehr auf der Höhe der Zeit. Wir hinken oft – was schon Kurt Tucholsky den Christen vorgeworfen hat – hinterher. Wir steigen auf aktuelle Entwicklungen wie Trittbrettfahrer auf: Frauenemanzipation, Homosexuellenfrage, Gentechnologie, Ökologie, Bewältigung unschöner Vergangenheit. Das alles haben nicht die Kirchen auf die öffentliche Traktandenliste gesetzt. Erst wenn wir nicht mehr hinterherhinken – oft anbiedernd – erst dann wird unsere Stimme wieder hörbarer werden. Auch dieses Problem muss Teil der Übersicht und Weitsicht des Bischofs sein. Der Bischof muss die Übersicht haben und nicht das Nachsehen. Natürlich weiss ich aus eigener Erfahrung, wie schwierig, ja fast unmöglich das ist. Aber gerade deshalb, weil ich oft unter zu viel Nachsehen und unter der mangelnden Weitsicht gelitten habe, muss ich es dir sagen.

Alles das sei nochmals in einem Satz zusammengefasst: Der Bischof als Hirte ist nicht für das Tagesfutter zuständig, sondern dafür, dass die Kirche auf lange Sicht den Weg auf fette geistliche Weiden findet. Abgegraste Wiesen finden wir alle selbst.

Der Brückenbauer

Bischof heisst wie erwähnt auch Pontifex – Brückenbauer. Das heisst zunächst ganz einfach, dass man als Bischof bei seiner Arbeit manchmal einen Schuh voll herauszieht und dabei nasse Füsse bekommt. Aus meiner Erfahrung weiss ich aber: Sie trocknen wieder. Eine Tatsache allerdings bleibt, nämlich die, dass man Brücken nur bauen kann, wenn man einen starken Brückenkopf hat. Anders ausgedrückt: Man braucht als Bischof einen eindeutigen Standpunkt, eine feste Verwurzelung. Nur aus sicherem Stand kann man sichere Ansichten vertreten, die stabile Brücken erst ermöglichen. Das mag autoritär tönen, ist es aber überhaupt nicht. Denn feste Standpunkte findet man kaum allein. Man findet sie nur auf dem Prüfstand der lebendigen Menschenbeziehung, des ständigen Dialogs. Das heisst nicht, dass man alles und jedes mit und bei anderen absichern kann. Immer wieder ist man auf sich allein gestellt und muss einsam entscheiden. Das Bischofsamt kennt, wie jede Leitungsposition, seine Einsamkeit. Aber einsame Entscheide sind die Ausnahme. Vielmehr muss man sich an das Wort von Bischof Cyprian (um 200–258) halten, der gesagt hat: «Nichts darf ohne den Bischof geschehen, nichts ohne den Rat der Priester, nichts ohne die Zustimmung der Gemeinde.» Nur so können tragfähige Entscheidungen und gangbare Wege gefunden werden. Die Kirche ist eben mehr als eine Demokratie, die nach einem einfachen Mehrheitsmuster entscheidet. Die Kirche ist das gemeinsam wandernde Gottesvolk, wo jeder und jede die Entscheidungen mitträgt. Aber, und das ist das Wichtigste, niemand kann seine Verantwortung abschieben. Alle tragen ihre Haut zu Markte – der Bischof, die Priesterschaft und die Gemeinde.

Der Bischof hat keinen Chef!

Ein spitzmäuliges Gemeindeglied aus Basel hat bei meiner Wahl zum Bischof gesagt: Jetzt hat unser Pfarrer dann bald keinen Chef mehr. Er hatte Recht. Der Bischof hat nach altkatholischer Auffassung keinen Chef (übrigens auch nach anglikanischer und orthodoxer Auffassung). Er hat das Bischofskollegium und seine Kirche um sich. Vor allem aber ist er dem Glauben seiner Kirche verpflichtet. Doch ich will jetzt nicht eine Vorlesung über die Kirche halten. Deshalb mache ich es mir einfach und bleibe bei der Aussage: Lieber gewählter Bischof, du hast keinen Chef über dir. Aber du hast etwas anderes über dir: das Evangelium Jesu Christi. Das geöffnete Evangelienbuch wird dir heute während der Weihe auf das Haupt gelegt, damit du sein Gewicht spürst und damit du es als Dach über deinem Haupt erlebst.

So lastet es nicht nur auf dir, es beschützt und beschirmt dich auch. Weil dich das Evangelium beschützen soll, schenke ich dir zu deiner Weihe mein Evangeliar, das mich durch meine ganze Bischofszeit begleitet hat. Das Evangelium beschützt dich vor den Druckversuchen der Welt und der Weisheit der Menschen. Es beschützt dich vor ihrem Zeitgeist und ihren Modeströmungen. Es beschützt dich vor deinem eigenen Starrsinn und der Uneinsichtigkeit der Menschen. Es beschützt dich vor der Trägheit des Fleisches. Es ist das Mass aller Dinge, es ist die Richtschnur allen Redens und Handelns. Halte es deinen Nöten und Sorgen entgegen, den Einflüsterern und den Versuchungen, den Zweifeln und Fragen. Es ist ein schweres Buch. Es verlangt aber nur eines von dir – dass du es offenen Herzens liesest. Dann wird seine Last leicht und sein Joch sanft sein.

Lieber gewählter Bischof, man könnte Bedauern haben mit dir, wenn man das alles gehört hat. Sicher, es kommt viel auf dich zu. Der Bischof ist immer zwischen Hammer und Amboss. Man kann das Bischofsamt am Abend und in den Ferien nicht an den Nagel hängen wie den Bäckerschurz oder den Ärztekittel. Der Bischofsring, den man auch beim Rasenmähen und beim Bergsteigen trägt, erinnert einen immer an dieses Amt. Und natürlich ist man hin und wieder Projektionsfläche und Sündenbock. Und natürlich erdrückt einen die schwierige Lage der Christenheit fast. Aber trotzdem: Es ist ein wunderbares Amt, ein Amt voller Reichtum. Schon der Pfarrerberuf war für mich eine helle Freude – mit dunklen Flecken natürlich. Aber das Bischofsamt hat mir Dimensionen des Lebens, der geistlichen Tiefe, der Liebe von Menschen und ihrer Glaubensstärke eröffnet, die ich vorher nicht kannte. Zwar hat mich die Kirche manchmal geärgert, geplagt, frustriert. Aber immer wieder hat mich die Treue der Menschen zu unserer kleinen Schar überwältigt. Hier habe ich die Liebe Gottes gespürt oder schlicht die Tatsache, dass mich mein Hirte im finstern Tal nicht ausrutschen liess. Und ich habe dabei etwas erfahren: Nicht die Arbeit, die Anstrengungen, die Erfolge und Misserfolge sind die Mitte – sondern die Mitte ist nur eines: die Feier der Liturgie mit der Gemeinde. In dieser Mitte ist Christus gegenwärtig. Hier sorgt er als der Gute Hirt für seine Kirche. Und wenn die Kirche noch so schwach und hinfällig wirken mag, hier lebt sie und hier werden sein Tod und seine Auferstehung gegenwärtig. Hier lebt Er – über alle Schwäche von Bischöfen, Geistlichen und Gläubigen hinaus –, selbst wenn wir es nicht merken: Hier lebt Er!

Christi Himmelfahrt 2002

Wir sind Gehilfen eurer Freude

2. Korintherbrief 1,24
Zu meinem Amtsantritt

Meine liebe Kirche, liebe Gäste. Eine Bischofsweihe bringt auch in der nüchternen Schweiz eine ziemliche Prachtentfaltung mit sich. Sogar Anklänge an königliches Zeremoniell sind nicht zu übersehen. Und Bischöfe haben sich, und tun es heute noch, immer wieder gerne mit klingenden Titeln anreden lassen: Kirchenfürsten, Exzellenzen, Hochwürden, Gnädige Herren. Sie würden, so denke ich, das Missvergnügen des heiligen Apostels Paulus erwecken, der den Korinthern geschrieben hat: «Wir sind nicht die Herren eures Glaubens.» Was Paulus über die Apostel gesagt hat, das gilt natürlich noch mehr für die Bischöfe und für jeden, der in der Kirche dabei ist. Wir sind nicht Herren über den Glauben. Aber Paulus bleibt selbstverständlich nicht bei einer negativen Definition stehen, sondern er hält fest, was er unter dem apostolischen Auftrag versteht. «Wir sind Gehilfen eurer Freude» (2 Kor 1,24), heisst es da.

Das ist für mich die schönste Definition des apostolischen Amtes. Deshalb möchte ich meine Tätigkeit unter dieses Wort stellen: «Wir sind Gehilfen eurer Freude» («Adiutores gaudii vestri»). Es fällt auf, dass der Apostel «wir» sagt. Er ist eben kein Egomane, der meint, alles selbst machen, alles allein beaufsichtigen und erledigen zu müssen. Er weiss sich eingebunden in das Kollegium der Apostel. Er ist nicht Apostel für sich allein, sondern in Verbindung und in Gemeinschaft mit den andern Aposteln. Das gilt auch für den Bischof: Kein Bischof ist für sich allein Bischof, sondern er ist es mit allen andern zusammen. Keiner steht über dem Andern. Das Kollegium der Bischöfe ist ein «Wir», das ständig im Dialog, in der Auseinandersetzung, im Aufeinanderzugehen steht.

Aber nicht nur in Bezug auf die andern Bischöfe ist der Bischof keine Einzelfigur, sondern auch in Bezug auf die Kirche, die er leitet. Er steht seinem Bistum in einer Beziehung gegenüber, in der es ein Hin und ein Her, ein Geben und ein Nehmen, ein Bestätigen und ein Infragestellen geben muss. So gesehen ist «Wir sind Gehilfen eurer Freude» nicht nur eine Verpflichtung, die ich auf mich nehmen will, sondern eine Verpflichtung, die ich nur erfüllen kann, wenn Sie alle mit dabei sind. Das ist, meine ich, das Grundlegende der bischöflich-synodalen Kirche, dass sie Verantwortung dialogisch übernimmt, Freude und Leiden im Gegenüber trägt, einer dem andern klaren Wein einschenkt, und weshalb – es sei schon jetzt gesagt – ein Bischof, der nicht aneckt, ein schlechter Bischof ist. Wer aus dem Dialog aussteigt, wer das Gespräch verweigert, wer sich passiv verhält, wer sich als

Einzelkämpfer geriert, der schwingt sich, um es mit dem Apostel zu sagen, zum Herrn des Glaubens auf, weil er für sich allein entscheidet, denkt, arbeitet und lebt.

Paulus verstärkt das Gesagte noch mit dem Ausdruck «Gehilfe». Ein Gehilfe ist einer, der mit dabei ist, einer, der sich in die Arbeit anderer einfügt, einer, der sich nicht überordnen, aber beiordnen will. Einer auch, um den man nicht herumkommt und nicht einer, den man in hohe Würden abschieben kann. Er ist einer, den man braucht. Er ist immer dabei. Man kommt nicht um ihn herum, weil man auf den Gehilfen angewiesen ist.

Eine Kirche ohne Freude ist keine Kirche

Erst jetzt komme ich zu dem Wort, das mir für die Kirche so wichtig scheint: «Freude». Freude ist für die Kirche etwas ganz Zentrales. Eine Kirche, die nicht voll Freude ist, in der man in den Gottesdiensten und in den Predigten nicht spürt, dass sie in Freude lebt, eine Kirche, die nur brav ist oder passiv oder resigniert, die hat vergessen, dass Christus auferstanden ist. In der Auferstehung Christi nämlich liegt der Grund der Freude. Und Freude, das hat etwas mit Bewegung zu tun. Haben Sie schon ein Kind gesehen, das sich freut? Es bewegt sich und springt und kann keinen Moment ruhig sein. Eine Kirche, die sich freut, ist nicht passiv und resigniert nicht vor sich hin. Genau hier liegt wohl eine der ganz grossen Versuchungen der Kirche, dass sie mutlos ist und nicht mehr richtig zupackt. Sie flüchtet sich oft zu schnell in ihre eigenen Probleme. Sie neigt dazu, ihre Sorgen und Sörgelchen zu pflegen. Sie zieht sich gerne in die «splendid isolation» ihrer schönen Frömmigkeit zurück. Das alles passiert nur dann nicht, wenn sie sich immer bewusst bleibt, dass Christus auferstanden ist.

Die Freude der Christen ist also mehr als die Freude des gemütlichen Zusammenseins, des Schönhabens und des Losseins aller Probleme. Denn die Freude der Kirche hat ihren Grund in der Auferstehung. Die Auferstehung gibt es nur, wenn vorher der Tod gekommen ist. Die Auferstehung steht immer auf dem Hintergrund des Leidens, der Todesangst, der Einsamkeit und des Todes selbst. Die Auferstehungsfreude hat ihre Kraft daher, dass der Tod vorher durchgestanden worden ist. Wenn ich versuchen will, zu den Gehilfen eurer Freude zu gehören, so ist das auf diesem Hintergrund zu verstehen. Ich will alles daran setzen, dass die Spannungen ausgetragen werden, die es in unserer Kirche gibt. Das ist für uns alle nicht einfach, ich weiss das gut. Aber wer es mit der Freude ernst nimmt, der muss um sie kämpfen.

Ein paar Punkte dazu. Es geht den Kirchen nicht gut, unserer besonders nicht. Dazu müssen wir stehen. Wir dürfen das nicht mit frommen Sprüchen übertünchen und tun, als sei alles bestens. Wir dürfen nicht jammern, die böse Welt, die halt nichts mehr glaube, sei daran schuld. Sondern wir müssen nüchtern zu sehen versuchen, was wir sind, wie wird sind und wo wir stehen. Dann werden wir unsere Schwächen sehen. Zugleich werden uns auch unsere Stärken klar. Und diese kann man, muss man, ausnützen. Mit ihnen kann man zu Erfolgen kommen. Mit ihnen kann man vorwärtsgehen und zur Freude gelangen.

Freude ist immer auch eine Folge von guten Beziehungen. Und gute Beziehungen kann man nur aufbauen, wenn man sich durch Spannungen und Schwierigkeiten hindurchkämpft. Wenn man nie aufgibt und wenn man auch keine Brücken abbricht. Wenn man immer neu um den Dialog ringt und wenn man die Hoffnung nie aufgibt. Wenn man nicht vergisst, dass Christus ja auferstanden ist, dann wird man das immer wieder können. Das ist auch für den Dialog mit den anderen Kirchen wichtig, selbst wenn es manchmal mühsam ist und schwierig. Auch wenn einem die andern gar nicht so behagen, wie man sich selbst behagt: Aufgeben darf man trotzdem nicht. Oder denken wir an Pfarrer und Gemeinde, wie es manchmal bei ihnen Mühsale und gebeugte Rücken gibt. Wer in der Gemeinde zu Freude kommen will, sollte nicht schimpfen und darf nicht resignieren. Er darf nie aufhören mit der Hoffnung weiterzukämpfen – weil Christus auferstanden ist.

Und schliesslich die Kirche und ihre Theologie! Wer hätte nicht manchmal Mühe mit den beiden? Wer müsste an ihnen nicht zweifeln und mit ihnen ringen? Und wer wüsste manchmal nicht weiter? Aber deshalb die Kirche gleich an den Nagel zu hängen, die Hoffnung aufgeben? Warum denn? Spannungen muss man austragen!

Und – da ist ja auch noch der liebe Gott. Nur ist dieser liebe Gott eben nicht einfach ein lieber Gott. Er ist einer, der Dinge tut, die uns nicht gefallen und die wir nicht verstehen. Es gibt Sorgen und Dunkelheiten im Leben, mit denen wir nicht fertigwerden. Aber dann bringt er uns plötzlich auch wieder Licht, Helligkeit und Freude. Auch diese Spannung mit dem Gott, der manchmal zu schweigen und nicht zu helfen scheint, müssen wir aushalten. Das ist nötig, wenn man zur Freude kommen will. Ich will nicht nur von Freude reden. Ich will sie erkämpfen und erbeten. Ich will alles daran tun, dass meine geliebte Kirche spürt, dass ich da zu sein versuche in guten und in schlechten Stunden – um Freude zu suchen und um Freude zu geniessen.

Aber man soll nicht nur von Freude reden, sondern man soll auch etwas für sie tun. Ein älterer Geistlicher hat mir einmal gesagt, man habe lieber einen Onkel, der etwas mitbringe, als eine Tante, die Klavier spiele. Deshalb habe ich Ihnen etwas mitgebracht, um Ihnen eine Freude zu machen. Denn Freude hat auch etwas mit Sinnlichkeit zu tun, mit Spüren, mit Geschmack, mit Düften, mit Farben, Tönen, Licht. So habe ich mir überlegt, was ich Ihnen mitbringen könnte, damit ich nicht gleich einen Lastwagen vorfahren lassen muss. Da kam ich auf die Idee, ich könnte Ihnen am Schluss ein «Änisbrötli» austeilen lassen. Jedem eines, teils in Form der Taube des Heiligen Geistes, die uns an die Bewegung erinnert, in der wir bleiben müssen. Und auf dem anderen das Symbol der Mitra und des Stabes zum Zeichen, dass ich mich als Bischof bemühen will, meine Kirche der Freude des Herrn näher zu bringen.

Stadtkirche St. Martin Olten
26. Oktober 1986

Zum Abschied von meinem Bistum
2. Korintherbrief 1,24

Sie können sich vorstellen, dass dieser Gottesdienst mir sehr nahe geht. Es ist für mich ein wichtiger Moment, in dem ich von meinem Bistum Abschied nehmen soll, das ich während 15 Jahren zu leiten versucht habe. Ich sehe zu meiner grossen Freude Menschen aus allen Bereichen meiner Tätigkeit vor mir: Da sind Menschen aus meiner ersten Gemeinde, in der ich gearbeitet habe. Ich habe sie bereits als Kinder gekannt, heute sind sie wichtige Verantwortungsträger geworden. Ich sehe Menschen, die ich gefirmt habe. Ich sehe Leute, die sich vielleicht nicht so leicht mit mir getan haben – und ich mich mit ihnen vielleicht auch nicht. Ich sehe Freunde aus der Ökumene. Ich sehe Bischöfe, mit denen ich zusammengearbeitet habe. Ich sehe Geistliche aus verschiedensten Umfeldern. Ich sehe Politiker, Wissenschafter, Schulfreunde. Kurz: Der ganze, weite und reiche Bereich meiner letzten 15 Jahre wird hier in dieser Kirche für mich durch Sie wieder gegenwärtig. Dafür danke ich Ihnen.

Der Abschied fällt mir nicht leicht, denn eine für mich überaus fruchtbare – allerdings manchmal auch schwere – Zeit geht zu Ende. Zunächst möchte ich meiner lieben Kirche dafür danken, dass sie mich in dieses schöne, tiefe und schwierige Amt gerufen hat. Mir sind dadurch 15 reiche Jahre geschenkt worden. Danken möchte ich aber auch Ihnen allen, dass Sie mir in guten wie in schlechten Zeiten beigestanden sind. Sie haben oft das erfüllt, was Paulus im Römerbrief als tiefstes Zeichen der Gemeinschaft genannt hat: «Freuet euch mit den Fröhlichen und weinet mit den Weinenden» (Röm 12,15).

Meine Kirche – die Gehilfin meiner Freude

Ich habe 40 Jahre im Dienst der Kirche gearbeitet. Ich habe sie 40 Jahre lang geliebt. Und weil ich sie geliebt habe, hat sie mich auch 40 Jahre lang geärgert. Sie hat mir höchste Höhen geschenkt, aber sie hat mich auch in Enttäuschungen und Tiefen geführt. Kurz: Sie hat mich nie in Ruhe gelassen. Und genau deshalb war meine Kirche «die Gehilfin meiner Freude». Dieses Pauluswort war, wie Sie wahrscheinlich wissen, mein Siegelwort, unter das ich meine bischöfliche Tätigkeit gestellt habe: «Wir sind nicht die Herren Eures Glaubens, wir sind Gehilfen Eurer Freude» (2 Kor 1,24). Und genau aus diesem Grund habe ich 15 Jahre lang versucht, Sie nicht in Ruhe zu lassen. Aber ich will jetzt nicht zurückblicken, das werden wir dann im Rathaus beim Weisswein tun.

Ich möchte jetzt mit Ihnen vielmehr vorwärtsblicken, in die Zukunft, in die Freude des Herrn. Freude – das ist ein zentrales Wort im Neuen Testament. Und deshalb ist es auch ein zentrales Wort für die Kirche. Viele Menschen werden allerdings die Kirche nicht zuerst mit Freude assoziieren, sondern eher mit Einengung und Unfreiheit. Die Kirche ist nämlich für viele Menschen häufig diejenige Institution, die uns eben gerade nicht zur Freude verhilft. Sie steht oft dafür, dass sie uns das verbietet, was wir eigentlich gerne machen möchten, und dass sie das von uns verlangt, was wir gar nicht gerne tun. Viele Menschen haben deshalb das Gefühl, dass die Kirche sie behindert und ihnen die Freiheit nimmt.

Wenn hier das Wort Freiheit ins Spiel kommt, so ist das kein Zufall. Im Gegenteil: Damit wird etwas sehr Zentrales gesagt: Freude hat sehr viel mit Freiheit zu tun. Frei leben, sich entfalten können, das ist Freude. Wer nicht frei leben kann, wird sich nicht freuen können. Ich vergesse nie, wie ich diese Tatsache einmal sehr konkret erlebt habe – nämlich als ich zum ersten Mal Polen besuchte. Es war in der Zeit des militärischen Ausnahmezustandes in den 1980er-Jahren, also einer Zeit schlimmster Knechtschaft und Unfreiheit. Das Land steckte wegen seiner Versklavung in tiefster Depression. Alles war gedämpft und grau. Freudlosigkeit hatte sich wie ein dicker, stickiger Nebel über das Land gelegt. Damals habe ich verstanden, dass Freiheit die absolute Vorbedingung für Freude ist.

Es kommt deshalb wohl nicht von ungefähr, dass der erste christkatholische Bischof, Eduard Herzog, als sein Siegelwort das Pauluswort «Wo der Geist des Herrn ist, da ist Freiheit» (2 Kor 3,17) gewählt hat. Nun ist es ja leicht, von Freiheit zu reden. Nur, was heisst das, Freiheit? Es gibt einen grossartigen Satz von Jean-Jacques Rousseau (1712–1778): «Ein freies Volk gehorcht dem Gesetz und deshalb gehorcht es nicht den Menschen.» Ich kenne verschiedene Menschen hier in unserer Kirche und anderswo, die es bei diesem Satz schüttelt. Freiheit soll etwas mit Gehorchen und mit Gesetz zu tun haben? Aber doch nicht bei uns! Wir sind doch christkatholisch. Wir haben Gesetzlichkeit und Gehorchen doch abgelegt! Ein klarsichtiges Lästermaul hat diese verbreitete Meinung einmal mit dem bösen Wort karikiert: «Christkatholisch ist, wenn man nicht muss.» Trotz des verbreiteten christkatholischen Widerspruchs behaupte ich aber mit Überzeugung, dass die ungeheuerliche Idee von Rousseau stimmt. Freiheit heisst nicht: nicht gehorchen. Freiheit heisst nur: nicht Menschen gehorchen. Und das ist zweierlei. Rousseau hat Recht!

Freiheit heisst also, nicht Menschen gehorchen, sondern nur Gesetzen. Der Satz gilt auch für die Kirche. Und genau hier liegt das Uranliegen des Altkatholizismus. Der Widerstand gegen die Vatikanischen Dogmen von 1870 wehrt sich dagegen, dass man in der Kirche Menschen gehorchen muss. Wenn wir uns allerdings immer nur darauf beschränken, uns vom Papst abzugrenzen, dann binden wir uns ja wieder an ihn. Wenn wir ihn zur Definition unserer Identität brauchen, sind wir ja wieder von ihm abhängig. Und das ist natürlich auch eine Form von Gehorsam, wenn es auch Gehorsam wider Willen ist.

Wir Kirchenleute – und das gilt wohl für alle Kirchen – haben die Tendenz, Moden aufzusitzen. Wir sitzen Moden auf, weil wir Angst haben, Leute zu verlieren. Wir laufen gängigen Tendenzen und Trends nach, weil wir Angst haben, nicht à jour zu sein. Wegen sinkender Mitgliederzahlen wagen wir kaum, einen Widerspruch anzumelden. Wir taufen alle, wir beerdigen alle, wir trauen alle – nur damit uns ja niemand davonläuft. Wir wagen kaum mehr, entschiedene Positionen zu vertreten, weil wir um die Gefolgschaft fürchten. Und das macht die Kirche natürlich für denkende Leute nicht gerade spannend.

Demgegenüber möchte ich mit allem Nachdruck betonen: Frei sein heisst auch, nicht zu allem und jedem Ja und Amen zu sagen. Frei sein heisst auch, nicht alles nachbeten, was irgendeine Interessengruppe aus irgendeiner Ecke gerade verlangt. Frei sein heisst manchmal auch: zu Gängigem Nein sagen. Die Kirche erweist sich unter Umständen gerade dann als frei, wenn sie zu aktuellen ethischen oder gesellschaftlichen Behauptungen deutlich Nein sagt. Freiheit kann nicht Menschen gehorchen, nicht ihren Trends, ihren Moden, ihren Trieben. Freiheit läuft nicht allem und jedem nach. Freiheit ist unabhängig, weil sie nicht Menschen, sondern Gesetzen gehorcht. Darum ist sie manchmal unpopulär und sogar unangenehm.

Gott fragen – aber wie?

Spätestens hier stellt sich allerdings die Frage, was für Gesetzen die Kirche denn gehorchen soll, wenn sie frei bleiben will. Unsere heutige Hiob-Lesung gibt eine schöne Antwort. Hiob sagt zu Gott: «Höre doch, ich will nun reden, ich will *dich* fragen, *du* belehre mich!» (Hi 42,4). Ich bin überzeugt, dass die Kirche für die Menschen dann wieder neues Gewicht gewinnen kann, wenn sie wieder sagen lernt: «Ich will dich fragen, du belehre mich!» Nur, wo sollen wir um Himmels willen diesen Gott fragen, der ja immer zu schweigen scheint, den wir nicht zu hören und nicht zu spüren glauben? Ich denke, dass wir Gott zuallererst bei den Menschen begegnen können. Wir müssen zuerst die Leute fragen, die um uns herum sind und mit uns leben. Denn die Menschen sind ja das Abbild Gottes (Gen 1,26). In ihnen können wir deshalb etwas von Gott selbst erahnen. Vielleicht darf man darum sogar ein Wort Jesu abwandeln und sagen: Was ihr einen meiner geringsten Brüder gefragt habt, das habt ihr mich gefragt (Mt 25,40). Auf Gott hören heisst zuallererst auf die Menschen hören.

Wir leben als Kirche ja in derjenigen Welt, in welcher Gott Fleisch geworden ist. Wir können uns deshalb nicht in das Ghetto frommer Betulichkeit oder in einen moralinsauer riechenden Elfenbeinturm zurückziehen. Wir müssen auf die Menschen hören, die hier und jetzt leben – also auf die Popsänger etwa. Ich muss allerdings gestehen, dass mir das natürlich manchmal etwas Mühe macht. Wir müssen hören und fragend auf das achten, was wir täglich im Fernsehen vorgesetzt bekommen. Warum bewegen denn Talkshows, Krimis, Reality TV und stundenlange Sportsendungen die Menschen so sehr? Das müsste uns brennend interessieren. Wir müssen auch auf Dichtung und Kunst hören. Wir müssen lesen, ins Kino gehen. Wir müssen wieder staunen, hören, alle unsere Sinne brauchen und aufsaugen, was Menschen da alles von sich geben. Dann werden wir plötzlich Antworten Gottes auf unsere Fragen hören und merken, was er uns lehren will. Aber noch etwas: Wir müssen echten Anteil nehmen an den Menschen, die um uns herum sind. Wir sollten unsere Mitmenschen nicht nur als Höflichkeitsfloskel fragen: «Wie geht es?» und dann weiterreden, ohne wirklich eine Antwort hören zu wollen. Wir sollten uns wirklich, und nicht nur scheinbar, Zeit nehmen, auf einen Menschen einzugehen. Wenn wir ihm nämlich gut zuhören, dann werden wir plötzlich Dinge von Gott hören, die wir uns nie hätten träumen lassen. Diese Forderung gilt für alle Gläubigen, aber sie gilt vor allem für diejenigen, die predigen, Unterricht geben, in der Seelsorge arbeiten. Nur wenn die Menschen in der Predigt spüren: Da komme ich ja vor, da wird ja etwas von meinen Freuden und Sorgen behandelt, nur dann werden sie zuhören. Das Kind im Unterricht wird nur aufmerksam bleiben können, wenn es spürt, dass es in seiner Welt angesprochen wird und dass seine Person und sein Leben ernst genommen werden.

Allerdings, das Hören allein auf die Menschen genügt noch nicht. «Ich will *dich* fragen, *du* belehre mich!» heisst natürlich wesentlich mehr. Wenn wir nur auf Menschen hören, dann beschränken wir uns auf das Diesseitige, auf das Profane. Dann werden wir zum platten Weltanschauungsverein, der einfach Lebensrezeptchen verteilt. Dann bleiben wir in der Enge dieser Welt sitzen, in der dunklen Höhle der Diesseitigkeit. Dann wird Händchenhalten der höchste Ausdruck von Spiritualität bleiben und das Sitzen um einen in die Mitte gelegten Stein zur höchsten liturgischen Leistung.

Nein. «Ich will dich fragen, du belehre mich» muss mehr heissen als nur Menschen fragen. «Ich will dich fragen» heisst tatsächlich: Gott selbst fragen. Nur – wie macht man das? Wo finden wir denn ihn selbst, seine Meinung, sein Wort, seine Gedanken? Es tönt vielleicht banal, aber es ist so: Gott fragen heisst, sich ständig und immer neu mit dem Alten und dem Neuen Testament auseinandersetzen. Hier finden wir in menschlichen Worten den Widerschein seines Wesens. Hier liegen die tiefsten Wurzeln des Gesetzes, dem wir gehorchen wollen. Deshalb ist das immer neue Studium der Heiligen Schrift unerlässlich. «Ich will *dich* fragen, *du* belehre mich» heisst also, sich unablässig mit diesen Texten zu konfrontieren. Die Heilige Schrift muss uns die Richtschnur allen Handelns und den Massstab allen Denkens vermitteln. Wer das nicht ernst nimmt, der wird nicht zu der Freiheit und zu der Freude gelangen, von der wir geredet haben.

Herr, erbarme dich!

Allerdings kommt noch eine weitere Schwierigkeit dazu: Das göttliche Gesetz, dieses göttliche Wort, bleibt immer jenseits allen menschlichen Verständnisses. Denn es setzt nicht Recht, wie das Menschen tun. Sondern es schafft Gerechtigkeit. Und genau darum wird es uns immer unverständlich bleiben. Alles Göttliche übersteigt unser Denken, unsere Gefühlskraft, unsere seelischen Dimensionen. Darum wird uns die Bibel immer irgendwo fremd bleiben. Denn Gott ist der ganz Andere, der nie zu verstehen ist und der nie in unserem Gehirn Platz hat. Wer sagt, dass er die Bibel versteht, beweist damit nur, dass er nichts verstanden hat.

Deshalb stehen wir vor der Heiligen Schrift, wie die Blinden der heutigen Evangeliumslesung in ihrer Welt stehen – suchend und fragend im Dunkeln. Wir sind wie sie angewiesen auf seine Hilfe. Wie sie können wir nur rufen: «Herr, erbarme dich.» Nur sein Erbarmen kann uns in die grosse, fremde Welt des Göttlichen führen. Genau darum ist dieser zum Zentrum jeder Liturgie geworden. Denn er ist der Mittelpunkt jeder Gottesbeziehung. Oder anders gesagt: Das demütige «Herr, erbarme dich» ist allein das Gesetz, dem wir Christen gehorchen. Ein freier Mensch gehorcht nur dem Gesetz, nicht den Menschen. Durch dieses wird er frei von Leistungsdruck und Zwang. Durch die Barmherzigkeit wird er frei und voll Freude. So schliesse ich mit einer Mahnung und einer Bitte an meine Kirche. Dass sie nie vergesse, in allem und für alles «Herr, erbarme dich» zu rufen. Nur dieses Gebet führt letztlich zur Auferstehung und zur Wirklichkeit mit Christus.

«Änisbrötli»

Sie wissen vielleicht, dass ich neben «Wir sind Gehilfen eurer Freude» noch ein zweites Siegelwort habe, nämlich: «Man hat lieber einen Onkel, der etwas mitbringt, als eine Tante, die Klavier spielt.» Ich möchte Ihnen deshalb ein kleines Geschenk mitgeben. Ich habe bei meiner Bischofsweihe, die genau gestern vor 15 Jahren stattgefunden hat, am Kirchenausgang allen ein «Änisbrötli» austeilen lassen. Das wiederhole ich heute. Das bald gegessene «Änisbrötli» mag sie daran erinnern, dass die Süssigkeit dieses Lebens zwar vergeht, genau wie die Süssigkeit des kleinen Gebäcks. Aber es mag Sie auch daran erinnern, dass Er selbst – Herr, erbarme dich! – uns aus unserer Vergänglichkeit hinausführen wird in die Freiheit und Freude seiner Herrlichkeit.

St. Peter und Paul Bern
27. Oktober 2001

Zu meinem silbernen Bischofsjubiläum
2. Korintherbrief 1,24

Es ist üblich, dass ein Bischof bei seinem Amtsantritt ein Siegelwort auswählt – gleichsam ein Motto für seine Amtsführung. Ich habe damals lange überlegt und sogar gekämpft, was für ein Bibelwort ich wählen sollte. Es sollte echt sein und meine Anliegen deutlich machen. Lange habe ich nichts gefunden. Der unvergessene Professor Kurt Stalder hat mir dann auf die Sprünge geholfen. Wir fanden gemeinsam das Pauluswort: «Wir sind Gehilfen Eurer Freude» (2 Kor 1,24).

Freude an der Kirche – das war mir ein zentrales Anliegen. Schon als Kind hat mir die Kirche Freude gemacht. Und das ist so geblieben, nicht ganz immer, aber doch sehr, sehr oft. Besonders intensiv ist diese Freude an der Kirche geworden, als ich hier im Wegenstetter Tal erstmals selbständig in der Kirche arbeiten durfte. Meinen ersten Kontakt mit der hiesigen Gemeinde hatte ich bereits als Kind. Die Christuskirche Hellikon war 1948 unter grossen finanziellen Anstrengungen des ganzen Bistums und dieser Gemeinde erbaut worden. Der damalige Bischof Adolf Küry war sehr stolz auf den unter viel Aufwand erreichten Kirchenbau. Ein Jahr später wurde ich von ihm in Olten gefirmt und er erzählte beim Firmessen blumig von der Helliker Kirche.

Zu meiner Firmung – ich war zwölf Jahre alt – durfte ich mir etwas wünschen. Ich wünschte mir, mit dem eben neu gekauften ersten Auto meines Vaters nach Hellikon zu fahren, um dort die neue Kirche zu besichtigen. Wir fuhren also ins mir unbekannte Fricktal. Aber die Kirche war geschlossen. Im Dorf war nur ein einziger Mensch zu sehen, der «Tamboure Karl». Die älteren unter uns wissen noch, wer das war. Ich sehe ihn noch vor seinem Haus sitzen. Er hat uns dann zum Kirchenschlüssel verholfen. 13 Jahre später, am 30. Oktober 1962, kam ich wieder nach Hellikon, diesmal als neuer Pfarrer in meine erste Gemeinde. Und wieder sass der «Tamboure Karl» vor seinem Haus. Diesmal brannte er in seinem «Brönngschirr» Kirsch und bot mir ein noch warmes Glas davon an. Es war der erste Fricktaler Schnaps, den ich trank. Er sollte nicht der letzte sein.

Ich war jung, unerfahren und voller Tatendrang. So voller Tatendrang, dass der damalige Kirchgemeindepräsident, der wunderbare «Postmax», in einer Tischrede sagte: Er ist halt ein bisschen ein «Stürmi». Und das stimmte natürlich. Und eigentlich hoffe ich, dass es immer noch ein bisschen stimmt. Und so stürzte ich mich in die Gemeindearbeit. Es gab in der Gemeinde viel zu tun. Viele innere und äussere Aufgaben warteten, und auch viele Sorgen. Ich erlebte hier eine lebendige Gemeinde mit viel Fröhlichkeit und Vitalität, aber auch von einer manchmal fast düsteren Mutlosigkeit. Die finanzielle Lage der Gemeinde war bedrückend, trotz sehr hoher Kirchensteuern. Die Kirche in Zuzgen und das Pfarrhaus waren halbe Ruinen. Trotz dieser Sorgen war das Gemeindeleben intensiv. Und vor allem: Es gab auch Freude und Vergnüglichkeit. Dazu nur eine kleine Erinnerung. An einem Beerdigungsessen wurde es im Ochsen lustig, sehr lustig. So lustig, dass mir ein alter Bauer – er hiess im Dorf der «Fürst» – nach einer gewissen Zeit den Rat gab: «Herr Pfarrer, jetzt ist es Zeit, dass Sie nach Hause gehen.»

Aber das Wegenstetter Tal hat natürlich auch seine dunklen Seiten. Es gab damals noch viel Armut. Es gehört immer zu engräumigen Dorfgemeinschaften und Bauernhäusern mit ihren Grossfamilien, dass es Spannungen, schwierige Familiensituationen und auch jahrzehntelange Zerwürfnisse gibt. Es gab sehr traurige Ereignisse – Suizide, schwere Krankheiten, Behinderte, entsetzliche Todesfälle. Die Maul- und Klauenseuche suchte dieses Tal heim. Da habe ich etwas gelernt, was mich dann mein Leben lang begleitet hat: Freude hat immer einen dunklen Hintergrund. Oder anders ausgedrückt: Auferstehung gibt es nur nach dem Karfreitag. Das habe ich hier im Tal gelernt. Wirkliche Freude erlebt man nur, wenn man auch den Schmerz kennengelernt hat. Das Johannesevangelium sagt es so: «Und das Licht leuchtet in der Finsternis» (Joh 1,5).

Auch Heilige haben nicht nur heilige Seiten

Das ist auch bei den Heiligen so, die wir am heutigen Allerheiligenfest feiern. Heilige sind für uns strahlende Lichtfiguren. Wir stellen sie uns jedoch gleichzeitig auch als etwas brav und langweilig vor. Aber beides stimmt natürlich nicht. Denn alle Heiligen waren ja Menschen aus Fleisch und Blut. Sie haben deshalb, wie alle Leute, auch dunkle Facetten. Sie haben häufig auch schwierige Charakterzüge. Jakob und David im Alten Testament zum Beispiel hatten sehr zwielichtige Seiten. Petrus war oft ein anpasserischer Zauderer. Paulus war ein Feuerkopf. Der Heilige Augustin hat in seiner Jugend ein zügelloses Leben geführt. Heilige sind eben lebendige, richtige Menschen. Sie haben, wie alle Menschen, helle und dunkle Seiten, genau wie Sie und ich. In der Bibel und in den echten Heiligengeschichten geht es nicht um Idealfiguren, sondern um Geschöpfe, die mit ihren Sehnsüchten und Abgründen, mit ihren Schwächen und Stärken, mit ihren Ängsten und Freuden Gott suchen. Trotz ihrer seelischen und geistigen Flecken und Runzeln haben sie Schritte auf Gott zu gewagt und sind ihm deshalb nahegekommen. Darum nennt man sie Heilige. Denn Heiligkeit ist nichts anderes als Gottesnähe.

Aus diesem Grund ist auch die Kirche nicht eine Ansammlung von Vollkommenen, sondern sie ist eine Gemeinschaft von Fehlerhaften und Schwachen, auch von Zwielichtigen und Störrischen. Das ist deshalb so, weil Gott es mit den normalen Leuten zu tun haben will. Ausgerechnet sie liebt er. Und ausgerechnet für sie ist er da. Oder wie es Jesus formulierte: «Ich bin gekommen, um die Sünder zu rufen, nicht die Gerechten» (Mt 9,13). Das habe ich in meiner Arbeit als Pfarrer intensiv, manchmal sogar drastisch hier im Tal, in Baden und in Basel gelernt. Die Kirche ist zwar die heilige Kirche, aber sie ist ebenso eine Gemeinschaft von Fehlerhaften und Kraftlosen, auch von Zweifelhaften und von Querköpfen. Und ebenso ist sie die Gemeinschaft von armen, schwierigen, sehnsüchtigen, leidenden Menschen. Sie alle suchen etwas Glück und Freude im Leben. Genau diese Menschen sucht der Heilige Gott. Die Kirche ist also nicht heilig, weil die Kirchenglieder vollkommen wären, sondern weil der Heilige Gott es mit uns Menschen aus Fleisch und Blut zu tun haben will. Seine Heiligkeit kommt zu uns. Darum werden im Philipper- und im Kolosserbrief die dortigen Gemeindeglieder als Heilige bezeichnet.

In dieser Spannung zwischen Unvollkommenheit und Heiligkeit, zwischen Dunkel und Licht, liegen Tiefe und Schönheit des kirchlichen Lebens. Genau deshalb ist der Pfarrerberuf und natürlich auch das Bischofsamt so spannend. Da passiert so unglaublich viel. Es gibt die grossen Feste der Gottesdienste und das Banale des Alltags. Es gibt den stillen Erfolg in der Seelsorge und das schlechte Gewissen, wenn man das Gefühl hat, an Menschen versagt zu haben. Man begegnet Menschen in den verschiedensten Lebenslagen. Man darf helfen, in tiefster Lebensdunkelheit das Licht wieder zu finden. Und man darf auf Lebenshöhepunkten helfen, sich am Licht zu freuen. Versuchen, Gehilfe der Freude zu sein, das ist es wohl, was Leben lebenswert macht. Aber gerade da liegen Gelingen und Misslingen natürlich oft nahe beieinander.

Wie überall ist das Leben auch in der Kirche nicht immer einfach. Manchmal ärgert man sich über die Leute in der Kirche. Manchmal mag man nicht mehr. Manchmal tut einem die Kirche weh. Manchmal weiss man nicht, wie es weitergehen soll. Manchmal zweifelt man an sich, an der Kirche – und selbst an Gott. Und genau auf diesem dunklen Hintergrund leuchtet das Licht dann umso heller. Ich habe immer wieder die Erfahrung gemacht, dass oft nicht ich der Gehilfe der Freude war, sondern die Kirche und die Menschen in ihr waren die Gehilfen meiner Freude. Mir ist von der Kirche viel geschenkt worden. Und deshalb freue ich mich, mit Ihnen allen heute dieses Fest feiern zu dürfen. Lassen Sie mich mit dem alten Ruf schliessen: Deo gratias – Gott sei Dank gesagt!

Christuskirche Hellikon
Allerheiligen 2011

Vorträge und Artikel

Altkatholisch sein im 21. Jahrhundert	*210*
Hoffnungen und Ängste in der Ökumene	*221*
Demografie und Altersentwicklung: Frauen zwischen den Generationen	*230*
Arbeit für die Einheit der Christenheit	*237*
Tradition – Gedanken zu einem schwierigen Thema	*247*
Wie lässt sich der Auftrag der Christkatholischen Kirche in der heutigen Welt noch erfüllen?	*256*
Was ist Wahrheit?	*263*
Ökumenische Entwicklungen in der Utrechter Union	*267*

Altkatholisch sein im 21. Jahrhundert

«... in ein Land, das ich euch zeigen werde», Genesis 12,1

Der Ausschuss des diesjährigen Altkatholikenkongresses hat mit grosser Instinktsicherheit unserer Arbeit einen Bibeltext zugrunde gelegt, der eine aussagekräftige Beschäftigung mit der gegenwärtigen Situation der Altkatholiken erleichtern kann. Die Lage Abrahams und unsere Lage lassen sich nämlich durchaus vergleichen. Abraham war ein Kleinbauer – genau wie die altkatholischen Kirchen kirchliche Kleinbauern sind... Allerdings gibt es einen wichtigen Unterschied: Abraham war ein typischer Nomade, der im Gegensatz zu uns ständig unterwegs war. Wir hingegen zeichnen uns durch kirchliche Etabliertheit und spirituelle Sesshaftigkeit aus. Trotz dieses Unterschieds verbindet uns etwas Wichtiges mit Abraham: Er war wie wir in einer Notsituation. Es wird nämlich von alttestamentlichen Wissenschaftern angenommen, dass der Nomade Abraham in einer prekären Lage war, als er sein Land verliess. Vielleicht waren seine Weiden abgefressen oder er war von Feinden bedroht. In dieser schwierigen Situation sagte Gott zu Abraham: So geht es nicht mehr weiter. Du musst in ein neues Land aufbrechen, sonst bekommst du Probleme. Und fürchte dich nicht – ich bin bei dir. Ich segne dich. Mit seinem Segen verspricht Gott Abraham Kraft der Fruchtbarkeit, die Verheissung von Wachstum und Zusage von Gelingen. Ein ähnliches Geschehen wiederholt sich Jahrhunderte später beim Auszug des Volkes Israel aus Ägypten: Als die Schwierigkeiten im Nildelta zu gross werden, sagt Gott zu Moses: Jetzt müsst ihr aufbrechen – und zwar sofort. Sowohl der Kleinnomade Abraham wie der Volksführer Moses brechen auf. Sie tun das nicht einfach aus Gehorsam oder Demut, sondern deshalb, weil sie genau wissen, dass in einer Notsituation nur Aufbruch und Neuanfang weiterhelfen. Und wenn Gott selbst diesen Aufbruch anregt, dann kommt es sicher gut.

Die Sorgen Abrahams und der Altkatholiken

Die Notsituation Abrahams lässt sich mit der Situation der Kirchen des Westens im Allgemeinen und mit derjenigen der Altkatholiken im Besonderen recht gut vergleichen. Allerdings sind wir nicht wie Abraham in äusserlicher, materieller Not. Wir müssen uns zwar alle immer über das Geld beklagen. Aber wir können hier einen fabelhaften Kongress feiern. Wir leisten uns unzählige Sitzungen, Reisen, Konferenzen. Der kirchliche Betrieb läuft, er läuft normal und routiniert.

Trotzdem, wir spüren es alle: Es geht nicht so, wie es gehen müsste. Wir befinden uns nicht im Aufwind. Wir sind – wenn wir genau hinsehen – in einer prekären Lage. Bei all den zahlreichen Aktivitäten, die in den Gemeinden und den Bistümern betrieben werden – die Kirchen florieren nicht. Viele spirituelle Weiden sind abgefressen. Manchmal herrscht auch theologischer Wassermangel. Die Herden sind geistlich immer wieder schlecht ernährt, weshalb ihnen halt manchmal die ganz normale Vitalität fehlt. Dass etwas nicht stimmt, zeigt sich auch an Äusserlichkeiten. Es zeigt sich am Mitgliederschwund aller westlichen Kirchen. Als Folge davon sind unsere personellen Ressourcen eng geworden. Es beginnt an verlässlichen Gottesdienstbesuchern zu fehlen, genau wie an Leuten, die in der Kirche Verantwortung zu tragen bereit sind. Manche unserer Kirchen sind nicht in der Lage, den Priesternachwuchs aus eigenen Reihen sicherzustellen, weil wir kaum Theologiestudierende aus altkatholischen Familien haben.

Aber auch für Menschen, die ausserhalb der Kirche stehen, ist unsere schwierige Situation deutlich erkennbar. Das Wort der Kirchen hat in der Öffentlichkeit stark an Bedeutung eingebüsst. Die Kirchen haben viel an Attraktivität für die Menschen dieser Welt verloren. Gottesdienste und Gemeindeleben ziehen die Menschen nicht mehr an wie einst.

Genau das hat der Kongressausschuss richtig gespürt: Wenn das Thema des Kongresses heisst «Altkatholisch sein im 21. Jahrhundert», dann kann das nur eines heissen: «Geh aus deinem Land in das Land, das ich dir zeigen werde.» Oder um ein Wort Jesu zu einem Gelähmten etwas umzumünzen: Steh auf, Altkatholizismus, nimm dein Bett und bewege dich (vgl. Mk 2,9). Natürlich weiss ich, dass das sehr leicht zu sagen, aber sehr schwierig in die Tat umzusetzen ist. Denn das bedeutet nichts anderes, als lieb gewordene Gewohnheiten infrage zu stellen und damit Geborgenheit aufs Spiel zu setzen.

Es heisst: Weder das sesshafte Leben noch der sesshafte Gottesdienst können für uns das Ziel und das Unbedingte sein. Alles könnte auch anders werden. Gott lässt sich bekanntlich nicht binden; auch nicht an einen bestimmten Gottesdienst oder eine bestimmte Theologie (vgl. Claus Westermann, Genesis I/2, S. 163–184). Ich bin dem Kongressausschuss dankbar, dass er die prophetische Ader hatte, unsere Sesshaftigkeit infrage zu stellen und uns dem grandiosen Satz Gottes an Abraham auszuliefern. Und ich hoffe, dass wir auf diesem Kongress (und vor allem nachher!) uns diesem Befehl Gottes tatsächlich auszuliefern die Kraft haben.

Kalt vor Nachsicht und Geduld

Aber was heisst das konkret? Ich möchte versuchen, uns mit einem Wort des österreichischen Literaten Anton Kuh (1890–1941) weiterzuhelfen, der vor etwa 100 Jahren über das geistige Klima in Österreich gesagt hat: «Wo früher die Dampfhitze hart gegeneinander etablierter Intellektueller kochte, ist es jetzt kalt vor Nachsicht und Geduld.» «Kalt vor Nachsicht und Geduld». Nehmen Sie diese Formulierung aufmerksam zur Kenntnis. Wir leben in einer Zeit, da es kalt vor Nachsicht und Geduld geworden ist. Ich bin der festen Überzeugung, dass unsere überbordende Nachsicht und Geduld uns frieren machen. Wo jeder jeden gewähren lässt, wo alle alles dürfen, wo es keine Tabus und Grenzen mehr gibt – da kann es auch keine Wärme und Geborgenheit geben. Eine Toleranz, die dem Anderen mit der Gleichgültigkeit des ewigen und langweiligen Jasagers begegnet, hat unsere Welt kalt gemacht.

Aber die Kirche lebt natürlich in dieser Welt und kann sich ihren Wirkungen nicht entziehen. Die Situation der Umwelt, das geistige Klima der Zeit beeinflussen uns alle. Hängt es vielleicht damit zusammen, dass wir in unseren Kirchen kaum mehr lebendige und folglich auch heisse Auseinandersetzungen um Fragen des Glaubens haben? Statt Auseinandersetzung haben wir lieber Harmonie: Man kann doch nicht so sein. Man kann doch wirklich verschiedene Meinungen haben. Glaube ist doch, wenn es einem wohl ist. Das Markenzeichen unserer Gesellschaft «Jeder hat Recht und jeder darf» gilt auch für die Kirche. Auch wir Christinnen und Christen – die altkatholischen vielleicht noch besonders? – neigen heute dazu, zu allem Ja und Amen zu sagen. Aber ob solche Wellness-Theologie der Kirche und vor allem der Sache des Evangeliums weiterhilft?

Nur, woher kommt denn solche Wellness-Theologie? Ich bin überzeugt, dass sie ihre Wurzeln in einem bestimmten Gottesbild hat, einem Gottesbild vom lieben Gott, der immer sanft und gutmütig ist. Diese Vorstellung unterscheidet sich allerdings sehr von der biblischen Gotteserfahrung. Das Alte und das Neue Testament schildern Gott sehr komplex, kompliziert und oft widersprüchlich: Gott ist voller Liebe, aber er verlangt von uns Rechenschaft, und er straft. Gott erbarmt sich der Menschen, aber er lässt sie auch erbarmungslos im Leben zappeln. Er ist das Licht und er hat gleichzeitig dunkle Seiten. Er ist ein Gott, der sich den Menschen zeigt, aber den sie zugleich nicht erkennen können. Er ist der nahe und der verborgene Gott in einem. Er ist ein Gott und er ist drei. Kurz und gut: Gott übersteigt jedes Denkschema. Jedes Gefühls- und Vorstellungsvermögen wird an ihm scheitern. Er ist, wie Karl Barths berühmte Formulierung sagt, «der ganz Andere». Und genau damit tun wir uns schwer. Wir möchten doch einfach nur einen «lieben» Gott. Ein Gott, der ein Jüngstes Gericht veranstaltet und dort die Schafe von den Böcken scheidet, ist uns nicht sympathisch. Er passt irgendwie nicht zu unseren Vorstellungen von Liebe und nicht zu unserem Harmoniebedürfnis. Aber Gott hat noch nie in eine Gesellschaftsform hineingepasst, jetzt so wenig wie in anderen Jahrhunderten. Er ist «der ganz Andere». Deshalb liegt er in jeder geistigen Landschaft quer. Genau aus diesem Grund zimmerten sich die Menschen schon immer gerne den «lieben» Gott, mit dem man sich arrangieren kann.

Ein neues Gottesbild

Ich bin überzeugt, dass der erste Schritt zur Erneuerung unserer Kirche die Erneuerung unseres Gottesbildes voraussetzt. Und dieses erneuerte Gottesbild lässt sich nur an einem Ort finden: in der Heiligen Schrift des Alten und Neuen Testaments. Sie schützt die Kirche davor, auf Druckversuche der Welt und wegen der Weisheit der Menschen einen stromlinienförmigen Gott zu verkünden. Sie schützt sie vor einer aus Zeitgeist und Modeströmungen gemixten Stromlinien-Theologie. Sie schützt sie vor unserem Starrsinn und unserer Uneinsichtigkeit. Sie beschützt sie vor der harmoniesüchtigen Trägheit des Fleisches, vor unserem Wellness-Drang also. Die Heilige Schrift ist das Mass aller Dinge, die Richtschnur allen Redens und Handelns. Sie hilft trotz Einflüsterern und Versuchungen, trotz Zweifeln und Fragen dem dreieinigen Gott näherzukommen. Sie unterstützt uns, ein Bild von ihm zu bekommen, das uns trägt und der Kirche den Weg in das unbekannte Land finden hilft.

Wenn der Weg in das neue Jahrhundert von einer ernsthaften Auseinandersetzung mit unserem Gottesbild geprägt sein muss, dann meine ich das keineswegs einfach theoretisch. Natürlich muss zu jeder Erneuerung eine ernsthafte theologische Arbeit gehören. Es gehört auch der Streit um Glaubensfragen zu einem Weg nach vorwärts. Eine Kirche, die nicht über ihr Innerstes – den Glauben an den dreieinigen Gott – streitet, ist keine Kirche. Diese Auseinandersetzung muss aber eine Zielrichtung in das konkrete Leben haben, und sie muss vor allem sichtbare und praktische Konsequenzen haben. Ich will mich zu drei Punkten konkreter zu äussern versuchen, die mir auch für die Gruppengespräche wichtig zu sein scheinen.

Zum ersten Punkt: Gott liebt den Menschen – heisst es. Das bedeutet ja nichts anderes, als dass Gott den Menschen ernst nimmt. Denn wenn ich jemanden liebe, dann nehme ich ihn auch ernst. Und wenn ich jemanden ernst nehme, dann erwarte ich etwas von ihm. Das Verächtlichste, was wir von einem Menschen sagen können, ist: «Von dem erwarte ich nichts mehr.» Wenn ich das von jemandem sage, dann ist er abgeschrieben. Gott nimmt uns Menschen also ernst. Deshalb erwartet er etwas von uns. Und er erwartet etwas von uns, weil er uns zutraut, dass wir etwas können. Aber was erwartet er denn von uns? Die Erwartungen Gottes an den Menschen sind in der Schöpfungsgeschichte präzis umschrieben: «Gott setzte den Menschen in den Garten von Eden, damit er ihn bebaue und behüte» (Gen 2,15). Den Garten Eden bebauen und behüten bedeutet ganz einfach, dass wir Menschen für die Schöpfung verantwortlich sind. Zur Schöpfung gehört die Natur und alles, was in ihr lebt. Eine zentrale Rolle spielt natürlich der Mensch, den Gott als sein Abbild geschaffen hat (Gen 1,26f). Darum heisst für die Menschen sorgen für Gott sorgen. Für den Menschen sorgen kann aber nur, wer auch für die Natur sorgt, die seine Lebensgrundlage ist. Wenn Gott sagt, dass der Mensch den Garten Eden bebauen und behüten soll, so heisst das modern ausgedrückt unter anderem ganz einfach: Sozialarbeit leisten. Wobei natürlich Sozialarbeit nur leisten kann, wer sich auch um die Schöpfung, die Grundlage allen Lebens, kümmert. In der Schöpfung leben ja nicht nur wir, sondern auch unsere Nächsten.

Und da sind die Altkatholiken bekanntlich sehr schwach auf der Brust. Hier haben wir vieles nachzuholen. Ich möchte nur ein paar wenige Punkte, die sich mit der Not der Menschen befassen, zur Diskussion stellen. Anspruch auf Vollständigkeit besteht selbstredend nicht. Ergänzungen sind jederzeit möglich und nötig.

Unkonventionelle Sozialarbeit

Wir haben uns daran gewöhnt, dass der moderne westliche Wohlfahrtsstaat wesentliche Teile der äusseren Not auffängt und für ein recht sicheres materielles Sozialnetz sorgt. Die soziale Not hat aber nicht nur materielle Gesichter. Sie hat viele andere. Eines davon ist die Einsamkeit, eine besondere Geissel unserer Zeit. Wir sorgen zwar für Betagte und versuchen sie bei uns zu integrieren. Aber was ist mit der Einsamkeit der Jugendlichen, die in der Industriegesellschaft bedrohliche Ausmasse annimmt? Was ist mit der Einsamkeit der jungen Erwachsenen, die im Berufsleben stehen und die wir oft nur als Spassgesellschaft wahrzunehmen in der Lage sind? Was ist mit der Betreuung junger Ehen, der intakten und wie der zerbrechenden? Die Scheidungszahlen nehmen in der Schweiz (und sicher auch anderswo) bedrohliche Ausmasse an, ein Faktum, welches das soziale Fundament unserer Gesellschaft zunehmend in Gefahr bringen wird. Was tun wir in unseren Kirchen dagegen, ausser dass wir uns damit brüsten, dass wir Geschiedene kirchlich wieder verheiraten? Was ist mit den Kindern, die in ihrer Umgebung emotional verkümmern? Was ist mit den Elternpaaren und den Alleinerziehenden, die von der Aufgabe, Wärme und Zukunft zu vermitteln, überfordert sind? Was tun wir, dass die Möglichkeit einer Fristenlösung gar nicht erst in Anspruch genommen werden muss?

Ich denke, dass wir als Kirche an einer neuen, unkonventionellen, die Nöte der Zeit wahrnehmenden Sozialarbeit arbeiten müssen. Kirchliche Arbeit für die Geringsten dieser Welt muss ungewohnte Wege suchen. Haben wir eigentlich je mit Suchen begonnen? Oder tun wir einfach das, was eh schon alle tun, deshalb keinen Mut kostet und erst noch Publizität verspricht (zum Beispiel Gleichgeschlechtliche segnen)? Es könnte doch mit ganz unspektakulären und vielleicht mehr äusserlichen Dingen beginnen, die uns aber Mut abverlangen. Wir könnten darüber nachdenken, ob unsere Gemeinden ihre Seelsorge richtig gewichtet und wirklich die Menschen im Auge haben, die uns brauchen, oder nur die, die am einfachsten zu betreuen sind. Wir könnten zum Beispiel einmal über die Benützung und Funktion unserer Gebäude nachdenken. Wie ist es denn eigentlich mit unseren Kirchen, Pfarr- und Gemeindehäusern? Natürlich dienen sie legitimerweise in erster Linie unseren Gemeindebedürfnissen. Aber sind unsere kirchlichen Gebäude auch nach aussen offen für die, die wie im Gleichnis vom Gastmahl draussen auf den Strassen frieren (Lk 14,15–24)?

Der Mittelpunkt des Budgets

Und wie sieht es eigentlich mit dem kirchlichen Finanzhaushalt aus? Wie halten wir es mit dem Verhältnis von Bauausgaben und Verwaltungsspesen einerseits und Sozialbudget und Gottesdienst- und Katechetikkosten andrerseits? Allein was Gott geschaffen hat und was er liebt, ist der Mittelpunkt der Existenz der Kirche und nicht wir. Ist dieser Mittelpunkt auch der Mittelpunkt der kirchlichen Budgets und Rechnungen?

Der zweite Punkt: Angesichts der gewaltigen Nöte dieser Welt stellt sich die Frage von selbst: Was können denn wir kleinen, schwachen Altkatholiken schon machen, um die Schöpfung Gottes zu pflegen? Wir können ja gar nichts ausrichten. Wenn man so fragt, dann kann man selbstverständlich nur verzweifeln und resignieren. Und Resignation führt zwangsläufig zu depressiver Passivität und schwarzseherischer Tatenlosigkeit. Dem möchte ich etwas entgegenhalten, was meines Wissens Karl Barth einmal gesagt hat: Wir Christen kämpfen gegen das Böse in dieser Welt, nicht obschon wir es nicht besiegen können. Wir kämpfen gegen das Böse, weil wir nichts dagegen tun können. Bitte nehmen Sie diesen Satz sehr genau zur Kenntnis: Wir kämpfen gegen das Böse, weil wir nichts dagegen tun können.

We shall overcome!

Diese Aussage betont zwei Dinge: Einerseits betont sie die Tatsache, dass Christen und Christinnen, die diesen Namen verdienen, nie, wirklich nie, aufgeben. Das ist eine der wichtigsten Erkenntnisse, die man in der Kirchengeschichte überhaupt machen kann. Christinnen und Christen geben nicht auf, weil sie wissen, dass sie nicht untergehen. Das ist das Herz aller Gnadenerfahrung: Ich werde schon durchkommen und nicht untergehen. Oder wie die Sklaven Amerikas in ihrem Elend einst gesungen haben: «We shall overcome» (Wir werden überwinden). Es hat zwar Jahrhunderte gedauert. Viele sind vorher zugrunde gegangen. Aber schliesslich haben sie wirklich überwunden: Heute ist ein Schwarzer Aussenminister der Vereinigten Staaten von Amerika (Colin Powell).

Die Aussage Barths sagt aber noch etwas Zweites, nämlich: Gläubige werden in allen Anstrengungen erfahren müssen, dass menschliches Tun immer mit Versagen gekoppelt ist. Alle Anstrengungen für Gott und für die Menschen werden immer von Misserfolg und Misslingen begleitet sein. Das Böse in dieser Welt bleibt aller Anstrengung und aller Glaubensstärke zum Trotz immer stärker. Es lässt sich nicht überwinden. An diesem unabänderlichen Faktum müssten Christen eigentlich zerbrechen und resigniert aufgeben. Deshalb ist die Geschichte der Kirche in Vielem, und oft gerade im Wesentlichen, eine Geschichte des Misserfolgs und des menschlichen Versagens. Logisch und realistisch betrachtet hätte die Kirche an diesem immer neuen Versagen zerbrechen müssen. Aber sie zerbrach nicht. Trotz der Unüberwindlichkeit des Bösen (Luther hätte des Teufels gesagt) gibt es sie immer noch. Das muss einen Grund haben. Paulus hat den Grund genannt: «Ich bin gewiss: Weder Tod noch Leben, weder Engel noch Mächte, weder Gegenwärtiges noch Zukünftiges, weder Gewalten der Höhe noch der Tiefe, noch irgend eine andere Kreatur können uns von der Liebe Gottes scheiden, die in Christus Jesus ist, unserem Herrn» (Röm 8,38f). In dieser Überzeugung haben die Christen über die Jahrhunderte hin gebetet, gelebt und gearbeitet. Deshalb, und nur deshalb, lebt die Kirche auch heute noch.

Wozu Eucharistie feiern?

Nur – da alleiniges Reden von der Liebe Christi bekanntlich nicht viel nützt, musste und muss es für die Gläubigen eine Erfahrung der Liebe Christi geben. Und diese Erfahrung haben die Christusgläubigen durch die Jahrtausende hindurch in der sonntäglichen Feier des Todes und der Auferstehung Jesu Christi gemacht. Aus der Feier von Brot und Wein haben die Gläubigen für das Leben ihre Kraft geschöpft – Kraft, die auch in tiefster Erniedrigung und desolater Erfolglosigkeit zu hartem Durchhaltevermögen und konsequenter Zuversicht verhalf. Das lässt sich nicht nur aus vielen Lebensgeschichten herauslesen. Sondern das Evangelium selbst macht uns das deutlich: Nach der Katastrophe des Karfreitags hat erst das gemeinsame Brotbrechen den beiden Jüngern auf ihrem Weg nach Emmaus ermöglicht, den Auferstandenen zu erkennen (Lk 24,30f). Wir feiern Eucharistie, um ihn erkennen und spüren zu können. Dazu brauchen wir die Eucharistie. Ich bin überzeugt, dass die Schwierigkeit unserer Zeit, Christus zu spüren, hier ihren wesentlichen Grund hat. Wenn die Eucharistie nicht mehr der Mittelpunkt unseres kirchlichen Daseins ist, dann nimmt unsere Christuserkenntnis schweren Schaden. Das gilt sowohl für die einzelnen Gläubigen wie für die Gemeinden. Ich bin deshalb überzeugt, dass der Weg in das 21. Jahrhundert über die Vertiefung der Abendmahlsfrömmigkeit führen muss. Die Arbeit an einer neuen, vertieften Theologie der Eucharistie ist conditio sine qua non für ein Wiedererstarken der Christenheit. Nun wäre es natürlich allzu einfach, wenn man die Aussagekraft und die Lebendigkeit der sonntäglichen Eucharistiefeier einfach durch liturgische Reformen erreichen wollte. Selbstverständlich sind liturgische Reformen nötig. Denn wie für die Kirche gilt auch für die Liturgie der Satz, dass sie immer erneuert werden und der Zeit angepasst werden muss. Die jungen und viele andere Menschen in unserer Kirche haben deshalb Recht, wenn sie immer wieder auf die Schwächen, die Längen, die Langeweile vieler Gottesdienste hinweisen. Sie haben Recht, wenn sie darauf hinweisen, dass ein Sonntagsgottesdienst nicht immer gleich gefeiert werden kann, weil man es ja schon immer so gemacht hat. Jede routinemässig abgewickelte Liturgie ist tödlich – selbst wenn sie noch so richtig und korrekt gefeiert wurde. Oder vielleicht gerade dann!

Gleichzeitig aber muss betont werden, dass liturgische Erneuerung mehr heissen muss als ein paar anbiedernde Zwischentexte. Sie muss mehr sein als Pseudomodernisierung mit etwas Gitarrenmusik und Popklängen, die in der weiten Welt vor 30 Jahren zeitgemäss waren. Sie muss mehr sein als im Unterricht und in frommen Gruppen selbstgebastelte Fürbitten und Eucharistiegebete. Sie muss mehr sein als ein paar trendige, über dem Altar aufgehängte selbstbemalte Leintücher. Nicht Gefälligkeit und Mode ist gefragt. Nicht die Ohrwürmer der 1950er-Jahre sind gefragt. Gefragt sind die Erfahrungen der Jetztzeit, die Fragen, die Nöte und das Erleben der Moderne, und darum die Sprache der Gegenwart, der zeitgenössischen Musik, die Ausdrucksweise der heutigen Kunst. Sie müssen die alte, gewachsene Eucharistiefeier nicht abschaffen, sondern sie so erneuern, dass sie auch Menschen von heute ansprechen kann. Sie müssen die alten Kostbarkeiten liturgischer Formen, Worte und Gesänge nicht verdrängen, sondern bereichern.

Ein Weiteres darf nicht übersehen werden. Die Feier von Tod und Auferstehung Jesu Christi ist das kostbarste Geschenk, das der Kirche auf ihrem Weg geschenkt ist. In der Liturgie wirkt alles Amateurhafte und Dilettantische langweilig! Wegen ihrer Kostbarkeit muss ihr mit tiefster Liebe, mit höchster Sorgfalt, mit grösstem Respekt und mit profunder Sachkenntnis begegnet werden. Sie muss – weil sie heiliges Theater ist – liturgisch, sprachlich, musikalisch und dramaturgisch höchsten, also heiligen Ansprüchen genügen. Zugleich muss sie auch den Ansprüchen der modernen Kommunikation und der heutigen Menschen entsprechen. Deshalb muss Erneuerung der Eucharistie mehr heissen als Liturgiereform. Sie muss von höchstem Respekt gegenüber Gott und gegenüber den Menschen ausgehen!

Erneuerung der Eucharistie heisst sich auf ihre innerste und tiefste Funktion besinnen. Und diese innerste und tiefste Funktion der Liturgie ist nichts anderes als Ostern feiern. Sie hat keine andere Aufgabe, als für die Gläubigen den Tod und die Auferstehung Christi zu vergegenwärtigen. Sie will nichts anderes, als uns an den Punkt führen, wo wir nicht nur bewegt, sondern existenziell beteiligt singen können: We shall overcome – wir werden überwinden – weil Christus überwunden hat.

Wann sind wir aufgebrochen?

Wir haben uns mit der Frage der Sorge um den Nächsten und mit der Frage des Gottesdienstes beschäftigt. Nun wird noch ein Drittes zu behandeln sein. Nämlich: Wie können wir denn feststellen, ob wir wirklich in ein neues Land aufgebrochen sind? Und an was merken wir, ob wir neue Zugänge zu den Nächsten und zur Eucharistie gefunden haben? Oder um auf unser Kongressthema zurückzukommen: Wie merken wir denn, ob wir in das neue Land aufgebrochen sind, also bessere Bebauer und Behüter von Gottes Schöpfung geworden sind? Ich glaube, dass es zwei Kriterien dafür gibt.

Das erste Kriterium: Wer emotional und rational zur Überzeugung gekommen ist, dass «nichts uns scheiden kann von der Liebe Gottes, die in Christus Jesus ist», wird ganz anders von Gott reden können. Er wird von Gott, von seiner eigenen Freiheit reden können, ohne zu reden. Er wird ganz einfach glaubwürdig wirken – und vorbildlich sogar. Die Sache Christi lässt sich ja nur auf dem Hintergrund einer persönlichen Gottesbeziehung vertreten und nicht einfach aufgrund einer Leistung des Denkens. Das Evangelium weitergeben kann nur, wer es erhalten und in sich aufgenommen hat, und dadurch ganz einfach glaubwürdig geworden ist. Ob wir uns spirituell auf den Weg in das neue Jahrhundert aufgemacht haben, ob wir in das Land, das er uns zeigen will, aufgebrochen sind – das wird man wesentlich an unserer Art zu leben und von Gott zu reden erkennen können.

Das vielgerühmte bischöflich-synodale System

Das zweite Kriterium ist die Lebensweise unserer Gemeinden. Wenn unsere Gemeinden sich in ihrem Leben und ihrer Wahrheitsfindung erheblich von weltlichen Vereinen, Gruppen und Institutionen unterscheiden, dann sind sie aufgebrochen. In einer christlichen Gemeinde sollte es keine Machtkämpflein geben, wie es sie in Kirchgemeinderäten, Synoden und Bischofskonferenzen immer wieder gibt. Das vielgerühmte bischöflich-synodale System sollte sich deshalb in einer Streitkultur (jawohl Streitkultur!), die zum Evangelium passt, verwirklichen lassen. Pointiert ausgedrückt, wir müssten wieder so gut altkatholisch werden, wie das die altkatholischen Theologen bei der Konstituierung unserer kirchlichen Strukturen vorgegeben haben. Nicht Monarchie und nicht Demokratie, sondern gemeinsame, aber diversifizierte Verantwortung ist katholisch. Dann könnten die Menschen ausserhalb der Kirche plötzlich spüren, dass bei uns etwas anders ist als sonst in der Welt. Sie würden feststellen, dass bei uns nicht die simplen demokratischen Spielregeln gelten, nach denen einfach die Mehrheit Recht hat. Sie müssten erkennen können, dass sich bei uns nicht wie in der Demokratie einfach die Stärkeren durchsetzen. Sie würden feststellen, dass wir gemeinsam auf dem Weg sind.

Fast wie von selbst drängen sich an dieser Stelle zwei Jesusworte als Leitlinien auf: «Bei euch soll es nicht so sein, sondern wer bei euch gross sein will, soll euer Diener sein» (Mk 10,43) und: «Ihr sollt so vollkommen sein, wie euer Vater im Himmel vollkommen ist» (Mt 5,48). Natürlich weiss ich, dass das für unser übliches Kirchen- und Gemeindeleben provozierende Sätze sind. Aber eine gute Provokation – und auf die verstand sich Jesus bekanntlich – kann immer weiterbringen und unbekannte Wege öffnen. Diese provozierenden Jesusworte immer fragend auf unser persönliches Leben als Christin und Christ mittragen – wäre das nicht ein Stück Aufbruch in ein neues Land?

Sentire Ecclesiam
Zum Schluss noch etwas, was mich seit je bewegt. Es gibt einen besonders sprechenden Begriff, mit dem die Kirche definiert wird: «Leib Christi». Unseren Leib spüren wir. Man spürt, wenn es ihm gut und wenn es ihm schlecht geht, wenn er Hunger hat, wenn er müde ist und wenn er zu viel getrunken hat. Er leidet, wenn man nicht auf ihn Rücksicht nimmt, und er lebt auf, wenn man ihn pflegt. Bei Ignatius von Loyola – er ist nicht unbedingt ein altkatholischer Säulenheiliger, aber trotzdem ein grosser Mann – findet sich das Wort «sentido ... en la Iglesia» (vgl. Burkart Schneider, Die Kirchlichkeit des heiligen Ignatius von Loyola, in: Sentire Ecclesiam, hrsg. von Jean Daniélou und Herbert Vorgrimler, 1961). Sentire ecclesiam! – die Kirche fühlen! Mit «fühlen» ist mehr gemeint als nur reine Emotionalität. Fühlen hat viel mit Erkenntnis, mit Sich-in-etwas-Hineinversetzen, mit Verständnis, mit Überwinden des Ichs zu tun. Das ist etwas, was ich mir erträume – eine Kirche, in der die Menschen nicht einfach an ihrem persönlichen religiösen Wohlergehen und ihrer individuellen geistlichen Erfahrung interessiert sind. Ich träume vielmehr von Gläubigen, die zuallererst das Wohl und Wehe des Leibes Christi spüren, erleben, erfahren, erleiden, rie-

chen, schmecken. Ich träume von Gläubigen, die von diesem «die Kirche fühlen» bewegt werden. Dasein für Christus und seine Kirche und daraus dann die Kraft zu finden, auch für sich da zu sein, das ist wohl das Besondere, was «die Kirche fühlen» mit sich bringt.

In diesem Zusammenhang kommt mir eine andere bedeutende Figur in den Sinn. Der Mann ist zwar noch viel weniger Altkatholik und ein Heiliger ist er erst recht nicht. Aber er hat hier in Prag das Licht der Welt erblickt. Don Giovanni! Mozart hat ihn am 29. Oktober 1787 im Prager Ständetheater uraufgeführt. Am Anfang der Oper geht es Don Giovanni schlecht. Alles missrät ihm. Er ist in einen Mord verwickelt und wird deshalb gesucht. Auch seine berühmten Liebesgeschichten sind nicht mehr, was sie einmal waren. Eine ist erfolgloser als die andere. Zudem will ihn erst noch sein cleverer, alter Diener verlassen. Don Giovanni wirkt haltlos und demotiviert. Da passiert etwas völlig Unvorhergesehenes. Wie vom Donner getroffen, sagt er plötzlich: «mi pare sentire odor di femmina» (mir scheint, ich spüre den Geruch einer Frau; Don Giovanni I. Akt, 4. Szene). Wieder dieses «sentire» von Ignatius. Don Giovanni ist wie elektrisiert. Er vergisst alle seine Schwierigkeiten. Seine Vitalität kehrt zurück. Er hat wieder das geschmeckt, ohne das er nicht sein kann. Deshalb fragt er nicht mehr nach Erfolg und Misserfolg. Er stürzt sich einfach mit ungestümer Verwegenheit zurück in das Leben, an das er schon nicht mehr geglaubt hat.

Mein Traum: mi pare sentire odor di chiesa

Wir Kirchenleute wirken manchmal ähnlich demotiviert wie Mozarts grandiose Figur. Alles scheint zu misslingen. Nichts geht mehr vorwärts. Wie Don Giovanni fühlen wir uns in der Sackgasse. Auch wir glauben manchmal nicht mehr an die Lebendigkeit der Kirche. Ich wünsche uns allen, dass es uns auch einmal so geht wie Don Giovanni: «mi pare sentire odor di chiesa» (mir scheint, ich spüre den Geruch der Kirche). Ich hoffe, dass wir genau so elektrisiert unsere kirchliche Vitalität zurückfinden und uns mit ungestümer Hoffnung und Verwegenheit in das Leben der Kirche stürzen: Weil wir die Kirche spüren, verstehen, schmecken, erkennen – kurz weil wir ohne sie nicht sein können.

Altkatholikenkongress, Prag 2002

Hoffnungen und Ängste in der Ökumene

Erfahrungen und Hintergründe

Zuerst möchte ich Ihnen ganz herzlich dafür danken, dass Sie mich eingeladen haben, vor Ihnen zu sprechen. Ich tue das mit grossem Vergnügen. Vor allem aber fühle ich mich durch die Verleihung des Sint Maartenspennink sehr geehrt. Sie machen mir damit eine ausserordentliche Freude.

Gestatten Sie mir, dass ich nicht eine theoretische und hochtheologische Abhandlung vortrage, sondern ganz einfach als Praktiker erzähle. Fast 40 Jahre lang habe ich in der Ökumene gearbeitet. Ich habe sie auf allen Ebenen erlebt. Von höchsten Erfolgsgefühlen bis zu tiefsten Enttäuschungen hat es alles gegeben. Ich möchte Ihnen deshalb meine eigenen Erfahrungen schildern und auch einige Fragen für die Zukunft aufwerfen. Ich rede aus sehr persönlicher Sicht und natürlich zum grossen Teil auch aus schweizerischer Perspektive.

Ich bin in der solothurnischen Kleinstadt Olten aufgewachsen. Olten war immer ein Zentrum föderalistischen Widerstands gegen (politische) Machtausübung von aussen und gegen jeden Versuch, das Gemeinwesen zentralistisch zu regieren. Deshalb wurde auch Olten ein Zentrum des kirchlichen und politischen (weniger des theologischen) Widerstandes gegen die Dogmen von 1870. Da sich die grosse Mehrheit der Oltner weiterhin zum alten Katholizismus bekennen wollte, wendete sich in der Folge der grösste Teil der Bevölkerung von Rom weg der christkatholischen Bewegung zu. Eine Minderheit bekannte sich zur römisch-katholischen Kirche. Das ging natürlich nicht ohne Kampf. Und dieser Kampf ist laut und hart gewesen. Die römisch-katholischen und die christkatholischen Gemeindeglieder waren deshalb auch noch in meiner Jugend – etwa 80 Jahre nach der Trennung – gar nicht gut aufeinander zu sprechen. Wir galten ihnen als die Ketzer, welche ihnen die alte Stadtkirche St. Martin gestohlen hatten. Und sie waren für uns die Römlinge – stockkonservativ und abhängig von einem fernen Kirchenfürsten.

Ökumene gab es damals kaum

Ökumene fand, wenn überhaupt, nur zwischen Reformierten und Christkatholiken statt. Das ist verständlich, lag doch die schmerzliche Trennung nach dem 1. Vatikanum noch keine 100 Jahre zurück. Die böse Auseinandersetzung war im Gedächtnis der meisten Leute immer noch sehr gegenwärtig. Teilweise hatten sie sie gar noch selbst miterlebt. So ist es nicht verwunderlich, dass die Konfessionsgrenzen tatsächlich undurchdringlich waren. Gleichzeitig waren sie wohl für die eigene kirchliche Identität notwendig.

Grenzen vermitteln Geborgenheit. Deshalb wurden sie als positiv empfunden, und deshalb waren sie auch nicht überwindbar. Daraus können Sie schliessen, dass sich die Situation der Beziehungen zwischen der christkatholischen und der römisch-katholischen Kirche in der Schweiz stark von der Situation in den Niederlanden unterscheidet. Während bei uns die Auseinandersetzungen am Ende des 19. Jahrhunderts geführt wurden, fanden sie bei Ihnen bereits zu Beginn des 18. Jahrhunderts statt. So konnte bei uns die Heilung der Wunden erst viel später – in den 60er-Jahren des 20. Jahrhunderts – beginnen.

Deshalb waren auch noch 1962, als ich als Pfarrer in ein fricktalisches Dorf (Hellikon) kam, die Beziehungen zwischen Römisch-Katholiken und Christkatholiken sehr schlecht. Hier vielleicht eine kurze Erläuterung zum Begriff «Fricktal». Ein grosser Teil der ländlichen Bevölkerung des Gebiets an der Nordgrenze der Schweiz hat sich nach 1870 von Rom abgewendet. In vielen Dörfern gibt es deshalb starke christkatholische Gemeinden. Der Grund, dass das altkatholische Gedankengut in dieser bäuerlichen Gegend so gut Fuss fassen konnte, ist folgender: Jenes Gebiet hatte bis 1803 zu Vorderösterreich gehört und war so im Einflussgebiet des Josefinismus gestanden. Das josefinistische Gedankengut blieb natürlich noch lange lebendig. So war der Boden für den christkatholischen Widerstand gegen das Vatikanum I bestens vorbereitet. Nebenbei bemerkt: Damit zeigt sich auch eine geistesgeschichtliche Verbindung zwischen der Christkatholischen Kirche der Schweiz und der Altkatholischen Kirche der Niederlande. Denn der Josefinismus war ja nicht zuletzt unter niederländischem Einfluss (van Swieten) entstanden.

Deshalb verwundert es nicht, dass sich auch in meinem Dorf die beiden Kirchgemeinden um 1960 völlig unversöhnlich gegenüberstanden. So verbot etwa der römisch-katholische Pfarrer seinen Leuten, mich mit «Herr Pfarrer» anzusprechen, da ich ja nur ein Sektenprediger sei. Ich erzähle das, um das herrschende Klima zu charakterisieren. Denn dieses Klima führte im Dorf zu schweren Spannungen. Es überschattete die Politik, spaltete Familien und zerstörte Freundschaften.

Ökumene auf dem Dorf

In eben dieser Zeit begann das 2. Vatikanische Konzil. Es hat in theologischen und kirchlichen Kreisen grösste Hoffnungen (und natürlich auch Misstrauen!) geweckt. Da geschah das für uns Ungeheuerliche: Altkatholische Beobachter wurden an das Konzil nach Rom eingeladen. Eine Offenheit der römisch-katholischen Kirche wurde sichtbar, von der kaum jemand zu träumen gehofft hatte.

Das alles hat mitgeholfen, dass sich die Fronten sogar in unserem Dorf aufzuweichen begannen. So wurde es zum Beispiel möglich, bereits in der ersten Hälfte der 1960er-Jahre erstmals einen ökumenischen Gottesdienst zu feiern. Ich werde das übervolle christkatholische Gotteshaus nie vergessen, in welchem zum ersten Mal seit den 70er-Jahren des vorletzten Jahrhunderts die römisch-katholische und die christkatholische Gemeinde gemeinsam beteten. Ich werde ebenso nie vergessen, wie die Menschen nachher erleichtert waren und sich bedankten. Durch diese Erfahrungen wurde mir etwas bewusst: Wenn Kirchen glaubwürdig bleiben wollen, dürfen sie nicht so miteinander umgehen, wie das ja während Jahrhunderten üblich gewesen war. Ich habe damals die prägende Erfahrung gemacht, wie scheusslich und unmenschlich Kirchenspaltungen sind. Wenn die Botschaft des Evangeliums – die Botschaft der Freiheit und der Liebe – zu Feindschaft und Streit zwischen Menschen führt, dann kann das von der Umwelt nur als pervers empfunden werden.

Ein nie für möglich gehaltener ökumenischer Aufbruch begann. Die Arbeitsgemeinschaft Christlicher Kirchen der Schweiz (in den Niederlanden heisst dieselbe Institution «Ökumenischer Rat der Kirchen») wurde gegründet. Die römisch-katholische Kirche war Vollmitglied! Das war damals alles andere als eine Selbstverständlichkeit. Ökumenische Gottesdienste fanden in überfüllten Kirchen statt und wurden zu Ereignissen, welche die Menschen tief bewegten. Ökumenische Diskussionen, Podiumsgespräche und Vortragsreihen fanden grosse Zuhörerschaften. Man genoss es sichtlich, miteinander in Kontakt zu kommen und die anderen, oft fremdartig wirkenden Kirchen zu spüren. Endlich durfte man sich näherkommen. Ein grosses Aufatmen ging in der Schweiz durch die Kirchen. Gewaltige Hoffnungen waren geweckt.

In der Schweiz berief die römisch-katholische Kirche die «Synode 72» ein. Das war ein jahrelanger Prozess, in welchem Laien und Geistliche im Auftrag der Bischöfe und zusammen mit ihnen gemeinsam Reformvorschläge für die römisch-katholische Kirche in der Schweiz erarbeiten sollten. Das war natürlich ein grosses Wagnis – nicht nur weil Laien mitarbeiten durften, sondern auch weil die Reformthemen sehr weit gefasst waren. Die Gebiete reichten von Liturgie über Organisationsfragen bis zu Themen der Ökumene und der Sexualität. In dieser ökumenisch aufgeladenen Zeit wurde die Synode 72 ganz selbstverständlich nicht nur als innerkirchliche Bewegung aufgefasst. Die römisch-katholischen Bischöfe bezogen die andern Kirchen mit in den Prozess ein. Auch unsere Kirche war eingeladen, Berater zu delegieren. Ich wirkte damals als Berater im Bereich «Ehe und Familie» mit. Das war wohl das grösste Erlebnis in meiner ökumenischen Arbeit: Ich war so vollständig in dieses römisch-katholische Gremium integriert, dass ich oft ganz vergass, dass ich ja gar nicht in meiner eigenen Kirche arbeitete. Gemeinsames theologisches Arbeiten, Projekte entwickeln, Texte erarbeiten, Taktiken ausdenken, aber auch Feste feiern und gemeinsam Beten und so in fast völliger Gemeinschaft in der römisch-katholischen Kirche leben – das war für mich ein Schlüsselerlebnis. Es prägt meine guten und engen Beziehungen zur römisch-katholischen Kirche bis heute.

Ökumene in der Stadt

Ich kam dann 1971 als Pfarrer nach Basel. Hier wurde die Ökumene komplizierter und auch schwerfälliger. Denn es gab nicht mehr nur eine römisch-katholische und eine christkatholische Kirchgemeinde, die ja letztlich aus derselben Tradition heraus leben. Hier wurde die Zerrissenheit der Christen für mich plötzlich viel deutlicher sichtbar. Denn es gab viele Kirchen: Reformierte und Anglikaner, Orthodoxe und Lutheraner, die Heilsarmee und die Baptisten und andere. Viele sehr verschiedene Gemeinschaften mussten versuchen, sich zusammenzuraufen. Trotzdem: Wir erreichten viel, angespornt von grossen ökumenischen Hoffnungen. So erarbeiteten wir beispielsweise 1974 gemeinsam das neue Basler Kirchengesetz, welches zur öffentlich-rechtlichen Anerkennung der Römisch-Katholischen Kirche und der Israelitischen Gemeinde führte. Wir bauten gemeinsam Altersheime. Wir führten Volksfeste durch ebenso wie Gottesdienste. Wir beschäftigten uns mit den Limapapieren und verfassten eine gemeinsame Antwort. Kurz: Die Ökumene war lebendig und vermochte viel zu bewegen.

Ökumene in der Schweiz

Nochmals neue Ökumeneerfahrungen machte ich dann, als ich als Bischof in das Büro (=Vorstand) der Arbeitsgemeinschaft Christlicher Kirchen in der Schweiz gewählt wurde. Da erschien mir die Zusammenarbeit mit den anderen Kirchen noch einmal komplexer und schwieriger. Das war nicht nur deshalb so, weil sieben (später neun) Kirchen an einem Tisch sassen. Sondern je grösser der vertretene Hintergrund ist und je mehr öffentliche Verantwortung auf den Beteiligten lastet, desto schwerfälliger wird die Arbeit. Es liegt in der Natur der Sache, dass auf Kirchenführungsebene Veränderungen schwieriger zu verwirklichen sind. Das hat weniger mit Sturheit oder Amtshochmut zu tun, wie man oft anzunehmen geneigt ist, als vielmehr damit, dass ein grösseres Schiff den Kurs viel langsamer zu ändern in der Lage ist als ein kleines Schifflein: So muss beispielsweise der Evangelische Kirchenbund alle seine 24 Mitgliedskirchen berücksichtigen. Die römisch-katholische Bischofskonferenz hat viele Bischöfe und erst noch einen Papst. Und ich bin eingebunden in viele Gemeinden und zudem auch noch den anderen altkatholischen Kirchen verpflichtet.

Ökumene weltweit

1991 kam ich mit dem Weltkirchenrat in Berührung: Ich wurde von meiner Kirche als Vertreter in die Vollversammlung von Canberra delegiert. Dort wurde ich in den Zentralausschuss, die Exekutive also, gewählt. Da geschah etwas Paradoxes, was mich sehr schockierte: Im Weltkirchenrat erfuhr ich, dass die Christenheit nicht nur gespalten ist, sondern dass sie in tiefer Zerrissenheit lebt. Der ÖRK setzt sich aus über 300 Kirchen zusammen. Sie kommen aus so verschiedenen theologischen, kulturellen, historischen und sozialen Umfeldern, dass sie einander nur schwer verstehen können. Das Finden einer gemeinsamen theologischen Sprache ist darum oft fast unmöglich. Viele dieser Kirchen leben in einem kirchlichen Umfeld, das anderen sehr fremd, ja unverständlich sein muss und oft auch bleiben wird. Das führt leicht dazu, dass ethische Fragen, politische Auseinandersetzungen und Tagesfragen in den Mittelpunkt rücken, während die zentralen theologischen Fragen in den Hintergrund geraten. Viele Programme des Weltkirchenrates befassen sich deshalb nicht mit dem, was die Verfassung als den eigentlichen Auftrag des ÖRK festlegt: mit der Suche nach der sichtbaren Einheit der Kirche. Natürlich ist das Bewusstsein da, dass eine gespaltene, ja zerstrittene Kirche, die nicht mit einem Munde zu reden vermag, ihren Einfluss auf die Menschen bald verspielt hat. Natürlich wissen wir alle, dass Kirchenspaltung dem Willen Gottes widerspricht. Trotzdem: Die Arbeit an diesem Einheitsauftrag kommt selbst im Weltkirchenrat zu kurz. Aber wenn man den Weltkirchenrat kennt, wird man gut verstehen, dass man sich nicht darum reisst, an den Schwierigkeiten zu arbeiten, die man allzu schnell als unüberwindbar einschätzt. Es ist im ÖRK wie überall im Leben: Die ganz schwierigen Fragen verdrängt man lieber und wendet sich den leichter lösbaren zu.

Trotz aller schwierigen Erfahrung mit der Ökumene habe ich die Freude an dieser Aufgabe nie verloren. Denn die Aufgabe ist spannend – vielleicht gerade deshalb, weil sie oft so fremdartig ist. Dann habe ich auch nie vergessen wollen, dass es zu den Urpflichten der Gläubigen im Allgemeinen und eines Bischofs im Besonderen gehört, für die Einheit der Kirche zu arbeiten.

Dazu kommt aber meine eigene Erfahrung. Ich habe erlebt, was es bedeutet, wenn Ökumene kaum existiert. Ich habe aber auch erlebt, wie die Ökumene das kirchliche Leben über Streit, Schmerz und Frustration hinausführen kann in ein einigermassen normales Zusammenleben. Ich habe darüber hinaus persönlich in der ökumenischen Arbeit viel gelernt, vor allem aber eines: Kenntnis anderer Lebens- und Frömmigkeitsformen. Ich habe geistliche Bereicherung erfahren durch Menschen, die aus mir sehr fremden, ja innerlich abgelehnten Kirchen kamen. Ich habe gelernt, dass Toleranz eine Grundbedingung für jeden ökumenischen Prozess ist.

Damit komme ich zu einem sehr wichtigen Stichwort, das wir wohl etwas genauer definieren sollten. Und wenn ich das tue, beginne ich von der Zukunft, von meinen Hoffnungen zu reden. Ich bin überzeugt, dass die heutige ökumenische Bewegung unter anderem deshalb so stagniert, weil es an Toleranz mangelt – und zwar an echter Toleranz. Wir verstehen unter Toleranz oft etwas Schwammiges, Unprofiliertes – etwa im Stil: Es spielt keine Rolle, zu welcher Kirche man gehört. Es ist unwichtig, wie man Gott verehrt, Hauptsache ist, *dass* man ihn verehrt. Das ist letztlich Intoleranz, denn damit interessiert man sich gar nicht recht für den anderen – im Stil von «leben und leben lassen». Man kann Toleranz auch unbewegt leben: Man achtet zwar den anderen, aber man will ihm nicht nahekommen und man lässt sich von ihm nicht beeinflussen. Man lebt genau so weiter wie eh und je und wie wenn es keine andere Lebensweisen gäbe. Auch das ist letztlich Intoleranz.

Ökumene braucht Toleranz

Aber was ist denn Toleranz? Das Wort tolerieren heisst wörtlich übersetzt «ertragen». Tolerant sein heisst den Anderen in seiner Eigenart ertragen. Und das ist – wie wir aus unserer Familiengeschichte und aus unseren Ehen gut wissen – nicht immer einfach. Nur: Damit, dass ich andere seufzend ertrage, ist es ja noch nicht getan. Toleranz muss weiter gehen. Sie muss sich vom Anderen, vom Fremden, vom Unbekannten hinterfragen, bewegen, beeinflussen lassen. Erst dann bin ich tolerant, wenn der Andere für mich wichtig wird. Ich habe vor langer Zeit einen Satz von Kurt Tucholsky gelesen, der mir nie mehr aus dem Kopf gegangen ist: «Toleranz ist der Verdacht, dass der Andere Recht haben könnte.» Das ist kein einfacher Gedanke, ja sogar einer, der unangenehm werden kann. Denn er stellt meinen Standpunkt nicht nur infrage, sondern er setzt mich potenziell sogar ins Unrecht. Bei diesem Toleranzverständnis müsste sich zum Beispiel der Papst fragen: Haben diese Altkatholiken nicht vielleicht doch ein wenig Recht? Diese Vorstellung stimmt mich – ich gestehe es gerne – sehr heiter. Aber wenn ich diesen Satz auch für mich ernst nehme, dann muss ich mich fragen: Hat vielleicht Rom am Ende mit dem Vatikanum I doch Richtiges gesehen? Das ist natürlich etwas anderes. Diesen Gedanken finde ich schon weniger erfreulich. Gleichzeitig muss ich aber gestehen, dass bei unserer Auseinandersetzung über die Frauenordination doch wiederholt in mir die Frage aufgestiegen ist, ob wir Altkatholiken uns bei einem gewichtigeren und stärkeren (allerdings nicht monarchischen!) Einheitsamt nicht doch weniger zerstritten hätten. Hätten wir die Einheit der Utrechter Union dann retten können?

Ich bin Mitglied der Sonderkommission des Weltkirchenrates für die Mitarbeit der Orthodoxen Kirchen im ÖRK. Sie hat den Auftrag, Wege zur Heilung der tiefen Wunden zwischen den orthodoxen und westlichen Mitgliedskirchen zu suchen. Ich weiss nicht, wie bewusst es uns eigentlich ist: Der Weltkirchenrat stand nach der Vollversammlung von Harare (1998) vor dem Zerbrechen. Die Orthodoxen Kirchen gehen seither zunehmend auf Distanz zum ÖRK. Ich bin der festen Überzeugung, dass das tiefe Zerwürfnis zwischen den östlichen und den westlichen Kirchen auf beiden Seiten viel mit Intoleranz zu tun hat. Die Ostkirchen fühlten sich von den westlichen Kirchen ständig überfahren. Das westliche parlamentarische System des ÖRK führte dazu, dass die Orthodoxen und Altorientalen keine Chance hatten, eine Abstimmung zu gewinnen. Westliche Kirchenvertreter und -vertreterinnen können oft nicht sehen, dass die Orthodoxen vielleicht Recht haben, wenn für sie die demokratischen Spielregeln in der kirchlichen Meinungsbildung oder gar Wahrheitsfindung keine genügende Methode sind. Umgekehrt verstehen Orthodoxe oft nicht, dass wir vielleicht Recht haben könnten, wenn wir ihren bischöflich-klerikalen Absolutismus infrage stellen. Und das Verhalten östlicher wie westlicher Delegierter im Weltkirchenrat weist häufig genau darauf hin, dass man oft zu sicher ist, dass der Andere sicher nicht Recht hat.

Getrennte Wege in Ost und West

Allerdings wurzeln die Schwierigkeiten zwischen Ost und West im ökumenischen Dialog nicht einfach in den Entwicklungen unserer Zeit. Sie sind auch nicht einfach auf Thomas von Aquin, die Renaissance, die Reformation oder die Aufklärung zurückzuführen. Die Spannungen gehen weit in die Geschichte des Denkens von Griechen und Lateinern zurück. Griechen und Lateiner haben sehr verschiedene Denk- und Lebensweisen. Diesen Unterschied zwischen Ost und West möchte ich Ihnen gerne mit einem Erlebnis illustrieren: Wenn Sie in Athen die Akropolis ersteigen, tun Sie das auf einer sehr schönen, rechtwinklig und präzis gearbeiteten Marmortreppe. Das ist der Zugang zur Akropolis, den die Römer gebaut haben. Daneben sehen Sie einen unregelmässigen, wenig ausgebauten Aufgang, der sich einfach dem Gelände anpasst und sich ganz ungeometrisch zum Hügel emporwindet. Das ist der Zugang zur Akropolis, den die Griechen erstellt haben. «Sehen Sie», hat eine griechische Archäologin mir gesagt, «an diesen beiden so verschieden konzipierten Zugängen können Sie die Verschiedenheit des griechischen und lateinischen Wesens und Denkens erkennen.»

Da ist mir ein Licht aufgegangen: Hier liegt wohl tatsächlich die entscheidende Wurzel für die Spannungen zwischen der östlichen und westlichen Kirche, die sich übrigens bereits in den ersten Jahrhunderten der Geschichte der Kirche abzeichneten. Nicht zuletzt deshalb war der erfolgreiche Abschluss des theologischen Dialogs zwischen den orthodoxen und altkatholischen Kirchen ein so ausserordentliches Ereignis. Wohl gemerkt: Es ist der erste erfolgreich abgeschlossene Dialog zwischen Ost und West seit 1054! Dass er nicht zu einer wirklichen Wiedervereinigung zwischen den beiden Kirchen geführt hat, liegt nicht nur an der Frauenordination und unseren Beziehungen zu den Anglikanern, das auch. Eine wichtige Rolle spielte auch der Fall der Sowjetdiktatur. Seither sind die Orthodoxen in innere Auseinandersetzungen verwickelt, die ihnen eine Beschäftigung mit anderen Fragen fast völlig verunmöglicht. Heute ist die Orthodoxie viel zu wenig mit sich selbst im Reinen, als dass sie Beziehungen oder auch nur echte Dialoge nach aussen eingehen könnte.

Doch zurück zur Toleranz: Allerdings kann man den Verdacht, dass der Andere Recht haben könnte, nur haben, wenn man bereit ist, sich mit dessen Sicht ernsthaft auseinanderzusetzen. Anders gesagt: Tolerant werden können wir nur, wenn wir uns auf das fremde Denken und das andere Wesen einlassen wollen – mit allen Gefahren, welche für die eigenen Überzeugungen damit verbunden sind. Für die ökumenischen Gremien heisst das, dass wir die zentralen theologischen Fragen in aller Offenheit und Gedankenschärfe diskutieren müssen. Das ist schwierig, ich weiss das aus unzähligen ökumenischen Sitzungen nur zu gut. Ich weiss sehr genau, dass wir in ökumenischen Gremien die oft schmerzlichen Differenzen nicht richtig auszutragen vermögen. Wir fühlen uns zur Liebe verpflichtet. Wir möchten nicht verletzen. Wir denken, dass Konflikte doch zu nichts führen. Wir sagen, dass man das Gemeinsame betonen soll. Wir möchten eine gute Atmosphäre haben. Ich habe das auch so. Ich bin auch harmoniebedürftig. Und das ist auch richtig und gut. Aber es genügt nicht. Zu viel Harmoniebedürfnis ist genau so verheerend wie Streitsucht. Echte Toleranz kann nur auf dem Boden einer kräftigen und nahrhaften Streitkultur wachsen. Streitkultur heisst: Streiten wollen und sich gleichzeitig vom Anderen bereichern lassen wollen. Streitkultur heisst nicht, Recht behalten wollen, sondern gemeinsam der Wahrheit näherkommen wollen. Streitkultur heisst, auch am Streit sein Vergnügen haben. Verbissenheit hatte noch nie etwas mit Kultur zu tun, lebendiges Streiten hingegen schon. Streitkultur heisst auch, sich Zeit nehmen, geduldig Wege suchen und nicht immer sofort finden wollen.

Bei einer ökumenischen Problematik fällt mir das besonders auf, nämlich bei der Frage des gemeinsamen Abendmahlstisches. Ich denke, dass man in guten Treuen verschiedener Meinung sein kann. Also einerseits: Gemeinsame Eucharistie ist nur bei voller Gemeinschaft in Glauben und Struktur möglich, denn das Tiefste, was der Herr gegeben hat, darf nicht von Unklarheiten und Differenzen überschattet sein. Und anderseits: Der Herr hat eingeladen, also dürfen wir auch bei Zerstrittenheit zusammen seinen Leib empfangen. Beide Sichtweisen sind verabsolutiert zu einseitig und können deshalb der Wirklichkeit unserer Gemeinden und der Gläubigen nicht gerecht werden. Hier die eigene Ansicht zu hinterfragen und zu prüfen, inwiefern denn die andere Position Richtiges in sich trägt, das würde uns schon weiterhelfen.

Neue ökumenische Grenzen

Und damit komme ich zu einem letzten Punkt – allerdings zu einem, der mir besonders Sorgen macht. Mir fällt immer auf, wie unterschiedlich Ökumene auf den verschiedenen Lebensebenen der Kirche funktioniert und abläuft. Wenn auf Kirchenführungsebene theologische oder pastorale Fragen und Differenzen diskutiert werden, so stossen die Argumente und Gedanken bei den Gläubigen oft auf völliges Unverständnis. In der Ämterfrage und in der Eucharistieproblematik fällt das ganz besonders auf. Wovon reden die da oben denn eigentlich, ist dann der Tenor. Eigentlich interessiert uns gar nicht, was die Theologen, Bischöfe und Präsidenten da miteinander «stürmen». Die verstehen gar nicht, was für uns wichtig ist und wo wir unsere Sorgen haben. Und umgekehrt ist es genauso: In den ökumenischen Gremien und bei Diskussionen auf Kirchenleitungsebene erarbeiten wir Wege und Zugänge zu Fragen und Problemen, von denen wir überzeugt sind, dass sie entscheidende Konsequenzen für das Leben der Kirche haben. Wir arbeiten an Dingen, die tiefste Auswirkungen haben müssten. Aber sie werden ganz einfach nicht zur Kenntnis genommen. Oder etwas anders gesagt: Die Grenzen verlaufen häufig nicht mehr zwischen den Konfessionen. Familien, Freundschaften, Dörfer werden kaum mehr durch Konfessionsgrenzen gespalten wie in meinem Dorf vor 40 Jahren. Die Grenzen – um nicht gerade zu sagen die Mauern – verlaufen vielmehr zwischen Theologie und Gemeindealltag, zwischen den verschiedenen hierarchischen Ebenen. Ich bin überzeugt, dass die Ökumene nur weitere Fortschritte machen kann, wenn zwischen diesen verschiedenen Ebenen wieder Verständnis füreinander wachsen kann. Um es spitz zu sagen: Wir brauchen dringend eine Ökumene zwischen Gemeinden und Kirchenführungen. Kirchenführungen und Gemeindeglieder müssten wieder auf die Idee kommen, dass der Andere Recht haben könnte. Denken Sie einmal, es würde nie mehr heissen «die da oben» oder «die in den Gemeinden», ... dann – aber nur dann – können wir wieder mit Fortschritten rechnen.

Niederländische Pastoralsynode
Amersfoort, 16. Mai 2002

Demografie und Altersentwicklung: Frauen zwischen den Generationen

Die Umkehr der Alterspyramide und eine ständig steigende Lebenserwartung verändern die Stellung der Frau – das ist unser heutiges Gesprächsthema anlässlich der Ausstellung «Wege zur Unsterblichkeit» im Schweizerischen Landesmuseum

Ich muss gestehen, dass ich schon ein bisschen in meinen Hirnwindungen grübeln musste, um eine gedankliche Brücke zwischen «Unsterblichkeit» und «Umkehrung der Alterspyramide» schlagen zu können. Aber da Unsterblichkeit bekanntlich für die christliche Theologie untrennbar mit Auferstehung verbunden ist, fand ich mich unversehens in meiner ureigensten bischöflichen Aufgabe wieder, nämlich im Reden und Bezeugen von Leben, Zukunft, Perspektiven. Und da der Schuster bei seinem Leisten bleiben soll, so will ich bei meinem Kerngeschäft bleiben und weder soziale Programme noch politische Visionen entwickeln. Ich will meinen Einstieg beim christlichen Glauben an die Auferstehung suchen.

Auferstehungsglaube muss – wenn er denn einen wirklichen Sinn haben soll – unsere irdische Existenz beeinflussen. Er muss auf unser Denken einwirken und unsere Beziehung zu den anderen Menschen verändern. Kurz: Auferstehungsglaube muss im Alltag etwas anstossen. Tut er das nicht, so hätte Lenin tatsächlich recht behalten, als er der Religion höhnisch vorwarf, sie sei nur Opium für das Volk – ein Rauschmittel also, das im Elend des Alltags die Schmerzen betäuben hilft (W.I. Lenin, in: Geheimnisse der Religion). Wenn wir den Text Lenins etwas umformulieren, so dass er aus dem marxistischen Zusammenhang in den unsrigen übertragen wird, würde sein Text etwa heissen: Mit dem Glauben an die Auferstehung und an eine zukünftige bessere Welt versuchen die Menschen lediglich, ihre Furcht vor dem leiblichen Verfall, vor dem Altern, vor dem Tod zu ersäufen. Und als das, nämlich als billige Vertröstung auf bessere Zeiten, ist der Auferstehungsglaube tatsächlich immer wieder missverstanden und sehr oft auch missbraucht worden. Reiche, farbige Paradiesesvorstellungen sind so entstanden: wunderbare Gärten, schlaraffenlandähnliche Bilder und anderes mehr.

Keine Paradiesträume

Im Neuen Testament ist von solchen Träumen wenig zu spüren. In der Apokalypse, einem späten biblischen Buch, gibt es die bildhaft geschilderte Vision von der Stadt Gottes. Die deutlichste Darstellung des Paradieses steht im selben Text: «Gott wird in ihrer Mitte wohnen, und sie werden ein Volk sein ... Er wird alle Tränen abwischen von ihren Augen: Der Tod wird nicht mehr sein, keine Trauer, keine Klage, keine Mühsal» (Offb 21,3f). Handfestere Jenseitsvorstellungen kennt der christliche Glaube ursprünglich nicht, genauso wenig wie es konkrete Auferstehungsschilderungen gibt. Das hat einen einfachen Grund: Was göttlich ist, kann weder konkret dargestellt noch auch nur gedacht werden. Denn die menschlichen Gedanken- und Gefühlskapazitäten reichen nicht aus, dass sie das Göttliche einfangen oder gar erfassen könnten. Vor allem aber – und das zu betonen ist mir sehr wichtig – hat die Auferstehung nach meiner Einschätzung eine völlig andere Stossrichtung als eine beschwichtigende Vertröstung auf ein fernes Paradies. Nur: was für eine denn?

Das Alte wie das Neue Testament vertreten durchwegs die hohe Würde und Unersetzbarkeit des einzelnen Menschen als etwas Zentrales und Unverzichtbares. So schildert etwa die Schöpfungsgeschichte, wie liebevoll Gott den Menschen erschafft – aus Erde formt er ihn, anders als Tiere oder Pflanzen, mit seinen eigenen Händen. Dann haucht er ihm seinen eigenen Lebensgeist ein. So wird der Mensch zum Ebenbild Gottes selbst (Gen 1,27 und Gen 2,7). Der Mensch gehört also nicht einfach zu einer Klasse von anderen Geschöpfen, zu einer Ordnung von Tieren oder Pflanzen etwa. Von denen gibt es ja noch viele. Nein, der Mensch ist ein einzigartiges Individuum von höchster Würde und Rang. Er ist Gott ähnlich und steht deshalb in engerer Beziehung zu ihm als jedes andere Geschöpf. Deshalb liebt ihn Gott auch besonders.

Auferstehung – die logische Folge der Menschenwürde

Diese Sicht des Menschen zieht sich wie ein roter Faden durch das ganze Alte Testament hindurch. Das Neue Testament setzt diese durch und durch jüdische Sehweise fort. Man denke nur an das Wort Jesu: «Kein Sperling fällt zur Erde ohne den Willen eures Vaters. Bei euch aber sind sogar die Haare auf dem Kopf alle gezählt» (Mt 10,29b.30). In der bildhaften Sprache Jesu heisst das: Für Gott ist jeder Einzelne so wichtig, dass kein Einziger verloren gehen darf. Jeder Mensch ist unersetzlich. In dieser jüdischen Gedankenwelt lebt Jesus. Aber er übernimmt sie nicht einfach, sondern er vertieft sie und entwickelt sie weiter. Völlig natürlich findet so das Neue Testament zum Auferstehungsglauben. Wenn nämlich jeder einzelne Mensch unersetzlich ist, dann darf er auch im Tod nicht verloren gehen. In der Unersetzlichkeit eines jeden Menschen also wurzelt der Auferstehungsglaube. Deshalb ist er der unverzichtbare Kern der christlichen Botschaft. Allerdings hat die Auferstehungsbotschaft schon in der frühesten Kirche Anstoss und Zweifel erregt. Das löste lebhafte Diskussionen aus. Bereits in den ältesten schriftlichen

Dokumenten des Neuen Testaments, in den Paulusbriefen, sind diese Diskussionen um Kreuzigung und Auferstehung allgegenwärtig. Der Standpunkt von Paulus ist eindeutig: Jeder christliche Glaube, dessen Kern nicht die Auferstehung ist, ist für den Apostel leer und sinnlos – Unsinn, wie der Apostel wörtlich sagt (1 Kor 15).

Paulus würde nicht so unnachgiebig auf der Unverzichtbarkeit des Auferstehungsglaubens beharren, wenn das nicht gravierende Konsequenzen für das menschliche Leben nach sich ziehen würde. Eine davon wird uns heute besonders beschäftigen müssen – eine, die auch bei Paulus eine zentrale Rolle spielt und von der er immer wieder redet: «Es gibt nicht mehr Juden und Griechen, nicht Sklaven und Freie, nicht Mann noch Frau» (Gal 3,28). Man könnte diesen Satz völlig legitim weiterführen: Es gibt nicht mehr arm noch reich, nicht erfolgreich oder erfolglos, nicht mehr Nationalrätin oder Bischof, und vor allem: Es gibt nicht mehr alt oder jung. Paulus will das nicht als idealistische Vision oder weltfremde Utopie verstanden wissen. Sondern für ihn muss das die Realität in der christlichen Gemeinde sein, wenn sie die Auferstehung und damit die unverzichtbare Würde jedes einzelnen Menschen ernst nimmt. Wir wissen natürlich alle, dass die christliche Gemeinde diese Realität oft nicht, oder nur unter besonderen Umständen, verwirklichen konnte. Als Beispiel mag das Wirken des Heiligen Franziskus von Assisi genannt sein. In der real existierenden Kirche sieht es manchmal sehr anders aus. Dass wir das wissen und dazu stehen, das genügt für den Moment.

Trotzdem: Jede christliche Ethik geht von der Gleichwertigkeit aller Menschen aus. Das eben zitierte Pauluswort «Es gibt nicht mehr Juden und Griechen, nicht Sklaven und Freie, nicht Mann noch Frau» gilt absolut und ohne jede Einschränkung. Daran gibt es nichts zu rütteln. Die Gleichwertigkeit der Menschen ist für Christen nicht verhandelbar. Allerdings: dass Theorie und Praxis oft nicht übereinstimmen, mag eine Anekdote illustrieren. Die Berner Patrizierin Madame de Meuron besass in der Dorfkirche neben ihrem Sommerschloss einen Kirchenstuhl mit ihrem Wappen. Nur sie durfte hier sitzen. Als sie eines Sonntags in die Kirche kam, sass ein gewöhnlicher Dorfbewohner darin. Madame de Meuron verwies ihn mit einer verblüffenden Begründung von ihrem Stuhl: «Loset, guete Ma, im Himmel sy mer de alli glych. Aber hie unde mues Ornig sy.»

Wir lachen über diese schöne Geschichte, weil wir uns in ihr selbst wiederfinden. Denn wir alle reagieren ja immer wieder so oder ähnlich. Menschliche Unzulänglichkeit lässt halt die Realisierung dieser Auferstehungsethik immer wieder scheitern. Oder um mit Jesus zu reden: «Der Geist ist willig, aber das Fleisch ist schwach» (Mt 26,41b). Das ist genau der Grund, dass keine Ethik – weder eine christliche noch irgendeine andere – genügt, um menschliches Zusammenleben zu ermöglichen und zu sichern. Weil Ethik allein nicht genügt, sind demokratische Ordnung und garantierte Menschenrechte notwendig. Sie sind gewissermassen die Taschenbuchausgabe des paulinischen Luxusbandes. Nicht zuletzt deshalb, weil die modernen demokratischen Rechte ebenso wie die Menschenrechte ihre Wurzeln im Christentum haben, sind sie nicht verhandelbar. Das deutsche Grundgesetz hat diese Erkenntnis unübertrefflich und gültig formuliert: «Die Würde des Menschen ist unantastbar.»

Und damit sind wir mitten in unserem Thema. Denn die Umkehr der Alterspyramide, aber auch das Zu-alt-Werden und das Nicht-sterben-Können, kann diesen Satz für direkt Betroffene massiv infrage stellen. Und eigentlich ist das kein Wunder. Denn wird die Überalterung der Bevölkerung nicht nur als etwas Negatives dargestellt, sondern tatsächlich auch als negativ erfahren. Sie führt schliesslich zu einer Kostenexplosion im Versicherungs- und Gesundheitswesen, zu Nachwuchsproblemen in der Wirtschaft und im Sozialleben. Sie führt sehr oft – und das darf keinesfalls übersehen werden – zur Überforderung der Angehörigen. Und sie führt für viele Menschen zu einem fast unerträglichen Leben. Natürlich darf man diese und andere negative Seiten der Überalterung der Gesellschaft nicht einfach als Schwarzmalerei abtun. Aber sie sind schlicht Tatsache. Und ebenso ist es Tatsache, dass wir noch keine Rezepte haben, wie wir einen Ausweg aus dieser belastenden und bedrohlichen Situation finden könnten. Es ist deshalb kein Wunder, dass die Umkehr der Alterspyramide uns alle überfordert. Nun müssen wir uns aber vorstellen: Alte Menschen werden jeden Tag mit der Tatsache konfrontiert, dass sie Staat, Gesellschaft und Familie überfordern. Eigentlich muss das unerträglich sein. Wer sich immer wieder als überflüssig und als Überforderung der Umwelt wahrnehmen muss, wird es schwer haben, die eigene Würde noch sehen zu können. So ist es nicht erstaunlich, dass alte Menschen oft kaum mehr an ihre Würde glauben können. Dies spüren wir in der Begegnung mit ihnen. So spricht ein oft gehörter Satz Bände: «Ach, wir sind ja nur noch ein paar alte Frauen in der Kirche.» Oder wie viele alte Menschen erklären, dass sie sich schämen, ihre Angehörigen mit ihrer Pflegebedürftigkeit zu belasten. Auch eine namhafte Zahl von Suiziden bei alten Menschen spricht für sich. Dazu kommt noch etwas anderes: Niemand von uns will alt werden. Alter halten wir für ein wenig erstrebenswertes Stadium. Pflegebedürftigkeit, Abhängigkeit, Vereinsamung, Demenz – davor fürchten wir uns alle. Und weil wir das Alter fürchten, verdrängen wir es. Das äussert sich schon in der Sprache: Wir haben keine «Altersheime» mehr, sondern «Seniorenresidenzen». Wir werden nicht alt, sondern wir treten ins dritte Lebensalter ein. Es ist nicht korrekt, von «Alten» zu reden – man sagt «ältere Leute».

Wie soll der alte Mensch an seine Würde glauben?

Wie soll denn also ein Mensch an seine Würde glauben, wenn er in einer Lebenssituation steht, die vor allem negativ beurteilt wird? Wie soll sich ein Mensch in einer Lebenslage zurechtfinden, in die niemand kommen möchte? Wie soll man in einem Zustand etwas Gutes sehen können, mit dem wir kaum anders umzugehen wissen als mit Verdrängung? Ist es also ein Wunder, dass die direkt Betroffenen selbst oft vergessen, dass das Alter ihnen die Menschenwürde nicht nehmen kann? Weil sie ihre Menschenwürde nicht mehr spüren, kommen sie sich überflüssig vor.

Dass für Frauen die Situation im Alter oft noch schwieriger ist, hat sicher viele Gründe. Sie liegen selbstverständlich nicht einfach im Alter, sondern mindestens ebenso sehr in der Stellung der Frau in unserer Zeit. Altsein und Frausein sind in unserer Gesellschaft sicher keine gute Kombination. Von jeher hatten alte Frauen im Sozialgefüge häufig keinen guten Sozialstatus. Das zeigt etwa das Faktum, dass bereits die alttestamentlichen Propheten immer wieder massiv für die recht- und mittellosen Witwen und alleinstehenden Frauen eintreten. Aus dem Mittelalter gibt es Zeugnisse, wie alte Frauen verlacht und verspottet wurden – öffentlich und ohne alle Hemmungen. Und schliesslich wissen wir aus unserer eigenen Umwelt, auf welcher Stufe des Sozialprestiges alte Frauen üblicherweise stehen. Zum Problem des Ansehens kommen materielle Probleme. Viele alte Frauen haben finanzielle Sorgen. Alle diese Dinge haben aber wohl nicht in erster Linie mit dem Alter zu tun, sondern mit der Stellung der Frau überhaupt. Auch in jungen Jahren haben in vielen sozialen Bereichen Frauen wohl weniger gute Voraussetzungen als Männer. So liest man etwa in dieser Woche die unglaubliche Nachricht, dass Frauen in der Schweiz im Durchschnitt noch heute 20 % weniger verdienen als Männer. Junge Frauen haben immer noch schlechtere Ausbildungschancen als ihre männlichen Altersgenossen. Schönheitskult, Jugendlichkeitswahn und Sexualisierung der Gesellschaft treffen Frauen ohne Zweifel stärker als Männer. Es gibt aber wohl auch positive Folgen dieser für Frauen in unserer Zeit schwierigen Sozialstruktur. Viele Frauen erweisen sich als sozial kompetenter als Männer. Sie flechten und bewahren deshalb manchmal leichter tragfähige Sozialnetze als Männer. Und Frauen mögen auch fähiger sein, ihren Alltag zu gestalten als Männer, die halt oft immer noch nicht einmal ein Spiegelei braten oder ein Bett frisch beziehen können. Vor allem aber haben Frauen leichteren Zugang zu religiösen und kulturellen Welten. Sie können deshalb ihrem Leben leichter Sinn geben als Männer, die einfach in ihrem Berufsleben versandeten und nur zu oft wenig mit sich selbst anfangen können.

Nach all dem Gesagten möchte ich ein paar Punkte nennen, die sich für eine Diskussion eignen könnten. Zuerst zum Materiellen. Es ist seit je Aufgabe der Gesellschaft gewesen, für die wirtschaftliche Sicherstellung der Alten zu sorgen. Das gilt ohne Wenn und Aber! In allen zivilisierten Gesellschaften ist man sich immer bewusst gewesen, dass eine unabdingbare Voraussetzung für die Sicherung der Würde des Alters die materielle Sicherheit ist. Materielle Sicherheit ist eine zentrale Bedingung für Freiheit und Unabhängigkeit jedes Menschen. Dass diese Aufgabe in der bäuerlich-gewerblichen Welt anders gelöst wurde als heute, zeigt lediglich, dass in der modernen Industrie- und Konsumgesellschaft nicht das «dass» zu diskutieren ist, sondern ausschliesslich das «wie». Die Politik hat also nicht zu diskutieren, ob wir uns die Sicherung der Würde des Alters noch leisten können. Sie hat ausschliesslich zu fragen, wie die Finanzierung der nötigen Sicherheit ermöglicht werden kann. Und sie hat die Voraussetzungen dafür zu schaffen – selbst auf Kosten einer allgemeinen Senkung des Wohlstandes.

Wie in Würde altern?
Wichtiger als die materielle Frage scheint mir allerdings etwas anderes zu sein. Nämlich, wie schaffen wir es – von der materiellen Sicherheit einmal abgesehen – in Würde zu altern? Das nun ist nicht einfach eine Frage, die sich im Alter stellt. Sondern das ist eine Frage, der ein ganzes, langes Leben lang nachgegangen werden muss. Eine alte Weisheit lautet: «Ein Leben lang muss man sterben lernen.» Man kann es auch so formulieren: «Leben heisst lernen, alt zu werden.» Wie man im Leben die Akzente des eigenen Daseins gesetzt hat, so wird auch das Alter aussehen. Das mag eine Plattitüde sein. Weniger wahr ist es deshalb nicht. Wer sich bemüht, innerhalb der Schranken seiner Endlichkeit zu leben, der wird auch mit der brutalen Erfahrung der Endlichkeit im Alter besser fertig werden. Wer sich aber in erster Linie auf Erfolg und Sicherheit verlässt, wird bitter erfahren müssen, dass Erfolg und Sicherheit immer enge Grenzen haben. «Seien wir ehrlich, Leben ist lebensgefährlich», hat der weise Erich Kästner gesagt. Wer nicht bereit ist, im Leben ein Risiko einzugehen, wird am Risiko des Alterns und Sterbens besonders schwer tragen. Wir leben in einer sicherheits- und deshalb auch versicherungssüchtigen Gesellschaft. Darum gehören nicht nur Versicherungen zu den gewinnträchtigsten Unternehmen unserer Zeit, sondern auch Anti-Aging-Produkte und -Programme feiern überwältigende Erfolge.

Das tönt ein bisschen moralinsauer. Das soll es keineswegs sein. Ich bin nämlich überzeugt, dass Menschen des 21. Jahrhunderts es schwerer haben, mit Alter und Tod fertig zu werden als frühere Generationen. Dafür können sie recht wenig. Es ist wohl eher der Preis, den wir für die natürlich oft segensreichen Erfolge der Industrie- und Wirtschaftsgesellschaft bezahlen. Es gibt eben nichts auf dieser Welt, für das man nicht bezahlen muss. Dass es diese Erfolge und die zugehörigen Rechnungen gibt, dafür kann man Sie und mich nicht verantwortlich machen. Sie und ich profitieren lediglich von den Vorteilen, und wir zahlen den entsprechenden Preis dafür. Ein Preis, den wir bezahlen, ist sicher die Tatsache, dass uns die religiösen Inhalte und Werte in grossem Masse abhanden gekommen sind. Auch scheint mir ein ganz wichtiger Faktor zu sein, dass der Tod weitgehend aus unserem Leben ausgeblendet ist. Wir erleben ihn fast nur noch aus zweiter Hand. Wer erlebt das Sterben denn heute noch aus nächster Nähe, wie das bei früheren Generationen selbstverständlich war? Selbstverständliche Todesnähe aber bringt auch selbstverständliche Lebensnähe. Denn Leben heisst – wir haben es gehört – sterben lernen.

Natürlich und trotz allem: Altern kann nie zu einem ausschliesslich schönen und guten Erleben werden. Verlust von Kraft und Schönheit, geistiger Abbau, Pflegebedürftigkeit, Abhängigkeit – sie lassen sich nicht wegdiskutieren. Sie sind ein Teil des Lebens. Jemand hat auf die Wandtafel dieser Ausstellung mit Kreide den weisen Satz geschrieben: «Wenn wir unsterblich wären, würden wir uns bestimmt wünschen zu sterben.» Das stimmt genau mit der alttestamentlichen Sicht des Todes überein: Als Gott den Menschen aus dem Paradies vertrieb, hat er ihm den Tod geschenkt – damit er das Leben in der Welt des Leidens und des Todes nicht ewig leben muss.

Und zum Schluss noch etwas: Es gibt in der westlichen Welt kein gesundes Zahlenverhältnis von jungen und alten Menschen mehr. Hat das vielleicht gerade damit zu tun, dass wir die Akzente unseres Lebens anders als frühere Generationen setzen? Ist Leben weitergeben für uns nicht mehr das Schönste und Wichtigste im Leben wie für Generationen vor uns? Haben wir so ein Stück Hoffnung auf die Zukunft aufgegeben? Setzen wir zu sehr auf die Gegenwart? Ist uns deshalb die Gegenwart des Altseins zu schwer geworden, weil wir im Alter keine Zukunft mehr sehen? Der Auferstehungsglauben scheint uns weitgehend abhandengekommen zu sein. Sind uns in der Folge davon die Perspektiven, die Hoffnung, ja die Zukunft abhandengekommen?

Schweizerisches Landesmuseum
20. November 2003

Arbeit für die Einheit der Christenheit

Sie können sich vorstellen, wie sehr es mich ehrt und berührt, dass mir Ihre hochangesehene Lehr- und Forschungsanstalt für Theologie die Doktorwürde ehrenhalber verleiht. Gleichzeitig muss ich gestehen, dass mich die Ernennung auch erstaunt hat, habe ich doch keine wissenschaftlichen Leistungen vorzuweisen, die an eine akademische Ehrung denken lassen. Ich habe ausschliesslich in kirchlichen Aufgaben gearbeitet. So sind wohl meine Versuche, im Bereich der Utrechter Union und der Ökumene etwas zu bewegen, der Grund, dass ich diese hohe Auszeichnung empfangen darf. Dass mir dies grosse Freude macht, können Sie leicht verstehen. Denn gerade in der Kirche ist es oft schwer erfahrbar, dass die eigene Arbeit tauglich ist. So zeigt mir Ihre Ehrung, dass für Andere meine Arbeit dort wichtig geworden ist, wo ich das gar nicht wusste.

Besonders berührt mich, dass Ihre Akademie mich ehrt. Denn ich habe seit vielen Jahren enge Beziehungen zu Ihrem grossen, schönen Land und zur Polnisch-Katholischen Kirche. Ich habe hier nicht nur überwältigende Gastfreundschaft und warmes Vertrauen erfahren dürfen, sondern ich habe mit Ihrer Kirche einen langen und interessanten Weg gehen dürfen. Ich hatte die Freude, sehr oft in Ihr Land reisen zu können, und bin jedes Mal mit grosser Freude gekommen.

Als ich 1985 zum ersten Mal nach Warschau kam, litt Polen noch unter den Nachwirkungen des Kriegszustandes. Das Land befand sich nach meiner Wahrnehmung in einer tiefen Depression. Unterdrückung und Bespitzelung schienen mir allgegenwärtig. Die Stimmung der Menschen und der Städte war von der Ausweglosigkeit unter der sowjetischen Diktatur geprägt. Das war auch in unserer Kirche spürbar. Denn die kleinen Kirchen waren dem Würgegriff des totalitären Staates natürlich besonders schutzlos ausgeliefert. Nicht alle Amtsträger hatten die Kraft, die Möglichkeit oder den Mut, sich für die Unabhängigkeit der Sache Christi einzusetzen. Das führte dazu, dass manchmal mehr kollaboriert wurde, als es nötig gewesen wäre. Abhängigkeit, gegenseitiges Misstrauen und Zukunftsängste waren die Folge. Sie haben es der Polnisch-Katholischen Kirche schwer gemacht, ein gutes kirchliches Leben zu führen. Es ist aus der Sicht eines Menschen, der immer in einem freien Land gelebt hat, natürlich einfach, so etwas zu sagen. Ich tue es denn auch mit allem Respekt und mit aller Vorsicht, im Wissen, dass ich nicht weiss, wie ich selbst mich in dieser Situation verhalten hätte. Ich wage es, solche Aussagen zu machen, weil ich mit Bewunderung feststelle, dass jetzt wirklich versucht wird, das Vergangene zu überwinden. Seit dem politischen Umbruch von 1989 hat sich vieles geändert. Eine mutige Synode hat 1995 einen grossen Schritt zur Bewältigung der Vergangenheit getan. Eine neue Kirchenverfassung und personelle Neuorientierungen haben den Weg in die Zukunft frei gemacht. Dass ich diesen Weg begleiten und vielleicht auch da und dort etwas Hilfe leisten konnte, ist für mich eine grosse Befriedigung.

In den letzten Jahren ist in Polen ein wichtiges kirchliches Ereignis eingetreten: Die Polnisch-Katholische Kirche und die Römisch-Katholische Kirche sind miteinander ins Gespräch gekommen. Aus kirchlichen und politischen Gründen wäre das vorher nie denkbar gewesen, schon gar nicht in den Jahren des Kommunismus. Es war eine grosse, schöne und herausfordernde Aufgabe, als mich die 1995 erneuerte Leitung der Polnisch-Katholischen Kirche bat zu versuchen, Kontakt mit Kardinal Josef Glemp aufzunehmen, um zu sondieren, ob Kontakte mit der Römisch-Katholischen Kirche im Bereich des Möglichen lägen. Der Versuch gelang: Der polnische Primas erklärte sich bereit, mit der von Bischof Wysoczanski geführten Kirche Gespräche zu führen. Er beauftragte den verstorbenen Bischof Wladyslav Miziolek, für die Vorbereitungen gemeinsamer Gespräche die Verantwortung zu übernehmen. Diese Aufgabe nimmt heute Bischof Jacek Jezierski mit grossem Engagement wahr. Das hat zu einer deutlichen Klimaverbesserung zwischen den beiden Kirchen geführt. Dass nach diesen Kontakten eine gemeinsame, gemischte Gesprächskommission ihre Arbeit aufnehmen konnte, ist ein grosser und wichtiger Neubeginn. Es ist ein Schritt, der für Polen alles andere als selbstverständlich ist.

Diese Mithilfe, die ich zu diesem ökumenischen Erfolg beitragen konnte, war für mich eine besondere Genugtuung. Dass diese Genugtuung so gross ist, hat mit meiner persönlichen Erfahrung in der Kirche zu tun. Zu Beginn der 1960er-Jahre waren in der Schweiz die Beziehungen der Christkatholischen Kirche zur Römisch-Katholischen Kirche unvorstellbar schlecht. So weigerte sich zum Beispiel ein römisch-katholischer Bischof bei einer offiziellen Gelegenheit, seinem christkatholischen Amtsbruder die Hand zu geben. Dieses Klima führte auch in den Gemeinden zu schweren Spannungen. Diese Spannungen spalteten Familien und zerstörten Freundschaften. Durch diese Erfahrungen wurde mir bewusst, dass Kirchen nicht so miteinander umgehen dürfen, wenn sie glaubwürdig bleiben wollen. Wenn die Botschaft des Evangeliums, die Botschaft der Freiheit und der Liebe, zu Feindschaft und Streit zwischen Menschen führt, dann kann das von der Umwelt nur als pervers empfunden werden.

Man musste etwas unternehmen. In eben dieser Zeit begann das 2. Vatikanische Konzil verschlossene Türen aufzustossen. Entspannung wurde möglich. Aus dieser Erkenntnis heraus versuchte ich in unserem Dorf, eine Klimaverbesserung herbeizuführen. Ich organisierte einen römisch-katholisch/christkatholischen Gottesdienst. Ich werde die randvolle Kirche nie vergessen.

Die Menschen waren dankbar, endlich miteinander beten zu dürfen. Das gelang. Denn die Spannungen waren für viele Menschen unerträglich gewesen.

Aber natürlich genügen persönliche Erfahrungen und Überzeugungen nicht. Ökumenische Ziele können nur erreicht werden, wenn die Anstrengungen von der Kirche und ihrer Theologie getragen werden. Nur wenn der ökumenische Auftrag in einer Kirche als zentraler Auftrag gesehen wird, sind Fortschritte möglich. Und das trifft natürlich für die altkatholischen Kirchen in besonderem Masse zu. Das hat unter anderem mit ihrer Entstehung zu tun. Als die Gegner der Lehre vom Universalprimat des Bischofs von Rom ihren Widerstand auch nach der Dogmatisierung der Unfehlbarkeit und des Jurisdiktionsprimates am 18. Juli 1871 nicht aufgaben, da hatten sie niemals an die Gründung einer Kirche gedacht. Sie strebten vielmehr die Rückkehr zum Glauben der ungeteilten Kirche an, in welcher der Bischof von Rom ja schon immer über einen Ehrenprimat verfügt hatte. Sie wollten eine Reform der Kirche von innen erreichen. «Wir wollen nicht Altar gegen Altar stellen», war eine zentrale Aussage. Deshalb kam ein Austritt aus ihrer Kirche für sie nicht infrage. Aber weil sie ihren Widerstand nicht aufgeben wollten, wurden diese Geistlichen und Theologen exkommuniziert.

Aber auch jetzt dachte man zunächst nicht an eine eigene Kirche. Erst als man die Betreuung der Menschen und die Sakramente für die Gläubigen sicherstellen musste, errichtete man eigene kirchliche Strukturen, die man aber ausdrücklich als «Notkirche» deklarierte. Hingegen führte das entstandene Schisma zur Erkenntnis, dass alles getan werden musste, um die Spaltung der nicht mit Rom verbundenen katholischen Kirchen zu überwinden. Dass zum alten Schisma ein neues gekommen war, erfüllte die Träger des Widerstandes gegen die Papstdogmen mit grosser Sorge. Das führte zu ersten Beschlüssen auf den ersten Katholikenkongressen und zu engen Kontakten mit der Orthodoxen und mit der Anglikanischen Kirche. Diese Anfänge prägen die Altkatholischen Kirchen – die sich 1889 zur Utrechter Union vereinigten – bis auf den heutigen Tag. So steht in der Utrechter Erklärung von 1889 folgender Satz: «Wir hoffen, dass es den Bemühungen der Theologen gelingen wird, unter Festhaltung an dem Glauben der ungeteilten Kirche, eine Verständigung über die seit den Kirchenspaltungen entstandenen Differenzen zu erzielen.» Und die Präambel zum neuen Statut der Utrechter Union, die im Frühjahr 2000 hier in Polen, nämlich in Breslau, verabschiedet wurde, formuliert: «...Dass diese Einheit und Gemeinschaft seit langem nicht universal unter allen Kirchen gegeben ist, ist Folge menschlicher Beschränktheit und Sünde, und dadurch wird verdunkelt, dass Gott in Jesus Christus die Menschen, die sich seinem Ruf öffnen, mit sich versöhnt und zur Partnerschaft berufen hat. Daraus erwächst für jede Kirche die Verpflichtung, in Gehorsam gegenüber dem Willen Gottes und in Treue zur gemeinsamen Tradition zu klären, ob bestehende Trennungen weiterhin als unumgänglich zu verantworten sind bzw. ob nicht vielmehr die eigene Katholizität in der getrennten Kirche zu erkennen ist.»

Es muss allerdings sogleich ergänzt werden, dass die Utrechter Union nicht einfach aufgrund ihrer eigenen Geschichte ökumenisch engagiert ist. Das wäre denn doch etwas zu vordergründig. Der Hauptgrund liegt viel mehr im Willen des Herrn der Kirche selbst begründet. Er hat im Hohepriesterlichen Gebet (Joh 17,11) seinen Vater gebeten, dass seine Jünger eins sein mögen. Dieses «ut unum sint» ihres Herrn und Meisters ist für die Utrechter Union der eigentliche Grund ihrer Anstrengung für die Einheit der Kirche. Wir arbeiten für die Einheit, weil der Herr es will.

Und noch ein weiteres gehört dazu: Jesus hat seinen Jüngern den Befehl gegeben, «alle Völker zu Jüngern zu machen» (Mt 28,19). Dass eine zerstrittene Christenheit das nicht kann, liegt auf der Hand. Ökumenische Arbeit ist also für jede Kirche conditio sine qua non, wenn sie in der Welt glaubwürdig auftreten möchte. Wer diesem sogenannten Missionsbefehl Jesu nachkommen will, kann das nur glaubwürdig tun, wenn er mit aller Kraft an der Überwindung der Spaltung mitarbeitet. Wer nicht unter der Zerrissenheit der Christenheit leidet, und sich selbst genügt ist kein glaubhafter Christ. Eine Kirche, die sich selbst genügt oder gar glaubt, sie und nur sie habe den ganzen, unversehrten Glauben, nimmt Christi Leiden an der Zerrissenheit nicht ernst. Ich bin überzeugt, dass jede Kirche – ohne jede Ausnahme – Mitschuld an der Zerstrittenheit der Christenheit trägt. Nur wer das eingesteht, kann überzeugend für unseren gemeinsamen Herrn Jesus Christus einstehen und glaubwürdig von seinem Tod und seiner Auferstehung reden.

Das – denke ich – war den altkatholischen Vätern sehr bewusst. Aus allen diesen Gründen gehört der Einsatz für die ökumenische Arbeit seit den Anfängen der altkatholischen Bewegung zu den Grundlagen ihrer Existenz. Deshalb ist die Arbeit an der Verwirklichung einer Vision – der Wiederherstellung der sichtbaren Einheit der Heiligen, Katholischen und Apostolischen Kirche – mehr als nur ein Teilbereich ihrer Lebens. Sie ist wesentlicher Bestandteil ihrer Identität. Daher ist es selbstverständlich, dass die Altkatholischen Kirchen an der Gründung des Weltkirchenrates im Jahre 1948 mitbeteiligt waren, nachdem sie sich bereits an den Vorgängerorganisationen wesentlich beteiligt hatten. Das allerdings wäre noch nicht so verwunderlich, denn das haben viele andere Kirchen auch getan.

Viel auffallender ist die schon früher angetönte Tatsache, dass bereits in der Zeit, als das Schisma noch gar nicht Wirklichkeit geworden war, bilaterale Gespräche mit der Orthodoxen und der Anglikanischen Kirche aufgenommen worden sind. Es sei nur nebenbei bemerkt, dass bilaterale Verhandlungen zwischen Kirchen damals überhaupt noch nicht üblich waren. Auf die Folgen dieser bilateralen Gespräche will ich etwas näher eingehen. Ich möchte mich hier vor allem auf unsere Beziehungen zur Orthodoxie beschränken, da die Laudatio ausdrücklich auf diese Bezug nimmt. Der Vollständigkeit halber sei aber angemerkt, dass die Gespräche mit den Anglikanern 1931 zum sogenannten «Bonn Agreement» führten, welches die Beziehungen enger knüpfte: Das Abkommen sieht die volle Sakramentsgemeinschaft beider Kirchen vor. Sie prägt unser Verhältnis bis heute stark. Vertiefung und Neuorientierung dieser zwischenkirchlichen Beziehungen sind nötig. Sie werden deshalb immer wieder neu gesucht.

Die Gespräche mit den Orthodoxen Kirchen haben seit 1871 viele Höhen und Tiefen erlebt. Das hat zum Teil mit den damaligen innerkirchlichen Verhältnissen zu tun. Aber häufig wirkten sich auch weltpolitische Ereignisse aus. So etwa wurde der 1896 begonnene vielversprechende Dialog der «Rotterdamer und Petersburger Kommission» durch den Ersten Weltkrieg und die russische Revolution jäh beendet. Erst 1962 – nachdem der Erzbischof von Utrecht, Andreas Rinkel, und der Bischof der Christkatholischen Kirche der Schweiz, Urs Küry, dem Patriarchen von Konstantinopel, Athenagoras, 1962 einen offiziellen Besuch abgestattet hatten – öffneten sich wieder neue Möglichkeiten des Gesprächs. Nach differenzierten Abklärungen und langwierigen Vorverhandlungen konnte 1976 der offizielle theologische Dialog zwischen allen (damals) vierzehn Orthodoxen Kirchen und allen (damals) acht Altkatholischen Kirchen eröffnet werden. Er wurde 1986 erfolgreich abgeschlossen. Der Erzbischof von Utrecht, Antonius Jan Glazemaker, überbrachte 1987 die Ergebnisse dem Patriarchen von Konstantinopel, Dimitrios. Ich hatte zusammen mit Bischof Wiktor Wysoczanski die Ehre, bei diesem bedeutungsschweren Anlass dabei zu sein. Der erfolgreiche Abschluss darf als Sensation gewertet werden. Denn seit dem grossen Schisma von 1054 war es trotz wiederholter und gross angelegter Versuche niemals mehr gelungen, einen Dialog zwischen den orthodoxen und einer lateinischen Kirche erfolgreich abzuschliessen. Die Ergebnisse des Dialogs besagen nämlich nichts Geringeres, als dass Theologie und Glaube der Orthodoxen und der Altkatholischen Kirche so weit übereinstimmen, dass die beiden Kirchen konsequenterweise eine einzige Kirche sein müssten. Trotz dieser aufregenden Ergebnisse konnte diese Konsequenz bis heute nicht gezogen werden. Mit den Gründen dafür wollen wir uns etwas näher auseinandersetzen.

Einmal ist zu bedenken, dass der Dialog ein rein theologischer war. Die pastoralen Probleme oder Beziehungsfragen hat man hingegen kaum bedacht. Das führte dazu, dass der Dialog im Theoretischen befangen blieb. Er konnte daher von der Geistlichkeit oder in den Gemeinden kaum wirklich rezipiert werden. Er blieb eine Angelegenheit der obersten Kirchenführungen und der wissenschaftlichen Theologie. Aber die Kirche, die Gläubigen und Geistlichen leben nicht im luftleeren Raum der höheren Theologie oder der Kirchendiplomatie. Sie leben in ihrem Alltag, ihrer besonderen Umwelt, in ihrem kulturellen Umfeld, auf dem Hintergrund durchlebter Geschichte. Diese andere, lebendige, alltägliche Ebene muss in die Arbeit einbezogen werden. Denn nur wenn die Beziehungen zwischen den beiden Kirchen auch auf der Ebene der Gemeinden und der Gläubigen Realität werden können, kann der Dialog das bewirken, was er sollte: die Verwirklichung der engsten denkbaren Gemeinschaft – der eucharistischen Vereinigung. Eine kleine gemischte Kommission aus je drei orthodoxen und altkatholischen Vertretern soll sich mit dieser praktischen und pastoralen Frage befassen. Dies beschloss die Internationale Altkatholische Bischofskonferenz. Auch die orthodoxen Verantwortlichen haben sich mit diesem Vorgehen einverstanden erklärt.

Es wäre allerdings naiv, wenn man glauben würde, dass diese Probleme einfach durch Kommissionsarbeit gelöst werden könnten. Die Hintergründe dieses zwischenkirchlichen Beziehungsproblems sind komplexe Probleme der Geschichte, der Kultur, des Lebens. Zunächst muss der tiefe Unterschied des Denkens und der Mentalität zwischen der lateinischen und der griechischen Welt gesehen werden. Das ist nicht etwa nur ein Unterschied der kirchengeschichtlichen Entwicklung, sondern dieser Unterschied hat viel tiefere Wurzeln.

Sie gehen tief in die Geschichte der griechischen und lateinischen Welt zurück. Ein Beispiel mag das erläutern. Wenn Sie heute in Athen die Akropolis durch die Propyläen betreten wollen, dann müssen Sie zuerst über eine gerade, klar geometrisch gegliederte und präzis gehauene Marmortreppe steigen. Das ist der Zugang, den die Römer Jahrhunderte nach der Errichtung der Akropolis gebaut haben. Der original griechische Weg sah ganz anders aus – er war nicht gerade, nicht geometrisch, nicht präzise gehauen. Der griechische Weg respektierte das natürliche Gelände – deshalb wurde der ursprüngliche Zugang uneben und nicht von geometrischer, sondern von natürlicher Präzision. Sehen Sie – so verschieden wie die griechische und die römische Akropolistreppe sind, so verschieden sind das westliche und das griechische Leben und Denken bis auf den heutigen Tag. Und ebenso verschieden sind der westliche und der östliche Zugang zum Heiligen. Das Schisma von 1054 verläuft ziemlich genau entlang der Grenze zwischen griechischer und lateinischer Identität. Ich bin überzeugt, dass das Auseinanderleben der westlichen und der östlichen Christenheit hier seine letzten Wurzeln hat. Viele geistesgeschichtliche und politische Unter- schiede laufen diesen Grenzen entlang. Man kann das an vielen Beispielen zeigen.

So etwa sind die Auseinandersetzungen zwischen staatlicher und kirchlicher Gewalt in Rom und Konstantinopel völlig verschieden verlaufen. Kaiser und Kirche lebten deshalb in Ost und West in sehr verschiedenartigen Beziehungen. Haben Kaiser und Kirche im Westen erbittert um die Übermacht des einen über den anderen gekämpft, haben sie im Osten ihr Verhältnis pragmatisch geregelt. Das beeinflusst das Verhältnis von Kirche und Staat hüben und drüben bis auf den heutigen Tag gleichermassen.

Im Westen gab es Bewegungen und Geistesströmungen, die im Osten keinen oder nur marginal Boden fanden. Ich denke an die Scholastik, die bis ins kleinste Detail ausgedachte theologische und philosophische Gedankengebäude errichtet. Dieses sollte möglichst genau alles definieren und festlegen. Ich denke an die Renaissance und den Humanismus, die plötzlich den Menschen in das Zentrum des Denkens stellen und den Wert des Menschen viel mehr aus sich selbst und viel weniger von Gott her definieren. Ich denke an die Reformation, die das Sakrale und Mystische in den Hintergrund stellt und das Wort betont (der Amtsträger heisst bei Reformierten deshalb nicht mehr Priester, sondern VDM – Verbi Divini Minister, Diener des göttlichen Wortes!). Ich denke an die Aufklärung, die in der Vernunft das Mittel aller Erkenntnis sah. Ich denke an die Industrialisierung und Ökonomisierung des Westens, welche das Sozialgefüge in kaum vorstellbarem Mass verändert haben. Ich denke schliesslich an die Entwicklung der Psychologie, der Sigmund Freud in der westlichen Welt einen unabsehbaren Einfluss verschafft hat. Das alles hat die westliche Spiritualität und Theologie grundlegend geprägt und verändert und sie damit der östlichen Spiritualität und Theologie tief entfremdet. Aus allen diesen Gründen fällt es uns oft so schwer, einander zu verstehen oder sich in die Positionen des anderen hineinzudenken. Wir können leicht theologische Dialoge führen, solange sie sich auf der wissenschaftlichen oder theoretischen Ebene bewegen. Wenn es um Beziehung, Verständnis oder gar gemeinsames Leben geht, wird es kompliziert.

So hat sich beispielsweise für viele Orthodoxe die schwer durchschaubare Entwicklung ergeben, dass die Geistlichen in westlichen Kirchen gegenüber den Laien viel weniger Gewicht und Einfluss haben als im Osten. In der Kirchenleitung partizipieren bei uns Laien oft sehr stark, sodass ohne sie Entscheidungen nicht möglich sind. Auch in gewissen Teilen der römisch-katholischen Kirche gibt es Tendenzen in dieser Richtung. Deshalb gibt es eine Bewegung, deren Schlagwort «Wir sind die Kirche» ist. Sie setzen sich damit gegen eigenmächtige klerikale Entscheide und Machtpositionen zur Wehr. Sie haben dieses Wort der deutschen Befreiungsbewegung entlehnt, die einst den kommunistischen Machthabern der DDR entgegenschrie: «Wir sind das Volk.»

Ein anderes Thema, das unser gegenseitiges Verständnis belastet, ist die Frage der Stellung der Frau in der Kirche. Im westlichen Europa, vor allem im nördlichen Teil, aber auch in weiten Gebieten der USA ist es heute oft schlicht nicht mehr möglich, zu erklären, warum eine Frau nicht den Vorsitz der Eucharistie innehaben soll. Das gilt nicht nur für die altkatholischen oder reformatorischen Kirchen, sondern das gilt genauso für weite Teile der römisch-katholischen Kirche.

Waren früher im Westen vor allem theologische Konflikte wie die Frage der Rechtfertigung, der Eucharistielehre, des Amtes oder der Ekklesiologie im Mittelpunkt des kirchlichen und theologischen Diskurses, so rücken mehr und mehr ethische Probleme in den Brennpunkt des Interesses. Es sind Probleme, die in einer Gesellschaft aufbrechen, die sich in rasendem Tempo entwickelt. Die Kirche, die ja in dieser Gesellschaft lebt, kann und will sich diesen Fragen nicht entziehen. Oft können die Auseinandersetzungen in sachlicher Diskussion geführt werden. Aber manchmal führen sie auch zu schwierigen Konflikten. Ich will einige dieser Fragen herausgreifen: Es geht um den Umgang mit der Homosexualität, der Gentechnologie, der Abtreibung oder der Sterbehilfe. Es sind die Fragen der Einwanderung von Menschen aus fremden Kulturen nach Europa oder der Inkulturation des biblischen Zeugnisses und kirchlichen Lebens. Fragen der Ökologie führen zu kirchlichen und politischen Debatten. Es sind die Fragen der sozialen Ungerechtigkeit, des Nord-Süd-Konflikts, des masslosen Reichtums und der grenzenlosen Armut, der Globalisierung von Industrie, Finanzmärkten und Kommunikationsmitteln. Angesichts dieser westlichen Entwicklung ist es nicht verwunderlich, dass die östlichen Kirchen es manchmal schwer haben, uns zu verstehen. Wenn Perspektiven und Blickwinkel so verschieden werden, ist menschliche, seelische und kirchliche Nähe nur schwierig zu erreichen. Hier liegt wohl eine der ganz grossen Aufgaben, vor die sich Orthodoxie und Altkatholizismus gestellt sehen. Aber nur wenn wir diese Entwicklungen ernst nehmen und die Differenzen echt und vor allem in Christus austragen, haben wir eine Chance, dass sich die theologische Nähe auch zu spiritueller Nähe, ja sogar zu kirchlicher Einheit entwickeln kann.

Angesichts dieser ausufernden Auseinandersetzungen über gesellschaftliche und ethische Fragen verstehe ich gut, dass es den orthodoxen Kirchen manchmal schwerfällt, bei uns genügend christliche Substanz zu orten. Sie spüren bei uns oft mehr die Horizontale kirchlicher Existenz. Die Vertikale fehlt ihnen oft, wohl nicht ganz zu Unrecht. Ich bin überzeugt, dass wir gut daran tun, diese Bedenken der Orthodoxie ernst zu nehmen. Denn wir verdrängen oft vordringliche Fragen von Glaube, Theologie und Spiritualität.

Wir entgehen im Westen nicht immer der Gefahr, Probleme ganz allein lösen zu wollen, anstatt dass wir auch Gott und sein Erbarmen in unser

Leben einbeziehen. Das Verhältnis von Denken und Beten, von Tun und Danken, von Diskurs und Doxologie stimmt bei uns oft nicht. Wenn in der orthodoxen Liturgie der Ruf «Herr, erbarme dich unser» unendlich oft wiederholt wird, können wir viel davon lernen. Zwar ist die Vernunft eine wichtige Gabe Gottes. Zwar hat der Mensch wirklich einen Kopf zum Denken und zwei Hände zum Arbeiten. Zwar darf sich der Mensch seiner Verantwortung für seine Mitmenschen und die Schöpfung unter keinen Umständen entziehen. Er kann aber in allen diesen Herausforderungen nichts erreichen, wenn er nicht «Herr, erbarme dich unser», aber auch das «Halleluja» auf seinen Lippen hat.

Ich habe von den Herausforderungen gesprochen, die die Verschiedenheit der historischen Voraussetzungen und der Entwicklung der östlichen und westlichen Kirche an uns stellt. Es gibt aber auch eine grosse Herausforderung in unserer Zeit, die uns gemeinsam betrifft und der wir uns gemeinsam zu stellen haben. Im ganzen europäischen Kulturkreis macht sich eine Entwicklung breit, die zu grösster Sorge Anlass geben muss: Unsere Gesellschaft wird mehr und mehr entkirchlicht. Die christliche Substanz der traditionell christlichen Länder ist daran zu verdunsten. In der Schweiz gibt es Städte, in welcher nicht einmal mehr die Hälfte der Bewohner einer Kirche angehören. Die Anzahl der Taufen geht dramatisch zurück. Und wenn ich richtig informiert bin, nimmt auch im traditionell kirchlichen Polen die Bindung der Menschen an ihre Kirche alarmierend ab. Die Nachrichten aus Grossbritannien oder Russland, aus Frankreich oder Griechenland sind nicht anders. Europa ist drauf und dran, wieder Missionsgebiet zu werden. Die Christen drohen erneut eine Minderheit zu werden. Weil das alle Kirchen betrifft, gibt es für alle Kirchen dieselbe gemeinsame Herausforderung: Wir müssen versuchen, das Evangelium wieder unter die Menschen zu bringen. Ich bin überzeugt, dass wir eine Rechristianisierung Europas nur erreichen können, wenn wir uns gemeinsam an diese Arbeit machen. Nur Kirchen, die gemeinsam für das Evangelium einstehen, können glaubwürdig verkündigen. Allein schon das ist ein Grund, dass jede Form von Proselytismus inakzeptabel ist. Wer Verkündigung betreibt, um mehr Leute für seine Kirche zu gewinnen, der handelt wider das Evangelium Jesu Christi. Wer Anderen Gläubige abspenstig machen will, behindert die Sache Christi. Wir Christen verkaufen nicht ein Produkt zu unserem Gewinn. Wir predigen nicht zum Wohl der eigenen Kirche. Nein, «wir verkündigen Christus, den Gekreuzigten» (1 Kor 1,23), weil wir etwas für das Wohl der Menschen tun wollen. Wir wollen den Menschen Hoffnung für ihre Zukunft bringen und neue Perspektiven für ihr Leben eröffnen. Wir reden vom Evangelium, weil wir überzeugt sind, dass es die Menschen ins Licht des dreieinigen Gottes führt. Wenn wir auf anderen Gebieten noch Vorbehalte zum gemeinsamen Weg machen müssen, hier wäre eine viel engere Zusammenarbeit möglich. Eine solche Zusammenarbeit könnte auch das gegenseitige Vertrauen stärken und vertiefen. Die Mission, die gemeinsam verantwortete Weitergabe des Glaubens, ist ein Gebiet, in dem wir viel enger zusammenarbeiten könnten. Und eine solche Zusammenarbeit würde es erleichtern, einander näherzukommen.

Aber noch etwas anderes erschwert nach meiner Meinung im jetzigen Zeitpunkt die Umsetzung des Dialogs. Die Situation der Orthodoxie hat sich nach dem Zusammenbruch des Sowjetreiches stark verändert. Viele Kirchen im alten kommunistischen Machtbereich müssen sich auf die neue Situation einstellen. Die Lebensweise kann unter den neuen politischen, wirtschaftlichen und kulturellen Verhältnissen selbstverständlich nicht ohne tief gehendes Umdenken und umwälzende Neuerungen bewerkstelligt werden. Das ist ein sehr schwieriges Unterfangen, das viele Kräfte, viele Auseinandersetzungen und viel Umdenken erfordert. Das führt zu schmerzlichen Reibungen innerhalb einzelner Kirchen. Dazu kommt, dass es nicht nur innerhalb, aber auch zwischen einzelnen orthodoxen Kirchen zu Differenzen, ja in einzelnen Fällen sogar zu Spannungen kommt. Dass angesichts solcher grosser innerkirchlicher Herausforderungen die Kräfte zuerst für die eigenen Probleme und erst nachher für die Umsetzung unseres Dialogs in die Praxis aufgewendet werden können, liegt auf der Hand. Das fordert von allen Beteiligten Zeit und viel Durchhaltewillen. Zwischenkirchliche Beziehungen brauchen – das ist eine alte Erfahrung – viel Geduld!

Ich habe jetzt viele Herausforderungen an die Kirchen genannt. Ich habe gesagt, warum die Arbeit an der sichtbaren Einheit der Kirche zum Zentrum des christlichen Glaubens gehört. Ich habe Differenzen und Schwierigkeiten, aber auch Herausforderungen genannt. Wir können uns noch so sehr einsetzen und noch so viel arbeiten: Wenn unser Bemühen nicht auf dem Hintergrund des Wissens geschieht, dass wir nichts sind ohne die Gnade des dreifaltigen Gottes, dann ist alle Anstrengung vergeblich. Das müssen wir von der östlichen Spiritualität lernen, dass keine Arbeit im Weinberg des Herrn und in dieser Welt Erfolg haben kann, wenn nicht über allem das Gebet steht: «Heiliger Gott, Heiliger Starker Gott, Heiliger Unsterblicher Gott: Erbarme dich unser!»

Referat gehalten anlässlich der Verleihung der Würde eines Doktors der Theologie ehrenhalber durch die Christlich Theologische Akademie Warschau am 16. Februar 2001

Tradition – Gedanken zu einem schwierigen Thema

Es ist für mich eine grosse Ehre, vor Ihnen diese Gedanken über das Problem der Tradition in der Kirche ausführen zu dürfen. Ich danke Ihnen ganz herzlich für die Einladung. Ich muss Sie allerdings darauf aufmerksam machen, dass ich kein Wissenschaftler bin. Ich habe mein ganzes Leben lang als Praktiker gearbeitet – als Pfarrer, als Bischof, als Mitglied vieler nationaler und internationaler altkatholischer und ökumenischer Gremien. In dieser Arbeit bin ich mit der Frage der Tradition immer wieder in Kontakt gekommen, aber auch mit den Problemen, die sie für den modernen Menschen, aber auch für den kirchlichen Dialog darstellt. Und auf diesem Hintergrund habe ich meine Ausführungen zusammengestellt. Meine Ausführungen sind deshalb weniger eine Darstellung der offiziellen altkatholischen Lehre von der Tradition als viel mehr persönliche Gedanken und Ideen. Diese kommen aus meinem Hirn und aus meinem Herzen. Aber es sind natürlich Hirn und Herz eines überzeugten Altkatholiken.

Tradition – ein zentraler Begriff der Theologie und der Alltagssprache

Tradition ist ein zentraler Begriff in der Theologie. Aber es ist auch ein Begriff der Alltagssprache, den sehr viele Leute sehr gerne in den Mund nehmen. Und diese vielen Leute verstehen meist ganz verschiedene Dinge darunter. Das Wort hat deshalb auch einen zwiespältigen Ruf. Denn weil es so verschieden verstanden werden kann, kann man es ebenso leicht missbrauchen. Und das geschieht denn auch häufig. Weil es immer wieder Kräfte gibt, die mit Traditionsgerede ihre reaktionäre Sturheit kaschieren, weil sie vor Veränderungen und vor der Zukunft Angst haben. Wir kennen das aus der Politik, wo etwa in den westlichen Demokratien populistische Parteien nationalistische Grundhaltung verfechten. In den Ländern Mittel- und Osteuropas gilt genau das Gleiche für gewisse Kommunismusnostalgiker. Und das Gleiche gilt auch für die Kirche, wo oft als uralte und unabänderliche Tradition ausgegeben wird, was in Wirklichkeit erst wenige Jahrzehnte oder Jahrhunderte alt ist und mit der echten Tradition der Kirche wenig zu tun hat.

Deshalb wollen wir am Anfang zu definieren versuchen, was Tradition – zunächst nicht auf theologischen Bereich eingeschränkt – bedeuten könnte: «Tradition als Element jeglicher menschlicher Kultur bezeichnet das Ineinander von Sitten und Überlieferungen, die in einer Gesellschaft oder einer ihrer Untergruppen identitätsgebend, normbildend und handlungsleitend sind. Dabei ist eingeschlossen, dass sich die je aktuelle Normbildung sowohl als Pflege des überlieferten als auch absichtlich oder unbewusst ablaufender traditionskritischer Prozess der Absetzung von ererbten

Vorleistungen vollziehen kann.» (so die Definition von Martin Rösel in TRE XXXIII S. 689.)

Auch die Kirche ist ja (soziologisch gesprochen) eine Gesellschaft. Also gilt diese Definition auch für sie. Auch für sie ist Tradition identitätsgebend, normbildend und handlungsleitend. Die innere Tradition einer Kirche ist oft schon rein äusserlich feststellbar – etwa daran, wie und ob wir uns bekreuzigen, wie wir Weihnachten feiern oder was für äussere Formen wir verwenden, um unsere Kinder zu taufen.

Es ist aber auch äusserlich feststellbar, dass dieses Ineinander von Sitten und Überlieferungen unsere kirchliche Eigenart von aussen beeinflusst wird, von Kultur und Geschichte zum Beispiel: In Polen sieht ein Gottesdienst anders aus als in der Schweiz. Ebenso sehen die Feier von Weihnachten oder die Art des kirchlichen Unterrichts in verschiedenen Ländern verschieden aus.

Aber nicht nur äusserlich ist die Funktion der Tradition für die Identität der Kirche feststellbar. Ebenso sehr ist ihre innere Identität, ihr Glaube und ihr theologischer Charakter, die lex credendi also, von der Tradition bestimmt. Damit aber überschreiten wir eine Grenze unseres Begriffs. Wenn wir von der lex credendi reden, reden wir nicht mehr von einem allgemeinen, gesellschaftlichen Traditionsbegriff, sondern wir setzen automatisch einen theologischen voraus. Und dieser hat dann vor allem einen dogmatischen, kirchenhistorischen und auch theologiegeschichtlichen Hintergrund.

Aus dem Gesagten wird deutlich, wie gewichtig der Traditionsbegriff in der Kirche ist. Er kann in seiner Bedeutung für die Theologie kaum überschätzt werden. Trotz dieses zentralen Rangs wird Tradition in den verschiedenen christlichen Kirchen und Gemeinschaften äusserst verschieden verstanden, verwendet und gewichtet. Während Tradition in den verschiedenen Kirchen katholischer Tradition eine zentrale Rolle spielt, gibt es reformatorische Kirchen, in welchen sie nur von marginaler Bedeutung zu sein scheint. Mit anderen Worten: Tradition spielt in den verschiedenen konfessionellen Gruppen der Gegenwart eine sehr unterschiedliche Rolle. Das wiederum wirkt sich ganz direkt auf die dogmatische Grundhaltung einer kirchlichen Gemeinschaft aus. So spielt beispielsweise in der Orthodoxie die Auferstehung nicht zuletzt wegen ihres Traditionsverständnisses eine ungleich wichtigere Rolle als in einer zwinglianischen Gemeinschaft.

Wir haben von theologischen Traditionsbegriffen gesprochen, die gleichzeitig und verschieden nebeneinanderstehen. Aber es gibt auch durch die Zeiten hindurch verschiedene Traditionsbegriffe. Jede menschliche Lebensäusserung und jeder menschliche Gedanke entwickelt sich. So entwickelt und verändert sich auch das Verständnis von Tradition im Lauf der Zeit. Deshalb hat sich im Verlauf der Kirchengeschichte der Traditionsbegriff entwickelt und verändert. Das Wort kommt ja von «tradere», also von «weitergeben». Was man aber weitergibt, verändert sich. Tradition heisst also nicht das Weitergeben von unveränderlich zementierten Inhalten, Gedanken, Bräuchen. Es heisst lebendiges, bewegliches Weitergeben dieser Inhalte, Gedanken, Bräuche.

Tradition – weitergeben des von Gott Empfangenen

Es gibt keinen religiösen Glauben und keine religiöse Bewegung, die nicht von und mit Tradition leben. So ist es nicht verwunderlich, dass man bereits im Neuen Testament feststellen kann, dass schon in der allerersten Zeit der Kirche Tradition eine zentrale Rolle spielt. Schon in den ältesten erhaltenen neutestamentlichen Schriften – den Paulusbriefen also – beruft sich der Verfasser auf die Tradition. So heisst es etwa im 1. Korintherbrief in Zusammenhang mit der Eucharistie: «Denn ich habe vom Herrn her empfangen, was ich euch auch überliefert habe, dass der Herr Jesus in der Nacht, in der er verraten wurde, Brot genommen hat...» (1 Kor 11,23). Im innersten Herzen des christlichen Glaubens, in der Eucharistie, ist von Weitergabe die Rede. Man könnte deshalb sagen, dass es zur Ursubstanz des christlichen Glaubens gehört, dass die Gemeinschaft der Getauften das weitergibt, was sie von ihrem Herrn empfangen hat. Die Pflicht zum Weitergeben des vom Herrn selbst Empfangenen, das gehört zur innersten Grundhaltung des christlichen Glaubens. Diese Ursubstanz hat natürlich ihre Wurzeln im Judentum, denn das Christentum ist ja eine jüdische Religion. Das Judentum trägt den Vätern auf, ihren Glauben an den Gott Abrahams, Isaaks und Jakobs und dessen Geschichte mit dem Volk Israel den Jungen weiterzugeben. Dabei bedeutet Weitergabe natürlich mehr als blosses Erzählen der alten Geschichte oder von alten Geschichten. Es bedeutet Weitergabe der Glaubensexistenz. Weil existenzielle Weitergabe des Glaubens zentraler Charakterzug der jüdischen Existenz ist, ist es das logischerweise ebenso sehr der christlichen Existenz. Dass dieses Weitergeben des Glaubens von einer Generation auf die andere konstitutives Element der Kirche ist, kann man auch in unseren Tagen klar feststellen: So wird zum Beispiel berichtet, dass die russische Kirche nicht in erster Linie von den Institutionen der Kirche oder von den kirchlichen Amtsträgern durch die kommunistische Diktatur hindurch gerettet wurde. Die Hauptrolle hätten die Mütter und Grossmütter gespielt, die durch ihr Beispiel und ihr Erzählen den Glauben weitergegeben hätten. Die russischen Frauen gaben ja nicht einfach ihr Wissen über den Glauben weiter, sondern sie pflanzten ihr religiöses Leben, ihr religiöses Gefühl und ihre religiöse Realität in ihre Nachkommen ein. Sie gaben das Leben weiter, das sie von Gott erhalten hatten. Oder um es mit einem Satz des englischen Humanisten und Märtyrers Thomas Morus (1478–1535) zu sagen: «Tradition heisst nicht die Asche bewahren, sondern das Feuer weitergeben.» Genau das haben die Russinnen getan.

Damit wird etwas deutlich, was wir zwar alle wissen, was aber trotzdem leicht übersehen werden kann: Kirchliche Tradition ist nicht einfach Weitergabe von Wissen oder Brauch, von Fakten oder Beschlüssen, von Texten oder Lehren. Tradition ist viel mehr: Sie hat mit Leben, dem Leben aus Gott zu tun. Oder anders gesagt: Kirchliche Tradition – wenn sie diesen Namen verdient – steht in direktem Zusammenhang mit der Offenbarung Gottes. Nun ist ja die göttliche Offenbarung aber nicht Offenbarung eines Wissens über Gott. Sondern Offenbarung heisst, dass Gott selbst sich den Menschen offenbart, indem er sie liebt, an ihnen handelt, sie seine Wirklichkeit spüren lässt. Durch sein Offenbaren lernen die Menschen nicht etwas über Gott, sondern sie lernen seine Person selbst kennen. Oder anders gesagt: Durch die Offenbarung können Menschen eine Beziehung zu Gott aufbauen. Nochmals anders gesagt: Wenn also kirchliche Tradition mit der Offenbarung zu tun hat, dann hat sie mit Gott selbst zu tun. Deshalb ist sie – wenn sie echt ist – immer ein Ausdruck von Leben. Nur eine lebendige Kirche lebt aus der Tradition. Und: Eine Kirche lebt nur, wenn sie aus lebendiger Tradition lebt. Wenn sie das nicht tut, merkt man das sofort. Dann wird nämlich Tradition durch Gesetze ersetzt, durch Normen, Verbote, unbewegliche Rituale, Lehrerlasse. Dann ist Tradition – um es wieder mit Thomas Morus zu sagen – nicht mehr Feuer, sondern nur noch Asche. Dann erstickt das kirchliche Leben, wie das Leben in Pompeji unter der Asche erstickte. Das freilich ist eine Gefahr, die jeder Kirche droht. Wenn es in der Kirche zu viele dicke Gesetzbücher, komplizierte Rubriken, autoritäre Verordnungen und unverständlich gewordene Rituale gibt, dann zeigt das, dass die Kirche nicht mehr aus lebendiger Tradition lebt, sondern dass sie nur noch traditionalistisch ist.

Zur Tradition gehört die Schrift

Wenn man sich mit der Tradition in der Kirche beschäftigt, kommt man nicht darum herum, sich einen zweiten Begriff in Erinnerung zu rufen, den Begriff Schrift. Denn Tradition ist untrennbar mit der Schrift verbunden. «Die Schrift ist das Zeugnis von der Offenbarung, und zwar das vom Heiligen Geist selbst gewirkte, urkundliche Zeugnis der Offenbarung.» (Bischof Urs Küry 1901–1976). Nun ist allerdings die Selbstoffenbarung Gottes nicht mit der Niederlegung der Schrift abgeschlossen. Und nicht die ganze Offenbarung Gottes ist in der Schrift enthalten. Oder wie es der Berner Neutestamentler Ernst Gaugler (1891–1963) formulierte: «Das Wort Gottes muss weder in der Schrift prinzipiell gefangen noch durch sie prinzipiell abgeschlossen sein.» Denn Gott offenbart sich seinen geliebten Menschen auch nach der Niederlegung der Heiligen Schrift weiter. So gibt es eine ausserbiblische apostolische Urtradition. Es existieren deshalb Jesusworte, die von der Wissenschaft als echt angesehen werden, obwohl sie nicht in den Evangelien oder in anderen Schriften des Neuen Testaments enthalten sind. Vor allem aber gibt es eine Tradition, die das biblische Zeugnis mithilfe des Beistandes des Heiligen Geistes weiterentwickelt. So gibt es eine ausserbiblische Tradition, die etwa im Kanon der Schriften, im dreifachen apostolischen Amt, in den ältesten Glaubensbekenntnissen sichtbar wird. Sie geht mit der endgültigen Fixierung des Kanons der Heiligen Schrift zu Ende – also etwa um das Jahr 200. Was nachher folgt, ist kirchliche Tradition. Auch sie wächst mit der Hilfe des Heiligen Geistes. Gäbe es diese Entwicklung einer Tradition nicht, so wäre die Kirche ja steril auf den Text der Bibel fixiert und reduziert. Allerdings muss diese weiterwachsende Tradition immer an der Heiligen Schrift gemessen werden. Eine Tradition, die dem Inhalt der Schrift widerspricht oder die sich nicht als natürliche und logische Konsequenz der Schrift verstehen lässt, ist keine echte Tradition. Sie ist im Gegenteil lediglich Menschenwerk. Das heisst – um es in klassischen theologischen Termini auszudrücken –, die Bibel ist die norma normans, während die kirchliche Tradition norma normata ist. Schrift und Tradition können also nach altkatholischer Auffassung nicht als gleichwertige Grössen verstanden werden.

Das bedeutet allerdings nicht, dass die eine wichtiger ist als die andere. Es heisst lediglich, dass die Tradition von der Schrift abhängt und nicht umgekehrt. Deshalb halten die offiziellen Texte des 1987 abgeschlossenen orthodox-altkatholischen Dialogs fest: «Schrift und Überlieferung sind nicht verschiedene Aussagen der göttlichen Offenbarung, sondern unterschiedliche Aussageweisen der einen und selben apostolischen Überlieferung. Daher stellt sich auch nicht die Frage des Vorranges der einen vor der anderen: ‹beide haben dasselbe Gewicht für die Frömmigkeit› (Basilius der Grosse, Über den Heiligen Geist 27,2). ‹Dabei wird die Schrift in der Überlieferung verstanden, die Überlieferung bewahrt ihre Unverfälschtheit und das Kriterium ihrer Wahrheit durch die Schrift und deren Inhalt› (so die Interorthodoxe vorbereitende Kommission der Heiligen und Grossen Synode 1971). Die apostolische Überlieferung wird von der Kirche unverfälscht festgehalten, erklärt und weitergegeben» (in: Koinonia auf altkirchlicher Basis, Beiheft zur Internationalen Kirchlichen Zeitschrift, Jg. 1989, Heft 4, S. 47).

Meinungsverschiedenheiten gehören zum christlichen Glauben

Selbstverständlich ist es seit den Anfängen des christlichen Glaubens so gewesen, dass man um die Auslegung der Heiligen Schrift stritt. Schon in frühester Zeit lieferte man sich heisse Diskussionen darüber, was denn eigentlich Jesus selbst gewollt, gefordert, gemeint habe. Die überlieferten Jüngerdiskussionen geben davon beredtes Zeugnis. Ganz besonders aber zeigt der Streit zwischen Petrus und Paulus über die Frage von Heiden- und Judenchristentum, dass

Meinungsverschiedenheiten zum christlichen Glauben gehören. Und Paulus kämpft seinerseits in seinen Gemeinden bereits gegen Irrlehren. Die Christenheit wurde dieses Problem nie mehr los, bis auf den heutigen Tag. Um dieser Schwierigkeit beizukommen, wurden von den verschiedenen Kirchen verschiedene Lösungen gesucht. Oder anders gesagt: Aus dieser Erfahrung haben die verschiedenen Glaubensrichtungen innerhalb der Christenheit sehr verschiedene Traditionsverständnisse entwickelt. Sie haben zudem eine völlig verschiedene Auffassung davon entwickelt, wie denn Tradition als kirchlich autorisierte Tradition entstehen kann. So hat Pius IX. (1792–1878) absolutistisch formuliert: «Die Tradition bin ich» – wohl in Anlehnung an Ludwig XIV., der gesagt haben soll: «Der Staat bin ich.» Damit hat er das Problem mit den Beschlüssen des 1. Vatikanischen Konzils ein für alle Mal in einem zentralistischen Sinn gelöst: Der Papst entscheidet. Die reformatorischen Kirchen haben mit Luthers «sola scriptura» gerade den umgekehrten Weg gewählt. Sie wählten eine individualistische Lösung. Die Entscheidung liegt nicht bei einem einzelnen Amtsträger, sondern sie wird letztlich jedem einzelnen Gläubigen überlassen. Jeder Gläubige trägt also letztlich die Verantwortung für die Auslegung der Schrift für sich allein. Die orthodoxen und altkatholischen Kirchen suchen einen dritten Weg. Sie setzen auf eine konziliare Traditionsfindung. Sie sind nämlich der Überzeugung, dass die Glieder der Kirche, weil sie Glieder des einen Leibes Christi sind, die Lösung gemeinsam zu suchen, gemeinsam zu tragen und gemeinsam zu verantworten haben. Diese konziliare Lösung steht natürlich auf dem Boden des apostolischen Amtes.

Man könnte diese Entwicklung verschiedener Traditionsverständnisse kirchengeschichtlich lange und ausführlich darstellen. Jeder von uns könnte für seine Kirche auch eine dogmatische Begründung liefern, warum seine Kirche so redet und nicht anders. Aber selbst wenn wir das täten, könnten wir eine Tatsache nicht übersehen: Nämlich: In keiner Kirche besteht in dieser Frage ein wirklicher Konsens über die eigene Position. Dogmatische Positionen sind – so erlebe ich das in unserem Land täglich, und zwar in allen Kirchen – in der durchschnittlichen Gemeinde nicht mehr sehr verwurzelt. Was die Kirche als ihren Glauben, als ihre verpflichtende Glaubenstradition versteht, hat seinen Rückhalt bei den Gläubigen oft weitgehend verloren. Gläubige und engagierte Christen entscheiden sehr oft ganz selbstständig über ihre Glaubensposition. Man kann diese Entwicklung bedauern oder verurteilen, aus der Welt schaffen lässt sie sich nicht.

Allerdings muss ich hier etwas beifügen: Ich vermute, dass bei uns in der Schweiz dieser Pluralismus viel weiter fortgeschritten ist als in Polen. Aber auch Ihr Land wird Hand in Hand mit der technischen und wirtschaftlichen Entwicklung immer mehr in pluralistisch geprägte Denkmuster hineinkommen. Das wirkt sich auf die Kirche natürlich sehr stark aus. Die Auswirkungen dieses pluralistischen Denkens möchte ich mit einigen persönlichen Erfahrungen illustrieren.

Ungeachtet kirchlicher Verlautbarungen

Eigentlich besteht in allen Kirchen katholischer Tradition der theologische Konsens, dass eucharistische Gemeinschaft erst möglich ist, wenn man die wesentlichen Differenzen des Glaubens überwunden hat und zum Schluss gekommen ist, dass man sich in einer Kirche vereinigen kann. Darnach leben in unserem Land die Mehrzahl der römisch-katholischen und der christkatholischen Gläubigen nicht mehr. Gemeinsame Eucharistiefeiern, kommunizieren bei anderen Konfessionen, Gleichsetzung geweihter Priester und reformierter Amtsträger sind zur Selbstverständlichkeit geworden. Da können der Papst, Bischöfe und kirchliche Verlautbarungen noch so sehr dagegen reden: Die grosse Mehrzahl der Gläubigen leben ihre Eucharistiefrömmigkeit ungeachtet aller kirchlichen Verlautbarungen.

Etwas Ähnliches könnte man zu Fragen der Wiederverheiratung Geschiedener, der Frauenordination oder der Gleichwertigkeit christlicher und nicht christlicher Religionen sagen. Ich möchte nochmals betonen: Diese Unabhängigkeit des kirchlichen Denkens von offizieller Kirchenlehre ist weitgehend unabhängig von der Konfessionszugehörigkeit. Die Menschen leben in einer pluralistischen Gesellschaft und sind gewöhnt, pluralistisch zu denken. Und das tun sie auch in der Kirche – selbstverständlich und ohne jedes schlechte Gewissen.

Über den Grund in dieser Entwicklung können wir an dieser Stelle aus Zeitgründen nicht weiter nachdenken. Aber zwei Gründe unter vielen seien hier wenigstens angesprochen.

Die Kirche verursachte den Pluralismus mit

Erstens: Die Kirche selbst hat durch die Taufe und durch ihren Auferstehungsglauben zu diesem Pluralismus beigetragen. Denn der Auferstehungsglaube besagt, dass jeder Mensch vor Gott die gleiche Würde hat. Paulusworte wie das folgende haben eine explosive Wirkung entwickelt. «Denn ihr alle, die ihr auf Christus getauft seid, habt Christus angelegt. Es gibt nicht mehr Juden und Griechen, nicht Sklaven und Freie, nicht Mann und Frau. Denn ihr alle seid einer in Christus» (Gal 3,28). Individualismus und Pluralismus sind in der christlichen Menschenwürde in nuce vorhanden. Und zweitens: Durch die Industrialisierung und die Globalisierung sind die geschlossenen Gesellschaften Europas weitgehend aufgebrochen. Die engen menschlichen Gemeinschaften (auch die Kirche!) haben sich gelockert oder gar aufgelöst. Fremde Kulturen sind durch die Öffnung aller Informationskanäle allgegenwärtig und beeinflussen uns täglich. Kurz: Pluralismus und Globalisierung kommen heute in jede Stube.

Aber zurück zum kirchlichen Denken der Gläubigen und der Kirchenleitungen. Mir fällt immer wieder auf, wie verschieden die Kirche auf den verschiedenen Lebensebenen funktioniert und abläuft. Kirche lebt auf Kirchenleitungsebene und auf Dorfebene, in der wissenschaftlichen Theologie und beim gläubigen Menschen völlig verschieden. Auf Kirchenführungsebene können zum Beispiel theologische oder pastorale Fragen und Differenzen offen diskutiert und erörtert werden. Man kann sich über Differenzen und Schwierigkeiten einigen. Man respektiert die gegensätzlichen Positionen und versucht Differenzen theologisch und spirituell zu überwinden. Differenzierte Auseinandersetzungen über Probleme sind möglich. Und vor allem hat man eine grosse Gemeinsamkeit: Man versucht den Pluralismus zu überwinden und zu gemeinsamen Lösungen zu kommen.

Komplizierte Begriffssuche – wozu?

Diese theologischen Diskussionen und die komplexe Begriffssuche stossen bei den Gläubigen oft auf völliges Unverständnis. In der Ämterfrage und in der Eucharistieproblematik fällt das ganz besonders auf. Wovon reden die da oben denn eigentlich, ist dann der Tenor. Eigentlich interessiert uns gar nicht, was die Theologen, Bischöfe und Präsidenten da miteinander «stürmen». Die verstehen gar nicht, was für uns wichtig ist und wo wir unsere Sorgen haben. Und umgekehrt ist es genauso: Bei Diskussionen auf Kirchenleitungsebene erarbeiten wir Wege und Zugänge zu Fragen und Problemen, von denen wir überzeugt sind, dass sie entscheidende Konsequenzen für das Leben der Kirche haben. Wir arbeiten an Dingen, die tiefste Auswirkungen haben müssten – aber sie werden ganz einfach nicht zur Kenntnis genommen. Oder etwas anders gesagt: Die Grenzen verlaufen häufig nicht mehr zwischen den Konfessionen. Familien, Freundschaften, Dörfer werden kaum mehr durch Konfessionsgrenzen gespalten wie in dem Dorf, in dem ich vor 40 Jahren Pfarrer war. Damals bekämpfte man sich zwischen den Kirchen noch bitter. Die Grenzen – um nicht gerade zu sagen die Mauern – verlaufen heute ganz anders. Sie verlaufen nicht mehr zwischen den Konfessionen, sondern vielmehr zwischen Theologie und Gemeindealltag. Sie verlaufen zwischen der Kirchenführung und den Gemeindegliedern, zwischen hoher Theologie und dem Alltag der Gläubigen. Ich bin überzeugt, dass die Kirche nur bei den Menschen verwurzelt bleiben kann, wenn dieser Graben aufgefüllt werden kann. Auf den verschiedenen Lebensebenen muss wieder Verständnis füreinander wachsen. Um es ganz spitz zu sagen: Wir brauchen dringend eine Ökumene zwischen Gemeinden und Kirchenführungen. Denken Sie einmal, es würde nie mehr heissen «die da oben» oder «die in den Gemeinden»... Dann – aber nur dann – können wir wieder mit Fortschritten rechnen.

Das aber bedeutet auch, dass wir den Pfarrgemeinden, aber auch den durchschnittlichen, mit Alltagsproblemen kämpfenden, arbeitenden Menschen etwas zeigen müssen. Wir müssen ihnen zeigen, dass es um sie geht, wenn wir von Kirche reden. Das Thema «Schrift und Tradition» darf nicht mehr ein Streitpunkt zwischen Kirchen und Theologen sein. Sondern wir müssen den Menschen zeigen können, dass es in Schrift und Tradition um die Selbstoffenbarung Gottes geht. Das heisst: Wir sind verantwortlich dafür, dass die Gläubigen etwas verstehen und spüren: Nämlich, dass es in Schrift und Tradition, in Wort und Sakrament nicht um ein theologisches Problem geht, sondern um die gläubigen Menschen und um nichts sonst. Sie müssen merken, dass Gott selbst sich den Menschen im Leben der Kirche zeigt, ihnen hilft, ihnen seine Liebe gibt. Erst dann bedeuten Schrift und Tradition den Menschen wieder etwas – nämlich Leben im dreieinigen Gott, der zu neuen Perspektiven und Hoffnungen führt.

Treffen zwischen römisch-katholischen und polnisch-katholischen Theologen
Olstyn (Polen), Oktober 2003

Vorträge und Artikel

Wie lässt sich der Auftrag der Christkatholischen Kirche in der heutigen Welt noch erfüllen?

Vorbemerkung I von 2017: Diesen Vortrag habe ich als junger Pfarrer gehalten. Gewisse meiner Ansichten teile ich auch heute noch. Andere zeigen, dass der Blickwinkel eines Bischofs anders ist als der eines Gemeindegeistlichen. Gerade das zu dokumentieren, ist mir wichtig. Ich habe den Beitrag leicht gekürzt und überarbeitet.

Vorbemerkung II von 1981: Die nachstehenden Ausführungen sind sehr persönliche Ansichten. Es handelt sich nicht um ein ausgefeiltes Referat, sondern viel eher um skizzenhaft geäusserte Gedanken, die weder Anspruch auf Vollständigkeit noch auf Unfehlbarkeit erheben wollen. Um die Diskussion anzuregen, wurde absichtlich etwas provozierend formuliert. Die Gedanken haben die Erfahrungen von ganz praktischer Pfarramtsarbeit im Hintergrund. Es werden sechs Behauptungen aufgestellt – und nicht etwa Thesen. Nicht bei den Beispielen, nur bei der Sache möchte ich mich behaften lassen.

Unsere Kirche hat erfahren müssen, dass ihr kein Erfolg beschieden war. Schon am Anfang gelang es nicht, mit der altkatholischen Bewegung eine grosse Breitenwirkung zu erzielen. Aber auch die beschränkten Erfolge der Anfangszeit hatten keine Durchhaltekraft. Die Anfangspositionen konnten nicht gehalten werden. Und jetzt wissen wir aus verschiedenen Gründen nicht (Finanzen, Säkularisierung, Entwicklung Roms, Abbau konfessioneller Grenzen), ob wir unsere Kirche aufrechterhalten können. Eine Zahlenangabe mag einen Hinweis geben: In den letzten 50 Jahren ist der Bestand unserer Kirche ungefähr auf die Hälfte geschrumpft. Trotzdem: Wir sind überzeugt, dass es in unserer Theologie und in unserem kirchlichen Leben Dinge gibt, die besser sind als bei anderen Kirchen. Allerdings zieht diese Feststellung sogleich die Frage nach sich: Wie machen wir es, dass das auch Menschen ausserhalb unserer Kirche merken? Zu dieser zentralen Frage möchte ich mich unter zwei Voraussetzungen äussern:

Erstens: Zunächst müssen wir uns darüber klar werden, was unser Auftrag ist. Wir sind gewohnt, unser Anliegen negativ zu umschreiben: Wir haben keinen Papst, wir müssen nicht beichten, wir müssen nicht in die Kirche gehen. Aber diese nur negative Umschreibung hat einen grossen Haken: Man kann sich nicht für Dinge, die man nicht hat, einsetzen. Negative Grundhaltungen sind meist passiv oder gar destruktiv. Wir müssen unsere Identität positiv umschreiben. Wir haben Dinge, die ihr nicht habt. Wir können, was ihr nicht könnt. Wir müssen uns darüber klar werden, worin der Auftrag unserer Kirche besteht. Wir müssen das so herausarbeiten, dass wir im kirchlichen Alltag unser Anliegen positiv formulieren und erleben können. Wir müssen sagen, was uns wichtig ist und worauf wir stolz sind Also: Wir brauchen positive Identifikationsmöglichkeiten.

Zweitens: Das zentrale Anliegen jeder kirchlichen Tätigkeit ist es, Menschen mit der Botschaft des Evangeliums zu erreichen. Unter diesem Vorzeichen muss unser ganzer Auftrag stehen. Ich habe manchmal den Eindruck, dass wir vor lauter Rechtgläubigkeit die Menschen vergessen. Ein Beispiel: Einer unserer Pfarrer hat aus einem bestimmten Grund kürzlich in seiner Gemeinde die Messe vorübergehend versus populum gefeiert. Der Gemeinde gefiel das so, dass sie diese Zelebrationsart beibehalten wollte. Kommentar eines Spezialisten: «Pfarrer X. hatte alle Mühe, seiner Gemeinde die falsche Messfeier wieder abzugewöhnen.» Das zentrale Anliegen, die Menschen auch wirklich zu erreichen, darf weder durch historische, dogmatische Hintergründe noch durch Traditionen behindert werden.

Immer wieder wird gefordert, dass unsere Kirche mehr Propaganda machen soll. Je höher der Bekanntheitsgrad – so wird argumentiert –, umso höher sei die Anziehungskraft unserer Kirche. Wir müssten uns deshalb bemühen, vermehrt in den Medien und bei offiziellen Anlässen in Erscheinung treten zu können. Ich glaube nicht, dass wir damit unsere Sache stärken können. Eine glaubhafte Gegenposition können wir nicht durch Öffentlichkeitsarbeit beziehen. Die perfekteste Propaganda nützt nichts, wenn die bessere Theologie nicht auch zu besserem kirchlichem Leben führt.

Zwar gibt es auch bei uns immer wieder obrigkeitslüsterne Versuche, Gespräche zu unterbinden oder in genehme Bahnen zu lenken. Ich erinnere da etwa an den Druckversuch des Präsidenten der Internationalen Bischofskonferenz an der Schweizerischen Nationalsynode in St. Gallen, mit welchem die Diskussion über die Frauenordination abgewürgt werden sollte. Mit etwas mehr Mut für Risikoreiches und Ungewohntes müssten wir die grosse Chance unserer Freiheit wahrnehmen – jedenfalls viel mehr, als wir das tun. Wir könnten uns da ein Beispiel an den altkatholischen Vätern nehmen, die sehr mutig Missstände zu beseitigen versuchten und neue Formen suchten – auch wenn sie dabei manchmal über das Ziel hinausschossen. Aber sie schossen wenigstens! Mit einem Wort: Nur wenn wir unsere Theologie bis zum letzten Buchstaben ausnützen und hemmungslos ausleben, nur dann können wir eine glaubwürdige Alternative zum römischen System werden. Weil wir das kaum tun, weil wir ängstlich und zu unbeweglich sind, sind wir für die führende römisch-katholische Schicht keine Alternative. Daraus folgt

Meine erste Behauptung: Propaganda für Altkatholizismus und Erhöhung des Bekanntheitsgrads unserer Kirche kann weder unsere Anziehungskraft noch die Erfüllung unseres Auftrags verbessern. Wir können eine glaubhafte Position in der Gesamtchristenheit nur einnehmen, wenn wir tatsächlich sichtbar und spürbar machen, dass unsere Ekklesiologie besseres kirchliches und besseres menschliches Leben ermöglicht.

Ein grosses Handicap ist unsere Kleinheit. Wir kennen die Schwierigkeiten, die sie mit sich bringt, alle zur Genüge. Wir sagen dann – um uns selbst zu trösten –, dass die Kleinheit natürlich auch Vorteile bringe, wie sie keine andere Kirche habe. Wenn aber diese Kleinheit uns jedoch tatsächlich Vorteile bringen soll, dann dürfen wir sie nicht nur für irgendwelche Bedürfnisse persönlicher oder gemeinschaftlicher Art ausnützen. Dann müssen wir die Vorteile der Kleinheit in den Dienst des Auftrags der altkatholischen Gläubigen stellen. Ein Beispiel: Der Bischof müsste nicht mehr nur ein mit monarchischem Glanz ausgestatteter Amtsträger sein, sondern er könnte viel mehr in das Gemeindeleben einbezogen werden. Er könnte enge Beziehungen zur Gemeinde haben, wie das in der alten Kirche selbstverständlich war. So könnte er die Gemeinden und ihre Probleme wirklich kennen. Der geistliche Pomp darf bei Grossanlässen ruhig entfaltet werden. Aber bei Firmungen wäre der Aufbau einer Beziehung zu den Kindern und den Eltern weit nötiger als pontifikales Gepränge (das heute wohl eher negative Auswirkungen hat). Wir sind zwar eine bischöfliche Kirche, aber wir haben nie vom Bischof Gebrauch gemacht, sondern wir haben ihn aus unserem Gemeindeleben herausgehalten und in höhere Sphären entrückt. Dahinter mag noch heute eine in den Gemeinden verbreitete Angst vor der Klerikalisierung des kirchlichen Lebens stehen. Diese Angst war besonders für die Frühzeit unserer kirchlichen Eigenexistenz typisch (Diskussion über die Beibehaltung oder Abschaffung des Bischofsamts!). Trotzdem meine ich, dass wir – wenn wir dem Bischofsamt in unserem Gemeindeleben wieder wirkliche Bedeutung zuschanzen könnten – ein Stück Altkirchlichkeit zurückholen könnten. Das würde der unerhörten und begeisternden Tatsache, dass wir unseren Bischof selbst wählen dürfen, ein neues Gewicht geben. Das würde auch helfen, der modernen Abwertung amtlicher Autorität entgegenzutreten, ohne theologische Substanz aufgeben zu müssen. Bischof und Gemeinde – diese grundlegende Beziehung kirchlichen Lebens – könnten wir wieder lebendig machen, wenn wir ernst nähmen, dass Bischof und Gemeinde sich beeinflussen, bedingen und brauchen. Wir müssen lernen, bischöfliche Verfassungen nicht nur zu behaupten und theoretisch zu vertreten, sondern wir müssen lernen, sie auch zu leben.

Ähnliches gilt für die Frage der Stellung der Frau in der Kirche und für die Mitarbeit der Laien. Wir reden zwar viel davon, wir produzieren viel Papier darüber und geben gescheite theologische Erklärungen ab. Aber wir leben das, was wir behaupten, nicht wirklich. Wir haben viel zu wenig Mut, Schritte zu tun, die Grosskirchen kaum tun können, weil sie kirchenpolitische und kirchendiplomatische Rücksichten zu nehmen haben und weil sie vor Präzedenzfällen mehr Angst haben müssen als wir. Als Kleinstkirche hätten wir durchaus Chancen, Spezialitäten zu entwickeln, die der Gesamtchristenheit neue Wege aufzeigen könnten. Aus dem Gesagten folgt

Meine zweite Behauptung: Die Kleinheit unserer Kirche ist ein schweres Handicap. Sie hat allerdings auch positive Seiten. Die Vorteile der Kleinheit müssen wir in den Dienst der altkatholischen Mission stellen.

Liturgie ist – so heisst ein altes Sprichwort – gelebte Dogmatik. Es ist die Anwendung des Jesuswortes «an ihren Früchten sollt ihr sie erkennen» auf den gottesdienstlichen Bereich. Wenn dieses Wort aber stimmt, dann sollte ja auch an unserem Gottesdienst spürbar werden, dass wir von der Papstkirche geschieden sind. Wir behaupten immer, dass unsere Kirche eine vor allem in ekklesiologischer Hinsicht grundsätzlich andere Theologie vertrete als die römisch-katholische Kirche. Aber auch der regelmässige Gottesdienstbesucher (und nicht einmal jeder Theologe!) wird in unserem Gottesdienst einen grundsätzlichen Unterschied zum römisch-katholischen Gottesdienst finden. Die Gemeinde – das Volk Gottes! – spielt in unserer Kirche in ihrer äusseren Erscheinung eine zu kleine Rolle – ganz im Gegensatz zu unserer Verfassung und unserer theologischen Meinung. Das müsste uns eigentlich zu denken geben, dass unsere Kirche im Ureigensten ihres Seins, im Gottesdienst, so monarchisch-klerikal ist. Wir müssten doch daran denken, dass unsere Theologie nur dann glaubhaft werden kann, wenn sie erfahrbar und erlebbar ist. Ganz besonders gilt das für den Gottesdienst, den Mittelpunkt allen kirchlichen Tuns (oder ist am Ende die Theologie, die wir wirklich haben, doch eine andere, als wir gerne hätten?). Aus diesen Gedanken folgt

Meine dritte Behauptung: In der Liturgie muss die altkatholische Kirchlichkeit spürbar werden, und zwar nicht nur für Spezialisten, sondern für jeden regelmässigen Gottesdienstbesucher. Sonst wird unsere Theologie unglaubwürdig. «Was ihr für einen meiner geringsten Brüder getan habt, das habt ihr mir getan. – Was ihr für einen dieser Geringsten nicht getan habt, das habt ihr auch mir nicht getan» (Mt 25). So heisst eines der ganz grossen Worte Jesu. Mit anderen Worten heisst das: Kirchliches Handeln ist leer und nutzlos, wenn es nicht durchdrungen ist vom Dienst am Nächsten. Kirche ohne soziales Engagement ist ein Widerspruch in sich selbst. Soziales Engagement gibt es aber in unserer Kirche kaum. Wir überlassen die Hilfe an den Not leidenden Menschen weitgehend dem Staat oder anderen öffentlichen Institutionen.

Das ist natürlich eine Tatsache, die ihren Grund in der Geschichte und Entwicklung unserer Kirche hat. Das ändert aber nichts daran, dass ein Hauptbestandteil christlichen Lebens bei uns Christkatholiken eine im besten Fall periphere Rolle spielt. Es gibt bei uns keine Altersheime, keine

Betreuung sozialer Randgruppen, nur zaghafte Versuche in Entwicklungs- und Flüchtlingshilfe, keine Trinkerfürsorge, keine Betreuung Drogenkranker, keine Mitarbeit bei der Lösung moderner Jugendprobleme. Wir unterhalten keine Eheberatung. Wir kümmern uns nicht um Homosexuelle, Verwitwete, Geschiedene. Damit soll keineswegs einer Degradierung unserer Kirche zu einer sozialen Hilfsinstitution das Wort geredet sein. Und natürlich ist auch klar, dass unsere kleine Schar sich nicht auf allen Gebieten betätigen könnte. Aber ich bin überzeugt, dass wir in unserer Kirche auch deshalb unter geistlichen Mangelerscheinungen leiden, weil wir die soziale Seite des Christseins vernachlässigen. Ein Erlebnis in der altkatholischen Gemeinde von Karlsruhe hat mich sehr nachdenklich gemacht: Dort hat man eine Gruppe äthiopischer Flüchtlinge in der Gemeinde aufgenommen und sie unter erheblichen Opfern betreut und integriert. Die Folge: eine spürbare Belebung und Aktivierung des Gemeindelebens. Was wir durch die Vernachlässigung der sozialen Aufgaben einer christlichen Gemeinde an Substanzverlust hinnehmen müssen, das wird besonders deutlich, wenn man diesen Gewinn durch soziale Arbeit in der Karlsruher Gemeinde sieht. Daraus folgt

Meine vierte Behauptung: In unserer Kirche fehlt ein integrierender Bestandteil jeden Christseins: der Einsatz für den leidenden Menschen. Solange wir diese Lücke nicht zu füllen vermögen, wird unsere Kirche unter Mangelerscheinungen jeder Art weiter leiden.

Es ist gerade in der heutigen Zeit nicht leicht, Mitglied einer Minderheit zu sein. Das wissen bei uns Pfarrer und Laien nur zu gut. Dazu kommt, dass unsere Minderheit immer kleiner wird. Deshalb fürchten wir alle um das Überleben unserer Kirche – und zwar in geistlicher, personeller und finanzieller Hinsicht. Sehr oft ist deshalb unser kirchlicher Alltag weniger geprägt von positiver Aufbauarbeit als vielmehr von Bemühungen, Bestehendes zu konservieren und zu retten. Wir versuchen aufrechtzuerhalten, was möglich ist. Solche eher rückwärts gerichtete Arbeit ist aber nicht sehr erbaulich – besonders weil sie nur teilweise von Erfolg gekrönt ist. Für viele Geistliche und Laien ist es eine ausgesprochen negative Erfahrung, wenn man im Alltag fast ständig mit Kleinheit und Rückgang konfrontiert ist. Wenn es nur zur Gewohnheit werden muss, dass man im Jahr 30 Bestattungen hat, aber nur drei Taufen und eine Trauung, wenn es manchmal kaum mehr möglich ist, genügend geeignete Leute für die Arbeit in der Kirche zu finden, und wenn man die ohnehin schwierige Situation der Christen in der modernen Welt noch dazurechnet, so kann man verstehen, dass mancher Geistliche gegen die Resignation kämpfen muss und sich deshalb oft in andere Tätigkeiten flüchtet (Ökumene, Geschichte, kirchliches Spezialgebiet, Verwaltungskram und Ähnliches). Schliesslich haben wir alle die Tendenz, das Unangenehme möglichst von uns fernzuhalten. Das kann bis hin zur klassischen Verdrängung gehen. Und das ist nicht nur bei einzelnen Geistlichen so, sondern dieses Erleben der immer wiederkehrenden Frustration durch dieselben Ereignisse und Situationen trifft auch unsere Kirche als Ganzes. Deshalb – und das ist kein Vorwurf, sondern die Feststellung einer Tatsache – sind auch bei unserer Kirche als Ganzes solche Verdrängungsmechanismen feststellbar. Beispielsweise treiben wir einen unerhörten Aufwand für die Beziehung zu den Orthodoxen. Das ist sicher eine angenehme und interessante Arbeit. Zwar hat diese Arbeit für unsere Gemeinden kaum Auswirkungen und sie hat auch kaum Aussicht auf Erfolg. Aber gerade deshalb ist diese Arbeit so anziehend: Sie ist völlig ungefährlich und schmerzlos. Ein anderes Beispiel: Wir können an einer Pastoralkonferenz einen halben Tag lang über den Heiligenkalender diskutieren. Natürlich wissen wir, dass es viel brennendere Probleme in unserer Kirche gibt. Aber auch da gilt: Diese Arbeit ist angenehm, weil sie völlig ungefährlich und schmerzlos ist. Man könnte die Liste natürlich fortsetzen. Die beiden Beispiele genügen aber, um zu zeigen, wie die Situation unserer Kirche uns oft an zentraler Arbeit hindert. Oder ganz einfach ausgedrückt: Weil die Erfüllung unserer Mission manchmal so unsäglich schwer ist, weichen wir auf ungefährliche Dinge aus, die uns gnädig vor den harten Realitäten schützen. Das ist ein verständlicher Vorgang; aber er ist nicht ungefährlich. Wir müssten uns mehr Mühe geben, uns mit diesen Vorgängen ehrlich auseinanderzusetzen, damit wir weniger solchen Verdrängungsmechanismen erliegen. Deshalb

Meine fünfte Behauptung: Es ist für unsere noch kleiner werdende Minderheit schwer, an unsere Mission und vor allem an die Chancen für ihre Realisierung zu glauben. Dieser angstvolle Zweifel an der eigenen Sache birgt die Gefahr der Verdrängung unserer eigentlichen Aufgabe in sich: Unsere Kirche verwendet oft für nicht zentrale Dinge unverhältnismässig viele Kräfte.

Wiederholt habe ich die Kleinheit unserer Kirche erwähnt. Diese Kleinheit – so glaube ich – prägt das Leben unserer Kirche ganz entscheidend. Da wir uns als Volkskirche sehen, ergeben sich Verhaltensweisen, die unserer tatsächlichen Situation widersprechen. Als Kleinstkirche mit dem Status einer Grosskirche geraten wir oft an den Rand unserer Leistungsfähigkeit, zum Beispiel finanziell: Unsere Infrastruktur ist viel zu teuer (hohe Pfarrerdichte, hohe Dichte unterhaltsintensiver Gebäude). Wir wissen nicht, wie lange wir uns diese Infrastruktur auch personell noch leisten können: Aus knapp 40 Geistlichen müssen wir eine ganze Fakultät aufbauen, einen Bischof wählen, Fachleute für Liturgik, für Kirchendiplomatie, für Medienarbeit finden. Und diese Leute sollten auch noch gute Seelsorger, Katecheten, Prediger, Liturgen und Theologen sein. Das alles ist doch fast die Quadratur des Kreises. Aber noch mehr: Aus ungefähr 18 000 Menschen müssen wir Kirchenräte für 40 Gemeinden finden, Organisten, Synodalräte, Finanzverwalter, Seelsorgehelfer und Juristen. Wenn deshalb manches in unserer Kirche dilettantisch herauskommt, so kann das nicht Gegenstand eines Vorwurfs sein, sondern im Gegenteil: Wir dürfen uns positiv wundern, dass wir mit unseren beschränkten Kräften überhaupt so viel herausbringen.

Aber ein Unbehagen bleibt, weil so und so vieles nicht anders als dilettantisch gelöst werden kann. Ich meine deshalb, dass wir unseren Auftrag besser erfüllen könnten, wenn wir uns auf einigen wenigen Gebieten intensiv betätigen würden – andere aber bewusst fallen liessen. Ich möchte auch da Beispiele nennen: Diaspora – unser grosses Problem. Aber dieses Problem wird zunehmend auch das Problem der Grosskirchen werden (in Basel sind 1974 bereits 25 % – also etwa 45 000 Menschen – konfessionslos). Wir könnten hier Pionierarbeit leisten durch Aufbau einer neuartigen (und altkatholischen!) Diasporabetreuung, die sich nicht mehr an grosskirchliche und volkskirchliche Strukturen hält, sondern die ganz bewusst neue Wege kirchlichen Zusammenlebens sucht. Oder: In der Liturgie könnten wir Gottesdienste für Kleinstgemeinden entwickeln. Unsere gängige liturgische Form (die mir sehr nahesteht) lässt sich ja nur sinnvoll feiern, wenn ein liturgischer Apparat zur Verfügung steht. Wir könnten bahnbrechend sein in neuartigen Formen, die modernen Menschen Zugang zu Christus geben könnten – ohne steifes Zeremoniell, aber von gut katholischer Prägung. Man könnte Ähnliches sagen von der Mitarbeit der Laien für die Förderung von Gemeinschaftserleben in einer zerbröckelnden Gesellschaft, für die Integrierung der Frau in die Kirche.

Als Kleinstkirche könnten wir solche Spezialitäten in Höchstqualität entwickeln, weil Kleinheit beweglich macht und weil Kleine auf allen Gebieten grössere Risiken eingehen können als Grosse. Deshalb

Meine sechste Behauptung: Die Kleinkirche teilt ihr Schicksal ein wenig mit einem kleinen Spezialgeschäft: Es droht ihr immer, von den Grossen erdrückt zu werden. Aber sie hat ihre Chancen im Anbieten von besonders köstlichen Spezialitäten. In der Wirtschaft wie in der Kirche gilt: Kleinheit kann nur durch bessere Qualität wettgemacht werden.

Hundertjahrfeier der Studentenverbindung Catholica Bernensis
Bern, Oktober 1981

Was ist Wahrheit?

Johannesevangelium 18,38 und 14,6

Liebe Spurensuchende. An den letzten drei Dienstagen haben wir uns mit der Wahrheitsfrage aus klösterlichem, juristischem und journalistischem Blick beschäftigt. Heute ist mir aufgetragen, der Wahrheitsfrage aus theologischer Sicht nachzugehen. Ich möchte das anhand zweier Bibelstellen tun: Zuerst zur berühmten Frage von Pontius Pilatus an Jesus: «Was ist Wahrheit?» Und dann zum Worte aus dem Johannesevangelium: «Jesus sagte zu Thomas: Ich bin der Weg, die Wahrheit und das Leben.» Oder abgekürzt: «Ich bin die Wahrheit.»

Religion und Wahrheit sind ein konfliktreiches Thema. Religiöse Instanzen neigen bekanntlich dazu, zu wissen, was wahr ist, und auch, was nicht wahr ist. Ja mehr noch. Sie wissen nicht nur, was wahr ist. Sondern sie entscheiden oft auch noch, was wahr ist oder wahr sein darf und was nicht. Es scheint mir offensichtlich zu sein: Es gibt eine religiöse Tendenz zur Errichtung von Wahrheitsmonopolen. So erklären etwa fundamentalistische Evangelikale biblische Mythen kategorisch zu historischen Fakten – so zum Beispiel das Lehrmärchen vom Propheten Jona und dem Walfisch. Oder der Vatikan greift immer wieder in naturwissenschaftliche und theologische Debatten ein und entscheidet über wahr oder unwahr (etwa bei Galileo Galilei oder in kirchenhistorischen und biblischen Fragen). In orthodoxen Kirchen ist es verbreitet, vorauszusetzen, dass diese Kirche den richtigen Glauben besitzt. Und im Islam erleben wir eben jetzt viel Streit über die Wahrheit verschiedener theologischer Positionen. Und natürlich kennen viele Esoteriker oft die ganze Wahrheit über die unmöglichsten Dinge.

Nur: Warum denn um Himmels willen neigt ausgerechnet religiöses Denken immer wieder zum Aufbau von Wahrheitsmonopolen und sogar zur Meinungsdiktatur? Eine einfache Antwort gibt es kaum. Denn es gibt natürlich viele Ursachen. Zwei stehen für mich im Vordergrund. Da ist einmal das menschliche Bedürfnis nach Sicherheit und nach gesicherten Positionen. Wir möchten doch immer wissen, woran wir sind. Jede Unsicherheit erzeugt Angst. Und Ängste können mit fixierten Meinungen und festen Vorurteilen – wenigstens vordergründig – in Schranken gewiesen werden. Und genau diese Ängste sind es, die religiösen Fundamentalismus und religiöse Besserwisserei fördern.

Eine andere Ursache scheint mir noch wichtiger zu sein. Jede Religion ist naturgemäss mit Ungewissheiten und Unwägbarkeiten verbunden. Religiöse Inhalte sind nicht beweisbar. Denn Religion stösst in Bereiche vor, die sich der menschlichen Verfügbarkeit entziehen. Das Jenseitige übersteigt alle menschlichen Denkmöglichkeiten. Göttliche Dimensionen erstrecken sich weit über alle irdischen Dimensionen hinaus. Kurz: Die Sache Gottes ist zu gross für menschliche Köpfe. Und genau das macht uns Mühe und Schwierigkeiten. Menschen ertragen es nur schwer, wenn sie nicht verstehen können oder ratlos sind. Wir wollen wissen und wir wollen beweisen können. Wir wollen sicher sein. Deshalb sind Menschen von Haus aus neugierig. Wer nicht mehr neugierig ist, dem ist das Leben abhandengekommen. (Nur eine ironische Nebenbemerkung: Deshalb hören wir doch so gerne Tratsch über andere Leute.)

Wie neugierig wir Menschen sind, das rechnet uns schon die Geschichte vom Sündenfall vor (Gen 3,1–7). Da können Adam und Eva dem Baum, der ihnen Erkenntnis des Guten und des Bösen verspricht, nicht widerstehen. Oder wie es das Alte Testament so schön farbig schildert, wie die beiden denken, «dass es köstlich wäre, von dem Baum zu essen, dass der Baum eine Augenweide sei und dazu verlocke, klug zu werden». So gelüstet es die beiden, weil es doch so schön wäre, die Wahrheit zu besitzen. Wir können gut verstehen, dass sie nicht widerstehen können. So versuchen sie halt, die Wahrheit mit den verbotenen Früchten in ihren Besitz zu nehmen. Aber – wir wissen es – dieser Versuch nach Wahrheitsbesitz endet im Desaster. Die beiden haben die Wahrheit nicht gefunden. Sie haben sich nur das Schämen eingehandelt.

Doch weiter in unserem Thema. Pontius Pilatus hat Jesus vor der Verurteilung die berühmte Frage gestellt: «Was ist Wahrheit?» (Joh 18,38). Jesus schweigt. Er weigert sich, Wahrheit zu definieren. Denn Pilatus würde ihn ohnehin missverstehen. Jesus sagt dem Pilatus das schon vor dessen Frage auf den Kopf zu, dass er ihn sowieso nicht verstehen würde. Jesus hat nämlich spitz gesagt: «Jeder, der aus der Wahrheit ist, hört auf meine Stimme» (Joh 18,37). Pilatus gehört offenbar nicht dazu. Denn wenn er Jesus nicht versteht, ist er nicht aus der Wahrheit, sondern aus der Welt des politischen und militärischen Machtgefüges.

Jesus schweigt also nicht von ungefähr auf die Frage «Was ist Wahrheit?». Mit seinem Schweigen weist er auf einen zentralen Punkt religiösen Denkens im Allgemeinen und des christlichen Denkens im Besonderen hin. Mit seinem Schweigen macht er mit aller Schärfe deutlich, dass es keine absolut gültige Definition oder auch nur eine annähernde Beschreibung von Wahrheit geben kann. Davon redet das Neue Testament immer wieder. Deshalb sind die vier Evangelien auch keine «wahren» Geschichten. Sie legen keinen Wert auf die Darstellung von historischen Fakten. Sie stellen keine Biografien von Jesus dar – auch wenn selbstverständlich viel Biografisches der historischen Persönlichkeit Jesus in den Evangelien zu finden ist. Die Evangelien beschreiben in erster Linie die Glaubenserfahrungen der ersten christlichen Gemeinden. Sie erzählen von der Wirkung des Handelns und Redens von Jesus Christus auf die Gläubigen. Sie enthalten ganz einfach das, was die Evangelisten als Wichtigstes über Jesus weitergeben wollten. Weitergeben des Glaubens – das ist die Absicht der Evangelien. Jedes der vier Evangelien tut das auf seine Weise. Deshalb sind es vier verschiedene Bücher. Daraus folgt zwingend: Die Wahrheit schlechthin gibt es in den Evangelien nicht.

Ist also alles relativ? Ist letztlich alles nur Sache der persönlichen Meinung und Erfahrung? Oder zynisch gefragt: Gibt es überhaupt keine Wahrheit – und wenn, dann nur eine manipulierte? Das scheint mir nicht im Neuen Testament zu stehen. Jesus hat nämlich an anderer Stelle seine sehr konkrete Meinung zur Wahrheit geäussert. Er hat gesagt: «Ich bin die Wahrheit.» Christus ist also die Wahrheit. Das Wort «ich» ist stark betont. Christus – und nur er – ist die Wahrheit und nichts und niemand sonst. Das tönt sehr autoritär und beinahe absolutistisch. Aber das ist es nicht. Denn es heisst da ja nicht: Ich besitze die Wahrheit und ich gebe sie euch gnädigstens weiter. Sondern seine Person ist die Wahrheit. Und eine Person kann man ja nicht besitzen. Man kann nur eine Beziehung zu einer Person aufbauen. Man kann ihr so nahe wie möglich sein wollen. Man kann sich mit ihr auseinandersetzen. Man kann sich mit ihr streiten. Man kann gute und schlechte Zeiten mit ihr haben. Oder anders gesagt: Die Wahrheit muss man suchen, wie man die Nähe einer Person suchen muss. Die Wahrheit finden ist ein lebenslanger Prozess, den man ein Leben lang durchmachen muss, man könnte sogar sagen durchstehen muss. Hier ist die Rede von der lebenslangen Suche nach Christus, der Wahrheit.

Dem Griechen Sokrates, der etwa 450 Jahre vor Jesus gelebt hat, wird folgendes Wort zugeschrieben: «Wir haben die Wahrheit gesucht. Wir haben sie nicht gefunden. Morgen reden wir weiter.» Das berührt sich zwar mit der Aussage von Jesus. Aber hinter dem Wort des Griechen steht ein Philosoph. Und dieser Philosoph macht den Zweifel und das Fragen zum Prinzip seines Denkens. Jesus dagegen ist kein Skeptiker. Wie es zu einem offenen Menschen allerdings gehört, stellt natürlich auch Jesus Fragen und meldet Zweifel an. So zieht er zum Beispiel bestimmte Gesetze des Alten Testaments in Zweifel – nämlich jene Gesetze, die den Menschen die Freiheit nehmen können, statt sie ihnen zu verschaffen.

Aber Jesus stellt nicht nur Fragen. Er ist kein Berufszweifler wie Philosophen es sein können. Er will uns nicht verunsichern. Im Gegenteil: Er will Wege zeigen, wie man die Wahrheit suchen und sich ihr nähern kann. Zugleich will er uns davor warnen, die Wahrheit besitzen zu wollen. Deshalb müssen wir uns immer die Freiheit nehmen zu fragen, zu suchen und auch zu zweifeln. Das braucht Disziplin und Durchhaltevermögen, wenn man auf diesem nie endenden Weg zur Wahrheit nicht resignieren soll.

André Gide – dem das Nobelpreiskomitee einst «unerschrockene Wahrheitsliebe» attestiert hat – hat gesagt: «Glaube denen, die die Wahrheit suchen, und zweifle an denen, die sie gefunden haben.» Die die Wahrheit gefunden haben, sind aber nicht nur die Anderen! Jeder von uns meint das manchmal. Das sollten wir nie vergessen.

Natürlich kommt einem da auch Tucholskys berühmtes Wort in den Sinn: «Toleranz ist der Verdacht, dass der Andere recht haben könnte.» Und wahrscheinlich tun wir gut daran, diesen Satz auch umzukehren: Intoleranz ist die Angst davor, dass der Andere Recht hat und nicht ich. Das dürfte auch die christliche Kirche nie vergessen, dass ihre Wahrheit Christus ist und niemand und nichts sonst. Es tut deshalb allen gut, sich Gides Wort hinter die Ohren zu schreiben: «Glaube denen, die die Wahrheit suchen, und zweifle an denen, die sie gefunden haben.»

Den Apostel Paulus stört dieser lebenslange Weg zur Wahrheit nicht. Er hofft auf ein tröstliches Ende des lebenslangen Durchhaltenmüssens auf der Suche nach der Wahrheit Christus. Er hofft im 1. Korintherbrief: «Jetzt schauen wir in einen (schlechten) Spiegel und wir sehen nur rätselhafte Umrisse. Dann aber werden wir von Angesicht zu Angesicht schauen. Jetzt erkenne ich unvollkommen, dann aber werde ich durch und durch erkennen, so wie ich auch durch und durch erkannt worden bin» (1 Kor 13,12).

Berner Spurensuche, 12. Mai 2015

Ökumenische Entwicklungen in der Utrechter Union

Alle altkatholischen Kirchen sind nach Auseinandersetzungen mit dem päpstlichen Zentralismus entstanden. Die niederländische Kirche entstand zu Beginn des 18. Jahrhunderts in Zusammenhang mit den Bischofswahlrechten des Utrechter Metropolitankapitels. Die Kirchen Deutschlands, der Schweiz, Österreichs und Tschechiens gerieten wegen der Ablehnung der Papstdogmen von 1870 ins Schisma. Die Kirche der USA geriet zu Beginn des 20. Jahrhunderts in Schwierigkeiten, weil Rom den in die USA ausgewanderten Polen fremde Bischöfe aufzwingen wollte. Keine dieser Kirchen ist freiwillig entstanden. Sie alle entstanden aufgrund von Entzug von Rechten, Exkommunikationen und Häresievorwürfen. Sie alle konstituierten sich erst dann als eigenständige Kirchen, als die kirchlichen Umstände dies erzwangen. Ignaz von Döllinger, der Münchner Kirchenhistoriker und theologische Anführer des altkatholischen Widerstandes, hat ausdrücklich betont, dass man nicht «Gemeinde gegen Gemeinde, Altar gegen Altar» stellen solle. Die Reform müsse innerhalb der Kirche geschehen. Man verstand sich dabei immer als katholisch. «Wir betrachten uns ... als vollberechtigte Glieder der katholischen Kirche» hält die Erklärung des Münchner Katholikenkongresses vom 22. bis zum 24. September 1871 fest.

Die Anfänge der ökumenischen Bestrebungen

Aus dieser Grundhaltung erklärt sich auch, dass an eine Konstituierung von selbständigen Kirchen nicht gedacht war. Man wollte in erster Linie die am 18. Juli 1871 vom 1. Vatikanischen Konzil verabschiedeten Dogmen von der Unfehlbarkeit und dem Jurisdiktionsprimat des Papstes bekämpfen. Auch von kirchlichen Reformen war die Rede. Zudem stand von Anfang an die Arbeit an der Wiedervereinigung getrennter Kirchen im Mittelpunkt. Am erwähnten Katholikenkongress von 1871 in München (an dem auch russische, anglikanische und evangelische Gäste anwesend waren) verabschiedete man deshalb folgende Erklärung: «Wir hoffen auf eine Wiedervereinigung mit der griechisch-orientalischen und russischen Kirche, deren Trennung ohne zwingende Ursache erfolgte und in keinen unausgleichbaren dogmatischen Unterschieden begründet ist. Wir erwarten unter Voraussetzung der angestrebten Reformen und auf dem Wege der Wissenschaft und der fortschreitenden christlichen Cultur allmälig eine Verständigung mit den protestantischen und den bischöflichen (= anglikanischen) Kirchen.» Dabei mag neben dem Exklusivanspruch Roms auf Kircheneinheit mitgespielt haben, dass man nicht an einer Kirchenspaltung beteiligt sein wollte, aber doch langsam in eine solche hineingeriet. Zudem hielt man die Wiederherstellung der sichtbaren kirchlichen Einheit als vordringliches Anliegen jeder kirchlichen Reform. Mit diesem Anliegen beschäftigte man sich intensiv, bevor eine altkatholische Kirchengemeinschaft entstanden war.

An der zitierten Formulierung in der Münchner Erklärung wird deutlich sichtbar, dass die altkatholische Bewegung bereits in den Anfängen die orthodoxen (vor den anglikanischen) Kirchen als erste Priorität für ihre Einheitsbestrebungen im Blick hatte. Das sollte lange so bleiben. Die altkatholischen Kirchen legten grössten Wert auf die Beziehungen zur Orthodoxie. Sie setzten ungeheuer viel Arbeit, Energie und Erwartungen in die Erreichung des Ziels der Wiedervereinigung mit den Ostkirchen. Es war ein langes Auf und Ab mit vielen Hoffnungen, Erfolgen und Enttäuschungen.

Theologische Grundlagen der Einheitsbestrebungen

Ignaz von Döllinger war von Anfang an die treibende Kraft in den Wiedervereinigungsdiskussionen. Er organisierte 1874 die erste und 1875 die zweite Bonner Unionskonferenz. Diese Konferenzen hatten keine konkreten Ergebnisse, u.a. auch darum nicht, weil die anwesenden orthodoxen, anglikanischen und evangelischen Theologen nicht offizielle Kirchendelegierte waren. Beide Konferenzen hatten aber ein grosses Echo, weil zum ersten Mal seit Jahrhunderten wieder ein Dialog zwischen westlichen und östlichen Theologen geführt worden war. Zwei Ergebnisse sind hingegen für die altkatholischen Kirchen und ihr Selbstverständnis bis auf den heutigen Tag von entscheidender Bedeutung. Erstens: In der Einladung hatte Döllinger geschrieben: «Als Grundlage und Massstab des Erreichbaren und zu Erstrebenden sind die Bekenntnisformeln der ersten kirchlichen Jahrhunderte und diejenigen Lehren und Institutionen zu betrachten, welche in der allgemeinen Kirche des Ostens wie des Westens vor den grossen Trennungen als wesentlich und unentbehrlich gegolten haben.» Dieses Prinzip prägt die altkatholische Theologie und ihr Ökumeneverständnis bis heute. Wobei allerdings sofort anzumerken ist, dass es nicht immer mit der nötigen Konsequenz eingehalten wurde. Zweitens: Die Konferenz lehnte einmütig das später in das Glaubensbekenntnis eingefügte filioque ab und stellte sich so völlig hinter die orthodoxe Dreifaltigkeitstheologie.

Die Utrechter Union

Ein entscheidender Schritt wurde 1889 getan. Die Bischöfe der Kirche von Utrecht und der verschiedenen altkatholischen Kirchen, die sich seit 1873 konstituiert hatten, schlossen sich mit der «Utrechter Erklärung» zur Utrechter Union zusammen. Von da an war die Internationale Altkatholische Bischofskonferenz (IBK) für den Dialog und die Abkommen mit anderen Kirchen zuständig. Damit wurde eine koordinierte Einheitspolitik ermöglicht.

Immer wieder Dialoge

1893 wurde zum ersten Mal ein offizieller Dialog mit Orthodoxen aufgenommen, nämlich mit der russischen Kirche. Der Dialog wurde durch eine orthodoxe und eine altkatholische Kommission auf schriftlichem Weg geführt. Er brachte ansehnliche Ergebnisse. Der Erste Weltkrieg unterbrach die Arbeit, die russische Revolution verunmöglichte sie schliesslich.

Nach 1920 kam es immer wieder zu neuen Kontakten. Diese gipfelten in einer altkatholisch-orthodoxen Unionskonferenz im Oktober 1931 in Bonn. Auf dieser Konferenz (auf der allerdings nicht alle orthodoxen Kirchen vertreten waren) wurde so viel Übereinstimmung in Lehre und Praxis der beiden Kirchen festgestellt, dass diese für eine Sakramentsgemeinschaft als hinreichend erachtet wurde. Aber die Umsetzung in die Praxis gelang nicht. Das war für die Altkatholiken eine herbe Enttäuschung. Für diesen Misserfolg gibt es mehrere Gründe. So spielte dabei sicher neben der Uneinigkeit der orthodoxen Kirchen auch die im Juli 1931 mit der anglikanischen Kirche im «Bonn Agreement» vereinbarte Sakramentsgemeinschaft eine wichtige Rolle.

Im September 1961 gab die Panorthodoxe Konferenz von Rhodos neue Anstösse für einen Dialog mit der Utrechter Union. Nach langwierigen, komplexen und komplizierten Vorbereitungen auf beiden Seiten konnte 1975 die erste Sitzung der Vollversammlung der «Gemischten Orthodox-Altkatholischen Theologischen Kommission» stattfinden. Es muss als ganz ausserordentlicher Erfolg gewertet werden, dass alle orthodoxen und alle altkatholischen Kirchen vertreten waren. Die siebte und letzte Vollversammlung der Kommission fand 1987 statt.

Erfolge, die nicht in die Praxis umgesetzt werden können...

Der Dialog war nicht als Verhandlung zwischen Kirchen konzipiert, sondern man machte ein Inventar orthodoxer und altkatholischer Lehre und Praxis. In 26 theologischen Texten konnte ein so weitgehender Konsens festgestellt werden, dass einer Herstellung kirchlicher Einheit der beiden Kirchen nichts entgegenstehen sollte. Noch etwas anderes ist an diesem Ergebnis bemerkenswert: Es ist bis jetzt der einzige bilaterale Dialog der orthodoxen Kirchen, der planmässig und erfolgreich abgeschlossen werden konnte.

...und Gründe dafür

Aber auch dieser Dialog konnte nicht in die Realität einer kirchlichen Gemeinschaft umgesetzt werden. Dafür gibt es mehrere Gründe. Zunächst muss beachtet werden, dass zwischen der westlichen und der östlichen Welt gravierende kulturelle Unterschiede bestehen (liturgische und spirituelle Traditionen, Renaissance, Humanismus, Reformation, Aufklärung). Deshalb und aus sprachlichen Gründen ist es schwierig, zwischen lokalen Gemeinden Kontakt herzustellen. Die Sakramentsgemeinschaft mit den Anglikanern, die Frauenordination und gewisse Stellungnahmen zur Homosexualität bewirken bei den Orthodoxen schärfste Abwehrreaktionen. Der vermehrte Kontakt zu reformatorischen Kirchen (Vereinbarung der deutschen Altkatholiken mit der EKD oder die Beziehungen mit lutherischen Kirchen) verwässert das Konzept der Einheit auf der Basis des Glaubens der ungeteilten Kirche. Das erschwert die Situation zusätzlich. Dazu kommt, dass viele Altkatholiken die Orthodoxen als zu konservativ empfinden, während viele Orthodoxe uns als zu «westlich» erfahren.

Aber auch auf der orthodoxen Seite haben sich neue Schwierigkeiten ergeben. Gewisse Kirchen werden immer konservativer, ja reaktionär. Was aus dem Westen kommt, wird zunehmend als negativ wahrgenommen. Das seit Langem geplante panorthodoxe Konzil stand kurz vor der Realisierung, aber die wachsende Uneinigkeit innerhalb der Orthodoxie liess es scheitern. Der Zerfall der Sowjetunion hat zudem in vielen Kirchen neue Verhältnisse geschaffen, was zu grossen innerkirchlichen Problemen führte, die zuerst gelöst werden wollen. Aus vielen Gründen ist also das Interesse der Orthodoxie an der ökumenischen Arbeit und an den altkatholischen Kirchen zurückgegangen. Dazu kommt, dass Rom sich stark um die Ostkirchen bemüht, was die Stellung der zahlenmässig unbedeutenden altkatholischen Kirche zusätzlich schwächt.

Die Beziehung zu der Anglikanischen Kirche

Standen zunächst zwar die orthodoxen Kirchen im Zentrum des Interesses, so waren aber auch die Kontakte zu den Anglikanern weit oben auf der Traktandenliste. Deshalb kam es auch da bald zu engeren Beziehungen. Die Altkatholiken zeigten grosses Interesse an Kontakten. Die 2. Lambethkonferenz von 1878 äusserte grosse Sympathien und Interessen an den Reformbestrebungen der Altkatholiken. Im Jahre 1879 erklärte daraufhin die Nationalsynode der Christkatholischen Kirche der Schweiz, «in wesentlichen Dingen mit den angloamerikanischen auf gleichem christlichem und katholischem Boden zu stehen». Zu einer Vereinbarung kam es aber nicht, weil man sich über die Gültigkeit der anglikanischen Weihen nicht einig war. Vor allem die Holländer meldeten Zweifel an. In den deutschen und den schweizerischen Kirchen hatte man keine derartigen Bedenken. Im Gegenteil: Das Interesse der deutschen und schweizerischen Altkatholiken an den Anglikanern war sehr gross. Das zeigen etwa folgende Ereignisse: 1879 feierten der deutsche Bischof Reinkens, der schweizerische Bischof Herzog und der anglikanische Bischof Cotterill erstmals eine gemeinsam Eucharistie. Bischof Herzog, dem die Beziehung zur anglikanischen Kirche ein besonderes Anliegen war, reiste 1880 in die USA, wo er firmte und Gottesdienste feierte. 1881 machten die Bischöfe Reinkens und Herzog eine Vortragsreise durch England. 1883 beschloss die deutsche Synode die Zulassung anglikanischer Gläubigen zum Abendmahl. Das alles geschah nicht in einem offiziellen bilateralen Dialog. Nach Kontakten auf verschiedenen Ebenen löste man die Fragen ganz pragmatisch.

Die Lambethkonferenz von 1888 umschrieb dann mit dem «Lambeth Quadrilateral» die Grundlagen für weitere Verhandlungen. Es müssen folgende Punkte Basis für eine Einigung sein: 1. Das Alte und Neue Testament als höchste Richtschnur des Glaubens. 2. Das Glaubensbekenntnis der Apostel als Taufsymbol und das Nizäische Glaubensbekenntnis als hinreichende Darlegung des christlichen Glaubens. 3. Die zwei von Christus eingesetzten Sakramente Taufe und Abendmahl. 4. Der historische Episkopat.

Trotz weitgehender Übereinstimmung der Auffassungen beider kam es nicht zu einer Einigung, denn die Holländer anerkannten die anglikanischen Weihen nicht. Da die altkatholischen Bischöfe nach der Utrechter Erklärung von 1889 nur noch gemeinsam handeln konnten, war das ein wichtiges Hindernis. Erst 1925 erklärte die Kirche von Utrecht, dass sie die Gültigkeit der anglikanischen Weihen anerkenne. Damit war der Weg für weitere Einigungsgespräche offen. Sie gipfelten in einem am 2. Juli 1931 verabschiedeten Abkommen, dem bereits im September 1931 beide Kirchen offiziell zustimmten. Das Bonn Agreement beschränkt sich auf lediglich drei Punkte: «1. Jede Kirchengemeinschaft anerkennt die Katholizität und Selbständigkeit der andern und hält die eigene aufrecht. 2. Jede Kirchengemeinschaft stimmt der Zulassung von Mitgliedern der anderen zur Teilnahme an den Sakramenten zu. 3. Volle Kirchengemeinschaft (Full Communion) verlangt von keiner Kirchengemeinschaft die Annahme aller Lehrmeinungen, sakramentalen Frömmigkeit oder liturgischen Praxis, die der anderen eigentümlich ist, sondern schliesst in sich, dass jede glaubt, die andere halte alles Wesentliche des christlichen Glaubens fest.»

Pragmatische Beziehungen

Es fällt auf, wie verschieden das Vorgehen in den Beziehungen mit den Orthodoxen und den Anglikanern war. Mit den Orthodoxen wurden präzise theologische Verhandlungen geführt. Das Prozedere mit den Anglikanern war pragmatisch. Deshalb wurde eine Einigung bald möglich, obwohl es theologische und historische Differenzen gab (die Altkatholischen Kirchen sind keine Reformationskirchen wie die Anglikanische Kirche). Aber da beides westliche Kirchen sind, verstand man sich offensichtlich leichter. Da Amerikaner und Briten wesentlich zur Befreiung Europas beigetragen hatten, genossen die Anglikaner grosse Sympathien in unseren Kirchen. Auch lernte man sich durch die Nähe gegenseitig besser kennen (stationierte Truppen in Europa).

Eine Veränderung in den Beziehungen gab es nach der Entkolonisierung des Britischen Reiches. Waren vor dem Zweiten Weltkrieg die Beziehungen fast nur auf die Kirchen Europas und Nordamerikas beschränkt, kamen die selbständig gewordenen Kirchen Afrikas mehr in den Blickpunkt. Die ungeheure Spannweite der Kirchen des Britischen Weltreiches wurde spürbar. Das ist für die kleine Altkatholische Kirche schwer erfahrbar. Auch die theologische Spannweite innerhalb des Anglikanismus von anglokatholischen bis zu evangelikalen Strömungen erweist sich nicht als einfach.

Die Sakramentsgemeinschaft mit den Anglikanern ist bei den Altkatholiken ausserordentlich populär. Die grossen Verbündeten stärken das Selbstvertrauen einer kleinen Minderheit. Zudem hat sie sich – im Gegensatz zum Dialog mit den Orthodoxen – gut in den Alltag umsetzen lassen. Es gibt gemeinsame Bischofstreffen, Theologenkonferenzen, Jugendkontakte, gemeinsame Auftritte mannigfacher Art.

Beziehungen gut, aber nicht ohne Fragen

Aber es gibt auch Probleme. So hat eine Kirche der Utrechter Union, die Polish National Catholic Church (PNCC), ihre Beziehungen zur Episkopalkirche der USA abgebrochen, als diese die Frauenordination einführte. Der Ausbau der Beziehungen zwischen anglikanischen und anderen reformatorischen Kirchen (Methodisten) belastet die ökumenischen Beziehungen der Altkatholiken zu den orthodoxen und den römisch-katholischen Kirchen. Auch stellt sich die Frage, welche anglikanischen Verbindungen mit Reformationskirchen mit einem nicht gerade katholischen Amts- und Sakramentsverständnis das Bonn Agreement noch erträgt. Die Ausweitung der Beziehungen zu grossen skandinavischen Kirchen (Porvoo) ist für die Altkatholiken insofern schwierig, als sie dadurch noch mehr in die Position des Juniorpartners geraten. Diese Entwicklungen erfordern eine Analyse und Definition der Sakramentsgemeinschaft und des gegenseitigen Verständnisses. Gespräche dazu sind angelaufen.

Die Philippine Independent Church

Im Jahre 1965 ist die Utrechter Union mit der Philippine Independent Church (PIC) in Sakramentsgemeinschaft getreten. Diese Kirche ist 1902 als selbständige katholische Kirche entstanden, als das Inselreich begann, sich gegen die spanische Kolonialherrschaft zu erheben. Denn die römisch-katholische Kirche war eng mit den Kolonialherren verbunden. War die Gemeinschaft mit den Altkatholiken nur schon wegen der Riesendistanzen lange etwas theoretisch, ist sie jetzt intensiver geworden. Die Utrechter Union ist stark an theologischen Ausbildungsprogrammen und an Entwicklungshilfe beteiligt. Die Kontakte haben sich dadurch sehr erweitert und vertieft.

Entwicklungen in der Utrechter Union
Die IBK lehnte 1976 in einer Erklärung die Frauenordination ab. Das hat eine Diskussion angestossen, die nie mehr verstummte. Die Bischöfe gerieten durch die Frauenemanzipationsbewegung und die anglikanischen Frauenweihen immer mehr unter Druck, in dieser Frage neu zu entscheiden. Das führte zu grossen Spannungen innerhalb der Utrechter Union. Während die deutsche Kirche unbedingt vorwärtsmachen wollte, waren die amerikanische und die polnische Kirche strikt dagegen. Die IBK geriet in eine schwere Zerreissprobe. Die Gegner argumentierten mit den üblichen Begründungen (zum Beispiel Jesus habe das nicht gewollt, oder eine Frau könne nicht Christus repräsentieren). Aber auch bei einigen Befürwortern gab es Bedenken. Diese waren nicht grundsätzlicher Natur. Sie sahen vor allem ekklesiologische und ökumenische Probleme. Darf eine einzelne Kirche eine Entscheidung von solcher Tragweite allein fällen? Müsste das nicht im Konsens mit den anderen Kirchen katholischer Tradition geschehen? Könnte die Utrechter Union daran zerbrechen? Wie würden die Auswirkungen auf die Beziehung zu den orthodoxen und römisch-katholischen Kirchen sein? 1991 und 1997 fanden zwei Bischofskonferenzen statt, die sich mit diesen Fragen beschäftigten. Die zweite ermöglichte die Priesterweihe von Frauen. Bald darauf erfolgten in den Kirchen Hollands, der Schweiz und Österreichs die entsprechenden Beschlüsse und dann die ersten Weihen von Frauen. Im Jahre 2003 trennten sich deshalb die Utrechter Union und die PNCC voneinander. In Polen und Tschechien werden keine Frauen geweiht. Die Frauenordination wurde in den westlichen altkatholischen Kirchen von der überwältigenden Mehrheit angenommen. Austritte gab es kaum.

Der ständige Diakonat für Frauen und Männer wurde 1984 von der IBK ohne Schwierigkeiten beschlossen. Dieses Amt gab es für Frauen ja im Gegensatz zum Priesteramt schon in den Anfängen der Kirche. Der Frauendiakonat wurde von der PNCC und der polnischen Kirche ebenfalls abgelehnt, was aber keine Spaltungen bewirkte.

Ein weiterer Diskussionspunkt: Homosexualität

Ein weiteres schwieriges Thema wurde auch die Homosexualität. Darf man homosexuelle Paare segnen? Kann man bekennende Homosexuelle weihen? Während die polnische Kirche strikte gegen jede Konzession an Gleichgeschlechtliche ist, gibt es in anderen Kirchen unterschiedliche Positionen: Sie gehen von sehr kritischer Haltung bis zu völliger Akzeptanz. Auch da ist eine Spaltungsgefahr nicht auszuschliessen.

Wie geht es weiter?

Aus alledem wird ersichtlich, dass sich die ursprüngliche ökumenische Grundhaltung der altkatholischen Kirchen verändert hat. Die Vorstellung Döllingers, wonach der Glaube der ungeteilten Kirche des ersten Jahrtausends als Grundlage und Basis der ökumenischen Beziehungen zu gelten habe, verliert zunehmend an Bedeutung. Die Nähe zu den Orthodoxen, aber auch zur Kirche von Rom scheint sich durch veränderte Positionierungen der Utrechter Union (mindestens im gegenwärtigen Zeitpunkt) eher abzunehmen. Dass die Utrechter Union aus ihrem Selbstverständnis heraus die Beziehungen zu den Kirchen katholischer Tradition besonders pflegen muss, scheint an Selbstverständlichkeit zu verlieren. Ob das zu einer Neuorientierung des ökumenischen Selbstverständnisses und der Identität der altkatholischen Kirchen und zu einer Annäherung an die Kirchen der Reformation führen wird, bleibt abzuwarten. Sicher ist aber, dass in allen Kirchen des Westens das Verständnis für theologische Diskussion und theologische Differenzierung abnimmt. Das wird für die weitere Entwicklung Auswirkungen haben.

Eine längere Fassung erschien in: Materialdienst des Konfessionskundlichen Instituts Bensheim 59 (2008) 1, 8–11

Eine eingehende, nicht mehr ganz aktuelle Darstellung dieser Vorgänge findet sich im Buch von Urs Küry «Die Altkatholische Kirche», Stuttgart 1982. Hier finden sich auch Literaturhinweise und Originaltexte. – Im Beiheft zur Internationalen Kirchlichen Zeitschrift «Koinonia auf altkirchlicher Basis», Bern 1989, finden sich eine Geschichte der orthodox-altkatholischen Beziehungen, die vollständigen Texte des 1987 abgeschlossenen orthodox-altkatholischen Dialogs und weiterführende Literaturangaben.

Bischöfliche Gedanken

Unsere Gottesdienste brauchen neue Impulse	*276*
Hat unsere Kirche eine Zukunft?	*276*
Unsere Kirche und die Politik	*278*
Sind unsere Gottesdienste zu altmodisch?	*279*
Wir haben einen Auftrag: Mission!	*280*
Auch wir müssen das Evangelium verkünden	*281*
Die Gottesdienstkrise ist eine Kirchenkrise	*282*
Was wir von einem Kosmetikfachmann lernen können	*284*
Kirche und zeitgenössische Kultur	*284*
Gegen ein blasses Pfarrerbild	*286*
Wann kommt der Pfarrer auf Besuch?	*286*
Die Kirche muss renoviert werden	*287*
Sorgen und Streit um Geld	*289*
Vom Reden, Malen, Singen	*290*
Zwischen Verkrustung und Anbiederung	*292*
Solidarität im Bistum	*293*
Und zum Schluss noch dies	*294*
Der Bischof in unserer Kirche	*298*
Das Amt des Bischofs	*301*
Die Eucharistie ist das Herz des Gemeindelebens	*306*

Unsere Gottesdienste brauchen neue Impulse

Wir brauchen neue Kreativität. Wir können nicht immer nur an den alten Formen festhalten. Ich bin durchaus der Meinung, dass die alten, überkommenen kirchlichen Formen wichtig sind, dass sie ein Teil unserer Glaubensüberzeugung sind. Aber wir können sie nicht einfach immer gleich weitertradieren. Wir müssen neue Lebendigkeit in unsere Gottesdienste bringen. Die Leute sagen überall: «Es ist immer das Gleiche jeden Sonntag.» Die Theologen dagegen sagen: «Es ist nicht wahr, es ist nicht immer das Gleiche.» Nur nützt es natürlich nicht viel, wenn die Theologen behaupten, es sei nicht immer das Gleiche, aber die Leute eine andere Erfahrung machen. Wir müssen die Einwände der Menschen ernst nehmen, denn es herrscht eine wirkliche Gottesdienstnot. Ich will darum einen ersten Versuch mit den Jugendlichen machen. Ich habe eine Sitzung mit dem Zentralvorstand der christkatholischen Jugend gehabt. Da ist genau das aufs Tapet gekommen. Ich habe ihnen gesagt, eure Kritik ist berechtigt. Nur können wir nicht einfach bei der Kritik stehen bleiben. Wir müssen etwas tun, etwas verändern. So habe ich ihnen vorgeschlagen, dass die Jugendlichen und ich für ein Wochenende auf die Mörlialp gehen. Dort werden wir einmal versuchen, jugendliche Gottesdienstwünsche zu realisieren und irgendwie greifbar zu machen. Ich hoffe, dass das ein erster Schritt ist. Wir müssen den Versuch an anderen Orten wiederholen. Unsere Gottesdienste müssen wärmer werden. Sie müssen so werden, dass wir uns zu Hause fühlen, dass wir gerne hingehen. Es darf nicht so sein, dass wir gehen, weil wir denken: «Der arme Pfarrer, ich muss denk wieder einmal gehen.» Ich habe in diesem Zusammenhang auch der katechetischen Kommission den Auftrag erteilt, ein Gottesdienstformular oder Gottesdienstmöglichkeiten auszuarbeiten für Kindergottesdienste im Zusammenhang mit bestimmten Kirchenjahrzeiten und mit bestimmten Ausbildungszielen im Unterricht.

Aus dem Bischöflichen Bericht an die Synode 1987

Hat unsere Kirche eine Zukunft?

«Herr Bischof, sagen Sie es mir ehrlich, glauben Sie, dass unsere Kirche noch eine Zukunft hat?» So hat mich eine mittelalterliche, in Kirchendingen sehr erfahrene Frau bei einer Tasse Kaffee gefragt. Ich habe zur Antwort gegeben: «Ja, ich glaube das, sonst hätte ich die Aufgabe, in der ich jetzt stecke, nicht übernommen.» Aber ich bin ebenso überzeugt – ich habe das schon letztes Jahr gesagt –, dass wir etwas tun müssen, dass wir etwas unternehmen müssen, dass wir hart arbeiten und kämpfen müssen, wenn wir überleben wollen. Ich meine nicht Aktionen gegen aussen, nicht Propaganda und Proselytenmacherei. Ich meine Aktionen gegen innen, mit uns. Und ich meine, dass es eilt. Und hier eine Zwischenbemerkung: Es ist mir gesagt worden, meine Briefe an Gemeinden und Pfarrer (und auch sonst) seien im Ton manchmal gar forsch und hart. Ich will mich dafür in aller Form entschuldigen, es tut mir leid, wenn ich Sie verletzt oder brüskiert habe. Ich will mich nicht herausreden, aber vielleicht hat es damit zu tun, dass ich nachdem, was ich jetzt in unseren Gemeinden erlebe und sehe, wirklich der Überzeugung bin, dass es eilt. Wenn wir unsere Kirche starkmachen wollen, dann müssen wir jetzt etwas tun, und wir können nicht sagen, wir kommen dann schon noch. Und deshalb bin ich halt auch um unserer Kirche willen (nicht nur von meinem Charakter her) ungeduldig. Mein wichtigstes Anliegen in dieser Sache ist wohl: Treue zu unserer Kirche. Und zwar Treue im Grossen wie im Kleinen. Treue fängt zum Beispiel damit an, dass man bei einem Todesfall nicht irgendein Altersheim oder ich weiss nicht was für eine soziale Institution für Spenden nennt, sondern Institutionen unserer Kirche. Es geht da gar nicht in erster Linie ums Geld (natürlich nehmen wir das auch), sondern um das Bekenntnis zu unserer Sache. Es geht aber auch um die Treue zur Kirche, wenn es um Taufen und Trauungen geht. Denn wenn unsere Kirche etwas sein will, dann muss sie mindestens so stark bleiben, wie sie ist. Ja, sie müsste eigentlich zunehmen. Nicht wegen unserer Kirche, nicht wegen unseres schönen, christkatholischen, gemütlichen Lebens, sondern wegen der Kirche Gottes, wegen der Freiheit und der Freude, die wir den Menschen bringen müssen. Unsere Aufgabe ist nicht die Verwaltung einer kirchlichen Institution. Unsere Aufgabe ist, das Evangelium, die Freude am Leben in die Welt zu tragen. Das hat uns immerhin Christus befohlen. Jeder, der von uns weggeht, jeder, dem es nicht wichtig genug ist, bei uns zu bleiben, ist einer, der von Christus weggeht, ist einer, dem Christus nicht wichtig genug gezeigt worden ist. Wir müssen ernst nehmen, dass wir zu Christus gehören. Wir sind nicht irgendein Verein, sondern wir sind da, ihn in die Welt hinauszutragen, ihn, seine frohe Botschaft. Und ich bin überzeugt, gerade die Ereignisse in anderen Kirchen zeigen, dass unsere Kirche da Möglichkeiten hat, die andere Kirchen nicht haben. Wir haben eine Art von kirchlichem Zusammenleben, die, so meine ich, zukunftsweisend ist. Aber wir müssen uns dafür einsetzen. Wir sind beauftragt, den Menschen zu Freude zu verhelfen. Je stärker wir sind, umso besser können wir helfen. Nicht um zu überleben, wollen wir stark sein, sondern um starke Gehilfen der Freude der Menschen sein zu können.

Aus dem Bischöflichen Bericht an die Synode 1988

Unsere Kirche und die Politik

Immer wieder werden wir aufgefordert, kirchliche Stellungnahmen abzugeben oder nicht abzugeben. Man schilt uns als politisch oder links unterwanderte oder aber feige in die Sakristei zurückgezogene Kirche. Ich meine, dass eine Kirche keine politischen Empfehlungen herausgeben darf. Es wäre eine Entmündigung des Laien, ihm zu sagen: «Stimme ja» oder «Stimme nein». Aber ich will sogleich in aller Klarheit auch festhalten, dass alles, was ein Christ tut, was ein Christ sagt, was er auf der Kanzel oder im Gespräch mit Menschen sagt, politisch ist. Es gibt keine Predigt und keine Seelsorge, die unpolitisch ist. Denn wer sich zu Fragen des Zusammenlebens äussert, der äussert sich zu Politischem. Wer sich aber nicht zur Gemeinschaft äussert, nicht zu Politik, der soll das Predigen und die Seelsorge bitte gleich bleibenlassen.

Es ist in unserem Land eine sehr typische Situation geschaffen worden mit der Armeeabschaffungsinitiative. Unsere Kirche kann keine Stimmparole zu dieser Initiative abgeben, denn unser kirchliches Denken setzt voraus, dass jede und jeder die Verantwortung selber tragen muss. Aber wir müssen – wir müssen! – Denkanstösse geben, damit die Menschen sich als Christen auf dem Hintergrund des Evangeliums zu dieser Frage entscheiden. Ich will Ihnen deshalb meine ganz persönliche Meinung sagen: Ich glaube nicht, dass unser Land die Armee abschaffen kann, aber ich glaube, dass die Utopie einer Schweiz ohne Armee eine gute, eine schöne Utopie ist. Utopien sind ja nicht weltfremde Träumereien. Von Utopien lebt die Zukunft! Was vor 200 oder 300 Jahren noch Utopie war (in verschiedensten sozialen Gebieten zum Beispiel), ist heute längst zur Selbstverständlichkeit geworden. Die Hoffnung, ohne Waffen, ohne Streit leben zu können, ist doch unser aller Hoffnung. Wir müssen als Christen in Erinnerung rufen, dass wir uns mit bösen Zuständen nie abfinden, weder mit Krieg noch mit Ungerechtigkeit noch mit irgendetwas anderem, das böse ist. Christen sind Menschen, die gegen das Böse kämpfen, nicht obschon es nicht zu überwinden ist, sondern weil es nicht zu überwinden ist. Deshalb muss man immer und immer wieder kämpfen. Deshalb finde ich es gut, dass es diese Abstimmung gibt. Auch wenn die Initiative abgelehnt wird, so ist allein die Tatsache gut, dass die Abstimmung überhaupt stattfindet. Die Meinungsäusserung ist nötig, weil wir ein Volk sind, das sich nach Frieden sehnt und das sich über alle Dinge unterhalten und über alle Dinge abstimmen kann. Und wir Christen müssen bezeugen, dass es für Christen keine Tabus gibt. Und noch etwas: Wenn wir als friedliebendes Volk glaubwürdig sein wollen, dann müssen wir auch die Diskussion anständig und friedfertig führen. Armeegegner und Armeebefürworter müssen miteinander reden. Wir müssen beide, Befürworter und Gegner, als gute, echte, seriöse Bürger dieses Landes akzeptieren. Es geht nicht an, die einen als Kriegsgurgeln und die anderen als gekaufte Naivlinge zu desavouieren. Wir sind doch nicht ein Volk, das nur aus vaterlandslosen Gesellen und aus Eisenfressern besteht!

Aus dem Bischöflichen Bericht an die Synode 1989

Sind unsere Gottesdienste zu altmodisch?

Es wird viel Unbehagen ausgedrückt: Gottesdienste seien zu lang und zu altmodisch; sie seien unverständlich und gingen an den Leuten vorbei. Menschen von heute im Allgemeinen und die Jugendlichen im Besonderen können damit nichts mehr anfangen. Sie kennen diese Kritik alle so gut wie ich. Ich kann Ihnen, liebe Schwestern und Brüder, vieles davon nachfühlen. Ich erlebe es bei Firmungen immer wieder, dass ich den Eindruck bekomme, ich sei weit weg von den Menschen und was ich tue, sei vielen fremd. Ich bin mit Ihnen einverstanden, dass wir in einer grossen Gottesdienstnot sind. Und dagegen müssen wir etwas unternehmen. Aber diese hat viele Gründe. Sicher liegt sie nicht allein in der Gottesdienstform begründet. Die römisch-katholische Kirche hat in den letzten 30 Jahren eine radikale Gottesdienstreform durchgeführt, in welcher viele Missstände behoben und viele Verbesserungen ermöglicht wurden. Der heutige römisch-katholische Gottesdienst ist um vieles gemeindenäher und moderner als vor 30 Jahren. Trotzdem hat die Abnahme des Gottesdienstbesuches auch dort dramatische Formen angenommen.

Was ist denn eigentlich der innerste Gehalt unseres Sonntagsgottesdienstes: die Feier des Todes und der Auferstehung unseres Herrn Jesus Christus, der Lobpreis und die Verkündigung seiner Gegenwart und seine Gemeinschaft mit uns in der Eucharistie. Sie haben jetzt wohl gedacht: Was für ein Theologenchinesisch. Sehen Sie – ich glaube genau da liegt der Punkt. Das Herzstück des kirchlichen Lebens, die Eucharistie, ist für viele Menschen heute nicht mehr vorstellbar, nachvollziehbar, erlebbar. Wir leben in einer Zeit, in der der Zugang zum Evangelium von Tod und Auferstehung, Erlösung und Reich Gottes schwieriger geworden ist. Wir leben in einer Zeit, in der es den Menschen schwerfällt, das Lob Gottes zu singen und in der Eucharistie mehr als ein symbolisches Gemeinschaftsmahl zu sehen. Dieses Faktum müssen wir akzeptieren. Es lässt sich nicht einfach mit Neuformulierungen, mit ein bisschen Gitarre und mit Messe in Zivilkleidern um einen gemütlichen Tisch verändern. Das erste Reformanliegen muss darin liegen, dass wir alle versuchen, die Eucharistiefeier wieder ernster zu nehmen. «Herr, erneuere deine Kirche und fange damit bei mir an», hat jemand gebetet, der offensichtlich weiss, wo der Weg zur kirchlichen Erneuerung durchgeht. Ich möchte dieses Gebet uns allen ans Herz legen.

Aber sobald das gesagt ist, müssen wir uns daran machen, alles, was uns möglich ist, für die Verbesserung unserer Gottesdienste zu tun. Wir müssen dazu stehen, dass nicht alles so ist, wie es sein sollte. Niemand darf meinen, er oder sie hätte das richtige Gottesdienstverständnis gepachtet. Wenn wir Verbesserungen suchen, dann müssen wir das in gemeinsamer Verantwortung füreinander und miteinander tun. Im Klartext heisst das, dass nicht jede Gemeinde und jeder Pfarrer in kongregationalistischer Isolation versuchen sollten, für sich selbst aus den gottesdienstlichen Schwierigkeiten herauszukommen. Es ist im höchsten Mass unkirchlich, wenn man die anderen nicht an seinen Gottesdienstideen teilnehmen lässt. Es ist unchristlich, wenn wir die anderen nicht an unserer Spiritualität teilnehmen lassen. In unserer kleinen Kirche brauchen wir die Kräfte einer jeden und eines jeden. Aber noch etwas: Wir sind eine Kirche. Wir wollen doch dafür sorgen, dass wir einen gemeinsamen Gottesdienst haben. Das heisst nicht einen monolithischen, zentralistisch geprägten – überhaupt nicht. Er kann und muss ganz verschiedene Erscheinungsformen haben. Ich möchte mich gerne dafür einsetzen, dass wir mehr Gottesdienstmöglichkeiten bekommen. Ich bin so unbefriedigt wie Sie. Aber ich kann nur etwas unternehmen, wenn Sie Ihre Wünsche und Ideen konkret formulieren. Schicken Sie mir deshalb Formulare, Texte, Strukturen. Laden Sie mich zu einem besonderen Gottesdienst ein und so weiter. Wenn Sie mitmachen, dann können wir in absehbarer Zeit das Mögliche tun. Aber nur, wenn Sie mitmachen.

Aus dem Bischöflichen Bericht an die Synode 1990

Wir haben einen Auftrag: Mission!

Wir sind nicht einfach ein Verein, der in einem bestimmten Lebensbereich etwas anbieten will, sondern wir nehmen in Anspruch, im Auftrag des allmächtigen Gottes der Welt Hoffnung, Liebe, ein besseres Leben, eine Zukunft zu bringen, Um es biblisch auszudrücken: Es ist unser Auftrag, der Welt zu sagen: «Fürchtet Euch nicht, wir verkündigen euch eine grosse Freude: Der Retter ist geboren, der Messias, der Herr» (Lk 2,11). Wir sind nicht nur für uns selber da! Wir sind für die Welt da. Wir haben den Auftrag zu missionieren. Beim Wort «missionieren» erschrickt natürlich jeder senkrechte Christkatholik sofort. Glaube ist doch etwas Persönliches, etwas, das man nicht an die grosse Glocke hängt. Und es geht mich auch nichts an, was ein anderer glaubt oder nicht glaubt.

Nur: Stimmt diese verbreitete christkatholische Sicht mit dem Glauben der Kirche überein? Wenn wir überzeugt sind, dass unser Herr den Menschen neue Horizonte eröffnet, wenn wir glauben, dass das Evangelium ein besseres und freieres Leben ermöglicht – darf ich diese neuen Horizonte, dieses bessere und freiere Leben für mich behalten? Müssten wir dann nicht versuchen, dieses freiere und bessere Leben weiterzugeben? Müssten wir nicht wollen, dass auch andere Leute neue Horizonte eröffnet bekommen?

Aus dem Bischöflichen Bericht an die Synode 1991

Auch wir müssen das Evangelium verkünden

Aber tun wir Christkatholiken das? Oder versuchen wir – die Christkatholische Kirche – etwa vor allem zu überleben? Natürlich – die Kirche muss überleben. Sie muss stark sein, damit sie ihren Auftrag erfüllen kann. Nur eine kräftige, lebendige, blutvolle Kirche kann glaubhaft machen, dass sie neues Leben bringt. Aber eine Kirche, die nur überleben will, verliert ihren Auftrag und ihre Daseinsberechtigung. Eine Kirche muss, wenn sie diesen Namen verdient, aus ihren Mauern heraustreten, um aller Welt das Evangelium zu verkünden. Evangelium verkünden ist das A und O aller kirchlichen Arbeit. Der Begriff «Evangelium verkünden» ist natürlich sehr belastet durch all jene frommen Sprüchemacher, die ständig behaupten, dass Jesus mich liebt oder dass das Reich Gottes gekommen sei. Der Begriff ist aber auch belastet durch Texte in Kirchenliedern, die ernsthaft nicht länger unsere Texte sein können. Er ist belastet durch Gottesdienste mit einem zwanghaft-bewegungslosen Ablauf. Er ist belastet durch jenes harmlos-betuliche Predigen, das dauernd behauptet, das ganz Neue der christlichen Botschaft zu verkünden, dabei aber nur alte, längst bekannte Sätze wiederholt. Er ist belastet durch eine Seelsorge, die mit Trostfloskeln beschwichtigt und dämpft anstatt ernst zu nehmen, zuzuhören und mitzuleiden. Er ist also nicht belastet durch die Anderen – er ist belastet durch uns. Wir alle reden, um Kurt Marti zu zitieren, «leichtfertig» von Gott. Wir müssten dafür sorgen, so Marti, dass unser Reden von Gott jene heilige Unberechenbarkeit bewahre, die den Priestern und Theologen abhandengekommen sei. Man kann es auch noch anders sagen: Man muss das Evangelium «decodieren». Man muss das

Evangelium in Wort und Tat so verkünden, dass es ein Mensch in zerbrechender Ehe, ein gefoltertes Kind in Afrika, ein durch Unfall plötzlich Querschnittgelähmter, eine Prostituierte in Brasilien, ein glückliches Elternpaar nach der Geburt des ersten Kindes versteht. Das Evangelium ist nicht etwas Absolutes, das einfach aus sich selbst wirkt. Es muss in die Situation hineingestellt und aus der ganzen persönlichen Existenz heraus verkündigt werden.

Nur – was heisst das? Vielleicht kann man es ganz einfach sagen. Bei allem, was wir als Christen tun und reden, müssten wir uns fragen: Haben wir damit dem Evangelium ein Stück – vielleicht nur ein ganz winziges Stücklein – Weg bereitet? «Alles, was ihr tut, in Worten oder in Werken, das tut im Namen des Herrn Jesus», heisst es im Kolosserbrief 3,17. «Alles» heisst: wirklich alles ohne Einschränkungen. Die Frage nach dem Stück Evangelium verwirklichen muss immer gestellt werden: sei es, dass wir einen Hausbesuch machen oder die Kirchgemeinderechnung besprechen, sei es, dass wir Gottesdienst feiern oder über die Kirchenrenovation reden, sei es, dass wir Sitzungen abhalten oder ein Buch lesen, sei es, dass wir in der Kirchgemeindeversammlung oder in der Synode das Wort ergreifen, oder sei es, dass wir unser Winterprogramm in der Kirchgemeinde planen. Das einzige Kriterium über den Sinn unseres Tuns ist die Frage: Haben wir das Evangelium ein Stück weitergebracht? Es gibt in der Kirche keinen Bereich, von der Kassenrevision bis zur Osterpredigt, der sich nicht an diesem Kriterium messen lassen müsste.

Aus dem Bischöflichen Bericht an die Synode 1991

Die Gottesdienstkrise ist eine Kirchenkrise

Oft wird von einer Einförmigkeit der Liturgie gesprochen. Dazu vier Bemerkungen.

Erstens: Es gibt in unserer Liturgie drei verschiedene Eucharistiegebete, kürzere und längere, komplizierte und einfachere, anspruchsvollere und bescheidenere. Sie können gesungen oder gesprochen werden. Es gibt sie teilweise mit oder ohne Gemeindeantworten. Wenn ich richtig zähle, ergeben sich so zehn verschiedene Möglichkeiten. Wenn ich bei meinen Gemeindebesuchen vor dem Gottesdienst etwa frage: Welches Eucharistiegebet verwenden wir heute? – dann bekomme ich meist die gleiche Antwort: das gewöhnliche. Die übrigen neun Möglichkeiten sind an den meisten Orten noch gar nicht eingeführt worden. Wie kann man denn über Eintönigkeit klagen, wenn man nicht einmal die angebotenen Möglichkeiten benützt? Ich möchte Geistliche und Kirchgemeinderäte deshalb mit allem Nachdruck bitten, hier etwas zu unternehmen.

Zweitens: Viele Kirchgänger – es wurde bereits angetönt – empfinden Gottesdienste als gleichförmig, ja sogar monoton. Dieses Gefühl ist ernst zu nehmen. Es spielt keine Rolle, ob die Feststellung der Gottesdienstbesucher stimmt oder nicht. Entscheidend ist die Tatsache, dass dieses Gefühl überhaupt aufkommt. Allen voran die liturgische Revisionskommission, aber auch die Geistlichen, Organisten und alle, die für die Gestaltung von Gottesdiensten verantwortlich sind, müssen diese Gefühle sehr ernst nehmen und nicht versuchen, sie wegzureden, wie das häufig – allzu häufig! – geschieht.

Drittens: Man darf allerdings nicht meinen, dass man die Gottesdienstkrise mit einigen Veränderungen wie zum Beispiel abwechselndes Sprechen längerer Texte, Kürzungen, populäre Geschichtchen, Mundartmessen, der Unterhaltungsmusik angeglichenes Liedgut und vieles andere beheben könne. Das zeigt sich ja schon daran, dass der Gottesdienstbesuch auch in den veränderungsfreudigsten Gemeinden kaum wirksam beeinflusst werden konnte.

Viertens: Mit dem Gottesdienst ist es wie mit dem Skifahren. Man kann nicht vier Mal im Jahr auf die Bretter stehen und meinen, man lerne es dann wirklich. Auch in den Gottesdienst muss man sich einüben, einleben, versenken. Dazu ist regelmässige Gottesdiensterfahrung und beharrliche Auseinandersetzung mit der Liturgie unumgänglich.

Diesen vier Bemerkungen muss ich aber sogleich etwas Grundsätzliches beifügen: Die Gottesdienstkrise ist mehr als nur eine Gottesdienstkrise. Sie ist eine Krise der Kirche überhaupt. Was ist denn Gottesdienst eigentlich? Doch nichts anderes, als die Feier und Teilnahme der Gemeinde an Tod und Auferstehung Jesu Christi. Hier aber liegt wohl genau das Problem: Unsere Gesellschaft – also wir Menschen von heute – tabuisiert Tod und Sünde in grossem Mass. Es ist deshalb wohl nicht verwunderlich, dass wir Schwierigkeiten haben mit Christi Tod und Auferstehung, mit Sündenvergebung, mit der Vorstellung, dass wir im Abendmahl Leib und Blut Christi empfangen. Und wir, die Kirche, haben unter anderem wohl auch deshalb Schwierigkeiten, die Grundinhalte des Evangeliums – die Befreiung des Menschen von Sünde und Tod – den Menschen von heute glaubwürdig nahezubringen. Hier wurzelt die Krise des Gottesdienstes. Sie hat ihren Grund in der Krise der modernen Welt und der Kirche überhaupt und nicht einfach in der Liturgie. Deshalb kann die Gottesdienstkrise nicht mit liturgischer Symptombekämpfung überwunden werden.

Aus dem Bischöflichen Bericht an die Synode 1993

Was wir von einem Kosmetikfachmann lernen können

Vor kurzer Zeit habe ich im Zug ein Gespräch zwischen einem jungen Mädchen und einem Geschäftsmann gehört. Das Mädchen sprach vom Wunsch, Kosmetikberaterin zu werden. Der Mann war offensichtlich vom Fach. Sie fragte ihn also über den Beruf aus. Unter anderem interessierte es sie, ob sie sich denn als Kosmetikerin auch schminken müsse. Eigentlich möchte sie das lieber nicht. Die druckreife Antwort wies den Mann als Sachverständigen aus. Er sagte wörtlich: «Man kann nur weitergeben, was man selber vorlebt.» Das gilt in dieser Absolutheit für uns Christen noch viel mehr als für Kosmetikverkäuferinnen: Wir können nur das weitergeben, was wir vorleben. Wir müssen uns deshalb immer neu der Frage unterziehen: Leben wir eigentlich das, was wir behaupten, wenn wir uns Christen nennen, das, was wir im Gottesdienst beten, das, was wir in der Predigt hören und in der Bibel lesen? Nur wenn wir das Christsein vorleben, können wir damit rechnen, dass das Evangelium bei den Menschen ankommt. Das ist eine Erfahrung, die die Kirche seit ihren Anfängen machen musste – manchmal sehr schmerzlich machen musste. Die Frage würde sich wohl lohnen, ob auch wir mitten in dieser schmerzlichen Erfahrung stecken?

Aus dem Bischöflichen Bericht an die Synode 1993

Kirche und zeitgenössische Kultur

In Genf und Lancy haben die christkatholischen Gemeinden das 120-jährige Bestehen der Christkatholischen Kirche des Kantons Genf gefeiert. Sie haben das mit Festgottesdiensten, Konzerten und mit fröhlichem Essen und Trinken getan. Vor allem haben sie sich auf die Wurzeln unserer Kirche in Genf besonnen. An einem Kolloquium, an welchem Wissenschafter aus unserer und anderen Kirchen teilgenommen haben, dachte man über die dunklen und hellen Seiten dieser Geschichte nach. In den Diskussionen und Gesprächen wurde vieles lebendig, was bei uns oft verschüttet ist. Ich habe nach dieser denkwürdigen Tagung gedacht, dass wir viel mehr über unsere Wurzeln wissen und nachdenken sollten. Denn nur wer fest verwurzelt ist, kann wachsen und Früchte tragen. Der bedeutende Kulturphilosoph und Ausstellungsmacher Harald Szeemann, der sich mit der heutigen Gesellschaft, ihrer Kunst und ihrer Kultur, ständig intensiv auseinandersetzt, hat einmal gesagt: «Man muss nicht nur innovativ, man muss auch treu sein.» Ich denke, damit hat er etwas Entscheidendes – auch für unsere Kirche – gesagt. Treue zum Charakter, zur Geschichte, zur Eigenart unserer Kirche ist entscheidend für ihr Überleben. Nur was Profil hat, ist für die Menschen interessant. Ein kirchlicher Brei, der aus Ingredienzen wie katholisch und reformiert, emanzipatorisch und esoterisch, Politik und Händchenhalteromantik gekocht ist, wird niemandem schmecken. Wir können nur überleben, wenn wir uns daran halten, dass wir eine katholische Reformbewegung sind, die zum ursprünglichen Wesen der Kirche zurückkehren will – zu jener bischöflich-synodalen Struktur, die weder zentralistische noch individualistische Willkür zulässt, sondern die alle Gläubigen in den einen, gemeinsam verantworteten, in der Heiligen Schrift gegründeten Glauben einbindet und alle Gläubigen mitverantwortlich macht, dass wir in diesem Glauben bleiben.

Treu ist allerdings nicht zu verwechseln mit reaktionär oder konservativ. Treue ist etwas Lebendiges, Sichentwickelndes, Vorwärtsgerichtetes. Wer nicht auf der Höhe der Zeit ist, dessen Treue lebt nicht mehr, sondern sie ist nur noch einbalsamierte Erinnerung. Und genau hier habe ich manchmal meine Sorgen. Ich habe immer gerne – wenn es mir meine Zeit und mein Mut erlauben – mit der heutigen Kultur gelebt. Und ich frage mich dann, warum diese moderne Kultur mit allen ihren Ausdrucksformen bei uns nichts bewirkt oder gar nicht zur Kenntnis genommen wird. Die Sprache, die wir in der Kirche sprechen, ist manchmal so betulich und lieb; die neuen Lieder und Texte, die wir singen, sind häufig so harmlos; die Bilder, die wir in Kirchen und Gemeindehäusern aufhängen, haben selten einen Bezug zu unserer Zeit. Warum bringen wir es nicht fertig, uns von der Vitalität moderner Malerei, von der Griffigkeit heutiger Sprache, von der neuen Musik bewegen zu lassen? Ich beziehe mich übrigens voll in diese Fragen ein. Ich weiss sehr gut, dass auch ich hier versage. Trotzdem bleibt die Frage: Warum macht die Kultur vor den Kirchentüren halt? Warum wird die moderne Kultur innerhalb der Kirchenmauern kaum mehr zur Kenntnis genommen? Warum ist die Kirche nicht mehr – wie sie es Jahrhunderte lang war – die Erzeugerin und Wegbereiterin der Kultur? Ist das vielleicht deshalb so, weil wir den Mut verloren haben, uns zu profilieren als die, die das Evangelium als Erlösungswort für diese Welt bringen? Ist es deshalb, weil in der Kirche die Meinung grassiert, der christliche Glauben sei nur eine Weltanschauung unter vielen Weltanschauungen? Ist es deshalb, weil wir uns nicht mehr als diejenigen verstehen, die Gott selbst in die Welt gesandt hat, um sein Heil unter die Leute zu bringen? Ist es deshalb so, weil wir den Mut zur Mission verloren haben? Oder den Mut, das Wort Gottes mit der modernen Welt zu konfrontieren?

Aus dem Bischöflichen Bericht an die Synode 1994

Gegen ein blasses Pfarrerbild

Wir leben in einer Zeit, in der Arbeitsplätze dahinschmelzen wie Schnee in der Sonne. Niemand kann damit rechnen, seinen heute erlernten Beruf auch noch in zehn, 20 oder 30 Jahren ausüben zu können. Von den Menschen wird heute ungeheuer viel Mut zur Weiterbildung, viel Anpassungskraft, Anpassungswillen und Beweglichkeit gefordert. Eine solide Ausbildung ist die einzige Chance, früher oder später nicht arbeitslos zu werden. Vor dieser Entwicklung kann sich auch unsere Kirche nicht verschliessen. Auch wir leben in der modernen Arbeitswelt. Genauso kann heute niemand mehr in einem Pfarramt arbeiten, der keinen Mut zur Veränderung hat und der sich nicht laufend weiterbildet. Die theologische Grundausbildung ist ein gefüllter Rucksack, mit dem man einen langen Weg unter die Füsse nimmt. Aber wie jeder gewöhnliche Rucksack muss er immer wieder neu gefüllt werden. Wer in einer ständig sich verändernden Gesellschaft wirksam das Evangelium verkündigen will, kann das nicht mit Wissen und Methoden von gestern tun. Wer nicht immer wieder bereit ist, sein Wissen und seine Erfahrungen zu erneuern, wer sich nicht in der modernen Theologie und Psychologie auszukennen versucht, wer sich nicht ständig einen Überblick über zeitgenössische Kultur, Politik und Naturwissenschaft zu verschaffen versucht, wird sehr bald genau jenem blassen Pfarrerbild entsprechen, das sich viele Leute in unserer Zeit zu eigen gemacht haben.

Aus dem Bischöflichen Bericht an die Synode 1996

Wann kommt der Pfarrer auf Besuch?

Vor einiger Zeit habe ich ein Kirchenaustrittsschreiben gesehen, das die Begründung enthielt: Ich habe von der Kirche nichts gespürt. Ich kenne die näheren Hintergründe nicht. Aber ich spüre aus diesem Satz einen grossen Durst nach Seelsorge, nach Nähe, nach Betreuung. Immer wieder kommen Meldungen zu mir: Ich habe schon jahrzehntelang keinen Pfarrer mehr zu Besuch gehabt. Natürlich könnten die Leute manchmal selbst etwas unternehmen. Sie haben ja ein Telefon. Trotzdem: Viele Menschen erwarten unsere Initiative. Sie möchten von uns besucht werden. Sie möchten spüren, dass wir uns um sie kümmern wollen. Manchmal hemmt sie auch Schwellenangst. Oder sie denken, man könne doch den Pfarrer nicht belästigen, er hat ja so viel zu tun. Auch wenn es manchmal schwierig ist und wir das Gefühl haben, die Menschen würden sich nicht für uns interessieren: Wir dürfen diesen Durst nach Seelsorge nicht übersehen. Der enorme Boom von Esoterik, Bachblumen, Steinideologie, Seelenwanderungsträumen und Gurus aller Art spricht natürlich eine ähnliche Sprache: Viele Menschen suchen in unserer kühlen und zersplitterten Welt Nähe und Lebenssinn – sie suchen Gott. Wir sind dazu da, mitsuchen und finden zu helfen.

Allerdings darf unser Ziel eines nicht sein: der Versuch, unsere Gemeinde zu vergrössern und unser Überleben zu sichern. Unsere Sorge darf allein dem Heil der Menschen gelten. Nun liegt es mir fern, einfach die Geistlichen für den Seelsorgenotstand unserer Kirche verantwortlich zu machen – auch wenn ihre Verantwortung ohne Zweifel besonders gross ist. Ich möchte Seelsorgerinnen und Seelsorger mit einem Fisch und die Gemeinde mit dem Wasser vergleichen, in welchem er schwimmt. Der Fisch kann nur lebendig und gesund bleiben, wenn er in sauberem, klarem Wasser lebt. Er kann dieses Wasser aus eigener Kraft nicht verändern, er kann nur etwas dazutun, dass er es nicht zu sehr verschmutzt. Das Wasser ist die Gemeinde. Wenn in Ihrer Gemeinde etwas nicht stimmt, versuchen Sie miteinander herauszufinden, ob der Fisch oder das Wasser krank ist, oder beide. Sie haben verstanden: Wenn es in der Gemeinde unbefriedigend läuft, so tragen beide die Verantwortung – Geistliche und Laien. Darüber muss in der Gemeinde offen gesprochen werden. Auch wenn es zu Konflikten kommt. Eine Gemeinde, die nicht in der Lage ist, Konflikte – auch harte und schwierige – auszutragen, ist keine christliche Gemeinde.

Aus dem Bischöflichen Bericht an die Synode 1996

Die Kirche muss renoviert werden

Es ist für mich eine grosse Freude, dass der Erneuerungsprozess auf immer breiterer Ebene Fuss fasst. Die Gebetsnacht mit dem nachfolgenden grossen Bittgottesdienst in Rheinfelden war ein sehr tiefer und schöner Anlass. Er hat viele Menschen angezogen. Es sind Leute gekommen, die nicht ohne Weiteres zum kirchlichen Establishment gehören. Das ist natürlich sehr positiv zu werten. Denn auch das ist ein Ziel der Erneuerung, dass wir neue Menschen für die Sache Christi gewinnen können. Das ist einerseits dringend notwendig, denn die neueste Entwicklung unserer Mitgliederzahlen zeigt, dass unser gegenwärtiges Potenzial nicht genügt, um langfristig zu überleben. Und wir wollen überleben. Zwar wollen wir nicht einfach überleben, weil wir uns die Christkatholische Kirche erhalten möchten. Das wäre zu eigensüchtig. Wir wollen überleben, weil wir den Auftrag erfüllen wollen, den wir von Jesus Christus selbst erhalten haben – nämlich seine Botschaft zu den Menschen zu bringen. Und wir werden überleben – vorausgesetzt, wir erfüllen diesen Auftrag. Oder etwas härter ausgedrückt: Unsere Kirche lebt genau so lange, wie sie den Auftrag ihres Herrn erfüllt. Wenn wir uns von ihm dispensieren, gehen wir mit Sicherheit und zu Recht unter. Dieser Auftrag ist das Herz aller kirchlichen Arbeit: Wir haben ihn nicht, um eine Ideologie unter vielen zu verbreiten. Wir haben diesen Auftrag, weil das Evangelium den Menschen freimachen kann. Denn Jesus selbst sagt uns: «Ich bin der Weg, die Wahrheit und das Leben» (Joh 14,6). Das ist auch der tiefste Grund, dass wir uns überhaupt um Menschen kümmern. Und das muss auch der wahre Grund sein, dass wir uns um Kinder und Jugendliche bemühen – nicht weil wir mehr Kirchenglieder, neue Kirchgemeinderäte und zusätzliche Gottesdienstbesucher brauchen. Wir kümmern uns um sie, weil wir davon überzeugt sind, dass der christliche Glaube für sie gut und wichtig ist. Wir wollen versuchen, den jungen Menschen hoffnungsvolle Wege in die Zukunft gehen zu helfen. Gerade heute, in einer Zeit, in der so vielen Heranwachsenden Hoffnungen und Perspektiven fehlen, in der sie oft Halt und Geborgenheit selbst suchen müssen, haben wir als Kirche eine grosse Aufgabe der neuen Generation gegenüber.

Felix Droese, Kreuztafel, 1999

Darum steht im Zentrum der Erneuerungsbewegung die Kreuztafel mit ihrer starken Aussage, dass Tod und Auferstehung Jesu Christi für uns Mittelpunkt, der Anfang und das Ende, die Vergangenheit und die Zukunft ist. Deshalb meditieren wir mit ihr die Wirklichkeit von Karfreitag und Ostern. Deshalb beten wir vor ihr um die Kraft, uns (nicht die andern!) zu erneuern. Die Tafel zieht von Gemeinde zu Gemeinde, um uns zu vergegenwärtigen, dass alle Erneuerung nur von ihm ausgehen kann und wird. In dieser Gewissheit verbindet der Weg der Kreuztafel die einzelnen Gemeinden zur einen Kirche. Um diese Verwurzelung in der einen Kirche für Gemeindeglieder und Gemeinden zu vertiefen, werden wir am 29. und 30. September dieses Jahres erneut zu einem grossen gemeinsamen Gebet zusammenkommen. Diesmal wird uns ein Sternmarsch in die Stiftskirche Schönenwerd führen.

Allerdings: Der spirituelle Weg mit Kreuztafel, Gebet um Einheit, Buss- und Bittgottesdienst allein genügt nicht. Erneuerung muss konkrete Folgen im kirchlichen Alltag haben. Nichts in der Kirche kann davon ausgespart werden – nicht einmal das Geld. Sie haben richtig gehört: Auch unser Geld und unser Umgang damit muss von der Erneuerung beeinflusst werden. An unserem Umgang mit kirchlichen Finanzen zeigt sich auch, ob wir – Mitglieder der Synode, Geistliche, Mitglieder von Kirchgemeinderäten, Mitarbeiterinnen und Mitarbeiter von Kirche und Gemeinden – mit der kirchlichen Erneuerung ernst machen oder ob wir nur davon reden.

Aus dem Bischöflichen Bericht an die Synode 2000

Sorgen und Streit um Geld

Wir alle wissen aus unserem eigenen Leben, dass der Umgang mit Geld ein genauer Gradmesser für den Zustand einer Beziehung ist. Wie Eheleute mit dem gemeinsamen Geld umgehen, wie Eltern und Kinder Geldfragen lösen, das zeigt sehr genau auf, wie tragfähig ihre Liebe ist. Deshalb sind Geldfragen fast immer auch hoch emotionalisiert. Das gilt auch für jede christliche Gemeinde. Deshalb gilt es auch für unsere Kirche im Allgemeinen und für unsere Synode im Speziellen.

Es gilt vielleicht ganz besonders für unsere diesjährige Synode. Denn es werden heute und morgen Fragen und Probleme um das Geld eine wichtige Rolle spielen. Wir werden harte Realitäten besprechen und ernsthafte Meinungsverschiedenheiten austragen müssen. Das Rechnungsdefizit, die Berechnung der Gemeindebeiträge und das neue Budget werden uns in schwierige Auseinandersetzungen führen. Die Art und Weise, wie wir diese

Diskussionen führen, wird als wichtiges Symptom dafür gelten können, wie weit wir auf dem Weg in die Erneuerung bereits gekommen sind. Oder anders gesagt: Wie tief der Glaube in unserer Persönlichkeit und unserem Alltag verwurzelt ist, lässt sich auch daran messen, ob wir hier anders über Geld reden und mit Geld umgehen als die Politik und die Wirtschaft das tun. Bei den Jüngern und Jüngerinnen Christi soll es anders sein (vgl. Mk 10,43). Jesus hat die Forderung gestellt, dass wir als seine Gefolgsleute anders, verständnisvoller, anständiger miteinander umgehen sollen, als man das in der Welt tut. Bei uns soll es auch dann anders sein, wenn es um Geld geht. Ich kann mir keine kirchliche Erneuerung vorstellen, wenn wir uns nicht ständig bemühen, dass es bei uns «nicht so» sein kann. Ich kann mir keine kirchliche Erneuerung vorstellen, die sich nicht auf unseren Umgang in Gemeinden, Behörden und in der Synode sichtbar auswirkt.

Natürlich: Ich weiss sehr gut, dass viele Gemeinden grosse Sorgen, ja Ängste haben. Natürlich weiss ich, dass unser Bistum mit Finanznöten kämpft. Natürlich weiss ich, dass Ängste Aggressionen auslösen und dass man in Ängsten die Fehler leicht beim Andern sieht. Hier liegt wohl der Grund für den gereizteren Ton in der Synode, in Regionalzusammenkünften und in Kirchenräten, wenn die Finanzen des Bistums besprochen werden. Trotzdem: Unsere Glaubwürdigkeit nach innen und aussen hängt auch davon ab, ob wir in diesen Fragen so miteinander umgehen, wie es sich für getaufte Christinnen und Christen geziemt. Und das heisst nicht mehr und nicht weniger als dies: Nur wenn wir Konflikte so austragen können, dass wir nachher wieder geborgen und mit Freude zum Tisch des Herrn treten können, nur wenn wir einander nachher wieder in die Augen sehen können, nur wenn wir nachher auch wieder gemütlich zusammensitzen können – nur dann haben wir ein Stück Erneuerung bewältigt.

Aus dem Bischöflichen Bericht an die Synode 2000

Vom Reden, Malen, Singen

Sie sehen, dass auch mich die Erneuerungsbewegung in unserer Kirche bewegt und umtreibt. Ich habe mich in meinem Krankheitsurlaub viel mit dieser Frage beschäftigt. Ich habe zum Beispiel versucht, in der Auseinandersetzung mit verschiedenen Formen christlicher Kunst Hilfe und Antworten zu finden. Ich habe dabei etwas gelernt, nämlich dass die nachhaltigste christliche Kunst immer drei inhaltliche Komponenten hat: Sie geht erstens von der Erlösung des Menschen durch Jesus Christus aus. Sie redet, malt oder singt davon, was Gott für die Menschen tut und getan hat. Die zweite Komponente christlicher Kunst ist die Überwindung des Individuellen. Sie redet, malt oder singt also davon, dass wir in die Gemeinde der Getauften eingebunden und von ihr getragen sind. Und die dritte Komponente christlicher Kunst schliesslich ist die Tatsache, dass Glaube ethische Konsequenz nach sich ziehen muss. Sie redet, malt oder singt davon, dass es echte Beziehung zu Gott nicht ohne Auswirkungen auf meine Mitmenschen und meine Umwelt gibt. Wo eine dieser Komponenten vernachlässigt wird oder gar fehlt, wird jede christliche Kunst mittelmässig.

Und da wird doch eine auffallende Parallele zur Kirche sichtbar. Vernachlässigt die Kirche einen dieser Inhalte, wird auch sie mittelmässig. Wenn sie vergisst, das Herz allen kirchlichen Glaubens zum Mittelpunkt ihres Betens, Redens und Handelns zu machen, so wird sie zu einer schönen humanitären Vereinigung, wie es aber viele andere auch noch gibt. Vergisst sie, dass alles Beten, Reden und Handeln aus dem Individuellen herauswachsen und im Sein der Gemeinde gipfeln muss, dann wird sie zu einem Erlösungsverein für Individualisten. Und schliesslich: Vergisst sie, dass ihr Beten, Reden und Handeln Folgen für Gottes Schöpfung und die Menschen haben muss, dann wird sie zu einem Kreis von Erlösungsfantasten ohne Bodenhaftung. Ich denke, dass wir diese Fakten in das Zentrum des Erneuerungsprozesses stellen müssen.

Wir stellen fest, dass wir mit der Botschaft des Evangeliums die Menschen nur mangelhaft erreichen können. Gleichzeitig wissen wir alle, wie stark sich viele Menschen in Museen und Konzerten, in Büchern und Filmen der christlichen Botschaft aussetzen. Christliche Kulturleistungen sind überall Bestseller. Ob dabei die christliche Botschaft selbst spricht und auch gehört wird, oder ob mehr die tiefschürfende Musik, die packende Malerei, die spannende Literatur bewegen als die biblische Botschaft selbst, ist natürlich eine Frage. Ich glaube nicht, dass man der Kunst nahekommen kann, wenn man sie vom Ringen der Künstler mit Fragen der menschlichen Existenz, und damit des Glaubens, isoliert. Ich bin überzeugt, dass die Menschen von heute das grosse Potenzial christlichen Suchens und Findens in der Kunst mindestens in Bruchstücken spüren. Ich kann mir nicht vorstellen, dass Bach und Fellini, Michelangelo und Dürrenmatt nur deshalb faszinieren, weil sie schön, dramatisch oder psychologisch meisterhaft sind. Das alles fasziniert natürlich auch. In der religiösen Kunst ist das von Gott Umgetriebensein, ist das ungestüme Fragen an das Evangelium, ist das Kämpfen mit der Frage des Bösen spürbar wie kaum sonst wo. Und das ist wohl genau das, was die Menschen von heute anzieht und fesselt. Es ist vielleicht auch genau das, was die Menschen bei uns zu wenig spüren.

Aber das reicht natürlich weit über die Kunst hinaus. Dass Menschen von heute sich brennend für religiöse Fragen interessieren, ist eine Binsenwahrheit. Auch die ungeheure Popularität von ausserchristlichen Traditionen, von Reinkarnationstheorien und die Blüte von zahllosen sektiererischen und esoterischen Grüppchen weisen auf diese Tatsache hin. Man kann über dieses Phänomen spotten, man kann es als Bastelreligiosität bezeichnen, man kann darüber jammern oder gut kirchlich schimpfen: Das Faktum besteht. Und es hält uns mit grösstem Nachdruck vor Augen, dass die Menschen von heute einen unglaublichen religiösen Hunger haben. Aber ebenso beweisen uns diese religiösen Erscheinungen unserer Zeit erbarmungslos, dass die Kirchen heute offenbar diese Bedürfnisse nicht stillen können. Unsere Gottesdienste, unsere Gemeinden, unser spirituelles Leben können dem grossen Teil der Menschen unserer Zeit nicht die nötige Nahrung und die nötige Geborgenheit geben. Auch das ist die Feststellung eines Faktums und nicht ein Vorwurf an irgendeine Adresse. Ich will damit nur sagen, dass wir es uns nicht mehr leisten können, diese Phänomene nicht mit grösster Ernsthaftigkeit zur Kenntnis zu nehmen.

Aus dem Bischöflichen Bericht an die Synode 2000

Zwischen Verkrustung und Anbiederung

Und dazu noch eine Frage, eine Frage an uns alle: Schwanken wir in den Volkskirchen nicht allzusehr zwischen traditionalistischer Verkrustung und gefälliger Anbiederung hin und her? Es fällt uns doch offensichtlich schwer, über wesentliche Fragen des Glaubens und des Gottesdienstes offen miteinander zu reden. Wir haben es schwer, das Lebendige von Dogma und Liturgie aus den Verkrustungen der Geschichte herauszuschälen. Wir haben es schwer, diese Verkrustungen, in denen wir alle befangen sind, bei uns selbst zu erkennen. Aus Hilflosigkeit und Angst, nicht anzukommen, biedern wir uns deshalb allzu schnell mit stromlinienförmiger Theologie und schmerzloser Allerweltsethik unserer Zeit an. Und das, denke ich, spüren die Menschen präzise heraus. Sie spüren unsere Hilflosigkeit und unsere mangelnde geistliche Führungsqualität. Was tun?

Im Gemeindebrief einer unserer Gemeinden hat ein jüngerer Mann geschrieben: Wir müssen zum Kerngeschäft zurückkehren. Das heisst, dass wir uns auf das Wesentliche beschränken müssen. Und zum Wesentlichen gehören in der Kirche seit alters her drei Dinge: Der Gemeindegottesdienst, also das Feiern dessen, was Jesus Christus für uns getan hat, in Wort und Sakrament. Zweitens das Zeugnis, also das vorbildliche Reden und Leben der Christinnen und Christen in dieser Welt. Und schliesslich: Die Diakonie –

das Einstehen für die Schwachen der Schöpfung Gottes. Das ist das Kerngeschäft. Das Übrige können wir getrost bleibenlassen, oder in kräftigem Deutsch gesagt: Den Rest können wir outsourcen.

Ich habe «Wir» gesagt. Das ist wörtlich zu nehmen. Jeder und jede hier drinnen muss selbst beginnen. Nicht die Kirche müsste, sollte, könnte doch. Ich müsste, sollte, könnte doch. Wir müssen uns alle auf den Weg machen. Denn nur wer sich selber auf den Weg macht, geht auf dem Weg des wandernden Gottesvolkes mit. Vielleicht erinnern wir uns daran: Der Auferstandene ging einst seinen Jüngern voraus nach Galiläa. Und sie bekamen die Verheissung: «Dort werdet ihr ihn sehen» (Mk 16,7). Sie folgten ihm nach und sie sahen ihn. Er geht den Weg voran. Wir brauchen ihm nur zu folgen. Aber gehen müssen wir selber. Schritt für Schritt.

Aus dem Bischöflichen Bericht an die Synode 2000

Solidarität im Bistum

Und damit sind wir bei einem weiteren Thema, nämlich der Solidarität innerhalb und mit dem Bistum. Unsere Kirche hat – und das ist gut so – immer sehr kritisch auf zentralistische Strömungen reagiert. Das ist die natürliche Folge der Erfahrungen mit dem zentralistischen und absolutistischen System Roms. Aber das hat auch seine Kehrseite. Die Gemeindeautonomie ist manchmal zu einer heiligen Kuh geworden. Ich will sie nicht schlachten – keine Angst (obwohl ich nicht immer sicher bin, ob sie nicht manchmal an Rinderwahnsinn leidet). Aber die Kuh müsste wohl etwas gezähmt werden. Ein Beispiel: Immer mehr Gemeindebehörden machen ihren Pfarrern Schwierigkeiten, wenn sie einen Auftrag für das Bistum übernehmen wollen. Rasch wird dann darauf gepocht, dass die Gemeinde ja den Pfarrer zahlt und der Pfarrer deshalb in der Gemeinde zu arbeiten habe. Unsere Kirche ist aber auf freiwillige, unbezahlte Mitarbeit von Geistlichen auf allen Ebenen des Bistums angewiesen. Unsere ganze Struktur ist auf ihre Mithilfe ausgerichtet. Solidarität und Engagement statt Verpflichtung durch Gesetz, das war immer unser Prinzip.

Ein weiterer Punkt: Das Bistum braucht leider Gottes Geld. Es kann nur arbeiten, wenn es die nötigen Mittel bekommt. Denken Sie daran, liebe Synodale, die Sie ja Gemeindedelegierte sind: Weder der Finanzverwalter noch der Synodalrat noch der Bischof haben es auf Ihren Geldsäckel abgesehen. Abgesehen haben wir es nur auf etwas – auf Ihre Solidarität. Und Solidarität wird von uns allen in Zukunft wohl noch mehr gefordert werden. Dazu nur ein einziges Beispiel: War es früher relativ einfach, die Betreuung der Diasporagebiete über die Spenden des Diasporawerks zu finanzieren, so geht das heute kaum mehr. Die Sammlungsergebnisse reichen bei Weitem nicht mehr aus. Mit der Zeit wird hier die Zentralkasse einspringen müssen. Denn wir alle wollen doch, dass unsere Schwestern und Brüder im Tessin, im Waadtland, im Graubünden und an anderen Orten weiter christkatholisch bleiben können.

Blicken Sie also über Ihre Gartenzäune hinaus in den nächsten Garten. Sie sehen dann vielleicht plötzlich, wie sonnig und reich Ihr eigener Garten im Vergleich zu dem des Bistums oder Ihrer Schwestergemeinde ist. Und Sie finden vielleicht Blumen oder Gemüse, die Sie leicht weiterschenken können. Kurz: Erzählen Sie bei sich zu Hause, dass etwas ganz Simples zur Erneuerung gehöre – nämlich dass jede Gemeindebehörde und jede Kirchgemeindeversammlung sich immer neu fragen müsse: Sind wir solidarisch genug mit und in unserem Bistum?

Aus dem Bischöflichen Bericht an die Synode 2001

Und zum Schluss noch dies

Nun, Regionalisierung und Solidarität mit dem Bistum, das sind lösbare Probleme. Wir müssen dafür nur etwas über unseren eigenen Schatten springen, und dann werden wir schon viel erreichen. Aber es gibt grundsätzlichere, tiefere, schwierigere Aufgaben der Erneuerung. Auch sie sind lösbar. Aber auch sie können nur in einzelnen Schritten angegangen werden. Aber ohne Schritte geht es nicht – selbst wenn auch kleine Schritte Blasen an den kirchlichen Füssen verursachen können und das Gelände oft unwegsam ist. Ich will diese zentralen Aufgaben nochmals mit den grossen, klassischen Lebensformen der Kirche umschreiben: Zeugnis – Liturgie – Diakonie. Sie sind die drei grossen Gaben und die drei grossen Aufgaben des dreifaltigen Gottes an seine Kirche. Sie sind, um es modern auszudrücken, unser Kerngeschäft. Darauf müssen wir uns konzentrieren.

Zeugnis

Zeugnis ablegen heisst von Gott erzählen und Menschen für ihn öffnen helfen. Nur: Wie macht man das? Sicher ist unsere Lebensführung wichtiger als unser Reden. Wenn die Leute spüren könnten, dass der Glaube uns Christinnen und Christen anders macht – freier, fröhlicher, offener, unkonventioneller, wärmer, liebevoller, zukunftsfreudiger und hoffnungsvoller. Wenn die Leute spüren könnten, dass der Glaube das Leben in einer christlichen Gemeinde anders macht – freier, fröhlicher, offener, unkonventioneller, wärmer, liebevoller, zukunftsfreudiger und hoffnungsvoller. Ja, wenn sie das könnten, dann würden sie sich von der Kirche angezogen fühlen. Auch hier sind Schritte, kleine Schritte möglich. Und Schritte können wir nur tun, wenn wir über uns nachdenken und uns überlegen, wie wir über andere Christkatholiken reden. Wie fair wir in der Synode debattieren. Wie wir mit schwierigen oder unangenehmen Menschen umgehen. Wie wir es mit dem Geld halten. Wie unser Umgang mit unserer Geschlechtlichkeit ist. Wie wir mit unseren Schwächen und – jawohl – mit unseren Sünden umgehen. Wir müssen wissen, dass «es Dinge gibt, die man nicht tut, auch wenn sie nicht verboten sind» (Helmut Schmidt). Wir müssen uns davor hüten, «die Grenzen akzeptablen persönlichen Verhaltens sukzessive nach unten zu verschieben und alles und jedes für erlaubt zu halten» (NZZ 13./14.2.2001). An genau diesen Dingen entscheidet sich der Ruf der Kirche auch. In diesen alltäglichen Dingen wird die Heiligkeit der Kirche und ihrer Glieder auch sichtbar – oder eben nicht. An unserem Leben und am Leben unserer Kirche entscheidet sich die Heiligkeit der Kirche mit. Wir bekennen jeden Sonntag im Gottesdienst, dass wir glauben, dass die Kirche heilig ist. Das tönt nach simpler Moral. Das ist es aber nicht, wenn wir den Satz des Glaubensbekenntnisses ernst nehmen, der sagt, dass wir an «den Heiligen Geist glauben, der Herr ist und lebendig macht». Er macht uns so lebendig, dass wir und die Kirche lebendig und heilig erscheinen. Aber eben: Wir müssen den Heiligen Geist an uns heranlassen – in kleinen Schritten.

Trotzdem: Von Gott erzählen hat natürlich auch mit Reden zu tun. Mit «Im Anfang war das Wort» beginnt das Johannesevangelium (Joh 1,1). Das Wort spielt also in der Kirche eine Hauptrolle. Aber ist es nicht so, dass das Wort, das wir reden, oft formelhaft ist, ja aus wenig reflektierten Worthülsen besteht? Es steht dann weiter «Und das Wort ist Fleisch geworden und wohnte unter uns» (Joh 1,14). Damit ist die Geburt Jesu gemeint. Aber es bedeutet natürlich auch, dass unser Wort ebenfalls unter den Menschen wohnen muss, «fleischig» sein muss. Wir dürfen uns nicht darauf beschränken, «in einer in sich schlüssigen Welt ohne wechselhaften Bezug zur Umwelt» (Heimito von Doderer) zu leben.

Das muss zwei Konsequenzen haben. Zuerst einmal müssen wir so reden, dass die Menschen es verstehen. Das kann man nur, wenn man auf Luther hört, der sagte: «Man muss den Leuten aufs Maul schauen.» Die Journalisten wissen, dass die Zeitung nur gekauft wird, wenn man versteht und wenn es interessiert, was sie schreiben. Für Kirchenleute wird es nicht viel anders sein.

Vor allem aber müssen wir in der Kirche so reden, dass die Leute merken, dass sie im Evangelium vorkommen. Wir müssen ihnen vermitteln, dass sich das Evangelium mit ihren Fragen, ihren Sorgen, ihrem Alltag auseinandersetzt. Wir müssen vermitteln, dass Gott hier und jetzt redet und nicht in der 2000-jährigen Sprache Kanaans. Das ist nur möglich, wenn wir den Leuten auch wirklich zuhören. Ein weiser Mann hat gesagt: «Die Achtung vor den Menschen beginnt damit, dass man sich nicht über ihre Worte hinwegsetzt.» Bitte lassen Sie sich diesen Satz auf der Zunge zergehen: Die Achtung vor den Menschen beginnt damit, dass man sich nicht über ihre Worte hinwegsetzt. Tun wir das aber ernsthaft, wenn die Leute sagen, man spüre die Kirche nicht, man spüre die Pfarrer nicht, die Predigt sei weltfremd und der Gottesdienst sei langweilig und immer gleich? Dabei spielt es keine Rolle, ob wir es auch so sehen oder nicht. Wichtig ist doch viel mehr, dass Leute es so wahrnehmen und so empfinden. Und darüber müssen wir nachdenken und das Nötige tun!

Liturgie

Sie wissen, dass ich nicht müde werde, zu betonen, dass die Eucharistie das Erste, die Mitte und das Ziel allen kirchlichen Handelns ist. Von ihr geht in der Kirche alles aus und auf sie strömt alles zu. Aber das kann man wiederholen, so oft man will. Es nützt gar nichts, wenn die Menschen immer wieder erfahren müssen, dass man sich über ihre Worte hinwegsetzt, wenn sie sich über die Gottesdienste beklagen. Wir müssen unsere Gottesdienste aus dem wissenschaftlichen und traditionalistischen Elfenbeinturm herausführen. Wir müssen den «Primat des Dekors über den Gehalt» (Heimito von Doderer) überwinden. Es geht dabei nicht darum, Inhalte zu verändern oder zu modernisieren. Es geht vielmehr um die Sprache, um die Symbole, um äussere Formen, um Atmosphäre. Es geht nicht darum, den kostbaren Edelstein Liturgie durch etwas Neues und Trendiges zu ersetzen. Es geht darum, ihn wieder zum Glänzen zu bringen. Und ich denke, dass wir das nur mit höherer Professionalität erreichen können. Ich habe sehr oft den Eindruck, dass wir nicht professionell genug arbeiten. Zu Professionalität gehört aber, dass man sich nicht auf kircheneigenes Wissen beschränkt. Neben den Liturgikern müssen andere Fachleute einbezogen werden: Kommunikationswissenschaftler und Musiker, Sprachkenner und Sprachkönner, Dramaturgen und Kunstsachverständige, Psychologen und Bibelwissenschaftler und andere mehr. Zudem müssen wir uns die Erfahrungen anderer Kirchen zunutze machen. Wir müssen das Rad ja nicht überall neu erfinden.

Viele Gläubige haben den Eindruck – und ich verstehe das sehr gut –, dass wir eine zu stark rückwärtsgewandte und kaum eine zukunftsweisende Liturgierevision betreiben und betrieben haben. Es wird auch immer wieder gesagt, dass unsere Gottesdienstformen auf die Gemeindewirklichkeit wenig Rücksicht nehme. Weil deshalb unsere liturgischen Bücher viele Geistliche und Laien zu wenig zu überzeugen vermögen, versucht man verständlicherweise, selbst etwas zu machen. Das führt zu einer unglaublichen Zersplitterung. Gottesdienste für Babys und Greise, für Kinder und Frauen, Erlebnisgottesdienste, Jugend- und sogar Fasnachtsgottesdienste. Vieles davon hat sicher seine Berechtigung. Aber die Einheit der Liturgie des einen Bistums sollte dabei manchmal vielleicht doch etwas mehr im Auge behalten werden. Natürlich weiss ich sehr gut, dass unsere Zeit spirituell am Verdursten ist und dass dem mit einer Liturgierevision allein nicht beizukommen ist. Und ich weiss auch, dass unsere Kirche gegen diesen Durst nur wenig unternehmen kann. Aber das heisst trotzdem, dass wir die besten Kräfte in den Kampf gegen spirituelle Not einsetzen müssen. Denn die spirituelle Not entleert die Kirchen. Auch hier können nur kleine Schritte weiterführen.

Diakonie

Zur spirituellen Not gehört auch, dass wir nicht recht wissen, wie wir mit dem Auftrag Jesu umgehen sollen, das Elend und das Leiden der Menschen bekämpfen zu helfen – mit dem diakonischen Auftrag also. Diakonie ist ja eigentlich nur die Konsequenz des zum Zeugnis und zur Liturgie Gesagten. Das bedeutet auch, dass alles in der Kirche sinnlos ist, wenn in unseren Gemeinden diese Seite kirchlichen Lebens nicht stark genug ist. Man kann diese Stärke ziemlich einfach messen, indem wir uns eine ganz naheliegende Frage stellen: Wie ist das Verhältnis unserer Ausgaben für Administration, Spesen, Bauen einerseits und für Notleidende, Entwicklungshilfe, Aussenseiterbetreuung andrerseits? Wenn Sie dieses Verhältnis in Ihren Gemeindebudgets und Rechnungen kontrollieren und in Prozentzahlen ausdrücken, werden Sie wahrscheinlich erschrecken. Und damit haben Sie schon einen wichtigen ersten Schritt zur notwendigen Tat getan.

Rücktritt

Das alles hat ein bisschen nach einem Vermächtnis getönt. Und es ist auch eines. Ich werde am 31. Oktober 2001 als Bischof zurücktreten. Ich tue diesen Schritt, und ich tue ihn nicht für mich. (…) In dieser schwierigen Zeit des Umbruchs und der Erneuerung braucht es eine neue, unverbrauchte Persönlichkeit, die mit neuen Kräften die geistliche Führung unseres Bistums übernehmen kann.

Aus dem Bischöflichen Bericht an die Synode 2001

Der Bischof in unserer Kirche

Die Redaktion des Kirchenblattes hat mich gebeten, im Vorfeld der Bischofswahl Fakten und Hintergründe dazu darzustellen.

Etwas Geschichte

1876 lehnten es die altkatholischen Bischöfe Hollands ab, den von der Schweizerischen Nationalsynode gewählten Bischof Eduard Herzog zu weihen. Ein Hauptgrund war, dass die Kirche von Utrecht der Meinung war, in der Schweizer Kirche hätten die Laien zu viel Einfluss. Und tatsächlich gibt es in unserer Kirche Kompetenzen von Laien, die es in anderen altkatholischen Kirchen nicht gibt: Der Präsident des Synodalrates ist ein Laie. Auch der Präsident der Synode kann ein Laie sein. Die Laien haben in Synode und Synodalrat die Mehrheit. Zudem hat der Synodalrat Kompetenzen, die er in anderen Kirchen nicht hat. Deshalb befürchtete man offensichtlich, ein zu starkes Gewicht der Laien könnte die Substanz des alten katholischen Glaubens beeinträchtigen.

Diese Eigenheiten der Christkatholischen Kirche der Schweiz geben ihr in der Utrechter Union auch heute noch eine besondere Stellung. In anderen altkatholischen Kirchen (vor allem in den Niederlanden, Deutschland, Polen und Tschechien) haben nämlich die Bischöfe eine viel stärkere Stellung als in der Schweiz. Das hat geschichtliche Hintergründe. In unserem Land gab es zur Zeit der Entstehung unserer Kirche eine starke antiklerikale Stimmung. Diese wurzelt unter anderem im Sonderbundskrieg von 1847, in der Gründung des liberalen Bundesstaates 1848 und in den starken liberal-radikalen politischen Strömungen des 19. Jahrhunderts. Eine antiklerikale Stimmung wurde auch durch den extrem ultramontan ausgerichteten Schweizer Katholizismus begünstigt. Das alles wirkte sich auf die Entstehung unserer Kirche aus. Denn neben kirchlichen und theologischen Anliegen standen auch politische Interessen hinter der Widerstandsbewegung gegen die römische Zentralmacht. Deshalb stand der Wunsch, sich vor einer zu sehr von Priestern und Bischöfen geprägten Kirche zu schützen, in gewissen Kreisen sehr stark im Vordergrund. Aus diesem Grund wurde den Laien eine so starke Stellung eingeräumt, wie es in Kirchen katholischer Prägung sonst nirgends vorkommt. Die Verfassung bekam so stark demokratische Züge.

Damit stellt sich sofort die Frage, was denn demokratische Strukturen in der Kirche für eine Rolle spielen sollen und können. Für uns ist es selbstverständlich, dass in Kirchgemeinden und im Bistum demokratisch abgestimmt wird. Finanzfragen, Bauvorhaben oder rechtliche Bestimmungen werden bei uns nach demokratischen Regeln entschieden. Auch demokratische Wahlen sind für uns eine Selbstverständlichkeit.

Demokratische Kirche?

Aber die Kirche ist keine Demokratie. Denn es gibt Dinge, die nicht nach Mehrheiten entschieden werden können. Über Fragen der Ethik und des Glaubens kann man nicht abstimmen. Solche Fragen können nicht nach demokratischen Regeln entschieden werden, weil sie der menschlichen Verfügbarkeit entzogen sind. Alles, was göttlichen Ursprungs oder göttlichen Willens ist, ist menschlichem Zugriff entzogen. Um ein krasses Beispiel zu bringen: Man kann über das Wesen Gottes oder über die Auferstehung Christi nicht abstimmen.

Nach diesen Feststellungen stellt sich natürlich sofort die Frage, wie denn kirchliche Entscheidungsfindung erfolgen soll. Hier mag uns ein berühmtes Wort des Märtyrerbischofs Cyprian von Karthago (um 200–258) weiterhelfen, der gesagt hat: «nichts ohne den Bischof, nichts ohne den Rat der Geistlichkeit, nichts ohne die Zustimmung des Volkes». Damit ist eine feine Austarierung der Zuständigkeiten formuliert. Niemand – weder Bischof noch Laien noch der Klerus – kann ohne die Mitwirkung des Anderen eine Entscheidung treffen. Bei der Entscheidungsfindung müssen alle einbezogen werden.

Der Bischof

Das gilt für den Bischof in erster Linie. Denn er ist verantwortlich für die Einheit seines Bistums. Ohne ihn geht deshalb in der Kirche nichts. Man kann nicht Sonderzüglein fahren. Alles, was in der Gemeinde geschieht, hat mit dem Bistum zu tun und umgekehrt. Keine Gemeinde kann deshalb einen rechtskräftigen Entscheid des Bischofs ignorieren Und da bei uns Synode und Synodalrat gemeinsam mit dem Bischof entscheiden, gilt das auch für deren rechtskräftigen Beschlüsse.

Geistlichkeit und Laien

Um bischöfliche Eigenmächtigkeit zu vermeiden, betont Cyprian das (Gegen-)Gewicht der Geistlichkeit. Mit ihr muss der Bischof im Dialog bleiben und muss auf ihre Meinung und ihren Rat hören (auch wenn er davon nicht abhängig ist). Das ist deshalb so, weil die Geistlichen diejenigen sind, die «an der Front» stehen und die Situation der Gläubigen oft besser kennen als der Bischof. Das ist der Grund, warum bei uns die Pastoralkonferenz zentrale Fragen unseres Bistums im Detail bespricht und mit dem Bischof vorberät (auch wenn die Verfassung darüber schweigt).

«Nichts ohne die Zustimmung des Volkes». Damit ist jedem Absolutheitsanspruch von Bischof und Geistlichkeit Einhalt geboten. Zwar geht Cyprian selbstverständlich davon aus, dass die geistliche Führung beim Bischof und dann auch beim Klerus liegt. Zugleich erteilt er auch jeder klerikalen Selbstherrlichkeit und jedem bischöflichen Absolutheitsanspruch eine Absage. Die Zustimmung der Gläubigen ist unabdingbar, aber auch sie können keinen Entscheid irgendwelcher Art allein durchsetzen.

Diese Beteiligung aller bei der Entscheidungsfindung geht natürlich nicht einfach mit üblichen demokratischen Abstimmungen vor sich. Und das aus zwei Gründen. Erstens haben wir bereits gesehen, dass gewisse Probleme nicht einfach mit Mehrheitsbeschlüssen gelöst werden können. Und zweitens zwingt Demokratie (deutsch: Herrschaft des Volkes) immer einer Minderheit ihren Willen auf. Das geht in der Politik, nicht aber in der Kirche. Denn sie ist die Gemeinschaft der Getauften, die die Einheit bewahren muss. Sie darf nicht in Mehrheiten und Minderheiten aufgespaltet werden.

Jede kirchliche Entscheidung muss also im Konsensverfahren erreicht werden. Oder anders gesagt: Man argumentiert und diskutiert miteinander, bis man zu einer Entscheidung gekommen ist, zu der alle – Bischof, Geistliche und Gläubige – stehen können. Das ist eine sehr schöne Idealvorstellung. Aber wer je an kirchlichen Entscheidungsfindungen beteiligt war, kennt die Schwierigkeiten, eine solche Idealvorstellung in die Realität des Alltags umzusetzen. Die Verfassung unserer Kirche stellt einen Lösungsversuch für dieses Problem dar.

Die Synode

Zwei Bischöfe von Rom haben wichtige Grundsätze zur Bischofswahl formuliert: So Cölestin I. (gestorben 432): «Kein Bischof soll denen aufgezwungen werden, die ihn nicht wollen.» Dann Leo I. (um 400–461): «Wer allen vorsteht, soll von allen gewählt werden.» Diesen Prinzipien gemäss wählt bei uns die Synode, die die Gesamtheit der Gläubigen vertritt, den Bischof. Sie setzt sich deshalb aus den Geistlichen und aus den von den Gemeinden gewählten Laien zusammen. Zwar ist der Bischof Mitglied der Synode. Aber er ist nicht ein Mitglied wie alle anderen. Seine Sonderstellung zeigt sich daran, dass die Synode nicht ohne den Bischof tagen kann (Ausnahme: bei der Bischofswahl, wo es ja keinen amtierenden Bischof gibt). Diese Sonderstellung wird auch darin sichtbar, dass er in der Synode keine Einzelstimme hat. Denn er ist der Synode als Gegenüber zugeordnet. Deshalb kann die Synode in zentralen kirchlichen Fragen logischerweise nicht gegen den Bischof entscheiden. Tut sie es dennoch, müsste der Bischof konsequenterweise zurücktreten.

Der Synodalrat

Die Synode wählt auch den Synodalrat, der zusammen mit dem Bischof die Beschlüsse der Synode umsetzt und die anfallenden Geschäfte verfassungsgemäss erledigt. Bischof und Synodalrat sind also einander zugeordnete Instanzen. Dabei ist es wichtig, zu sehen, dass der Bischof keinen Einfluss auf die Zusammensetzung des Synodalrates hat und der Synodalrat keinen Einfluss auf die Wahl des Bischofs. Das sichert beiden eine gewisse Unabhängigkeit. Die Verfassung will nämlich, dass die beiden einander gegenübergestellt sind und dass in wesentlichen Fragen keiner ohne den anderen entscheiden kann. Das bedeutet, dass Bischof und Synodalrat in völliger Offenheit miteinander umgehen müssen. Die Notwendigkeit dieser Offenheit zeigt sich auch daran, dass der Synodalrat nicht ohne Bischof tagen kann (nur in Ausnahmefällen kann der Bischof zustimmen, dass ohne ihn getagt wird).

Der bischöfliche Vikar ist ein Helfer des Bischofs, der aber vom Bischof allein ernannt wird und deshalb keinerlei Kompetenz irgendwelcher Art hat. Hätte er das, müssten nach christkatholischer Rechtsauffassung bei seiner Ernennung Klerus und Laien mitreden können. Denn der Bischof soll sein Amt nicht einfach mit Leuten seiner Wahl ausüben können.

Dieses fein austarierte System von Bischof, Synode und Synodalrat soll verhindern, dass eine Instanz die andere dominiert. Damit es funktioniert, braucht es viel gegenseitige Offenheit und Gesprächsbereitschaft. Das hat mit ganz wenigen Ausnahmen seit 1876 immer funktioniert. Trotzdem bleibt unser System in allen katholischen Kirchen ein Sonderfall. Er lässt sich nur aus der geschichtlichen Entwicklung des Katholizismus und der Demokratie in unsrem Land erklären.

Christkatholisches Kirchenblatt, 7. Februar 2009, Nr. 3

Das Amt des Bischofs

Die Verantwortung und die Aufgaben des Bischofs

Unsere Verfassung sagt wenig über das Bischofsamt. Hingegen wird im Weihetext das Amt genau umschrieben. Die entsprechenden Texte finden sich im christkatholischen Gebet- und Gesangbuch auf den Seiten 249–253. Diese Weihetexte sind das wichtigste und verbindlichste Dokument, das wir über das Bischofsamt haben. Es kann nicht ernst genug genommen werden.

Weil die Weihetexte in einer liturgisch und theologisch geprägten Sprache formuliert sind, sind sie nicht immer leicht verständlich. Deshalb ist es für die Vorbereitung der Wahl sinnvoll, ihren Inhalt und die daraus folgenden Konsequenzen in alltäglicherer Sprache zu umschreiben. Die kursiv gedruckten Zeilen sind wörtlich aus den Weihetexten «Auftrag», «Versprechen» und «Weihegebet» zusammengestellt.

Beharrlich sein im Gebet, die Heilige Schrift und das Wort der Väter beherzigen und in der Gesinnung Christi leben.
Der Bischof soll ein priesterlicher Mensch sein, der in der Bibel und der 2000-jährigen Tradition der Kirche zu Hause ist. Gebet und Gottesdienst sind ein integrierender Bestandteil seines Lebens. Er ist nicht Chef und schon gar nicht Manager, sondern geistlicher Führer.

Die Auferstehung des Herrn verkünden, das Evangelium auslegen, es treu und unermüdlich verkünden, in Predigt und Lehre, und die Herrschaft Christi bezeugen.
Sein Auftrag ist die unermüdliche Verkündigung des Wichtigsten des christlichen Glaubens – der Auferstehung. Er ist theologisch gebildet und kennt neuere theologische Erkenntnisse und Entwicklungen. Er pflegt seine eigene Weiterbildung. Denn er ist der erste Prediger des Bistums und der erste Lehrer der Kirche. Er muss in seiner Kirche für den Inhalt des Evangeliums und die Aufgaben der Kirche einstehen. Er darf nicht schweigen, wenn der Glaube unvollständig oder verdünnt gepredigt und gelebt wird.

Sein besonderes Augenmerk gilt dem Unterricht. Er ist darauf bedacht, dass Kinder und Jugendliche verantwortungsbewusst in die Kirche hineingeführt werden.

In den Sakramenten und Weihen die grossen Taten seiner Liebe mit dem Volk feiern und für ihre Spendung Sorge tragen.
Er ist der erste Liturg der Kirche: Er leitet die grossen Bistumsgottesdienste (Synode, Weihen, Hoher Donnerstag und andere) und er hält regelmässig in den Gemeinden Gottesdienst. Er ist also ein Mensch mit liturgischem Gespür. Er weiss, dass Liturgie ein Fest ist und sie hohe sprachliche und musikalische Kompetenz erfordert. Er ist ein vorbildlicher und anspruchsvoller Zelebrant.

Er achtet darauf, dass in den Gemeinden die Gottesdienste regelmässig und genügend oft gefeiert werden.

Er hält die Geistlichen an, die Liturgie feierlich und würdig zu feiern. Er fördert das gottesdienstliche Leben in allen Erscheinungsformen.

In allem ein hingebungsvoller Hirte und ein wahrhaftiges Vorbild für die Herde Christi sein.
Der Hirtenstab ist das wichtigste Symbol seines Amtes. Wie ein Hirte beschützt der Bischof das Bistum nach aussen. Er setzt alles daran, sein Bistum zusammenzuhalten, sein Wohlergehen zu fördern, es vor Streitigkeiten im Inneren zu bewahren und aus Streitigkeiten herauszuführen.
Persönliche Vorbildlichkeit im privaten und öffentlichen Leben gehört zu den wichtigsten Kennzeichen seines Amtes. Er ist sich der Grenzen seines Amtes und seiner Person bewusst. Er versucht bescheiden seine Stärken und ebenso demütig seine Schwächen zu sehen.

Geistliche weihen, die Geistlichen in ihrem Dienst stärken, führen, festigen und sich mit ihnen beraten.
Er bereitet eine Weihe mit sorgfältigen Abklärungen und genauem Zuhören vor. Er entscheidet verfassungsgemäss mit dem Synodalrat. Ebenso verfährt er mit Neuaufnahmen von Geistlichen aus anderen Kirchen. In persönlichen und regelmässigen Kontakten fördert und begleitet er die Geistlichen auf ihrem Weg. Er unterstützt sie in ihrem Alltag. Er ist um ihr menschliches Wohlergehen bemüht. Ihre persönliche und fachliche Weiterbildung ist ihm ein erstes Anliegen. Wichtige Fragen und Entscheidungen des Bistums behandelt er in Kontakt mit der Geistlichkeit.

In Gemeinschaft mit allen Geistlichen die Getauften als sein Volk zusammenführen.
Die Geistlichen sind gemäss den Weihetexten (CG S. 271) gehalten, alles im Einklang mit dem Bischof zu tun. Er versucht diesen Einklang möglich zu machen und zu fördern. Deshalb nimmt er an der Pastoralkonferenz teil und er betreut regelmässig die geistlichen Gremien und Institutionen des Bistums. Er fördert das Zusammengehörigkeitsgefühl und das gegenseitige Vertrauen der Geistlichen.

Die Ordnung der Kirche achten.
Er kennt die Rechtsordnungen der Christkatholischen Kirche der Schweiz und der Utrechter Union genau und hält sie selbstverständlich ein. Er leitet die Kirche gemeinsam mit dem Synodalrat und in Gemeinschaft mit den Bischöfen der Utrechter Union.

Über den Glauben, die Einheit und die Ordnung der Kirche wachen.
Die Kirche hat ihre Glaubensüberzeugung und ihre Ordnung. Er wacht darüber, dass diese im Dienst der Einheit des Bistums eingehalten werden. Verletzungen von zentralen Glaubensinhalten und gültigen Kirchenordnungen sowie Sonderzüglein bekämpft er.

Das Glaubenserbe der Patriarchen, Propheten, Apostel, Märtyrer und der Christen aller Generationen weitertragen. Den Glauben der alten, ungeteilten katholischen Kirche bewahren und weitergeben.
Er kennt sich in Geschichte und Theologie unserer Kirche aus und vermittelt sie in Wort und Schrift. Er gibt das Bewusstsein weiter, dass die Kirche nicht nur in der Gegenwart lebt. Sie gehört auch mit den Gläubigen zusammen, die vor uns als Leib Christi gelebt und gewirkt haben. Dass das Zeugnis derer, die vor uns gebetet, geglaubt, gehofft und Eucharistie gefeiert haben, nicht übersehen wird, sondern auch heute zu Wort kommt, auch das gehört zum Amt des Bischofs. Denn auch die Gläubigen anderer Zeiten gehören zur Heiligen Kirche Gottes wie wir. Ohne diese lebendige Tradition, ohne die Mitsprache unserer Geschichte, ohne das Stimmrecht derer, die vor uns Kirche waren, verliert die Kirche die lebendige Verbindung zu ihrem Herrn.

Das Gewissen der Gläubigen wachrütteln und sie zur Mitverantwortung ermutigen.
Der christliche Glaube setzt hohe ethische Massstäbe. Er ruft diese in Wort und Schrift in Erinnerung und macht die Gläubigen auf ihre Mitverantwortung für die Kirchenglieder, die Mitmenschen, die Gesellschaft und die Schöpfung aufmerksam.

An Bischofsweihen teilnehmen. Mit den Mitbischöfen Sorge für den Weg, die Leitung und die Gemeinschaft der Kirche tragen.
Der Bischof ist Mitglied des Bischofskollegiums. Er sorgt sich um dessen kirchlichen, rechtlichen und spirituellen Charakter. Er ist mitverantwortlich für den Weg der Utrechter Union. Das verpflichtet ihn zur Teilnahme an Bischofsweihen, Bischofskonferenzen, Theologenkonferenzen und anderen Anlässen.

Die Gemeinschaft mit den anderen Kirchen bewahren und festigen. Alles tun, dass die Christen eins seien.
Die Mitarbeit in nationalen und internationalen ökumenischen Gremien gehört zu seinen zentralen Aufgaben.

Alle ihm Anvertrauten lieben. Die Armen, Heimatlosen, Fremden, Notleidenden nicht vergessen. Für die Entrechteten einstehen.
Er arbeitet in Hilfswerken und sozialen Werken mit und beteiligt sich an der sozialen Bewusstseinsbildung des Bistums und unseres Landes.

Zwei alte bischöfliche Titel

Es gibt zwei wichtige alte Titel des Bischofs: Sie heissen «Pontifex» (auf Deutsch: Brückenbauer) und «Vater».

Der Bischof als Brückenbauer
Eine Brücke steht immer zwischen zwei Ufern. Deshalb ist der Bischof immer ein wenig «dazwischen». Darum gehört zum bischöflichen Amt auch eine gewisse Einsamkeit. Denn er steht immer
- zwischen Laien und Geistlichen
- zwischen Gemeinde und Bistum
- zwischen Bistum und Utrechter Union
- zwischen der Kirche und der Öffentlichkeit
- zwischen den Interessen des Einzelnen und der Kirche

Seine Aufgabe ist es, Ufer zu verbinden. Das erfordert kommunikative Fähigkeiten. Er muss auf die Leute zugehen und auf sie eingehen können. Er muss zuhören können. Die Menschen müssen direkt mit ihm reden können. Gute Sprachkenntnisse sind unerlässlich.

Der Bischof als Vater
Das väterliche (und mütterliche) Element ist integrierender Bestandteil des Bischofsamtes. Deshalb versucht der Bischof treu und unermüdlich für seine Kirche da zu sein. Er versucht, dem Bistum eine Mitte zu geben. Denn nach unserem Verständnis ist der Bischof nicht der monarchische Bischof, sondern der verbindende und integrierende. Mit Wärme muss er seiner Kirche Heimat vermitteln können.

Deshalb spielt in allen katholischen Traditionen das bischöfliche Haus seit je eine zentrale Rolle. Dort, wo der Bischof wohnt und arbeitet, ist bei Altkatholiken, Anglikanern und Orthodoxen auf der ganzen Welt ein Schwerpunkt kirchlicher Kommunikation. Hier soll man ein offenes Haus mit Beratung, Gespräch, Gehör, Gastfreundschaft finden können.

So sagt es der Heilige Augustin

In einer Predigt beschreibt der grosse Bischof seinen bischöflichen Alltag einmal so:

Unruhestifter zurecht weisen
Kleinmütige trösten
Sich der Schwachen annehmen
Gegner widerlegen
Sich vor Nachstellern hüten

Ungebildete lehren
Träge wachrütteln
Händelsucher zurückhalten
Eingebildeten den rechten Platz anweisen
Streitende besänftigen
Armen helfen
Unterdrückte befreien
Gute ermutigen
Böse ertragen
Und – ACH – alle lieben

Das hat von seiner Aktualität nichts verloren.

Christkatholisches Kirchenblatt, 21. Februar 2009, Nr. 4

Die Eucharistie ist das Herz des Gemeindelebens
Ist es kalt geworden?

Meine Gedanken beruhen auf sehr persönlicher Sicht – aufgrund dessen, was ich in und mit der Liturgie erfahren habe. Ich setze dabei das altkatholische Eucharistie- und Kirchenverständnis voraus. Nach diesem Verständnis ist die Feier der Eucharistie der Mittelpunkt des kirchlichen Lebens. Von diesem Mittelpunkt lebt die Kirche. Von ihm geht alles aus. Auf ihn bewegt sich alles zu. Die sonntägliche Eucharistie ist so das Herz des Gemeindelebens. Das ist buchstäblich zu verstehen. Die Eucharistie versorgt die Gemeinde mit Blut. Das Blut ist für das Alte Testament der Sitz des Lebens. Das bedeutet, dass das Abendmahl die Gemeinde mit Leben versorgt.

Im Herz des Gemeindelebens feiern wir den Tod und die Auferstehung Jesu, das wichtigste Ereignis im christlichen Glauben. Weil wir glauben, dass der Gottessohn in der Feier von Brot und Wein gegenwärtig ist, und weil wir glauben, dass das Mahl ein Abbild des grossen Mahles im Reich Gottes ist. Deshalb ist die Eucharistiefeier das grösste Fest der Kirche. Es lässt das ganze Gemeindeleben leuchten und überstrahlt alle anderen Aktivitäten. Sie ist ein kleiner Vorgeschmack des Himmelreichs. Diesen Gedanken formuliert unsere Liturgie so: «Tut dies zu meinem Gedächtnis, bis ich das Mahl neu mit euch feiern werde im Reiche Gottes.» Diesen Vorgeschmack muss die Liturgie vermitteln können.

Das ist der Anspruch. Aber wie sieht die Wirklichkeit aus? Wohl manchmal schon anders! Gottesdienste werden immer wieder als leblos, immer gleich, weltfremd empfunden. Sie scheint für viele Menschen nicht mehr attraktiv zu sein. Das hat viele Gründe. Der erste ist, dass wir auf Erden leben und nicht im Himmel. Irdisches kann ja nie vollkommen sein. Erschwerend ist, dass Gottesdiensträume eine Frömmigkeit ausstrahlen können, die nicht mehr die unsere ist. Kirchen können je nachdem veraltet, verstaubt, bombastisch oder kalt wirken. Sie sind deshalb nicht leicht mit Leben zu füllen. Dazu kommt, dass gewisse Kirchen einfach zu gross geworden sind: Wir haben Kirchen, in denen über 1000 Menschen Platz finden. Aber es kommen nur 20 bis 30. In Diasporagebieten ist es oft noch schwieriger. Es kommen manchmal kaum ein halbes Dutzend Gläubige. In so schwach besuchten Gottesdiensten ist es schwierig, Feierlichkeit oder Festlichkeit zu vermitteln. Und nur schwer kann es dann zu einem emotional-spirituellen Erlebnis kommen. Dazu kommt, dass die gängige liturgische Hochform unserer Messe nicht in so kleine Verhältnisse hineinpasst. Ich glaube deshalb, dass wir dringend Formen für Kleinstgemeinden entwickeln müssten.

Ein weiterer Grund: Früher gab es viele Leute, die den Gottesdienst regelmässig besuchten. Sie konnten die Liturgie mit ihrer grossen Erfahrung selbstverständlich mittragen. Das ist anders geworden. Die Gesellschaft hat sich zunehmend individualisiert. Die Kirche steht nicht mehr im Lebensmittelpunkt. Heute kommen – vor allem in den grossen Städten – viele Leute nur sporadisch. Zudem gibt es immer mehr Gelegenheitsbesucher. Sie suchen sich mit einer Art Kioskmentalität einfach das aus, wonach sie gerade Lust haben. Dann kann es ihnen bei uns gefallen. Aber sich verwurzeln lassen wollen sie nicht. Dieses Phänomen ist eine Gefahr für unsere Gottesdienste.

Und dann müssen wir in aller Ehrlichkeit sagen: Wir Geistliche machen es nicht immer gut. Vielleicht ist es unsere Glaubensschwäche, vielleicht manchmal auch Fantasielosigkeit und Abgleiten in Routine und Bequemlichkeit. Auch Resignation und Amtsmüdigkeit können eine Rolle spielen. Aber trotz fremder und eigener Probleme: Wir können doch immer wieder auch unter schwierigen Umständen starke und echte Gottesdienste feiern. Deshalb sollten wir uns über zeitweilige Erfolglosigkeit nicht entmutigen lassen. Sondern wir müssten weiter für eine hohe Gottesdienstkultur arbeiten.

Ich sage jetzt etwas, was Sie vielleicht merkwürdig finden. Ein Altarraum ist einer Bühne sehr ähnlich. Das kommt nicht von ungefähr. Denn zwischen Liturgie und Theater gibt es eine enge Verwandtschaft. Es regt sich in Ihnen vielleicht Widerstand, weil man unter Theater oft Unechtes, nur unglaubwürdig gespieltes Tun-als-Ob versteht. «Was macht denn der wieder für ein Theater!», ist eine verbreitete Redensart. Aber Theater, das diesen Namen verdient, ist zwar nicht die Wirklichkeit, aber es vermittelt Wirklichkeit. Haben wir nicht alle schon im Theater oder im Kino wegen einer zerbrochenen Liebe geheult, auch wenn wir doch genau wussten, dass alles nur gespielt ist? Obschon alles nur Spiel ist, weinen oder lachen wir im Theater immer dann, wenn echtes Leben glaubwürdig dargestellt wird. Dann nämlich entsteht Wirklichkeit in mir. Damit das gelingen kann, darf kein Wort zu viel und kein Wort zu wenig gesprochen werden. Alles muss stimmen: stringenter Aufbau der Handlung, genaue Regie, präzise Sprache, adäquate Kleider und Kulissen. Den Darstellern muss man anmerken, dass sie in und mit ihrer Rolle leben. Sie müssen sich mit ihrer Figur identifizieren. Mit einem Wort: Theater ergreift uns nur, wenn das Spiel die Wirklichkeit des Lebens wiedergibt. Theater ist dann wirkliches Theater, wenn die gespielte Wirklichkeit erfahrbare Wirklichkeit wird. Oder genauer: Theater wirkt nur, wenn Wirklichkeit nicht nur gespielt, sondern erzeugt wird.

So ist es auch im Gottesdienst: Wenn die Liturgie die Menschen erreichen soll, darf sie nicht einfach vorgespielt sein. Sie muss spirituelle Wirklichkeit wiedergeben und spirituelles Erleben erzeugen. Echtheit ist deshalb, genau wie im Theater, alles. Natürlich ist der Liturg kein Schauspieler. Aber er muss genau wie ein Schauspieler den Inhalt der Liturgie ernst nehmen. Er muss sich mit dem, was Liturgie will, identifizieren. Er muss in ihr leben. Tut er das nicht, verkommt Liturgie zu schlechtem Theater, zu frommem Getue.

Was aber will die Eucharistiefeier eigentlich? Sie will Tod und Auferstehung Christi in der Gemeinde gegenwärtig und wirklich werden lassen. Tod und Auferstehung Christi können für uns nur Wirklichkeit werden, wenn wir alles in dieser Liturgie ernst nehmen. Alles, wirklich alles: die Texte, die Farben, die Bewegungen, die Symbole, die Gewänder, die Musik, die Blumen. Sie alle tragen zur Wirklichkeit der Gegenwart Gottes in der Liturgie bei. Scheinbare Nebensächlichkeiten wie ein verwelkter Blumenstrauss oder ein schlecht sitzendes Messgewand können viel verderben.

Wenn die Liturgie die Wirklichkeit der Gegenwart Gottes erlebbar machen soll, dann muss sie wie ein Theaterstück dem genauen dramaturgischen Aufbau folgen, der in der Liturgie steckt. Deshalb muss der durch Jahrhunderte gewachsene Aufbau unseres Gottesdienstes respektiert werden. Natürlich ist die Liturgie kein Theaterstück. Aber sie hat mit dem Theater gemeinsam, dass sie Wirklichkeit zu schaffen vermag – allerdings nicht nur menschliche, sondern auch göttliche Wirklichkeit. Liturgisches Geschehen kann befreien, kann Gemeinschaft stiften, kann erschüttern, kann trösten, kann Gottesbegegnung ermöglichen. Es darf kein unnötiges Wort geredet werden (es gibt nichts Schlimmeres als Liturgieplauderer! Die berüchtigte Pfarrer-Logorrhoë). Es sollte jede unnötige Bewegung vermieden werden, kein überflüssiges oder unpassendes Lied gesungen werden. Würde darf nicht mit Pathos verwechselt werden. Gutes Theater ist von strenger Disziplin und Präzision geprägt. Gute Liturgie auch. Nur ein Gottesdienst, der sich ehrlich dem Auftrag der Liturgie unterordnet, kann göttliche Wirklichkeit erzeugen und die Menschen an ihrem Ort erreichen. Das heisst nicht, dass der Gottesdienst starren Formeln folgen muss oder gar stur und buchstabengetreu immer gleich zelebriert werden muss. Im Gegenteil: Liturgie muss anpassungsfähig sein, wenn sie uns lebendig werden soll. So muss die äusserliche gottesdienstliche Situation ernst genommen werden. Das merken Sie schon daran: Ein festlicher Synodegottesdienst mit 300 Gläubigen wird anders aussehen als eine Diasporamesse mit fünf.

Also: Die äusseren Verhältnisse spielen eine grosse Rolle. Für diese äusseren Gegebenheiten muss der Liturg ein gutes Gespür haben. Er muss sich und das Zelebrieren der Situation anpassen können. Vor jedem Gottesdienst muss man sich genau überlegen, wo und mit wem man Eucharistie feiert. Liturgie ist nie etwas Starres. Sie ist anpassungsfähig und sie muss anpassungsfähig sein. Sie muss zur kirchlichen Situation und zu den persönlichen Bedürfnissen der Menschen passen.

Dazu eine erhellende Anekdote: Bischof Adolf Küry war auch Professor für Liturgik gewesen. Sein Nachfolger als Liturgiedozent, Prof. Albert Rüthy, war sein Zeremoniar. Vor einem grossen Gottesdienst gab es eine Meinungsverschiedenheit über ein liturgisches Problem. Der Bischof beharrte auf seiner Meinung. Worauf Rüthy knurrte: «Wir machen es also wie der Bischof sagt – nämlich falsch.» Bischof Küry erzählte diese Geschichte mit grossem Vergnügen, denn ihm war – im Gegensatz zum etwas unbeweglichen Liturgiker Rüthy – wichtig, dass für eine lebendige Liturgie «richtig und falsch» nicht die entscheidenden Kategorien sind. Richtig und falsch sind nur Schulmeisterkategorien.

Unbeweglichkeit in der Gottesdienstgestaltung kann sich lähmend auswirken. Umgekehrt kann ungenaue und willkürliche Liturgiegestaltung zu Beliebigkeit und Profillosigkeit führen. Den richtigen Weg zwischen fester Form und situativer Anpassung zu finden, ist eine Gratwanderung. Es kann aber gelingen, wenn man den Wortlaut der Liturgie ernst nimmt. Beispiel: Die liturgische Einladung zur Kommunion genügt völlig. «Kommet her zu mir alle, die ihr mühselig und beladen seid. Ich will euch erquicken.» Sie sagt alles Notwendige klar und deutlich. Da braucht man nicht noch geschwätzig anzufügen: Es freut mich, wenn alle…

Man muss sich der realen Situation des Gottesdienstes anpassen. Aber das bedeutet natürlich nicht, dass Geistliche die Liturgie so feiern können, wie es ihnen gerade einfällt. Die wesentlichen Inhalte der Liturgie müssen bleiben. Die Verkündigung des Evangeliums Jesu Christi und die Vergegenwärtigung von Tod und Auferstehung Christi dürfen nicht verunklärt werden. An der Substanz der Eucharistie kann es keine Abstriche geben. Dazu kommt etwas Weiteres: Liturgie ist nicht einfach eine Angelegenheit der Gemeinde. Sie drückt immer auch die Gemeinschaft der Gemeinde mit dem Bistum aus. Denn jeder Gemeindegottesdienst ist gleichzeitig Gottesdienst der ganzen Kirche.

Was heisst das für die Praxis? Gottesdienste müssen sorgfältig vorbereitet werden. Vorbereitung und Zelebration erfordern beide höchste Konzentration. Zwei Dinge muss man dabei im Blick haben. Zuerst das Göttliche der Liturgie. Dieses Göttliche muss spürbar werden. Göttliches ist nicht einfach mit Verstehen zu bewältigen. Die Liturgie muss immer auch Mysterium bleiben. Das Wort im Eucharistiegebet «Geheimnis des Glaubens» kann nicht ernst genug genommen werden. Das Wichtigste ist deshalb, dass man immer neu versucht, dieses Mysterium zu vermitteln. Denn nur wenn am Gottesdienst auch etwas Geheimnisvolles haftet, wird er nicht banal.

Das heisst, dass in der Eucharistiefeier der Blick zunächst auf Gott gerichtet ist. Aber genau so muss Eucharistiefeier auch die Gemeinde im Blick haben. Darum sind klares Denken und präzises Formulieren unerlässlich. Denn Liturgie wird hier und jetzt gefeiert. Sie lebt von irdischen Realitäten und von irdisch-geistiger Qualität. Gottesdienste müssen deshalb auch menschenbezogen sein. Deshalb braucht es manchmal auch einfache praktische Massnahmen. Zum Beispiel, dass man einmal das Credo oder das Schuldbekenntnis weglässt. Oder wenn es sehr wenige Leute hat, kann man Stühle um den Altar stellen.

Natürlich muss auch die liturgische Sprache menschenbezogen sein. Sie muss einen guten, prägnanten Stil haben. Zugleich muss sie verständlich und klar sein. Während beispielsweise das Eucharistiegebet nicht verändert werden kann, kann man Kollekten und ähnliche Gebete durchaus auch selbst formulieren. Nämlich dann, wenn sie nicht in die aktuelle Situation passen oder wenn sie theologisch so scharfsinnig formuliert sind, dass sie für heutige Menschen unverständlich bleiben. Gestelzte Gebete helfen beim Beten sicher nicht. Theologisch richtige, aber trockene Sätze wirken auf die Gläubigen nur abgedroschen. Dabei ist auf die klassische dreigliedrige Form zu achten. Diese bewahrt nämlich vor Langatmigkeit und Wortgeklingel.

Aber auch das Gegenteil ist gefährlich – pathetisches Reden und Handeln. Nur wenn man ruhig und mit sparsamem Gefühl spricht, können die Gläubigen ihr eigenes Beten und Fühlen einbringen. Man kann es auch anders sagen. Wer zelebriert, muss hinter die Liturgie zurücktreten. Deshalb verhüllt das Messegewand die Person. Wer die Liturgie dominiert, macht sich zum Mittelpunkt und vereinnahmt die Gemeinde für sich. Das kann beispielsweise durch übermässiges Pathos geschehen oder durch so lautes Sprechen und Singen, dass der Gemeindegesang zum Pfarrergesang wird.

Das gilt auch für die gottesdienstlichen Handlungen. Liturgisches Handeln hat stark symbolischen Charakter. Deshalb dürfen liturgische Gesten nie aufdringlich sein – dramatische Orationsgesten etwa. Oder die Brotbrechung. Der Leib Christi ist am Kreuz still zerbrochen und nicht pathetisch.

Wichtig scheint mir auch, dass der Gottesdienst musikalisch geschlossen und einheitlich ist. Das gehört zur Dramaturgie der Liturgie. Man soll also in einem Gottesdienst musikalische Stile nicht vermischen mit ein bisschen Bach, ein bisschen Mendelssohn und ein bisschen Taizé. Liturgie muss lebendige Einheit ausstrahlen. Eine enge Zusammenarbeit mit dem Organisten ist wichtig. Sie hilft, aus der Liturgie ein Gesamtkunstwerk zu machen.

Die schönen, reinen liturgischen Gesänge – etwa der Präfation – machen Gottesdienste kostbarer. Nehmen Sie Gesangsstunden. Denn es erhöht die Andacht nicht, wenn man bei jedem Ton Angst haben muss, dass er daneben geht.

Zu mehr Lebendigkeit verhilft auch, wenn man mehrere Lektoren oder Lektorinnen einstellt – zwei für die Lesungen und einen für die Fürbitten. Auch Kantorinnen können sehr hilfreich sein. Zudem erleichtert die Übernahme liturgischer Dienste für viele Menschen den Zugang zur Liturgie.

Ich habe manchmal ein Problem mit unserer Kommunionpraxis. Kommunionempfang ist sehr automatisch geworden. Man geht einfach immer nach vorne. Wenn jemand nicht geht, fragt man sich fast zwangsläufig: Warum geht er oder sie nicht? Irgendwie fehlt auch mir die intensive Vorbereitung auf den Kommunionempfang. Sie war früher selbstverständlich. Sie machte den Kommunionempfang kostbar. Irgendwie spüre ich hier ein spirituelles Defizit und eine ungute Routine. Aber ich habe auch keine Lösung, wie man dieses Problem lösen könnte.

Zum Schluss noch zwei kritische Bemerkungen: Ich sehe in der Entwicklung unserer Liturgie Gefahren. Wir haben in den letzten Jahren Neuerungen eingeführt, die uns von anderen Kirchen immer mehr isolieren. Das Gloria ist an anderer Stellung als in den meisten Kirchen westlicher katholischer Traditionen, ebenso das Vaterunser. Wir haben die Kreuzenthüllung am Karfreitag abgeschafft und das Gloria in der Osternacht. Brot und Wein sollen im Hochgebet nicht mehr in die Hand genommen werden. Es gäbe noch viele andere Beispiele. Ich denke, dass im Interesse der Einheit der Kirche liturgische Unterschiede zu den Kirchen der Utrechter Union oder der römisch-katholischen Kirche nur gemacht werden sollten, wenn es theologisch absolut zwingend ist.

Und schliesslich: Es scheint mir, dass sich ein gewisser Rationalismus breitmacht. Dichte Symbole mit stark emotionaler Wirkung verschwinden. Die Abschaffung des weissen Messgewandes und des Glorias mit letztem Glockengeläute bis an Ostern am Hohen Donnerstag machen alles nüchterner. Anderes habe ich schon erwähnt. Gewisse Änderungen scheinen mir ihre Wurzeln eher in liturgischer Schreibtischarbeit zu haben als in lebendigem Gemeindebezug. Ähnlich ist es mit der neuen Firmpraxis. Diese ist für Theologen offenbar wichtig. Aber nur Spezialisten merken etwas. Die Gemeinde merkt nichts davon, dass da etwas neu gemacht wurde.

Sie haben aus meinen Ausführungen gemerkt, dass ich nicht Liturgiewissenschafter bin. Ich bin ein Praktiker, dem die Lebendigkeit und Schönheit sehr am Herzen liegt. Und die Gemeinde.

Seminar von Prof. Andreas Krebs und Dr. Adrian Suter
Theologische Fakultät der Universität Bern, 4. April 2012

Politische und kulturelle Gedanken

Wir leben in einer Zeit des Umbruchs	314
Der bedrohliche Islamismus und wir	317
Führen Religionen zu Kampf und Krieg?	320
Kunst und Kirche als Provokation	325
Gedanken zum Verhältnis Kunst und Kirche	327
Braucht die Kirche Bilder?	330

Wir leben in einer Zeit des Umbruchs

Gedanken zur Ausländerfrage

Flüchtlings- und Rassenprobleme geben in der Schweiz mehr und mehr zu reden. Das ist verständlich, denn in der Stadt und auf dem Land sind sie allenthalben erkennbar, die Tamilen und Türken, die Vietnamesen und die Schwarzen. Vielen Leuten in unserem Land macht es Schwierigkeiten, dass so ganz fremdartige Menschen unter uns sind. Sie lösen offensichtlich Unsicherheit und Ängste aus. Sie werden dann leicht für alle möglichen Schwierigkeiten verantwortlich gemacht, für Kriminalität, Wohnungsnot, hohe Steuern und vieles mehr. Bei anderen Leuten lösen die exotischen Gesichter eine Art Beschützerinstinkt aus. Sie stehen mit allen Mitteln für offene Grenzen ein, für liberales Asylrecht und Integration der Fremden in unser Land ein. Dass diese verschiedenen Sichten zu heftigen Diskussionen führen, die manchmal bis zur Polemik reichen, ist klar.

Auch die Kirchen haben sich immer wieder zu diesen Fragen geäussert. Sie haben das getan, weil das Asyl- und Flüchtlings-, aber auch das Rassenproblem zu den zentralen Fragen unserer Zeit und auch unseres Landes gehören. Wandernde Völkerströme zeigen immer eine neue Epoche, manchmal sogar eine Zeitenwende an. Es kommt deshalb niemand darumherum, sich mit diesen Fragen auseinanderzusetzen. In der letzten Zeit ist das deutlich geworden. Die Zahlen der Einwanderer steigen. Sie schaffen eine Reihe von sozialen und politischen Problemen in den verschiedensten Bereichen unserer Gesellschaft. Ausschaffungen, die Errichtung von Asylantenwohnheimen, das ist Zündstoff, der immer wieder zu grösseren und kleineren Explosionen führt. Damit drängt sich die Frage ganz von selbst auf, wer denn in unser Land kommen und hier Asyl erhalten könne.

Kirchenasyl?

Bei sehr vielen Völkern war das Asylrecht eine Selbstverständlichkeit. Verfolgte konnten an heiligen Orten Zuflucht finden. Nur mit Zustimmung der für die Heilige Stätte Verantwortlichen durfte der Flüchtige aufgegriffen werden. Auch in der christlichen Welt spielte das Asylrecht immer eine grosse Rolle. Es war aber vielen Regierungen immer ein Dorn im Auge. Für die Kirche war es oft eine fast unlösbare Aufgabe. Sie scheitert immer wieder daran. Und manchmal arbeitete sie sogar mit der Staatsmacht zusammen. Mit der Kompliziertheit des heutigen Rechts, der Kriminalistik und der Raffinesse des Verbrechens ist das Asylrecht heute noch umstrittener geworden. Trotzdem, meine ich, muss die Kirche am Asylrecht grundsätzlich festhalten. Der immerwährende Versuch, für christliche Rechtsgrundsätze der Barmherzigkeit und der Versöhnung einzustehen, darf nicht aufgegeben werden. Christen können der Pflicht nicht entgehen, eine kritische Haltung gegen jede Leistungs- und Vergeltungsgerechtigkeit einzunehmen. Im Asyl- und Flüchtlingsrecht gilt es darüber hinaus, zu betonen, dass Recht und Legalität nicht immer das höchste Gut sein können. Es gibt Situationen, die mit ausschliesslich juristischen Werkzeugen nicht bewältigt werden können. Es gibt Situationen, in denen auch das beste Recht nicht Recht schafft, sondern Unrecht erzeugt. Mit Legalismus hat man noch nie Probleme gelöst. Deshalb muss man sich gegen eine naive «fiat iustitia et pereat mundus»-Justiz mit allen Mitteln zur Wehr setzen (auf Deutsch: Wenn nur das Recht eingehalten wird, dann darf die Welt ruhig zugrunde gehen). Gesetze können, wenn sie zum Selbstzweck werden, zu Rechtlosigkeit führen, das wissen wir alle.

Menschenwürde

Die Kirchen sind nicht – wie das etwa gesagt wurde und wird – für einen prinzipiellen Ausweisungsstopp eingetreten. Es ist selbstverständlich, dass kein Staat es sich leisten kann, einen ungebremsten Einwandererstrom in das Land fliessen zu lassen. Die Kirchen werden aber nicht aufhören, menschliche Methoden zu verlangen. Man kann zum Beispiel Menschen, die ein Asylgesuch stellen, nicht erst dann wieder ausweisen, wenn sie sich hier bereits eingelebt haben. Man kann auch nicht Menschen in ihr Land zurückzwingen, wenn dort die Sicherheit nicht gewährleistet ist. Und man kann Flüchtlinge nicht behandeln wie Schwerverbrecher. Man kann nicht Kinder von der Schule und vom Kindergarten weg verhaften. Auch Menschen, die wir nicht bei uns behalten wollen oder können, haben Anrecht auf Wahrung ihrer Würde.

Die Schweiz ist ein Rechtsstaat

Es geht den Kirchen auch nicht darum, unseren Staat als Unrechtsstaat darzustellen, wie das etwa unterstellt wird. Unser Staat ist ein Rechtsstaat – und nicht einer der schlechtesten. Aber jeder Rechtsstaat tut Unrecht, ob er will oder nicht. Genau wie jeder Mensch auch beim besten Willen immer wieder versagt. Wo der Staat in Unrecht gerät, da muss die Christenheit reden. «Nur wer gegen die Juden schreit, darf gregorianisch singen», hat Theologe und Märtyrer Dietrich Bonhoeffer in der Nazizeit gesagt. Das gilt auch für uns: Nur wer in unserem Staat gegen auftauchende Ungerechtigkeit Stellung bezieht, darf sich Christ nennen.

Die schwierige Lage des Staates angesichts eines immer noch anschwellenden Flüchtlingsstroms kann kaum überschätzt werden. Das wissen wir alle. Mit Einfachrezepten kommt man nicht weiter. Dass gerade aus Schwierigkeiten und Ängsten heraus Fehler passieren, ist weder zu bestreiten noch zu vermeiden. Aber das ist kein Grund, die verhafteten Männer, Frauen und Kinder in einer Weise zu traktieren, wie es der Eidgenossenschaft unwürdig ist. Dagegen haben wir Schweizerinnen und Schweizer uns zu wehren – mit allem Nachdruck und mit allen Mitteln.

Das alles – wird oft eingewendet – bringt keine Lösung des Asyl- und Ausländerproblems. Das stimmt natürlich. Aber ich glaube auch nicht, dass man dieses Problem einfach «lösen» kann. Es gibt Schwierigkeiten im menschlichen Zusammenleben, für die es keine Lösungen gibt. Das wissen wir alle aus unserem eigenen Familienleben: Jede und jeder kennt in seinem eigenen Leben Dinge, die man akzeptieren und mit denen man leben lernen muss. Das gilt auch für ein ganzes Volk. Unsere Zeit ist eine Zeit des Umbruchs. Neue Formen des Zusammenlebens sind im Entstehen. Wir merken das an allen Ecken und Enden. Wir spüren es an den Fragen, die sich im Zusammenhang mit der Kleinfamilie und der Ehe in der Industriegesellschaft stellen. Wir erfahren im 700. Jahr der Eidgenossenschaft, dass unsere bewährte Staatsform den Anforderungen unserer Zeit nicht mehr genügt und deshalb überdacht und überarbeitet werden muss. Auch Europa muss ein neues Zusammenleben seiner Staaten suchen. Und was einst isoliert voneinander leben konnte – die Kontinente der ganzen Erde –, muss Wege zu einer gemeinsamen Existenz suchen.

Umbruch in die Zukunft

Dieser grosse Umbruch, der sich abzuzeichnen beginnt, beunruhigt uns – und es wäre nicht gut, wenn er das nicht täte. Aber dieser Umbruch kann nicht mit Abschottung gegen aussen oder mit einfachem Festhalten am Alten überlebt werden. Das gilt auch für einen kleinen Bereich des Umbruchs, wie ihn die Asylantenfrage darstellt. Auch dieser Bereich kann nicht mit Gesetzen oder bewaffneten Kräften gelöst werden. Er kann überhaupt nicht gelöst werden, wir werden damit leben lernen müssen. Das aber ist gerade das Gute an der Sache: Neues Leben, neue Möglichkeiten kommen auf uns zu. Das kann doch der Schweiz, diesem alten Musterbeispiel an Anpassungsfähigkeit, nur gut tun. 700 Jahre haben wir der widrigen Umwelt Leben und Zukunft abgerungen. Warum sollten wir das nicht mehr können? Aber wir können es nur, wenn wir anpassungsfähig, elastisch, vor allem jedoch zukunftsfreudig bleiben. Zukunftsfreude aber hat noch nie auf Gesetzesbuchstaben und auf geschlossene Grenzen Rücksicht genommen. Entwicklung lässt sich nicht bremsen, aber sie lässt sich nutzbar machen. Es ist nach meiner Sicht unschweizerisch, wenn wir unser Land einfach möglichst so bewahren wollen, wie es ist oder wie es uns nützlich ist. Die Schöpfer unseres Staates waren radikale Neuerer. Ihnen war nicht das Bewahren wichtig, sondern das Vorwärtsgehen. Sie wollten die Zukunft im Griff haben und nicht die Vergangenheit. Das wird auch heute gelten müssen, wenn wir nicht zu einem politischen Museum werden wollen. Oder um es mit Schiller (Wilhelm Tell I,2) zu sagen: «Sieh vorwärts, Werner, und nicht hinter dich!»

Gedanken zum 700-Jahr-Jubiläum der Eidgenossenschaft 1991

Der bedrohliche Islamismus und wir

Im Nahen Osten werden Menschen bombardiert, gefoltert, enthauptet und gekreuzigt. Zehntausende werden ermordet und vertrieben. Ganze Gemeinschaften und Volksgruppen werden ausgelöscht. Kirchen, die zu den ältesten der Welt gehören, gehen unter. Das wirft Fragen auf.

Der Islamismus im Nahen Osten lässt starke Aggressionen gegen den Islam und grosse Ängste vor IS, Kalifat und Konsorten aufbrechen. Das ist verständlich. Aber ist der Islam wirklich eine Gefahr für uns? Es wäre zu simpel, einfach Ja oder Nein zu sagen. Der Islam ist eine Religion mit vielen Gesichtern. Aber Gefühle und Ängste allein geben noch keine Einsichten. Nur sachliches und ruhiges Nachdenken kann weiterhelfen.

Der religiöse Mohammed

Mohammed war ein Gläubiger voll tiefer religiöser Gefühle. Im Koran gibt es wundervolle Texte, die die Gläubigen ermahnen, für Benachteiligte und Arme zu sorgen. Das wird im Alltag wirklich gelebt. In arabischen Ländern sind die Vorhöfe der Moscheen offen für die Bedürftigen. Die Beter helfen diesen armen Gestalten, materiell und mit warmer Zuwendung. Auch Gastfreundschaft ist allgegenwärtig. Ich hatte in Syrien, Ägypten und im Libanon mit gastfreundlichen Muslimen eindrückliche Begegnungen mit feinsinnigen und offenen Gesprächen.

Ich habe auch friedliches Zusammenleben zwischen Christen und Muslimen erlebt. So in Syrien im berühmten christlichen Wallfahrtsort Maalula. Hier soll die Märtyrerin Thekla (sie soll eine Paulusschülerin gewesen sein) begraben sein. Neben ihrem Grab gibt es eine hochverehrte Marienikone und eine heilige Quelle. Was mich besonders beeindruckt hat, ist, wie die zahlreichen christlichen und muslimischen Pilger gemeinsam (!) am heiligen Ort beten und miteinander das Märtyrergrab, die Marienikone und das heilige Wasser verehren.

Die grausame Seite Mohammeds

Aber Mohammed hat auch dunkle Seiten. Das darf nicht verschwiegen werden. Er war nicht nur ein frommer Mann, sondern auch ein bedeutender Feldherr mit einer starken Neigung zu Massakern und Grausamkeiten. Er war auch ein fähiger Politiker, der seine Ziele skrupellos zu erreichen wusste.

Das zeigt sich auch in manchen Korantexten. Solche Texte können einen schaudern machen, etwa: «Tötet die Heiden, wo immer ihr sie findet, greift sie, umzingelt sie und lauert ihnen überall auf» (Sure 9,5). Oder über die Frauen: «Die Männer stehen über den Frauen, und wenn ihr fürchtet, dass Frauen sich auflehnen, dann vermahnt sie und meidet sie im Ehebett und schlagt sie» (Sure 4,34). An diesen Scheusslichkeiten gibt es nichts zu beschönigen. Sie gehören zu Mohammed und zum Koran. Muslime können sich also bei gewissen Gewalttaten zu Recht auf den Propheten und den Koran berufen. Wenn man das feststellt, ist das keine Islambeschimpfung, sondern der Versuch, die Realität zu sehen.

Die grausame Seite des Christentums

Natürlich haben auch Christen fürchterliche Greuel verübt. Die Kreuzzüge, die Inquisition oder die Hexenverfolgungen zeugen davon. Das kann man nicht schönreden. Und doch besteht ein wesentlicher Unterschied zum Islam. Gibt der Koran in gewissen Fällen das Recht auf Gewalt, ja zu Grausamkeit frei, so kann sich kein Christ bei Gewalttaten auf Jesus berufen. Jesus war ein kompromissloser Vertreter der Gewaltlosigkeit. So sagt er in der Bergpredigt: «Wenn dich einer auf die linke Backe schlägt, dann halte ihm auch die andere hin» (Mt 5,39). Also: Kein Christ, der Gewalt ausübt, kann sich auf Jesus berufen. Wenn ein Christ gewalttätig wird, hat er sich gegen den klaren Willen Jesu vergangen.

Diese dunklen Seiten des Islam sind keine Gründe, ihn zu verachten oder schlechtzumachen. Wer mit dem Zeigefinger auf andere zeigt, zeigt mit den anderen drei Fingern auf sich selbst zurück. Islamfeindlichkeit ist keine Lösung. Zwar gibt es im Islam inakzeptable Gedanken. Aber auf der anderen Seite hat er auch kulturelle, philosophische und naturwissenschaftliche Meisterleistungen geschaffen. Er hat viele Völker zivilisiert. Hohe Werte im Islam sind auch für uns zentral – wie Nächstenliebe oder Demut vor Gott.

Was sollen wir also tun? Zunächst einmal soll man die IS-Scheusslichkeiten nicht mit den durchschnittlichen Muslimen gleichsetzen. Die meisten von ihnen sind friedliche Menschen, die wie wir ein ruhiges Leben führen möchten. Kaum einem käme es in den Sinn, einen Christen totzuschlagen.

Ich denke, dass wir uns weniger auf die Gefahren des Islamismus fixieren sollten. Viel wichtiger ist die Frage, was wir Christen dem Islam entgegensetzen können. Ist unser Christsein ebenso stark wie der Glaube vieler Muslime? Anders gefragt: Sind wir so stark im Glauben, dass wir es mit einem starken Islam aufnehmen können? Oder sind wir lau und profillos geworden – Gewohnheitschristen?

Und hat unsere westliche Welt nicht auf weite Strecken hin dekadente Züge angenommen, die von Muslimen zu Recht abgelehnt werden? Hat unser Reichtum nicht unsere ethische Stärke und unsere Kultur beschädigt? Haben «ICH-AG» und «alles ist erlaubt» auch uns angesteckt? Wie wichtig sind im westlichen Alltag Werte des Christentums noch – Werte wie Verantwortung für andere, Verpflichtung für das Leben in Gemeinschaft, Schutz der Schwachen, Demut und Bescheidenheit?

Christen müssen anders sein

Was ist zu tun? Vor allem dürfen wir es nicht dabei bewenden lassen, uns über die islamistischen Fanatiker zu entsetzen. Wir müssen ihnen etwas entgegensetzen: nämlich die starken Werte des christlichen Glaubens. Wir können nicht nur reden, sondern diese Werte sind energisch und mutig in die Tat umzusetzen. Jesus hat einmal gesagt, dass es bei den Gläubigen grundsätzlich anders zugehen soll als in der übrigen Welt. «Wer bei euch gross sein will, der soll euer Diener sein» (Mk 10,42f). Die Christen müssen erkennbar anders sein als die Nichtchristen. Das erwartet Jesus mit Nachdruck.

Ein paar wenige Stichworte mögen zeigen, was das konkret bedeuten könnte: zu keinem Unrecht in unserer Umgebung schweigen; Andersartige, Ausländer, Randständige mutig vor Verachtung schützen; von unserem Überfluss weitergeben; sich für eine menschenwürdige Politik einsetzen (Flüchtlinge!); zart und verständnisvoll mit Schwachen und Benachteiligten umgehen. Mit andern Worten: nicht fromm reden, sondern fromm handeln. Das gilt für jeden und jede von uns – für die einzelnen Gläubigen wie auch für Gemeindevereine, für Kirchenräte, für Bischof und Synodalrat. Die grauenhaften Flüchtlingsströme könnten ein guter Anlass sein, zu zeigen, dass Christen anders sind – erkennbar anders! Auch unsere Kirche könnte, ja müsste hier beweisen, dass sie eine Kirche ist, in welcher es nach Jesu Willen sehr anders zugehen muss.

Man kann es auch anders sagen: Die westliche Welt wird nicht wegen der Stärke des Islam islamisiert, sondern weil sie ihre eigenen kulturellen und christlichen Werte nicht mehr ernst nimmt.

Dezember 2015

Führen Religionen zu Kampf und Krieg?

Unser Thema «Konfliktpotenzial von Religionen» ist enorm gross. Ich beschränke mich deshalb bei unserer Frage vor allem auf das Christentum und den Islam. Denn uns interessiert ja bei diesen beiden Bekenntnissen ganz besonders, ob Religion zu Gewalt und Krieg führt.

Ist Gott gefährlich?
In der deutschen Wochenzeitung «DIE ZEIT» erschien ein Artikel des Soziologen Ulrich Beck mit der Überschrift «Gott ist gefährlich» und mit dem Untertitel «So human Religion auch erscheinen mag: sie birgt stets einen totalitären Kern.» Und weiter unten schreibt er: «Die Gesundheitsminister (müssten) warnen: Religion tötet. Sie darf an Jugendliche unter 18 nicht weitergegeben werden» (19.12.2007).

Natürlich ist das geistreiche Polemik. Aber doch auch etwas mehr, denn viele Menschen denken in diese Richtung. Ich kann das auch verstehen. Wenn man in der Geschichte etwas Rückschau hält, dann könnte man schon erschrecken: Die Christianisierung der Sachsen durch Karl den Grossen, Kreuzzüge, Vernichtung Konstantinopels durch Christenbrüder und später durch die Türken, Zwingli, der 30-jährige Krieg, Judenpogrome, der Armeniergenozid, Irland, der iranisch-syrische Krieg, der Palästinenserkonflikt, die indischen Hindu-Christen- und Hindu-Muslime-Konflikte. Das sieht ja wirklich alles nach Religionskriegen und religiös motivierten Schlächtereien aus. Man kann es so sehen. Trotzdem greift mir aber diese eindimensionale Einschätzung zu kurz. Denn kein Krieg wird nur aus einem einzigen Grund geführt. Kriegsursachen sind immer komplex und vielschichtig. Es braucht immer mehrere Geschehnisse und Entwicklungen, historische Hintergründe und bestimmte Persönlichkeiten, bis ein Konflikt mit Gewalt ausgetragen wird.

Wir wiegen uns allzu leicht im Gefühl, dass die Gewalttätigen immer die Anderen sind. Aber wir müssen der unangenehmen Tatsache ins Auge sehen, dass Gewalt zu jedem Menschen gehört. Es gibt keinen, der nicht schon Gewalt ausgeübt hätte oder Gewalt hätte erdulden müssen. Schliesslich kann schon der kleinste Säugling mit seinem nervenzerfetzenden Geschrei Nahrung erzwingen, und kein Kind kommt um Prügeleien herum. Unter Ehepaaren gibt es verbale Gewalt, wie wir alle wissen. Quälereien mancher Art gehören zu unserem Alltag. Und gewaltlose Politik ist oft nur dem Namen nach gewaltlos.

Der Drang zu Gewalt und Krieg gehört wie vieles andere offensichtlich zum Wesen des Menschen. In jedem Menschen stecken dunkle Kräfte und

Schattenseiten. Denn den vollkommenen Menschen gibt es nicht. Das wissen wir alle. Warum das so ist, darüber kann man sich streiten. Das Alte Testament sieht den Grund darin, dass der Mensch durch Ungehorsam gegen Gott das Vertrauensverhältnis zum eigenen Schöpfer zerbrochen hat. Dieses zerbrochene Vertrauensverhältnis zu Gott hat einen tiefen Riss in den zwischenmenschlichen Beziehungen zur Folge. Was dieser Riss für Konsequenzen hat, wird mit der Geschichte von Kain und Abel illustriert. Sie arbeiten nicht zusammen. Der eine betreibt Ackerbau, der andere Viehzucht. Sie opfern beide an verschiedenen Altären. Mit anderen Worten: Die beiden gehen sehr unterschiedlichen Arbeiten nach. Deshalb leben sie auch in weit auseinanderliegenden kulturellen und religiösen Welten. Das führt zwischen den Brüdern zu einer tiefen Kluft. Und diese führt schliesslich zum Brudermord. In dieser Kluft zwischen den Menschen und Gott und den Menschen untereinander sieht das Alte Testament den Grund für Krieg, Gewalt, Neid und Gier.

Die Psychologie sieht es wohl ähnlich: Der Drang zur Gewalt steckt tief in uns, gewissermassen in unseren Genen. Wir können uns davon nicht freimachen. Allerdings wird die Psychologie diese Tatsache wohl anders begründen als die Theologie. Aber darüber zu reden, liegt nicht in meiner Kompetenz. Für uns stellt sich jetzt die Frage nach der Rolle der Religion. Fördert sie diese tief im Menschen angelegte Gewalttätigkeit und Kriegslust? Oder kann sie dazu beitragen, diesen Trieb einzudämmen? Man kann sicher nicht alle Religionen über einen Kamm scheren. Es gibt Religionen, für die Gewaltlosigkeit erstrebenswert, ja ein striktes Gebot ist. Und es gibt Religionen, die näher an der Gewalt stehen und in denen Gewalt als legitimes Mittel gesehen werden kann, den göttlichen Willen durchzusetzen, sprich: Mission mit Gewalt zu betreiben. Die iranischen und germanischen Religionen werden zu diesen Religionen gezählt, und natürlich auch der Islam.

Die Bibel und Gewalt

Zunächst zum Alten Testament. Dort wird klar festgehalten: Wer Gewalt ausübt, stellt sich ausserhalb der Gemeinschaft. Gewalt ist nur dann legitim, wenn die Rechtsgemeinschaft sie zur Ahndung von Gesetzesübertretungen einsetzt. Das allerdings kann dann bis zur Todesstrafe führen – etwa Steinigung bei Ehebruch (Dtn 22,13ff). Noch eine zweite Art von Gewaltanwendung kann legitim sein – nämlich in Auseinandersetzungen mit anderen Völkern und so als Krieg des Herrn (Num 21,14) oder als Rache des Herrn (Num 31,3) gelten. Die Propheten kämpfen gegen Gewalt und Unrecht in der Gesellschaft, aber sie versprechen nie eine friedliche und gerechte irdische Welt. Wenn sie nämlich über das Ende des

Kriegführens und von der Wiederherstellung des paradiesischen Friedenszustandes reden, dann reden sie nicht von der Gegenwart, sondern von einer erlösten Zukunft, von einer endzeitlichen Hoffnung. Das Alte Testament nimmt die gewalttätige und kriegerische Realität des Alltags ernst und redet sie nicht schön. Aber es nimmt sie oft auch als gegeben hin.

Im Neuen Testament ist das ähnlich. Man hat Jesus als Sozialrevolutionär verstehen wollen, der auch Gewalt befürwortet habe. Aber dafür gibt es keine schlüssigen Hinweise in den Evangelien. Auch er nimmt zwar die Realität der Welt als gegeben hin: «Gebt dem Kaiser, was des Kaisers ist» (Mt 22,12). Aber trotzdem gibt er sich mit dieser Welt nicht zufrieden. Deshalb rechnet Jesus mit einer völligen Veränderung der Welt. Allerdings redet er nicht von einer, die von Menschenhand oder gar mit Menschengewalt herzustellen wäre. Sondern er wartet auf den Anbruch des Reiches Gottes.

Gewaltlosigkeit

Jesus steht für völlige Gewaltlosigkeit, ja er steigert die Forderung nach Gewaltlosigkeit bis zur Unerträglichkeit: «Leistet dem, der euch etwas Böses tut, keinen Widerstand. Sondern wenn dich einer auf die rechte Wange schlägt, dann halte ihm auch die andere hin» (Mt 5,39). Er lebt und stirbt auch entsprechend: Er stirbt erfolglos, gedemütigt, als Versager. Er stirbt als der Leidende und Zweifelnde. Selbst seine Jünger sind wegen seines kläglichen Endes von ihm enttäuscht. Diese Niederlage erwies sich dann als der Triumph, aus dem die Christen ihre Kraft bis heute beziehen. Ein Paradox, ich weiss, aber es ist so.

Die Christen der ersten Jahrhunderte versuchten, sich genau daran zu orientieren. Es gibt in der Zeit der Urkirche keine Nachricht über irgendwelche gewalttätigen Missionsversuche oder gar über kirchlich motivierte Kriege. Der lateinische Kirchenschriftsteller Tertullian, der um 220 gestorben ist, berichtet, dass die christliche Gemeinschaft so auffallend war, dass die Heiden sagten: «Seht, wie sie einander lieben!» Die ersten Christen konnten offenbar weitgehend gewaltlos zusammenleben und gewaltlos Mission treiben.

Zu Beginn des 4. Jahrhunderts befreit Kaiser Konstantin der Grosse das Christentum aus politischen wie aus religiösen Gründen aus der Unterdrückung. Die lange verfolgte Christenheit hatte einen grossen Sieg errungen. Endlich war sie nicht mehr verfolgt. «Aber das war auch eine Verführung zur Macht. ... Nun, da man sich mit der Macht verbunden wusste, brauchte man nicht mehr auf Gott zu warten, sondern man nahm die Sache oft selbst in die Hand. So begann ein Prozess christlicher Selbstentfremdung, der Jahrhunderte dauerte, der Kreuzzüge und Hexenverfolgung mit sich brachte und blutige Eroberungen rechtfertigte.» (Bernd Ulrich in: «DIE ZEIT», 8. Februar 2007.)

Blutspuren in der Geschichte der Kirche

Tatsächlich: Man kann in der Geschichte der Christenheit ungeheuer viele Blutspuren finden. Aber man kann keine einzige dieser Blutspuren mit der vollkommen gewaltlosen Botschaft von Jesus Christus begründen oder gar rechtfertigen. Es sind einzig und allein die Menschen in der Kirche, die die Verantwortung dafür tragen. Damit möchte ich sagen: Das Gewaltpotenzial liegt nicht in den Genen des christlichen Glaubens, den Jesus vertrat. Sondern einzig allein in den Menschen liegt alle Gewalt und Grausamkeit begründet. Nicht der christliche Glaube ist verantwortlich für die in seinem Namen begangenen Verbrechen. Die Verantwortung liegt ausschliesslich bei den Menschen, die den Glauben nach ihrem Gusto zusammengebogen haben. Man kann das nicht genug betonen.

Trotz allem ist in der Kirche das Wissen um Gewaltlosigkeit und Nächstenliebe nie verloren gegangen. Das sieht man an der unendlichen Zahl von Menschen, die für den Glauben gestorben sind, und an den vielen Menschen, die ihr Leben für die Nächsten einsetzten. Aber an noch etwas anderem kann man sehen, dass das Wissen um die Gewaltlosigkeit der Sache Jesu nie verloren gegangen ist – nämlich an den christlichen Reliquien. Zwar ist uns der Sinn für Reliquien weitgehend abhandengekommen. Aber dennoch kann man hier ein sehr wichtiges Indiz finden: Die Reliquien der Christenheit sind immer Reliquien der Gewaltlosigkeit, Kreuzessplitter etwa, oder die Lanze, mit der Jesus am Kreuz die Seite geöffnet wurde. Deshalb kann man nicht genug betonen: Wer an der Gewaltlosigkeit des christlichen Glaubens rüttelt, rüttelt an dessen Fundament.

Zum Islam

Ich habe gesagt, dass der Islam zu den Religionen gehöre, die ein anderes Verhältnis zur Gewalt haben als das Christentum. Das kann man zunächst an der Gestalt Mohammeds sehen. Während Jesus eine leidende, zweifelnde, erfolglose Figur ist, ist Mohammed eine heroische Gestalt. Der Prophet war zweifellos eine sehr spirituelle Persönlichkeit mit einer ausserordentlichen Gottesbeziehung. Aber im Gegensatz zu anderen Religionsstiftern war er zudem ein ganz besonders fähiger Politiker, ein ausgezeichneter Feldherr und grosser Eroberer, aber auch ein machtbewusster Herrscher. Er hat mit der Einigung der Araber eine grosse politische Leistung erbracht. Seine religiöse und kulturelle Leistung hat die Welt tief beeinflusst und das beileibe nicht nur negativ, wie wir das angesichts des brutalen Islamismus zu glauben geneigt sind. Trotzdem: Der Islam hat eine gewalttätige Seite, wie auch die beiden folgenden Beispiele zeigen. Eine der kostbarsten Reliquien des Islam ist das Schwert, mit dem Mohammed in den Krieg gezogen ist; es wird in

Istanbul tief verehrt. Und es gibt im Koran Verse, mit denen direkt zur Gewalt, zu Härte, ja zu Grausamkeit gegen Ungläubige aufgefordert wird (zum Beispiel Suren 9,73, 9,123 und 5,33).

Aber es gibt – das sei mit Nachdruck betont – im Koran auch hohe ethische Ansprüche und Texte, die von grosser Menschenliebe sprechen. Wer je in arabischen Ländern gereist ist, hat immer wieder Lebendigkeit und Wärme islamischer Gläubigkeit spüren können.

Angst vor dem Islam?
Trotzdem: Es gibt bei uns viele Ängste vor dem Islam – begründete und unbegründete. Der Islam ist äusserst erfolgreich. Er dehnt sich bei uns, vor allem aber in Drittweltländern aus. Er ist eine starke religiöse und deshalb auch politische Kraft. Er ist oft lebendiger und kraftvoller als das Christentum. Aber müssen wir deshalb Angst haben? Ich denke, dass wir weniger vor dem Islam Angst haben sollten als vor uns selbst und unserer Lauheit. Die langweilige Toleranz der naiven Gutmenschen, die alles und jedes für gut, wahr und richtig halten, die in den Schulen nicht einmal Weihnachten zu feiern wagen, kann kein Boden für religiöse Stärke sein. Ich bin der Meinung, dass man dieser Dynamik des Islam weder mit einem Minarett- noch mit einem Kopftuchverbot beikommen kann noch mit der ignoranten Politik eines George W. Bush. Die Schwäche des Christentums ist die Stärke des Islam. Wer die eigene religiöse Identität aufgibt und einen farblosen Schmusekurs steuert, muss sich nicht wundern, wenn die Leute Kirche oft als profillos und langweilig empfinden. Nur wenn die Christen, nur wenn die westliche Welt, zu ihrer Identität stehen – allerdings ohne eurozentristische Arroganz! –, können sie einen humanen und menschenfreundlichen Einfluss zurückbekommen. Man kann allerdings nur zur eigenen Identität stehen, wenn man sich gegen andere deutlich abgrenzt. Das jedoch hat mit Respekt und echter Toleranz zu geschehen. Nur wer einen eigenen Standpunkt hat, und diesen nicht verleugnet, kann mit anderen Religionen und Kulturen einen echten und ehrlichen Dialog führen. Das dürfen wir nicht vergessen, weil wir nämlich nicht darum herumkommen werden, uns mit der Frage von Religion und Gewalt immer wieder auseinanderzusetzen.

Rotary Club Basel, 10. März 2008

Kunst und Kirche als Provokation

Es gehört zu den traurigen Entwicklungen der jüngeren Geschichte, dass Kirche und Kunst immer mehr in ein zerrüttetes Verhältnis zueinander geraten sind. Die Einschätzungen und Vorurteile sind beiderseits ähnlich: Glaube gilt oft als etwas Vorgestriges, als etwas, das nicht für heutiges Denken da ist, als etwas, das am Leben vorbeigeht. Und vor allem zeitgenössische Kunst gilt vielen als etwas, das man ohnehin nicht versteht. Sie verletzt Gefühle und Anstand. Sie ist nicht für alle Leute da, sondern nur für einen elitären, oft dünkelhaften kleinen Zirkel.

Man könnte das, wofür Kirche und Kunst stehen, mit den gleichen Worten umschreiben: Sie provozieren die behagliche Selbstzufriedenheit und Gewohnheit. Echter Glaube und wirkliche Kunst provozieren aber auch den menschlichen Verstand immer. Das ist nicht einfach eine Anmassung oder eine Marotte. Sondern Kirche und Kunst haben etwas von ihrem ureigensten Wesen verloren, wenn sie nicht provozieren. Sie müssen infrage stellen und unsicher machen. Sie müssen Reaktionen in uns hervorrufen. Kunst und Glaube dürfen nämlich nicht durchschnittlich und angepasst sein. Kunst und Kirche müssen jenseits menschlicher Normalität, jenseits der üblichen, allgemein akzeptierten Normen stehen. Oder anders gesagt: Kirche und Kunst wollen und können sich mit der Welt, wie sie ist, nicht abfinden oder gar arrangieren. Kunst, die sich mit der Realität arrangiert oder gar solidarisiert, wird zum ästhetischen Gesellschaftsspiel, zur schöngeistig-schicken Vernissagenkultur. Und ebenso wird Kirche, die sich mit der Realität arrangiert oder gar solidarisiert zum erbaulichen Höfling braver Ordentlichkeit, zur Bestätigung all derer, die die Gnade Gottes nur in Recht und Ordnung erkennen können.

Kirche und Kunst haben also in ihrem Wesen etwas gemeinsam: Sie können sich mit der Tatsache nicht abfinden, dass es in der Welt Ungerechtigkeit gibt. Sie dürfen sich nicht damit abfinden, dass die Welt hässlich und krank, ja zerstörerisch ist. Kunst und Kirche sagen, dass sie eine andere Welt möchten – eine gerechte, schöne und offene Welt, eine Welt, in der sich der ganze Reichtum des Lebens entfalten kann.

Welche Kunst ist christlich?

Die Kirche kann nicht dabei stehen bleiben, dass sie einfach davon redet, dass sie eine gerechte und schöne Welt möchte. Sondern sie muss davon reden, dass eine solche Welt kommen wird. Zudem muss sie mit ihrer Arbeit für eine bessere Welt dafür sorgen helfen, dass der Herr diese neue Welt Wirklichkeit werden lassen wird. Und dazu braucht sie die Kunst, braucht sie christliche Kunst. Es wäre allerdings ein grosser Irrtum, zu glauben, dass Kunst nur schon dadurch christlich wird, dass sie christliche Themen darstellt. Das zeigt die Ausstattung vieler christlicher Kirchen zur Genüge. Kunst ist nur dann christlich, wenn sie den Menschen aufschliesst und zu Freiheit auffordert. Sie muss neue Wege öffnen und Aufbruch bewirken. Sie muss versuchen zu Umkehr zu zwingen. Kunst ist nur dann christlich, wenn sie die Zerbrochenheit der Schöpfung darstellt und uns dazu bewegt, uns nicht mit dieser Zerbrochenheit abzufinden. Künstlerische Mittel dazu gibt es viele. Die unheimliche Vollkommenheit Bachs zeigt das. Oder die verworrene Zerrissenheit van Goghs. Die Alptraumhaftigkeit Kafkas. Die umstürzlerische Banalität von Beuys. Was uns bewegt, verändert, nach vorne bringt, nach Christus suchen lässt, das ist christliche Kunst.

Deshalb ist es eigentlich nicht ganz einsichtig, warum Christen immer wieder vor der Provokation der Kunst Angst haben. Es leuchtet nicht ein, dass sie sich nach dem sehnen, was einen darin bestätigt, was man ohnehin schon weiss und denkt. Denn: Auch der christliche Glaube provoziert schliesslich. Oder ist es denn keine Provokation, wenn in jeder Kirche ein nackter, gefolterter Mann hängt? Ist es keine Provokation, wenn es im Lobgesang Marias im Lukasevangelium heisst: «Die Hungernden beschenkt er mit seinen Gaben, und die Reichen lässt er leer ausgehen» (Lk 1,53)? Ist es keine Provokation, wenn ein junges Mädchen einen Knaben zur Welt bringt, der Gottes Sohn ist? Wenn wir uns der provozierenden Seite der Kunst aussetzen, kann sie uns vielleicht helfen, aus der kirchlichen Normalität wieder auszubrechen, in die Anormalität des sich Bestimmenlassens durch die Provokation des Evangeliums.

Mut zum Risiko

Mir scheint zeitgenössische Kunst von zentraler Bedeutung für unsere Zeit und für die zeitgenössische Kirche. Sie muss uns anregen, vielleicht sogar provozierend zwingen, uns mit unserer Zeit auseinanderzusetzen. Den Gläubigen, die sich auf diese Provokation einlassen, wünsche ich, dass sie diesen Mut bewahren. Allerdings: Künstler dürfen sich nicht selbstgefällig als Ich-Ich-Ich inszenieren. Sie müssen – wenn sie glaubwürdig sein wollen – sich selbst immer neu hinterfragen und die Fragen unserer Zeit wichtiger nehmen als sich selbst. Das gilt genauso für die Kirche. Selbstgewissheit und Selbstüberschätzung sind für Kunst und Kirche gleichermassen gefährlich. Wir dürfen in der Kirche nicht einfach bei denkmalschützerischer Sicherheit und Risikolosigkeit stehen bleiben. Unsere altehrwürdigen Kirchen müssen ein Ort des Gebets sein, wo die heutige Welt zu Wort kommt. Sie müssen auch ein Ort sein, wo man zur Ruhe finden kann und gleichzeitig auch merken muss: Aha, hier, in dieser Kirche haben Menschen den Mut, sich der Realität der Welt und der Realität Gottes zu stellen. Meine Hoffnung ist, dass Kunst und Kirche sich miteinander in lebendiger Spannung mit den heutigen Problemen und Fragen auseinandersetzen. Damit Menschen merken: Die Welt darf nicht so bleiben, wie sie ist. Beide müssen mit ihren je eigenen Mitteln die Menschen, die sich hier versammeln, weiterbringen auf dem Weg zum Reich Gottes.

Franziskanerkirche Solothurn, 24. Februar 1993

Gedanken zum Verhältnis Kunst und Kirche

Der christliche Glaube ist wie der jüdische, aus dem er herausgewachsen ist, ein Glaube des Wortes. Das Wort Gottes ist ein zentraler Begriff. Das Wort ist Fleisch geworden. «Das Wort Gottes verkünden», «Himmel und Erde werden vergehen, meine Worte aber werden nicht vergehen» (Mt 24,35), das sind zentrale Aussagen christlichen Glaubens. Deshalb benötigt der christliche Gottesdienst ausser Worten nur ein paar einfache Gegenstände: Wasser, Wein, Brot, Öl, Tisch, Trink- und Essgefässe.

Aber wer Sprache gebraucht, braucht auch Bilder. Bild und Wort lassen sich nicht einfach trennen. Ohne das Gebrauchen von Bildern gibt es kein Denken. Wir reden auch nicht umsonst von einer bilderreichen Sprache. Weil Bild und Wort nicht voneinander zu trennen sind, kann Paulus von Jesus, dem Fleisch gewordenen Wort Gottes, sagen: «Christus ist das Bild des unsichtbaren Gottes» (Kol 1,15). Und der Kirchenvater Johannes Damascenus (gestorben 754) hat gesagt: «Da Gott aus unsagbarer Güte Fleisch wurde und sich auf Erden im Fleisch darbot und mit den Menschen wandelte, so gehen wir nicht in die Irre, wenn wir das im Bilde festhalten.» Diese Grundhaltung hat sich in der Kirche durch ihre ganze Geschichte hindurch fortgesetzt. Und abgesehen von einigen reformatorischen Kirchen spielte das Bild im christlichen Glauben immer eine zentrale Rolle. So ist es nicht verwunderlich, dass zwischen Kunst und Kirche immer eine enge Beziehung bestand. Eine Beziehung, die wie jede echte Beziehung gute und schlechte Zeiten, Höhen und Tiefen kannte.

Heute stehen wir in einer Zeit, in der zwischen Kirche und Kunst eine schwere Kommunikationskrise herrscht. Man versteht sich nicht mehr und misstraut sich gegenseitig. Allerdings muss gleich beigefügt werden, dass diese Kommunikationskrise nicht nur zwischen Kirche und Kunst, sondern auch zwischen unserer Gesellschaft überhaupt und der Kunst – und auch der

Kirche! – besteht. Die Kirche erscheint vielen Künstlern vorgestrig, moralingetränkt, unaufgeklärt. Umgekehrt sieht die Kirche in der Kunst nur noch Unverständliches, Elitäres, sich selbst Bestätigendes. Das sind letztlich dieselben Vorurteile auf beiden Seiten. Und manchmal erinnert mich die Diskussion sehr an die Gespräche eines zerstrittenen Paares, wo jeder nur noch das sieht oder hört, was er will oder kann – und das in immer den gleichen Worten wiederholt. Diese Vorurteile abzubauen, ist wohl ein vordringliches Gebot. «Verstehen Sie mich bitte nicht zu rasch», soll André Gide an Paul Claudel geschrieben haben, als dieser im Atheisten Gide schon Christliches zu entdecken glaubte.

Um Vorurteile abzubauen, braucht es zuerst einmal Geduld und Ruhe. Wenn man Menschen zu rasch versteht, dann ist die Gefahr gross, dass man seine eigene Sicht projiziert und ihm Unrecht tut. «Auch Bilder wollen nicht zu rasch verstanden werden. Man tut ihnen Unrecht, wenn man sie in eiliger Zustimmung zur Kenntnis nimmt und sich alsbald wieder von ihnen abwendet. Dies geschieht häufig in Bezug auf alte Kunst. Man kann ihr auch Unrecht tun, indem man sie nach kurzer Begegnung gleichgültig und hasserfüllt ablehnt. So ergeht oder erging es oft Werken der Moderne.» So schreibt der österreichische Bischof Egon Kapellari, der mich mit viel Gedanken beeinflusst hat. Und weiter: «Geduld mit Bildern und schwer deutbaren Texten lässt auch die Geduld mit Menschen wachsen und reifen, und davon gibt es unter Menschen im Allgemeinen und auch unter Christen nicht zuviel.»

Neben Geduld und Zuhören gehört auch etwas Weiteres dazu, wenn man die Kommunikation zwischen Kunst und Kirche verbessern will: Übung. Wie man eine Sprache, das Skifahren oder ein Instrument üben muss, so muss man auch den Umgang mit jeder Form von Kunst üben. Kunst ist wie jede andere Ausdrucksform menschlichen Geistes etwas differenziert Verschlungenes. Man muss den Wegen nachgehen, Ausdrucksformen erfassen lernen, sich in das Fremde einüben. Was sofort offen daliegt, verständlich und klar, da ist wohl nicht viel Tiefe und menschliche Abgründigkeit zu finden. Unsere Zeit setzt auf schnelle Gefühle, sofortige Gemeinschaft und immer neues Erleben. Wir treiben einen Kult der Spontaneität. Zwar braucht es Spontaneität, aber damit allein kann man den Tiefen des Lebens nicht nahekommen. Dazu braucht es mehr. Dazu braucht es auch Hören, Sehen, Sichgedulden und Üben. Ist deshalb – weil wir weder Geduld haben noch üben wollen – die Kunst, die in den Kirchen und Gemeindehäusern herumhängt, oft so öde und langweilig? Sind wir Christinnen und Christen so träge geworden, dass uns selbstgebastelte Deckenmobiles, fade Glasmalereien und sentimentale Liedchen genügen? Wenn Kunst in der Kirche und in der eigenen Gemeinde nicht weiter reicht als bis zu gesungenen Taizéverschnitten, den ewigen Ikonendrucken und langweiligen Kopien von Hungertüchern, dann sollten wir schon etwas über das Verhältnis der Kirche zur Kunst nachdenken.

Wenn jetzt die Kunstschaffenden und Kunstverständigen schadenfreudig meiner Kirchenschelte zugehört haben, so seien sie gewarnt. Ich werde den Spiess natürlich sogleich umkehren. «Verstehen sie mich bitte nicht zu rasch» möchte ich auch den Künstlerinnen und Künstlern zurufen. Machen sie ihr Bild von Kirche, ihr Bild vom christlichen Glauben nicht allzu oft einfach von zufälligen Begegnungen und persönlichen Erfahrungen abhängig? Ich will den zitierten Text von Kapellari etwas verfremden: «Auch die Kirche will nicht rasch verstanden werden. Man tut ihr Unrecht, wenn man sie in eiliger Zustimmung zur Kenntnis nimmt und sich alsbald wieder von ihr abwendet … Man kann ihr auch Unrecht tun, indem man sie nach kurzer Begegnung gleichgültig oder hasserfüllt ablehnt.» Auch hier gilt: geduldig hinhören und hinschauen. Auch hier gilt: Wer einfach seine eigenen Erfahrungen und Gefühle zu Urteilskriterien macht, wird vordergründigen Vorurteilen aufsitzen. Wer sich über den christlichen Glauben ein Bild machen will, muss sich in Texte vertiefen. Der muss sich einführen lassen, muss versuchen, der Liturgie – die ein kompliziertes, durch Jahrhunderte gewachsenes Kunstwerk ist – nahezukommen. Er muss versuchen, dem Leben der Christen nahezukommen. Hören, sehen, sich gedulden, üben. Das gilt auch für den Umgang der Kunst mit der Kirche. Hierzu eine alte Anekdote: Ein Tourist sucht in Berlin die Philharmonie. Er fragt den nächsten Passanten, der zufällig der Konzertmeister der Philharmoniker ist. «Wie komme ich am schnellsten in die Philharmonie?» Der antwortet zerstreut: «Üben, üben, üben.»

Die Kirche braucht die Kunst, das ist keine Frage. Aber sie kann ihre Kraft nur spüren, wenn die Kommunikation funktioniert. Wenn sie sich ernst genommen fühlen kann. Aber warum braucht die Kirche die Kunst? Aus dem ganz einfachen Grund: Weil nirgends so klar und unerbittlich die Fragen der Zeit gestellt werden. Die Fragen der Zeit werden nicht in Chefetagen oder Gewerkschaften, in intellektuellen Zirkeln oder in der Wissenschaft, in gescheiten Zeitungsartikeln oder in Wochenendkursen gestellt, sondern in der zeitgenössischen Malerei, Literatur, Musik. Hier wird der Puls der Zeit gespürt, hier werden die Regungen, Fragen und Sorgen der Menschen registriert. Hier findet das Suchen, Planen, Sehnen, Bezweifeln, Träumen und Hoffen der Menschen ihren beredtesten Ausdruck. Ich bin überzeugt, dass unsere Seelsorge effizienter, unsere Predigten spannender, unsere Liturgie stärker wären, wenn wir uns intensiver mit der zeitgenössischen Kunst auseinandersetzen würden. Denn wie soll die Kirche das Heil verkünden, wenn sie ihre Zeit nicht kennt?

Aber wie die Kirche ihre Grenzen sehen sollte, so auch die Kunst. Nicht alles, was Kunst sein will, ist wirklich Kunst. Und nicht alle Kunst ist gut.

Vieles ist platt, genüssliche Darstellung von Brutalität und Obszönität, eitle Selbstverwirklichung und Selbstdarstellung, auch öde Publizitätsgier und Gewinnsucht, Orgien des Narzissmus und billige Produktion. Wir wissen das alle. Demut ist eine Tugend, die nicht nur bei Christen höchsten Stellenwert haben sollte. Auch für Kunst und Kunstschaffende ist Demut oberstes Gebot. Kunst kann nur Kunst sein, wenn sie nicht egozentrisch nur sich sucht, sondern das Böse der Welt denunziert und eine bessere Welt sucht.

Und ein Letztes: Kirche und Kunst, so verschieden sie sind, so spannend und belastend ihre Geschichte ist, so schwierig sie es manchmal miteinander hatten, sie haben bei aller Verschiedenheit etwas gemeinsam: Sie haben, um es mit dem deutschen Bischof Moser auszudrücken, einen gemeinsamen Feind, nämlich: «Die drohende Banalität des Daseins, das kein Geheimnis mehr kennt und die Apathie des Homo functionalis. Sollte da keine Koalition mehr möglich sein?» Ich hoffe, dass diese Begegnung von Kunst und Kirche hier in Solothurn ein erster Schritt einer solchen Koalition ist. Jedenfalls bin ich der Kirchgemeinde Solothurn, Frau Hanselmann und Herrn Mollet, dankbar, dass sie dieses Wagnis eingegangen sind.

Zur Vorstellung der neuen Altarausstattung
Franziskanerkirche Solothurn, 12. November 1996

Braucht die Kirche Bilder?

Alles, was der Mensch tut, betrifft den ganzen Menschen. Man kann Körper, Seele, Geist nicht auseinanderdividieren. Das gilt auch für das religiöse Leben, wo es deshalb Musik, Körperhaltungen, Prozessionen, Weihrauch, Blumen und Kerzen gibt. Anders gesagt: Religiöses Leben äussert sich nicht nur in Worten. Religiöses Leben hat – wenn es diesen Namen verdient – immer auch eine sinnliche Dimension. Wenn man das Sinnliche aus der Religion verdrängt, so schleicht es sich durch eine Hintertüre in irgendeiner Weise wieder ein – durch Esoterik, Gipsmadonnen, künstlerisch billige Fastentücher, Astrologie und viel anderes mehr.

Zur religiösen Sinnlichkeit gehören auch Bilder. Wir Christkatholiken haben allerdings ein eher distanziertes Verhältnis zu Bildern. Wir bringen sie leicht mit Aberglauben und vulgärer Heiligenverehrung in Verbindung. Viele von uns sind unsicher, ob Bilder in der Kirche wirklich nötig sind. Aber Verehrung von Bildern gehört zu den ältesten religiösen Äusserungen der Menschheit. Das können zum Beispiel Steine oder Holzstelen gewesen sein. In solchen Götterbildern offenbarte sich der Gott und gab seine Kräfte weiter. Darum hatte man viele Götterbilder um sich. Je mehr man hatte, umso sicherer fühlte man sich. Damit hatte der dargestellte Gott etwas Verfügbares an sich.

Das Volk Israel hat eine völlig andere Gottesvorstellung. Es kann sich Gott nicht in materiellen, von Händen gemachten Figuren vorstellen. Gott ist in keiner Weise ein Teil der Welt. Er ist der Schöpfer, der dem Menschen persönlich gegenübertritt. Er kommt, wann er will. Kein Mensch kann über ihn verfügen. Deshalb heisst es in den zehn Geboten: «Du sollst dir kein Gottesbild machen», weil er der total Unverfügbare ist. Damit ist im Volk Israel eine völlig andere Gottesvorstellung gewachsen.

Die Christen haben das Bilderverbot ganz selbstverständlich übernommen. Dass sie auf Befehl des Kaisers heidnische Götterbilder hätten verehren sollen, brachte sie in höchste Bedrängnis. Zugleich verschärfte das natürlich die Sensibilität der jungen Kirche für das Bilderverbot. Deshalb haben sich die Christen zuerst vor allem mit Symbolen ausgedrückt. So weiss man von einem Bischof um das Jahr 200, dass man auf Siegelringen christliche Symbole trug, zum Beispiel eine Taube, einen Fisch oder einen Anker. Wenig später begann man auf Sarkophagen christliche Figuren anzubringen: zum Beispiel den Guten Hirten oder einen Fischer. Erst in der Mitte des 4. Jahrhunderts begann man Kirchen auszuschmücken.

Das gab aber sogleich eine grosse Kontroverse: Kann man Göttliches mit menschlichen Mitteln abbilden? Kann man den lebendigen Gott mit toter Materie (Holz und Farbe) darstellen? Der Streit hat durch die ganze Kirchengeschichte nicht aufgehört. Das byzantinische Reich wurde durch den Bilderstreit an den Rand des Abgrundes geführt. Und die reformierten Kirchen haben mit den puritanischen und sinnesfeindlichen Reformatoren Zwingli und Calvin ein absolutes Bilderverbot eingeführt.

In den katholischen Kirchen hat sich jedoch eine andere Sicht durchgesetzt. Gott selbst ist Mensch geworden. Das Johannesevangelium drückt es noch drastischer aus: Er ist Fleisch geworden. Deshalb besteht eine enge Verbindung zwischen den materiellen Dingen und Gott. Das ist der zentrale Punkt der Bilderverehrung.

Dass ein Bild mehr ist als Papier oder Holz, das wissen wir alle: Das Bild eines geliebten Menschen stellen wir auf oder wir tragen es mit uns. Damit wird ein Stück von ihm gegenwärtig. Das ist auch in der Kirche so. Auch dort ist im Bild etwas vom Dargestellten da. Deshalb beten Menschen vor einem Gekreuzigten oder vor einem Marienbild und nicht vor einer aufgeschlagenen Bibel oder einem leeren Holzkreuz.

In der traurigen Welt sehnen sich Menschen nach Schönheit und Harmonie. Die Schönheit des Irdischen ist eine Hilfe auf dem Weg zur Schönheit Gottes. Kirchliche Kunst ist also Kunst um Gott näherzukommen. Ein Bild kann über sich hinausweisen. Oder anders gesagt: Mit Bildern kann man Gott manchmal leichter näherkommen. Weil man durch sie hindurch zu ihm sehen kann. Deshalb braucht die Kirche Bilder.

Dezember 1996

Le Notre Père

Le Notre Père est la prière la plus célèbre et la plus connue. Les chrétiens l'ont priée sans cesse: en temps bons et en temps mauvais, désespérés et reconnaissants, en communauté et tout seul.

Malgré que nous croyions connaître cette prière très bien, ils restent toujours des mystères et des questions. Malgré notre grande familiarité avec ce texte, beaucoup reste incompréhensible ou même étrange. Elle est comme un bloc erratique. Et c'est peut-être pourquoi on peut prier cette prière toujours à nouveau, car ils restent toujours des questions et elle garde toujours un certain mystère. Elle ne s'use jamais.

Et encore autre chose: chaque fois qu'on prie le Notre Père, la prière est différente. C'est comme si elle s'adaptait à nos besoins. La prière est formulée très ouvertement. Ainsi chaque croyant peut y mettre sa joie ou sa misère, son espoir ou son deuil, ses pensées ou ses sentiments, comme dans un grand vase.

Quelque chose est très important: la prière du Seigneur est écrite en forme de «nous». Cela veut dire: personne ne prie seul ou isolé. Je ne prie pas pour *mon* pain ou pour *mon* pardon. Nous prions ensemble et nous prions les uns pour les autres. Il s'agit du pain de nous tous et le pardon de nous tous. Cela nous contraint à la communauté et en même temps cela nous protège de l'isolation dans la prière. Nous connaissons tous la difficulté de prier, et même d'être parfois incapable de prier. Le Notre Père nous rappelle que nous ne devons pas supporter ces misères seuls. Si je ne suis pas capable de prier, il y a quelqu'un d'autre qui prie pour moi – et vice-versa.

La prière que, selon l'Evangile, le Seigneur lui-même nous a donnée, a des structures très précises. Elle commence par un salut: «Notre Père». Puis suivent sept demandes (sept est le chiffre de la plénitude et de la perfection). La prière est construite comme une pyramide dont la pointe est «Notre Père». Puis suivent son nom, son règne et sa volonté. Et seulement après viennent les nécessités de notre vie humaine: le pain, les offenses/le pardon, la tentation et la délivrance. Le primat absolu de Dieu est exprimé ici. C'est pourquoi la structure est comparable à celle des dix commandements, où il s'agit aussi d'abord de Dieu et seulement après des hommes.

Nous allons essayer dans les prochains numéros de «Présence» d'écouter précisément le texte de la prière du Seigneur. Nous voulons essayer de comprendre un peu les pensées de Jésus. En même temps nous devons accepter qu'on ne puisse pas comprendre le vrai sens de cette prière uniquement par une exégèse historique ou scientifique. La plus profonde exégèse et la plus profonde compréhension ne peuvent s'avérer que dans la prière. Dans la prière personnelle, les priants peuvent sentir ce que Dieu veut leur donner et leur révéler dans le Notre Père.

Notre Père qui es aux cieux

Le Notre Père commence par une grande consolation: nous pouvons appeler Dieu «Père». Dans la langue originale cela est même formulé par un mot provenant de la langue enfantine: «Abba» – c'est un peu comme «Papa». Dans le monde religieux de l'époque c'était assez étrange. Dieu n'est plus un souverain qu'il faut apaiser ou calmer. Jésus crée dans notre monde une nouvelle relation avec Dieu. Elle est déterminée par la confiance et non pas par la loi ou par la crainte. On peut appeler Dieu Papa. Il est le protecteur, la consolation, la source du bien.

«Père» – c'est un mot si profond et substantiel qu'il ne faut rien ajouter – ni tout puissant, ni bon, ni clément. Il est tout simplement le père. Avant Jésus personne n'a prononcé cela aussi clairement.

Ceci dit, il faut bien voir que nous prions *notre* Père. Même si nous prions seuls dans notre chambre la plus retirée nous ne pouvons dire «Père» qu'en communion avec les autres fidèles. Car il n'est pas *mon* Père, mais *notre* Père.

Il est notre Père tout simplement parce qu'il nous a créés. Que Dieu a créé chaque homme et chaque femme est l'idée essentielle de l'Ancien et du Nouveau Testament. C'est pourquoi l'existence de chaque homme et de chaque femme est voulue par Dieu. Autrement dit: chaque homme et chaque femme est l'image de Dieu.

En même temps il est le *Père aux cieux*. Cela signifie que le monde est guidé par la réalité divine. Dieu détermine le cours de la création. Cela ne veut pas dire qu'il est enlevé dans un monde lointain et inaccessible. Mais cela signifie que même si le Père est au-dessus de tout et s'il dépasse toute compréhension, tout sentiment et toute pensée, il est quand même tout proche de nous et il se soucie de nous. Sa grandeur ne l'empêche pas d'être le confident fidèle.

Et encore: chaqu'un de nous a des expériences difficiles avec son père. Il y a même des hommes et des femmes dont la vie a été détruite par leur père (ou mère). On peut donc bien comprendre qu'il peut être difficile de voir Dieu comme père. L'Eglise devrait prendre cette problématique autant au sérieux que la psychologie.

Et c'est juste qu'une autre question soit souvent posée: est-ce-que Dieu n'est pas aussi mère? La théologie féministe avait bien raison de prévenir d'accentuer trop la masculinité de Dieu. C'est vrai que la Bible n'appelle Dieu jamais «mère». Mais elle emploie l'image de la mère pour exprimer que nous sommes gardés et aimés par Dieu. C'est pourquoi elle parle du caractère maternel et féminin de Dieu.

Donc: c'est clair que Dieu n'est pas masculin, ni féminin. Car Dieu n'a pas de limites – non plus des limites de genre. Mais il est le créateur de l'homme et de la femme. Tous les deux sont l'image du Père aux cieux. Ici sont enracinés la dignité de l'homme et l'amour de Dieu pour nous. Et précisément pour cette raison nous pouvons appeler Dieu «Notre Père».

Que ton nom soit sanctifié

Cette première prière du Notre Père est remarquable, car dans la Bible Dieu n'a pas de nom. Un dieu possède seulement un nom pour se distinguer d'autres dieux: Zeus d'Apollon par exemple. Mais notre Dieu n'appartient pas à un entourage polythéiste. Il ne doit pas se distinguer d'autres dieux. Il ne peut pas avoir un nom entre d'autres noms divins. Car il est le Dieu unique (Ex 20,2-3).

Quand Moïse, devant le buisson ardent, veut savoir le nom de Dieu, il reçoit une réponse très particulière: «Je suis celui qui suis» (Ex 3,14). Dieu est – tout simplement. Il ne peut pas avoir de nom. Il est celui qu'il est.

Mais ce refus de réponse n'est pas seulement un refus. Car la phrase dit aussi: sache, que je suis. Moi, Dieu, j'existe. Tu peux compter sur moi. Je suis présent, toujours et partout. La réponse est donc refus et promesse en un: Je n'ai pas de nom, tu ne peux donc pas disposer de moi. Mais je suis toujours présent – aussi pour toi. Cela veut dire: tu peux m'appeler. Tu peux m'invoquer. Tu peux avoir une relation avec moi. C'est pourquoi on peut traduire la réponse de Dieu à Moïse aussi par: «Je suis celui qui est présent.»

Malgré ce fait, dans la Bible on parle beaucoup du nom de Dieu. Car sous le nom on entend toujours la personne elle-même. Qui donc parle du nom de Dieu, parle de Dieu lui-même. Et celui qui parle de Dieu, peut abuser de son nom. Nous le savons bien à travers l'histoire. Au nom de Dieu on peut commettre toute atrocité. Les juifs et les chrétiens l'ont fait – en parole et en action. Et c'est ce que font maintenant les terroristes islamistes.

Mais pas seulement les malfaiteurs de l'histoire profanent le nom de Dieu. Car, même avec les meilleures intentions, l'homme ne peut parler de Dieu que défectueusement et en fragments. C'est pourquoi nous ne sommes pas capables de convaincre l'humanité de notre Dieu. Quand nous parlons de lui, quand nous agissons dans son nom, cela sera toujours imparfait, faible et dans les limites humaines. Il ne nous faut jamais oublier ceci.

C'est donc logique que cette première prière du Notre Père signifie: aide-nous d'avoir la force et le courage de parler ainsi de toi et de vivre de façon que les hommes et les femmes sentent que tu es le Dieu grand, saint et brillant. Et aide-nous de ne pas profaner ou même blesser ton nom.

Mais cette prière signifie encore autre chose: parce que nous ne pouvons jamais faire voir la sainteté de ton nom dans toute sa réalité, montre-toi toi-même dans ta grandeur. Agis ainsi que nous tous puissions faire l'expérience de ta présence, de ta grandeur et de ta gloire. Fais ce que nous ne pouvons pas. Fais briller dans le monde entier la sainteté de ton nom.

Que ton règne vienne

Tous les jours nous faisons l'expérience que le monde n'est pas en ordre. Il y a l'injustice, la maladie, la mort, des catastrophes, la guerre. Il y a les conflits, le chômage, le divorce. Et nous connaissons aussi nos limites individuelles, notre manque d'amour, nos faiblesses. En vue de nos misères et des misères des autres, nous avons souvent l'impression que Dieu et son règne sont très, très loin. C'est donc logique que Jésus nous appelle à prier pour l'arrivée de son règne, de son royaume.

Si nous devons prier pour l'arrivée du règne de Dieu, cela nous montre que les hommes ne disposent jamais de Dieu et de ce qu'il fait. Nous ne serons jamais capables de créer un monde parfait ou même le paradis. Les politiciens qui promettent une société parfaite et juste finissent sans exception en violence et en dictature. Les chrétiens connaissent ce fait. C'est pourquoi ils n'essayent pas de créer le paradis, mais ils prient pour le règne de Dieu.

Mais, qu'est-ce donc le règne de Dieu? Jésus le compare avec une graine minuscule qui doit et qui peut croître pour devenir un grand arbre. Le règne de Dieu est donc dans ce monde quelque chose d'invisible et de très pauvre. La présence de Dieu en nous est souvent aussi petite et cachée. C'est pourquoi nous devons toujours prier pour que la présence du Christ soit vitale dans notre existence. «Celui qui prie pour le règne de Dieu prie sans doute pour le règne de Dieu qu'il porte en soi» dit l'ancien théologien Origenes. Si Dieu fait grandir son règne en moi je serai capable de devenir une source de joie et d'aide pour les autres. S'il fait briller sa lumière en moi je peux transmettre sa lumière à mon entourage. Mais nous connaissons bien notre structure humaine: notre faiblesse fait que son règne ne peut jamais se développer suffisamment en nous. C'est pourquoi il nous faut toujours prier à nouveau: que ton règne vienne.

Mais bien sûr, le règne de Dieu doit être plus que ce qui croît dans notre existence individuelle. Le règne de Dieu doit aussi grandir dans l'Eglise. Son amour doit sortir de l'Eglise et s'épanouir dans le monde. Et parce que l'Eglise est bien consciente que le règne de Dieu n'est jamais assez présent en elle, on ne peut célébrer aucune liturgie sans le Notre Père.

Mais bien sûr, le règne de Dieu est encore plus: Jésus Christ a promis qu'il reviendra à la fin des jours pour créer un monde tout nouveau – un monde dans lequel il n'y aura plus ni larmes, ni mort, ni deuil, ni crie, ni souffrance (Ap 21,4). Il ouvrira le paradis. La Bible ne décrit jamais ce paradis. Elle dit seulement que le Christ l'ouvrira sans nul doute.

Quand nous prions «que ton règne vienne» nous prions donc pour le royaume de Dieu en moi et dans la communauté des baptisés. Mais cela ne nous suffit pas. Nous prions aussi qu'il revienne pour ériger la Cité de Dieu, la Jérusalem Céleste.

Que ta volonté soit faite sur la terre comme au ciel

A beaucoup de fidèles, cette phrase leur a aidé à vivre avec des expériences difficiles et avec de lourds coups du destin. Avec une humilité pieuse ils ont pensé: quoi qui m'arrive dans ma vie – même si je ne le comprends pas – sera bon. Parce que Dieu sait mieux que moi de quoi j'ai besoin. Sa volonté se révèle certainement bonne pour moi.

Bien sûr, cette compréhension de la volonté de Dieu a aidé beaucoup de gens. Mais quand même, cette vue est trop étroite et elle ne peut pas saisir la profondeur de cette prière. Car aucun fatalisme ne peut satisfaire la volonté de Dieu. «Dieu, fais ce que tu trouves bien. Ce sera bon pour moi.» Cela ne peut pas suffire.

Chez Jésus lui-même nous pouvons apprendre ce qui correspond mieux à la volonté divine. A Gethsémani il prie d'être épargné de la croix. Néanmoins il dit: «Mon père, si cette coupe ne peut passer sans que je la boive, que ta volonté se réalise!» (Mt 26,42). Et plus tard, avant de mourir, il dit: «Tout est achevé» (Jean 19,30).

Mais retournons au texte du Notre Père: Jésus nous dit de prier: «Que ta volonté soit faite sur la terre comme au ciel». Au ciel, chez Dieu, sa volonté est faite – sans réserve et sans limites. Nous souhaitons exactement cela: que sa volonté soit faite ici sur terre, chez nous, comme au ciel. Mais la croyance que Dieu achèvera sa volonté ne suffit pas. Ceci, nous l'avons appris avec Jésus à Gethsémani. Notre responsabilité est plus que seulement d'attendre que Dieu fasse tout. La volonté de Dieu doit être faite – aussi par nous.

Mais d'où savons-nous ce qu'est la volonté de Dieu? Bien sûr, il n'y a pas de recette. Personne ne peut connaître la volonté divine. Mais nous pouvons nous mettre sur le chemin vers cette connaissance. «Aujourd'hui nous avons cherché la volonté de Dieu. Nous ne l'avons pas trouvée. Demain nous allons recommencer la recherche.» Et Dieu ne nous laisse pas seuls avec cette recherche.

Il y a d'abord notre conscience, notre voix intérieure. Elle est un bon indicateur du bien et du mal. Mais elle est défectueuse. Quelque fois elle est compromise par la faiblesse de la chair et par les ténèbres de ce monde. C'est pourquoi notre foi connaît des poteaux indicateurs qui peuvent nous aider: les dix commandements, les prophètes, le sermon sur la montagne, les paraboles de Jésus.

Mais les meilleurs poteaux indicateurs ne peuvent pas nous garder de manquer notre chemin. Car notre propre volonté, notre faiblesse, notre manque de liberté nous font souvent quitter notre chemin. Notre pesanteur nous redescend toujours à nouveau sur la terre.

C'est pour cette raison qu'il y a le don de la prière. Le Notre Père nous offre d'oser demander l'aide divine. «Que ta volonté soit faite sur la terre comme au ciel», cela veut dire: aide nous à faire ta volonté afin que nous puissions sentir un peu le ciel sur terre.

Donne-nous aujourd'hui notre pain de ce jour

Les premières trois prières du Notre Père concernent des intérêts de Dieu. Dans la deuxième partie ce sont les besoins des hommes qui sont thématisés. Et en plus, Dieu est maintenant appelé directement: «Donne-nous…». Et ce qui est important aussi: la prière pour le pain est exactement au centre des sept prières du Notre Père. Elle est une sorte de point culminant. Cela est très considérable.

Car cela signifie que pour Jésus les besoins humains et matériels sont toujours de première importance. Pendant toute son activité Jésus n'oublie jamais la misère existentielle des hommes: il guérit des malades et il nourri des affamés. L'Eglise doit bien penser à cela. L'existence matérielle est toujours de première priorité. Le côté spirituel ne peut que fleurir si l'existence corporelle est garantie. Il faut prendre aux sérieux la parole de Bertold Brecht: «D'abord la bouffe, et après la morale» (Zuerst kommt das Fressen und dann die Moral). C'est une pensée centrale de Jésus, qu'une foi qui ne s'occupe que de la spiritualité restera toujours déficitaire.

Littéralement, la traduction précise de cette quatrième prière serait: donne-nous le pain pour le lendemain. C'est aussi une expression de la pensée sociale de Jésus: celui qui sait ce qu'il mangera demain, dormira bien. En même temps cela signifie aussi que nous prions uniquement pour le lendemain, donc pour nous protéger de la détresse.

Qui ne vît pas en pauvreté ne doit pas prier pour le pain. Peu d'entre nous doivent craigner de n'avoir rien à manger le lendemain. Pour cette raison cette prière n'est pas facile à prier dans notre grande abondance.

Malgré cela, cette quatrième prière est très importante. Car nous ne prions pas pour mon pain, mais pour notre pain. Nous prions dans la communauté des enfants de Dieu. Il n'est permis à personne de penser qu'à soi.

Cela veut dire que nous prions toujours aussi pour le pain des autres. Et cela nous dit aussi que nous sommes appelés à partager. «Chaque morceau de pain est dans une certaine manière un morceau de pain qui appartient à tout le monde, un morceau du pain du monde» dit le Père de l'Eglise Saint Jean Chrysostome (décédé 407).

Et bien sûr nous nous souvenons aussi de la parole de Jésus «Je suis le pain de la vie» (Jean 6,15). Nous recevons le crucifié lui-même quand nous recevons l'eucharistie. Pour cette raison le Notre Père est prié dans la liturgie juste avant la communion: il sert un peu de bénédiction de table.

C'est dangereux de surinterpréter cette quatrième prière avec trop de théologie. Et nous ne devons pas non plus trop la spiritualiser. Il s'agit vraiment des soucis de survie de chaque jour. Mais d'autre part aucune prière chrétienne ne pense qu'au présent et qu'à la vie quotidienne. Dans chaque pensée et prière chrétienne il y a une dimension de plus. Cela concerne aussi la prière pour le pain. Elle ne pense pas seulement aux besoins matériels. Elle renvoie aussi au repas duquel la liturgie dit que Jésus célébrera «ce festin avec nous dans le Royaume des cieux». Chacune de nos prières concerne le Royaume de Dieu.

Pardonne-nous nos offenses
comme nous pardonnons à ceux qui nous ont offensés

Dans le monde le mal est omniprésent. Bien sûr, cela nous concerne tous. Chacun de nous a commis des offenses. Et chacun de nous offense toujours à nouveau. Quand Jésus nous appelle à prier Dieu de nous pardonner, il présume que nous péchons. Le chrétien parfait n'existe pas. Personne ne peut vivre sans commettre des péchés.

Aujourd'hui il est – je pense – plus difficile de se confronter avec ses propres offenses. Une individualisation croissante et une psychologisation omniprésente peuvent nous séduire à excuser nos fautes et à refouler nos offenses.

Mais un péché refoulé retourne par la porte arrière et nous accable à nouveau. Nous pouvons seulement être libérés de ce fardeau si nos offenses sont pardonnées. Mais: qu'est-ce que c'est le pardon? Bien sûr c'est davantage que simplement d'ignorer ou d'essayer d'oublier. C'est davantage que de dire: c'est passé.

Le mal commis doit être enduré avec passion et patience. L'injustice soufferte, la passion et les douleurs doivent – pour ainsi dire – être brûlées dans notre for intérieur. Seul si nous surmontons les offenses subites, les blessures et les destructions psychiques peuvent être guéries. Et c'est clair que l'autre, le coupable, doit être intégré dans le surmontement de l'injustice faite. Tous les deux sont concernés! L'un doit pouvoir pardonner. L'autre doit pouvoir accepter le pardon.

Tout cela est bien sûr correct. Mais ce n'est pas si simple que cela. Nous tous avons échoué en essayant de pardonner. Tout simplement nous n'en étions pas capables. Le mal est souvent plus fort que nous. La force du mal dépasse tout pouvoir et toute volonté humaine. Nous avons tous fait cette expérience maintes fois. Et c'est précisément par ce fait que nous devons prier Dieu de nous pardonner. Il doit nous aider. Il doit guérir ce que nous ne pouvons pas guérir.

C'est clair que cette prière a aussi un arrière-plan moral. Qui ne peut pas pardonner, ne peut recevoir le pardon. Seulement celui ou celle qui s'est réconcilié avec sa sœur ou avec son frère peut s'approcher de l'autel (Mt 5,23). Mais cette prière du Notre Père est beaucoup plus qu'un simple appel moral. Elle nous souvient du Christ, le Crucifié qui nous a libérés par sa mort et sa résurrection du pouvoir du mal. «Il a porté nos souffrances et supporté nos douleurs» (Es 53,4-6). Cette pensée que le Fils de Dieu a souffert pour nous est difficile à comprendre. Mais elle est le cœur de la foi chrétienne. Et peut-être c'est plus facile d'accepter la pensée que Jésus a souffert à la place de nous si nous n'oublions pas que le mal est toujours plus fort que nous et si nous n'oublions non plus que c'est seulement par l'aide de Dieu que nous pouvons être libérés. Donc: «Pardonne-nous» est le cri de l'humanité emprisonnée dans la puissance du mal.

Et ne nous soumets pas à la tentation

N'est-ce pas une pensée insupportable que Dieu nous soumet à la tentation – et en plus nous devons le prier de ne pas le faire? Est-ce qu'il expérimente avec nous pour savoir combien nous sommes capables de supporter? Ou est-ce qu'il se réjouie même de nos souffrances?

Je ne pense pas. Plutôt les tentations font partie de l'existence humaine. Cela, nous le savons bien. Mais nous ne pensons peut-être pas au fait que cela concerne aussi le Fils de Dieu qui est devenu homme. C'est pourquoi Jésus devait aussi passer par des tentations – par exemple dans le désert (Mt 4,1), à Gethsémani (Marc 14,32), et même jusqu'à la mort à la croix. Où l'homme doit passer, Jésus doit passer lui aussi. C'est pourquoi on pourrait même dire: il doit descendre dans l'enfer de la misère humaine.

Car les tentations aussi font partie de l'enfer de la misère humaine. Et les tentations sont plus que seulement des tentations. Ce sont des épreuves. Et nous le savons bien, qu'il n'y a pas de vie humaine sans épreuves. Nous devons tous y passer – dans la maladie ou dans des crises de nos relations, dans des soucis avec notre travail ou dans notre contrainte de faire quelque chose de mal. Et toute épreuve porte en soi la tentation de s'arranger ou de capituler. D'autre part la tentation porte en soi aussi la chance de supporter les souffrances et de surmonter les épreuves.

Mais il ne faut pas oublier: les épreuves n'existent pas seulement par elles-mêmes, ou pour nous chicaner. Elles sont aussi nécessaires pour nous. Aucune vie humaine ne peut se développer sans épreuves. Seulement celui qui passe des épreuves peut mûrir et devenir fort. Celui qui n'a jamais été confronté avec ses limites, qui n'a jamais dû renoncer, qui n'a jamais subi une défaite, il ne va jamais mûrir et il restera toujours sous-développé. Nous connaissons bien le développement défectueux d'enfants gâtés dont les parents ne disent jamais «non». Les grandes personnalités ont toutes fait l'expérience de limites insurmontables, sont passées par des tentations ou ont supporté de grandes souffrances.

Nous tous avons peur des tentations et des épreuves, parce qu'elles font partie de la souffrance humaine. Parce que Jésus aussi a fait cette expérience, il nous a instruit de prier: «Ne nous soumets pas à la tentation.» Cela signifie: Père, je sais bien que pour grandir et pour mûrir il me faut subir des épreuves. Mais je te prie de ne me pas charger de fardeaux que je ne peux pas porter. Et si malgré tout je rencontre des épreuves trop lourdes, des tentations trop fortes, sois avec moi et protège-moi de ma défaillance et de ma faiblesse. Aide-moi à mûrir. Mais ne me charge pas trop lourdement.

Une parole de Saint Paul peut nous aider à prier cette prière avec confidence: «Dieu est fidèle; il ne permettra pas que vous soyez tentés au-delà de vos forces. Avec la tentation il vous donnera le moyen d'en sortir et la force de la supporter» (1 Cor 10,13).

Mais délivre-nous du mal

La dernière demande du Notre Père n'est autre qu'un grand résumé de toute la prière. C'est le résumé de tout ce que l'homme peut rêver et prier. C'est l'espoir de nous tous d'être libérés du pouvoir absolu du mal. Qu'est-ce qu'il y aurait de plus grand que de savoir que chaque pouvoir qui pourrait nous opprimer n'existe plus. C'est le rêve de tous les rêves!

Il n'est pas complètement clair si la traduction «mal» correspond au texte original. L'expression grecque peut aussi signifier une personne: le Mauvais, le Malin. Dans beaucoup de textes du Nouveau Testament le mal est personnalisé. C'est une personne qui fait souffrir les hommes ou les détruit même. Le Malin ou le Satan est mentionné souvent dans la Bible. Mais il ne faut pas penser à un monstre à pied de bouc qui sent le soufre. Cela ne prendrait pas au sérieux la réalité et la brutalité du mal dans ce monde.

Mais la personnification du mal peut éclaircir beaucoup. Elle signale qu'une personne peut être beaucoup plus perfide, astucieuse et dangereuse qu'une chose. Si l'on comprend ainsi le mal comme pouvoir vivant, il nous semble plus violent et brutal qu'une chose.

Nous connaissons bien la force du pouvoir du mal: nous faisons l'expérience de la force du marché global, qui peut détruire des lieux de travail et causer la famine. Nous faisons l'expérience du pouvoir de la maladie, qui nous apporte la douleur et la souffrance et à la fin la mort. Et nous faisons l'expérience de ne pas avoir la force de faire ce qui nous semble bon et nécessaire. Trop souvent notre faiblesse est plus puissante que toutes nos forces.

Donc, nous faisons toujours l'expérience de notre faiblesse envers le pouvoir du mal. Aucune puissance de ce monde ne peut nous libérer de nos souffrances, de nos doutes, de nos querelles, de nos angoisses, de notre solitude et de la mort. Le pouvoir du mal nous met en chaines. Personne ne peut rompre ces chaînes. Celui qui le croit est un sectaire ou un fou.

Ce qui concerne l'individu concerne aussi le monde entier. Personne ne peut interrompre le cercle éternel de la haine, de la guerre, des catastrophes, de la maladie. Le pouvoir du mal dépasse toute force et toute volonté humaine. Il tient l'humanité en captivité sombre et insurmontable. Ceux qui croient être capable de libérer le monde ou même d'en faire un paradis finissent comme dictateur cruel et autocrate.

Il ne nous reste que la humble connaissance que Dieu seul peut nous libérer parfaitement et sans limites. Avec la dernière demande du Notre Père Jésus nous rappelle ce fait.

Mais cette dernière demande nous dit encore autre chose. Notre Père dans les cieux ne nous oublie pas et il nous libèrera de toutes nos chaînes. Il nous délivrera du mal.

Car c'est à toi qu'appartiennent le règne, la puissance et la gloire. Amen

Nous sommes à la fin de nos réflexions sur le Notre Père. Dans neuf méditations nous avons essayé de nous approcher de la prière de toutes les prières. Peut-être nos explications nous ont apporté quelques nouvelles connaissances. Et peut-être ces connaissances nous facilitent un peu de prier cette prière si riche et si profonde.

Malgré tout, une chose ne changera jamais: prier, c'est toujours difficile et cela a toujours été difficile. Même Saint Paul a fait ses expériences avec les difficultés de la prière: «Nous ne savons pas prier comme-il-faut» (Rom 8,26). Et les disciples, eux aussi luttent avec ce chagrin. C'est pourquoi ils disent à Jésus: «Seigneur, apprends-nous à prier!» (Luc 11,1). Donc, déjà les apôtres souffrent de la difficulté de prier. Il ne nous faut donc pas avoir mauvaise conscience à cause de nos problèmes avec la prière. Prier sans difficultés, sans doutes, sans questions, cela n'existe apparemment pas. Et cela concerne bien sûr aussi le Notre Père. Encore plus: cela concerne la prière du Seigneur tout particulièrement. Car elle est si grande et profonde qu'elle nous restera toujours un peu étrange. Nous n'allons donc jamais la saisir. Nous ne pouvons qu'essayer toujours à nouveau de pénétrer dans son mystère. Mais cette insaisissabilité est aussi sa grandeur. Car parce que cette prière restera toujours inépuisable, on y découvrira toujours de nouvelles profondeurs. Mais bien sûr: la meilleure façon de s'y approcher restera de la prier.

Mais il n'y a pas que l'insaisissabilité et que les difficultés de prier. Il y a encore plus: la prière ne finit pas par nos faibles demandes. Elle finit par une grande louange: «Car c'est à toi qu'appartiennent le règne, la puissance et la gloire.» Cette fin de la prière ne se trouve pas dans le texte original de la Bible. Mais elle se trouve dans la «Doctrine des Apôtres», une œuvre paléochrétienne, écrite seulement peu après l'évangile de Saint Mathieu dans lequel se trouve le Notre Père. Cela montre que les communautés chrétiennes avaient très tôt la conscience de ne pas devoir désespérer du manque de force de leur prière. Car Dieu a la puissance et la grandeur d'achever tout ce que nous devons laisser inachevé. Nous n'avons rien à craindre parce que Lui est notre Seigneur fort et puissant. Ainsi la boucle est bouclée: nous avons commencé par un appel, qui nous souvient de notre protecteur et sauveur puissant: «Notre Père!». Et nous finissons par un appel qui dit la même chose: parce que le règne, la puissance et la gloire appartiennent à toi, rien ne peut nous arriver. Ou pour l'exprimer avec une parole de Saint Paul: «L'Esprit lui-même intercède pour nous» (Rom 8,26).

Publié dans «Présence» 2007/2008

Nachwort

In einer Zeit, in der immer weniger Menschen den sonntäglichen Gottesdienst besuchen, ist es sehr sinnvoll, ausgelesene Predigten von Hans Gerny in eine Buchform zu fassen. Es soll kein Erinnerungswerk, sondern eine zeitlose Mahnung zum Handeln sein. Neben anderen Texten und Vorträgen in diesem Band sind für mich seine Predigten das wichtigste Zeugnis seines Denkens.

Wer sich ernsthaft mit den Predigten von Hans Gerny auseinandersetzt, wird nie unbeteiligt bleiben, wird sie nicht genüsslich über sich ergehen lassen, denn seine Worte mahnen, rütteln auf und können auch provozieren. Oft klingen Inhalte noch längere Zeit nach und regen zum kritischen Nachdenken an. Es sind keine braven und geschmeidigen Sonntagmorgengeschichten wie man sie heute – leider – nur zu häufig hört. Eigentlich sind es Spiegelbilder seiner selbst. Geradlinig, auch kompromisslos, recherchiert und fundiert, nicht angepasst, sondern mit Emotionen gespickt und immer mit dem eindringlichen Aufruf zum Handeln verbunden. So gesehen ist er ein echter «Rufer in der Wüste». Er setzt das Wort ein zur Durchdringung der nur zu oft vorhandenen Lethargie, und er setzt Kopf und Herz ein, um die Zuhörenden aus ihrer Bequemlichkeit oder Gedankenlosigkeit hinauszuführen.

Ein von Hans Gerny verwendeter Bibeltext wird nicht mehrfach in anderen Formen wiederholt oder bis zur Unkenntlichkeit seziert, sondern gezielt mit recherchierten Fakten belegt, in die Gegenwart eingebettet und so vorgetragen, dass schon seine einprägsame Stimme Aufmerksamkeit erheischt. Seine Freude am Wort ist spürbar, und die Meisterschaft in der Umsetzung verdient Anerkennung. Dabei bleibt das Wort immer im Mittelpunkt; seine Gestik untermalt bestenfalls wichtige Passagen, lenkt aber nicht vom Inhalt und vom Gesagten ab.

Nun sind die Predigten nicht einfach ein angestrebter und bewusster Höhepunkt in einer sonntäglichen Feier, sondern immer organisch in das Ganze eingebettet. Bild und Rahmen sind kongruent, Predigt und Liturgie stehen im Gleichgewicht zueinander, beide werden mit der gleichen Würde und Liebe vorgetragen und zelebriert. Dabei bleibt Hans Gerny bei seiner Arbeit immer sehr selbstkritisch, und auf die oft von Gottesdienstteilnehmenden ausgesprochene Anerkennung zur Predigt reagiert er zwar erfreut, aber nicht immer zufrieden. Einerseits erlaubt er sich persönlich keine inhaltlichen Halbheiten, anderseits stört er sich an der mangelnden praktischen Betroffenheit der Zuhörenden. Er wünscht sich, dass sein Wort nicht nur anerken-

Nachwort

nend zur Kenntnis genommen wird, sondern möchte auch wirkliche Taten folgen sehen. Seine Predigten sollen nicht Selbstzweck sein, sondern zum Nachdenken anregen. Sie sollen aufrütteln und zum Handeln motivieren. Vielleicht spielt ihm da unbewusst seine bekannte persönliche Ungeduld einen Streich, aber vielleicht ist es auch nur eine Bestätigung für das Los der meisten Rufer in der Wüste.

Zürich, in der Fastenzeit 2017
Urs Stolz

Biografie

Hans Gerny, geboren 26. Juni 1937 in Olten, verheiratet, drei erwachsene Kinder

Primarschule in Olten

Gymnasium in Olten und Solothurn

Studien in Basel, Bern und Paris 1956–1962

Abschluss an der Christkatholisch-Theologischen Fakultät der Universität Bern

Vikar in Möhlin, Pfarrer in Hellikon (1962–1971), Baden (1962–1966) und Basel (1971–1986)

Beauftragter für Radio und Fernsehen der Christkatholischen Kirche der Schweiz

Mitarbeiter bei Radio DRS 1971–1986

Wort-zum-Sonntag-Sprecher Fernsehen DRS in regelmässigen Abständen 1964–2003

9. Juni 1986 Wahl und 26. Oktober 1986 Weihe zum Bischof

Sekretär der Internationalen Altkatholischen Bischofskonferenz (IBK)

Delegierter der Bischofskonferenz für die Beziehung zu den Orthodoxen Kirchen

Mitglied des Büros der Arbeitsgemeinschaft Christlicher Kirchen in der Schweiz (AGCK), 1996/97 Präsident

Mitglied des Vorstandes der Christlich-Jüdischen Arbeitsgemeinschaft

Mitglied des Zentralausschusses des Weltkirchenrates (ÖRK) 1991–2006

Mitglied der Sonderkommission des ÖRK zur Mitarbeit der Orthodoxen Kirchen im ÖRK

Dr. theol. h.c. der Christlich-Theologischen Akademie Warschau

Rücktrittserklärung als Bischof am 8. Juni 2001 auf den 1. November 2001

Bibliografie

Bücher

Predigt auf dem Marktplatz! Hirtenbriefe 1987–2001/Prêchez sur la Place Publique! – Lettres Pastorales 1987–2001, Basel (Christkatholischer Schriftenverlag) 2001, 370 S.

Vater unser. Betrachtungen zum Gebet des Herrn, Basel (Reinhardt) 2010, 51 S.

Artikel

Wie lässt sich die Missio der christkatholischen Kirche in der heutigen Welt noch erfüllen?, in: Christkatholischer Akademikerverein/Altherrenverband Catholica Bernensis (Hg.), Die Missio der Christkatholischen Kirche der Schweiz. Referate zum 100-Jahr-Jubiläum der Studentenverbindung Catholica Bernensis am 14./15. November 1981 an der Universität Bern, [Bern 1981], 18–27

Gedanken zu den Ergebnissen der Bischofskonferenz von Wislikofen 1991, in: Internationale Kirchliche Zeitschrift 82 (1992), 198–201

Die Bedeutung der Bibel für die Christkatholische Kirche, in: Urs Joerg/David Marc Hoffmann (Red.), Die Bibel in der Schweiz. Ursprung und Geschichte, hg. von der Schweizerischen Bibelgesellschaft, Basel (Schwabe) [1997], 11–12

Altkatholisch sein im 21. Jahrhundert, in: Internationale Kirchliche Zeitschrift 92 (2002), 251–263

Sentire cum Ecclesia – Die Wurzel aller Theologie, Vorwort, in: Hans Gerny/Harald Rein/Maja Weyermann (Hg.), Die Wurzel aller Theologie: Sentire cum Ecclesia, Festschrift zum 60. Geburtstag von Urs von Arx, Bern (Stämpfli) 2003, 12–19

Ökumenische Entwicklungen in der Utrechter Union, in: Materialdienst des Konfessionskundlichen Instituts Bensheim 59 (2008) 1, 8–11

Ökumenische Entwicklungen unserer Kirche, in: 150 Jahre Kirche St. Peter und Paul in Bern 1864-2014. Jubiläumsschrift, Allschwil (Christkatholischer Medienverlag) 2015, 29–33

Weitere Texte inklusive Predigten
erschienen unter anderem in:
Christkatholisches Kirchenblatt bzw. Christkatholisch,
Présence,
Jahrbuch der Christkatholischen Kirche der Schweiz,
Mitteilungsblatt der christkatholischen Geistlichen, hg. von Alfred Jobin (Rheinfelden),
Christkatholische Predigten, hg. von Alfred Jobin (Rheinfelden).

Eine detaillierte Liste der Veröffentlichungen wird im biografischen Artikel über Hans Gerny in der vom Departement für Christkatholische Theologie herausgegebenen Online-Lexikon «Altkatholische Biographie» erscheinen unter: www.altkatholische-biographie.unibe.ch.

Manuskripte von Predigten und anderen Beiträgen für Radio (DRS, Radio Basel) und Fernsehen (Wort zum Sonntag, Wort zum neuen Tag, Sternstunden) befinden sich im privaten Archiv.

Bildnachweis

Seite 2: Foto Peter Feenstra, Magden

Seite 39: Tizian (und Werkstatt), *Die Anbetung der Magier,* Mitte 16. Jahrhundert; Öl auf Leinwand, 134,5 × 217 cm; © The Cleveland Museum of Art, Mr. and Mrs William H. Marlatt Fund 1957.150

Seite 288: Felix Droese (geb. 1950), *Kreuztafel,* 1999; vergoldetes Kreuz und 2 Bilder auf Ulmenholztafel; Bild links: Acryl auf Textil; Bild rechts: verschiedene Materialien auf Papier; Foto David Aebi, Bern